제국의 시대와 동아시아 연대

서 남 동 양 학 술 총 서

제국의 시대와 동아시아 연대

김경일 지음

21세기에 다시 쓴 간행사

　서남동양학술총서 30호 돌파를 계기로 우리는 2005년, 기왕의 편집위원회를 서남포럼으로 개편했다. 학술사업 10년의 성과를 바탕으로 이제 새로운 토론, 새로운 실천이 요구되는 시점이라고 판단했기 때문이다.

　알다시피 우리의 동아시아론은 동아시아의 발칸, 한반도에 평화체제를 구축하고자 하는 비원(悲願)에 기초한다. 4강의 이해가 한반도의 분단선을 따라 날카롭게 교착하는 이 아슬한 상황을 근본적으로 해결하는 방책은 그 분쟁의 근원, 분단을 평화적으로 해소하는 데 있다. 민족 내부의 문제이면서 동시에 국제적 문제이기도 한 한반도 분단체제의 극복이라는 이 난제를 제대로 해결하기 위해서는 우선 서구주의와 민족주의, 이 두 경사 속에서 침묵하는 동아시아를 호출하는 일, 즉 동아시아를 하나의 사유단위로 설정하는 사고의 변혁이 종요롭다. 동양학술총서는 바로 이 염원에 기초하여 기획되었다.

　10년의 축적 속에 동아시아론은 이제 담론의 차원을 넘어 하나의 학(學)으로 이동할 거점을 확보했다. 우리의 충정적 발신에 호응한 나라 안팎의 지식인들에게 깊은 감사를 표하는 한편, 이 돈독한 토의의 발전이 또한 동아시아 각나라 또는 민족 사이의 상호연관성의 심화가 생활세계의 차원으로까지 진전된 덕에 크게 힘입고 있음에 괄목한다. 그리고 이러한 변화가 6·15 남북합의(2000)로 상징되듯이 남북관계의 결정적 이정표 건설을 추동했음을 겸허히 수용한다. 바야흐로 우리는 분쟁과 갈등으로 얼룩진 20세기의 동아시아로부터 탈각하여 21세기, 평화와 공치(共治)의 동아시아를 꿈꿀 그 입구에 도착한 것이다. 아직도 길은 멀다. 하강하는 제국들의 초조와 부활하는 제국들의 미망이 교착하는 동아시아, 그곳에는 발칸적 요소들이 곳곳에 숨어 있다. 남과 북이 통일시대의 진전과정에서 함께 새로워질 수 있다면, 그리고 그 바탕에서 주변 4강을 성심으로 달랠 수 있다면 무서운 희망이 비관을 무찌를 것이다.

동양학술총서사업은 새로운 토론공동체 서남포럼의 든든한 학적 기반이다. 총서사업의 새 돛을 올리면서 대륙과 바다 사이에 지중해의 사상과 꿈이 문명의 새벽처럼 동트기를 희망한다. 우리의 오랜 꿈이 실현될 길을 찾는 이 공동의 작업에 뜻있는 분들의 동참과 편달을 바라 마지않는 바이다.

서남포럼운영위원회
www.seonamforum.net

1990년대 이후 냉전체제의 붕괴와 함께 양극 중심의 세계질서가 다극 구조로 전환하는 과정에서 동아시아 국제질서의 재편, 또는 동아시아의 새로운 공존과 연대의 모색이 관심의 대상으로 부각되어왔다. 이와 아울러 동아시아 지역이 보인 경제성장을 배경으로 세계화나 포스트모더니즘, 지구적 문명 등과 함께 동아시아라는 용어가 우리 학계에서 다양한 차원을 통해 새롭게 해석되어왔다. 근면성과 근검절약, 가족적 유대와 집단에 대한 충성, 합의와 교육에 대한 강조, 권력에 대한 존경 등을 내용으로 하는 이른바 아시아적 가치는 아시아 국가들에서 외환위기의 발생과 IMF의 개입 이전까지만 하더라도 서구는 물론이고 아시아 각국의 언론과 학계에서 주요한 관심의 대상이 되어왔다. 아이티 기술과 싸이버공간의 지속적인 확장을 배경으로 드라마나 음악과 같은 문화현상들은 다른 어느 때보다도 활발한 교류와 순환의 양상을 보이고 있다. 그런가 하면 지구화의 진전과 국제 이동의 증대를 배경으로 민간 차원에서 동아시아인들의 이주와 체류 및 귀환 현상이 빈번하게 나타나고 있으며, 지역 공동의 쟁점이나 문제 들에 대한 동아시아 시민단체들 사이에서의 상호교류와 공동의 협조도 드물지 않게 찾아볼 수 있게 되었다.

지구적 차원에서 세계적 현상들과 공조하면서 진행되고 있다는 점에서 미국이나 유럽 혹은 이슬람과는 구별되는 아시아의 고유성을 구분하는 것이 점차 어렵게 되어가고 있다고는 하더라도, 아시아 고유의 전통과 아이덴티티를 기반으로 그 단일성과 연대를 추구하고자 하는 시도는 일찍부터 동아시아 지식인들의 상상력을 사로잡아왔다. 그럼에도 불구하고 이러한 상상력이 개화하기 위해서는 두 진영에서의 적들과 맞서야 했다. 하나는 동아시아 내부에서 조만간에 출현할 근대 민족/국가라는 실체였고 다른 하나는 그 외부에서 등장했던 서구/유럽이라는 존재였다. 비록 그것이 만들어진 (invented) 것인가에 대해서는 논의의 여지가 있었다고 할지라도 전자에 대한 몰입과 후자에 대한 대결은 이러한 상상력의 원천을 점차 침해하면서 그 진영을 흩뜨려놓았다.

그러나 역사상의 어느 시기이든 이러한 상상력이 진지하고 때로는 절박성을 띠기는 했다고는 하더라도 그것이 꿈은 꿈이로되 애초부터 이루어질 수 없는 꿈인지도 몰랐다. 공동의 지역과 인종 그리고 문명을 기반으로 한 아이덴티티와 연대의 형성은 잠정적이고 유동적이며 특수주의에 근거한 것으로 보편으로의 지향이라는 점에서 애초부터 그것이 가지고 있는 한계는 자명한 것이기 때문이다. 따지고 보면 이는 동아시아에 대한 자기주장이 근본적으로 가지고 있는 함정이자 한계였다. 방법이나 시론, 지적 실험, 프로젝트 혹은 대안의 모색을 위한 기능으로서 동아시아를 이해하고자 하는 다양한 제안들은 이러한 딜레마에 대응하기 위한 시도였다.

이처럼 동아시아론이 근본적 한계를 가지고 있다고 해서 그에 대한 논의가 전적으로 무의미하다거나 불필요하다고 할 수는 없다. 동아시아론에 대한 역사적 검토는 애초에 서구에 대한 타자로서 자신의 외부로부터 출현한 동아시아 개념이 근대 민족/국가이라는 내부의 장벽과 오랜 시간에 걸쳐 상호대면, 경합 그리고 절충하는 것을 통해 자의식을 획득해가는 과정을 잘 드러내고 있다. 이러한 과정을 통해 서구에 대한 타자로서 스스로를 인식하면서 가질 수밖에 없었던 고정성과 불변성, 배타성 그리고 때때로의 공격성은 이제 가변성과 유연성 그리고 포용성으로 바뀌면서 점차 세계성 안에서의 동아시아 인식을 지향하고 있다.

이러한 점에서 우리는 아시아에 대한 두가지 상반되는 이미지를 제시할 수 있다. 하나는 최초에 아시아가 서구에 대한 타자로서 등장하면서 가지게 되었던 배타성과 수동성, 정체성을 속성으로 하는 인종주의와 식민주의 그리고 '아시아주의'의 편린들이고, 다른 하나는 아시아가 스스로의 타자성을 해소시켜가면서 쟁취한 개방성과 능동성 그리고 세계성과 보편주의에 대한 지향으로서의 아시아이다. 이 둘은 이론적인 구분이기도 하지만 역사적 범주이기도 하며, 늘 그렇듯이 현실에서는 두가지가 서로 착종된 형태로 발현되어왔다. 중국의 왕 후이(汪暉)가 "일본제국의 식민 계획을 대표로 하는 아시아주의와 아울러 약소민족의 민족해방운동으로 표현된 피압박민족의 민족자결 요구"라는 상이한 두 아시아상을 제시한 것도 비슷한 맥락에서 이해된다.

이렇게 본다면 근대 아시아의 역사는 전제와 정체의 아시아로부터 해방과 변혁의 아시아라는 대조적인 이미지로 이행해온 역동의 과정으로 이해할 수도 있을 것이다. 시기적인 범위로 보아 이 책에서 다루고 있는 대부분의 내용들이 후자보다는 전자에 속하는 것이기도 하지만 이 시기에도 후자의 요소들이 없었던 것은 아니었다. 본문에서 보듯이 그것은 근대로의 이행기와 전시 동원기의 혼란 및 암흑의 시기에 지식인들의 자기성찰과 시대에 대한 고뇌의 산물로 나타나기도 하고, 중국과 한국의 경우에서와 같이 피억압 민중들의 분노와 저항의 물결로 표출되기도 했으며, 비록 공허한 환상으로 끝났다고 하더라도 때로는 거대한 제국의 내부에서 주체적 시도와 드러나지 않는 항의로 나타나기도 했다. 이러한 의미에서 이 책은 변혁과 해방의 역동적 아시아상에 대한 내재적 시각에서의 모색이라고 할 수 있을 것이다.

시기로 보아 이 책은 19세기 후반부터 20세기 전반기인 1945년까지를 연구대상으로 하고 있다. 역사를 거슬러 올라가보면 한국과 중국, 일본을 포함한 동아시아는 전세계 또는 주변 권역에 대한 개방성과 폐쇄성을 되풀이하면서 발전해온 역사적 체제로 이해할 수 있다. 예컨대 중국 대륙에서 원(元)나라와 명(明)나라가 교체되고 이어서 조선에서도 고려에 이어 조선이 건국되는 14세기 후반의 시기에 동아시아 체제는 세력 불균형과 불안정성을 경험했다. 반면에 그만큼 각국가와 지역 들 사이의 상호작용이 활발하게 증대되고 개방성은 증대되었다. 명나라 건국 초기 이후 유명한 정화(鄭和)의 인도 원정이 급작스럽게 종결되는 1430년대 중반 이후 동아시아 체제는 다시 상대적 안정상태로 들어가게 되었다.

실질적으로 각지역의 상호고립과 폐쇄성의 증대를 의미했던 이 체제는 16세기 말 일본에서 바꾸후(幕府)정권의 전국통일을 시작으로 17세기 전반에 중국 대륙에서는 명(明)나라와 청(淸)나라의 두 왕조가 교체되고, 조선에서는 1592년(임진왜란)과 1636년(병자호란), 1657년(정유재란)의 3차례에 걸친 전란이 있게 되면서 다시 불안정상태로 들어간다. 이후 동아시아 체제는 서구제국주의 국가들에 의한 이른바 서세동점(西勢東漸)으로 일컬어지는 19세기 중반에 이르기까지 다시 상호고립과 폐쇄상태로 들어가게 된다.

여기에서 긴 19세기의 역사는 다시 세 시기로 구분해볼 수 있다. 첫번째는 19세기 중반 이후부터 1945년 제2차 세계대전의 종전과 해방에 이르는 시기이다. 이 시기에는 중국 중심의 전통적인 세계질서(조공체제)가 붕괴하고 서구제국주의 세력이 각축을 하는 가운데 일본과 미국이 지역질서를 다투는 두 중심세력으로 부상했다. 일본제국에 대항하는 중국과 한국에서의 혁명적 저항과 아울러 미약한 형태로나마 시민사회의 맹아적 형태라고 할 수 있는 것이 형성되어 이들 사이에서의 상호작용도 일정한 형태로 존재했지만, 전반적으로 보아 앞에서 말한 수동적이고 정체된 아시아상이 지배한 시기였다.

　두번째는 1945년 이후 1970년대에 이르는 30~40년 정도의 시기이다. 국외로부터의 귀환과 실체로서의 아시아의 재발견, 사상보다는 체험을 통한 아시아 인식 그리고 신생 독립국의 반식민 투쟁과 독립의 열정에 대한 동질감의 표명으로서의 아시아가 등장했던(김예림 2007: 316, 320~21) 잠깐 동안의 분출은 한국전쟁과 더불어 자리잡은 냉전기에 의해 종식되고, 동서 양 진영이 첨예하게 대립한 이 시기에 동아시아 차원에서는 군사·안보를 제외한 다른 형태의 연결 네트워크가 거의 존재하지 않았다. 각지역/국가에서 시민사회는 거의 존재하지 않았으며 설령 있었다 하더라도 고립되거나 형식적으로밖에 존립할 수 없었다.

　마지막은 1980년대 이후의 이른바 탈냉전의 시기이다. 1980년대 말 1990년대 초 동구권의 몰락과 쏘비에뜨 체제의 붕괴, 그리고 이를 전후한 지구화 시대의 도래는 이 지역의 국가/민족 사이에서 활발한 지역적 교류와 상호작용을 가능하게 했다. 이 시기에는 각지역/국가에서 일정한 형태로 진전된 민주화운동을 배경으로 시민사회가 활성화했으며 이들 시민사회 차원에서 동아시아연대에 대한 움직임이 활발하게 진전되었다. 앞에서 말한 역동적이고 주체적이며 개방적인 아시아상이 본격적 형태로 출현한 것도 이 시기였다.

　전반적으로 보면 동아시아연대라는 문제의식은 19세기 후반 이후부터 1945년에 이르는 첫번째 시기와 1980년대 이후의 두 시기에 잘 들어맞는다. 그러나 두 시기가 시간적으로 격절되어 있고, 내용으로 보아서도 단절이 크다는 점에서 연구의 심화를 위해서는 어느 한 시기에 초점을 맞추는 것이 적합할 것이다. 1980년대 이후의 시기에 대해서는 최근 동아시아론이나 시민운동, 비정부기구들(NGOs), 반세계화운동의 맥락에서 부분적으로 논의되어왔지만, 첫번째 시기에 대해서는 거의 연구가 되어 있지 않다는 점에서 이 책은 19세기 후반 이후부터 1945년의 종전과 해방에 이르는 시기 이 지역에서 동아시아연대운동의 역사를 검토해보고자 한 것이다.

이러한 시대적 범위를 염두에 두고 이 책은 3부로 구성했다. 이러한 구성은 우선적으로 시기에 따른 배열이지만 다른 한편으로는 분석대상과 연구 주제의 구분을 일정 정도 고려한 것이기도 하다. 먼저 시기적으로 보면 제1부는 19세기 후반 이후부터 세기 전환기인 20세기 전반기에 이르는 시기를, 제2부는 한국이 일본의 식민지배를 받았던 1910년대 이후부터 1930년대에 걸치는 시기를, 그리고 마지막으로 제3부는 1930년대 후반 이후 전시체제로 이행하는 1945년까지의 시기를 대상으로 했다.

분석대상과 연구 주제라는 점에서 말하자면 이 책의 주제인 동아시아 '연대'에서 연대의 구체적인 내용 혹은 층위를 고려하고자 했다. 오늘날에도 동아시아 차원의 연대에는 특정 사안이나 정책에 대한 국가/민족적 차원의 공조와 유대가 있는가 하면 시민사회 차원에서 특정 쟁점(예컨대 역사왜곡, 정신대문제, 공해와 범죄 등)과 영역(예컨대 경제, 노동, 여성, 인권, 환경 등)에서의 연대가 있으며, 그 결합의 양상과 정도도 각기 달리 나타나고 있다. 이러한 점에서 20세기 전반기 동아시아연대의 양상은 다음과 같은 세가지 차원에서 정리할 수 있을 것이다.

첫번째는 이 책의 마지막에서 언급하고 있는 약소민족동맹이나 반파시스트연맹과 같은 시도들이 아마도 연대의 강도와 전형성에서 가장 먼저 고려되어야 할 것이다. 그러나 아시아연대에 대한 대의를 표방했다 하더라도 이들 연대운동들은 어디까지나 서구와 일본제국주의 정책에 대한 항의를 목표로 아시아인의 연대에 호소하는 선언이나 주장 차원에 그치는 경향이 있었다. 아시아 피압박민족들의 독립과 해방의 열망에 가려져 있기는 하더라도 중국이나 인도와 같은 비제국주의 주류 국가의 민족주의적 동기를 완전히 떨쳐버릴 수도 없었다. 여기서의 아시아연대란 국가/민족의 독립을 위한 방편으로서의 성격이 강했다는 점에서 동아시아연대 자체에 대한 구체적인 방안이나 구상이 지속적으로 추구된 것은 아니었다. 따라서 이들 대부분이 단기성 혹은 일회성으로 끝나고 말았으며, 또 자료가 단편적, 산발적이라는 점에서 이들을 본격적인 연구대상으로 할 수는 없었다. 이러한 고려에서 필자는 이 부분을 맨 뒤의 맺음말에서 검토했다.

두번째는 개인의 사상이나 이념, 집단적 조직이나 운동 등에서 연대를 위한 유용한 접근방식이나 제안 혹은 시도 등을 찾을 수 있다. 앞에서 언급한 '해방과 변혁으로서의 아시아상'을 첫번째 범주에서 가장 극명하게 찾아볼수 있다고 한다면 여기에서는 전제와 지배, 그리고 해방과 변혁의 아시아상의 양자가 혼효된 상태로 나타난다. 이 범주에서 개인의 사상이나 이념 등은 동아시아인의 아시아 인식이 처음으로 싹트는 과정에서 주로 제기된 것으로 대체로 보아 이 책의 제1부가 여기에 해당한다. 세기 전환기 동아시아의 지역연대에 관한 지식인들의 논의 중에서 이 책에서는 한국의 윤치호(尹致昊)와 안중근(安重根), 중국의 리 따자오(李大釗)와 쑨 원(孫文), 일본의 타루이 토오끼찌(樽井藤吉)와 오까꾸라 텐신(岡倉天心)의 각각을 중심으로 살펴보았다. 이어서 제2부에서는 이 범주에서 집단의 조직이나 운동에 해당되는 내용을 중심으로 검토했다. 미국과 일본의 두 강대국이 각각 주도한 태평양회의와 아시아민족회의를 주된 분석대상으로 하여 필자는 비단 한국만이 아니라 한국과 중국 혹은 동남아시아의 다른 피압박민족/민중들의 참여와 반응, 그리고 국가/민족 차원에서 주도권을 가진 연대조직이나 운동에 대한 이들의 비판의식 등을 주목해보고자 했다.

마지막으로 동아시아 국가 차원에서 제안된 연대를 '표방'하는 운동과 조직들을 들 수 있다. 19세기 말의 아시아주의나 아시아민족회의도 어느정도 여기에 해당된다고 할 수 있지만, 본격적인 시도로는 1930년대 후반의 동아신질서운동이나 대동아공영권 등을 전형적인 사례로 들 수 있다. 앞에서 말한 '전제와 정체의 아시아상'에 구현된 '연대'로서 제3부는 이 부분을 다루고 있다. 오늘날의 상식에 비추어보면 전혀 들어맞지 않는 것이지만, 그럼에도 불구하고 동아시아의 진정한 연대를 위해서는 이들 운동/조직이 표방한 '연대'의 논리나 성격 구명 또한 중요한 지적 자원이 될 수 있다고 생각한다.

이러한 문제의식에서 필자는 이 부분을 분석하는 데 적지 않은 노력과 시간을 들였으며, 이에 따라 제3부가 이 책에서 가장 많은 분량을 차지하게 되었다.

이들 각각의 시기에 한국은 동아시아 차원에서 지역연대에 대한 상이한 도전에 직면했다. 제1부에서 다루는 첫번째의 시기에는 서세동점에 의한 서구열강의 아시아에 대한 위협이 가시화되는 가운데 동아시아의 단결과 연대를 주장하는 이른바 아시아주의의 단초가 형성된 시기로서, 전제와 정체로서의 아시아상이 우세하게 나타났다. 한·중·일 동아시아 삼국에서 맹아적 형태로 출현한 아시아연대에 대한 주장은 각국이 세계체제로 편입된 시간(timing)과 자국의 상황에 따라 다른 내용과 지향을 지니는 것이었지만, 근대화의 일정한 단계를 선점한 일본제국주의 정책에 의해 기만적인 주장과 단순한 담론 차원에 머물고 말았다.

제1장은 동아시아의 정체성과 지역연대에 대한 일종의 서설로서 지역연대의 정당성의 근거로서 언급되는 지리와 인종, 문명의 각요인들에 대한 이론적 쟁점을 동아시아의 역사적 맥락에서 검토했다. 이어서 세기 전환기 동아시아 지식인들에 의한 지역연대의 다양한 구상과 제안들의 주요 흐름을 제시해보고자 했다. 한국에서 아시아연대론, 삼국공영론, 동양평화론의 계보와 성격에 대한 논쟁과 아울러 중국에서 리 따자오와 쑨 원의 동아시아연대의 구상을 비판적으로 검토해보았다. 일본의 경우에는 아시아주의와 관련한 주요 흐름이 어떻게 형성되어 이후 1945년에 이르기까지 어떠한 양상으로 전개되었는가를 포괄적으로 검토했다. 이 시기 아시아 '연대'의 발원지로서의 역할을 했다는 점에서 일본의 경우를 특히 주목해볼 필요가 있을 것이다. 이러한 역사적 과정을 거쳐 지리와 인종, 문명에 근거를 둔 자기완결적인 연대의 주장이 지니는 자명성이 도전받으면서 잠정적이고 전략적인 지역 개념으로 옮아가는 최근의 경향을 제시했다. 다음 장에서도 그러했지만 필자는 이들의 지역연대 구상에서 지리와 인종과 문명의 3요소가 차지하는 비중과

의미에 관심을 두고 분석해보고자 했다.

제2장에서는 세기 전환기 아시아연대의 유형과 양상의 대표 사례들을 구체적으로 검토했다. 먼저 근대 일본에서 아시아주의의 원형을 제창한 주요 인물로서 타루이 토오끼찌와 오까꾸라 텐신 두사람을 중심으로 이들의 논리와 그 한계를 비판적으로 검토했다. 이어서 한국에서는 국제정치와 외교의 관점에서 아시아연대를 모색한 김옥균(金玉均)이나 안경수(安駉壽)와는 다른 사례로서 윤치호와 안중근의 두 사례를 분석했다. 윤치호의 사례는 지역과 인종 그리고 문명을 공동의 요소로 하여 동아시아의 아이덴티티와 연대의식을 발전시켰던 역사적 국면에서 인종이나 문명과 같은 요소가 어떠한 방식으로 연대에 영향을 미치는가를 보이는 좋은 사례를 제공한다. 안중근의 경우는 민족에 대한 헌신을 배경으로 일본발 아시아주의에 대해 비판적 입장을 가졌던 신채호와 같은 사례를 논외로 한다면 이 시기 지식인들이 어떠한 형태로든지 영향을 받았던 아시아주의의 시대적 제약에도 불구하고 동아시아연대와 평화에 대한 독자적인 구상을 보인다는 점에서 검토할 만한 가치를 가지고 있다. 이미 언급한 중국의 리 따자오나 쑨 원의 경우에도 여기에서 논의될 수 있겠지만, 서술의 편의를 위해 앞 장에서 다루었다.

제2부의 무대가 되는 1910~30년대는 세계체제의 관점이라는 거시적 맥락에서 보면 영국의 헤게모니가 아직 지속되는 가운데 미국이 새로운 헤게모니 국가로 부상한 일종의 과도기였다. 이 시기에 서구에서 미국의 헤게모니에 대한 경쟁자로 독일이 등장했던 사정을 배경으로 일본은 점차로 동아시아 지역에서 미국의 헤게모니에 대한 도전자로 부상했다. 이러한 점에서 이 시기 동아시아의 지역연대에서는 미국의 주도에 의한 것과 일본이 중심 역할을 한 것의 두가지가 서로 경합하면서 헤게모니를 다투는 양상이 전개되었다.

동아시아 지역에서 미국이 주도한 지역연대는 다양한 차원으로 전개되었다. 때로는 동아시아에만 한정되지 않은 경우까지를 포함하여 성이나 직업,

세대, 종교에 따라 범태평양부녀회의, 국제부녀참정회의, 변호사대회, 신문기자대회, 간호부대회, 태평양의학자대회, 범태평양학생회, 청년회대회, 기독교대회 등의 여러 국제회합들이 조직·개최되었다. 제3장에서는 이들 중에서 가장 대표적이라고 할 수 있는 태평양회의(Pacific Conference)와 태평양문제연구회(Institute of Pacific Relations)에 초점을 맞추어 검토했다.

이어서 제4장에서는 미국의 이러한 동아시아 전략에 대한 대응으로 민간의 시민사회 차원에서 동아시아연대를 표방하고 일본이 주도한 몇몇 시도들을 검토했다. 예를 들면 1924년 무렵에 제기된 아세아연맹이나 1926년에 일본 나가사끼(長崎)에서 제1차 대회가 개최된 아세아민족회의 혹은 미완으로 끝나버린 1934년의 아세아민족대회 등이 그것이다. 이 가운데에서도 가장 대표적인 사례로는 일본의 전아세아협회(全亞細亞協會)와 중국의 아세아민족동맹의 두 단체가 주관하는 형식으로 1926년 7~8월 일본 나가사끼와 이듬해인 1927년 11월 중국 샹하이에서 두 차례에 걸쳐 개최된 아세아민족회의와 이 대회에서 결성된 아세아연맹을 들어야 할 것이다.

미국과 일본이 각기 주도한 이들 두 조직, 즉 태평양문제연구회와 아세아연맹에 대해 조선인이 그것을 어떻게 인식하고 어떠한 반응을 보였는가 하는 것은 동아시아연대에 대한 당대의 인식을 살피는 데 흥미로운 주제가 될 것이다. 서구와 근대를 지향한 미국과 아시아와 전통을 강조한 일본, 통상의 자유와 인권이라는 보편적 가치에 호소한 미국과 "아시아인에 의한 아시아의 단결"이라는 특수주의의 언설에 의지한 일본의 경우는 여러가지 점에서 대조되는 것이었지만, 아시아의 일원이면서 동시에 일본의 직접적 식민지배를 받았던 당시의 한국은 동아시아에서 특수한 지위를 반영하여 매우 복합적이고 모순적인 대응양상을 보였다.

제3부의 1930년대 후반부터 1945년에 이르는 시기에는 미국의 헤게모니에 대한 일본의 도전이 현재화하면서 그것이 전쟁이라는 극단의 형태로 표출되었다. 이 시기에는 서구의 헤게모니에 대한 일본의 도전이 가시적 형태

로 뚜렷이 드러났던 만큼이나 일본은 다른 어느 시기보다도 더 적극적으로 동아시아연대에 대한 제안과 구상을 내놓았다. 1939~40년 사이에 활발하게 전개되었던 이른바 동아신질서에 호응하여 조선의 사회주의자들은 '제국'과는 다른 식민지 소수자 입장에서의 동아시아 구상을 모색했다. 이른바 동화주의와 내선일체 정책의 시행을 배경으로 자신의 민족 정체성을 철저히 부정당했던 시련과 고난의 시기에 전향 사회주의자들은 '동아시아'의 개념을 매개로 자신의 민족에 대한 정서적 애착과 제국에 대한 강요된 헌신 사이에서 다양한 반응양태를 보였다.

제5장에서는 일본이 제창한 동아신질서에 대한 일본과 조선에서 지식인들의 상이한 대응양상에 주목하면서 이른바 동아협동체와 동아연맹으로 대표되는 동아공동체 구상이 식민지에 수용되는 과정을 민족과 동아시아의 두 기준에 의거하여 분석했다. 동아시아연대 일반의 양상이 그렇지만 이러한 분석은 동아시아에 대한 인식이 민족문제와 밀접하게 얽혀서 상호작용한다는 사실을 잘 보여줄 수 있을 것이다. 아울러 동아시아로의 회귀를 통해 이들이 내면의 양심과 사상의 전향을 정당화할 수 있었다는 점에서 이들의 전향논리는 곧 이 시기 동아시아연대에 대한 이들의 고민과 모색을 잘 보여주는 것이었다.

마지막의 제6장에서는 1940년대 이후 전시동원체제에서 일본제국이 주도한 대동아공영권의 문제를 검토한다. 메이지 시기 이래의 아시아주의가 궁극적으로 그에 수렴되어 발현되었다는 의견과 나란히 그것이 아시아연대를 지향하는 아시아주의의 말살이고 부정이었다는 극단적 평가가 상존하는 대동아공영권은 서양과 동양, 제국과 식민, 보편과 특수와 같은 대립 개념들이 착종하는 장이었다. 이처럼 다양한 방식으로 착종하는 모순과 갈등은 일본제국이 전시체제의 일환으로 일관되게 수행한 대동아공영권이라는 단일체의 신화가 균열하는 지점들을 드러낸다. 민족문제와 아시아 인식의 밀접한 관련은 대동아공영권이라고 해서 예외가 아니었다. 이러한 점에서 근대 세계체제라는 거시적 시각에서 식민지 조선이라는 소수자의 입장을 투영하여 대동아공영권의 실체와 내용 및 그것이 지니는 모순과 한계를 검토해보고자 했으며, 이어서 전제적 거대 제국의 내부에서 진정한 연대와 독립을 위한 동(남)아시아 여러 민족/국가의 시도가 어떠한 방식으로 발현하는가를 제시해보고자 했다.

연구사적으로 보면 이 책의 주제에 관한 국내의 연구성과는 상대적으로 미미하거나 전무한 형편이다. 제1부에서 서술하고 있는 동아시아나 아시아주의에 대한 연구는 최근에 들어와 적지 않은 연구성과들이 나오고 있다고 있다고는 하더라도 2000년대 이전에는 소수의 연구들만 찾아볼 수 있었을 따름이다. 윤치호나 안중근에 대해서는 상대적으로 연구가 진척된 양상을 보인다고 할 수도 있겠지만 동아시아의 시각에서 본 연구는 정작 드문 편이다. 제2부의 태평양문제연구회에 대해서는 미국과 일본에서는 상당한 연구성과가 있음에도 불구하고 국내에서는 2~3편의 논문밖에 발표되지 않았으며, 아시아연맹에 대한 연구는 한국은 말할 것도 없고 일본에서조차도 소수의 연구를 제외하고는 거의 찾아볼 수 없는 형편이다. 마지막으로 제3부에서 다루고 있는 동아연맹이나 동아협동체 혹은 대동아공영권 등에 대해서도 최근에 관심이 점차 대두되고 있다고는 하더라도 본격적인 연구는 거의 이루어지지 않고 있다.

사정이 이러한 것은 1980년대 이후 국제화와 세계화의 조류에 본격적으로 휩쓸리기 이전까지만 하더라도 한국사회의 인식에서는 국가 위주의 일국사적 이해가 지배적이었기 때문이다. 이에 따라 국제관계나 국제 차원에서의 변수는 내재적 분석에 외재하는 것으로 사실상 분석에서 배제되거나 또는 항상 동일한 상수로서 가정되어왔다. 최근 동아시아론의 대두는 이러한 연구경향에 대한 새로운 접근과 대안을 제시하고자 하는 시도로 주목된다. 동아시아 시각에서의 거시적 비교분석은 타자와 우리의 입장을 동시적으로 상대화시켜 분석함으로써 연구주제에 대한 객관적 이해를 가능하게 할 것으로 기대된다.

예를 들면 태평양문제연구회(IPR)를 다루는 경우, 그에 대한 조선인들의 참여를 전적으로 식민지 사회의 시각에서만 보는 것은 바람직스럽지 않다. 미국과 아울러 한·중·일 동아시아 삼국의 지식인들이 IPR에 대한 참여 동기와 양상 및 그로부터 제기된 주요 쟁점들을 비교·검토함으로써 동아시아연대에 대한 조선인 지식인의 입장이 더 선명한 방식으로 드러나고 평가될 수 있다. 이에 대한 일본에서의 연구성과는 상당수에 이르지만, 조선문제와 관련해서는 일본 학계가 설정한 문제의식에 따라 진행된 극소수의 연구가 있을 따름이다. 이러한 점에서 일본이나 중국, 미국의 사례들과 관련해서 조선문제를 상대화해본다거나 조선의 사례를 다른 경우와 비교해보는 접근은 시도되지 않았다. 동아시아 시각에서의 연구는 특정 국가/민족에만 초점을 맞춘 일국사적 접근이 제공할 수 없는 유용한 사실들의 발견과 새로운 쟁점들의 이해 및 다차원의 해석들을 제공할 수 있을 것이다.

동아시아 차원의 비교라는 거시적 시각에서의 분석은 이 지역에 개입하고 있는 다양한 차원의 변수들, 즉 근대/전통, 제국/식민지, 서구/아시아, 국가/시민사회, 정부/민간, 민족주의/국제주의, 국가주의·민족주의/자유주의·개인주의, 수평적 연대/수직적 위계, 보편주의/특수주의와 같은 여러 층위에서의 상호배제적이고 때로는 모순적인 대립쌍들이 서로 경합하는 결절점들을 드러낼 수 있게 한다. 동아시아연대라는 문제의식에 비추어볼 때 이들 다양한 가치와 이념 들에서 분석의 초점은 국가나 정부 주도, 서구 지향이나 수직적 위계보다는 그 반대의 쌍들, 즉 시민사회와 민간 지향, 아시아 지향, 수평적 연대 쪽에 맞춰야 할 것이다.

이는 앞에서 말한 아시아 인식의 두가지 상, 즉 전제와 정체의 아시아 대 해방과 변혁의 아시아라는 상반된 이미지에서 전자보다는 후자에 강조점을 두는 것을 말한다. 유감스럽게도 아직까지는 아시아의 현실에서 전자가 우세하지만, 오늘날 동아시아 지역의 활발한 교류와 연대를 위해서는 시민 사회와 민간이 주도하는 수평적 연대를 아무리 강조해도 지나치지 않을 것이다. 이러한 점에서 역사를 거슬러 올라가 이 지역에서 동아시아연대운동이 시작되었던 형성기의 주장과 이론 들을 연구하는 의의가 있을 것이다. 동아시아연대의 역사적 경험과 그것의 한계에 대한 비판은 오늘날 동아시아연대운동이 당면하고 있는 현재의 상황을 점검하고 그것의 미래를 전망할 수 있는 유용한 역사적 교훈을 제공할 수 있기 때문이다.

마지막으로 이 책을 내는 데는 많은 사람들의 도움을 받았다. 지금은 정치인이 되어 국회의원으로서 활동하고 있지만 당시 배재대학의 강창일 교수는 필자에게 아시아에 대한 연구의 필요성을 일깨워주었으며, 그와 함께 진행한 아시아주의에 대한 공동연구는 매우 유익한 경험이 되었다. 이 책의 제1부 제2장에 그 일부가 수록된 이 연구에서 필자는 그를 통해 일본의 아시아주의를 이해할 수 있는 통찰력과 함께 역사연구의 바람직한 자세를 함께 배울 수 있었다. 연세대학의 백영서 교수에게도 감사의 말씀을 드리고 싶다. 그를 중심으로 한 그룹에서의 동아시아에 대한 이론적 접근과 방법적 성찰은 이 연구에 유용한 자극과 자료를 제공했으며, 개인적으로 그는 이 책이 나올 수 있도록 여러가지로 배려와 도움을 아끼지 않았다. 일본 쿄오또의 도오시샤(同志社)대학에서 가르치고 있는 타나까 류우이찌(田中隆一) 선생은 일본에서의 관련 연구자료들과 아울러 이 책에 등장하는 일본인들에 대한 유익한 정보를 제공하는 등 여러가지로 도움을 주었다. 쿄오또의 국제일본문화쎈터의 마쯔다 토시히꼬(松田利彦) 교수는 타나까 선생을 통해 소중한 자료를 복사할 수 있도록 기꺼이 제공해주었다. 필자가 몸담고 있는 한국학중앙연구원의 모한(Pankaj N. Mohan) 교수는 아직은 한국에서는 생소한 인도인들에 대한 유익한 정보를 제공해주었다. 당시 호주 씨드니대학 일본·한국학과에 재직하고 있었던 그는 잘 모르는 필자의 문의에 친절하게 답해주었다. 이들이 기꺼이 베풀어준 도움과 호의에 감사드린다.

이 책의 저술과 관련해 필자는 이 주제에 관한 일련의 논문들을 10여년에 걸쳐 발표해왔으며(김경일 1999, 2003, 2004, 2005, 2008, 2009; Kim 2005, 2010; 김경일·강창일 2000) 이러한 점에서 이 책은 이들 논문들의 논지를 일정 형태로 선택·반영하기도 하고 발전, 확장시키기도 한 결과물이라고 할 수 있다. 이 책은 2006년도 서남재단에서 공모한 지정 연구과제인 '한국이 본 동아시아 : 연대운동의 담론과 역사'의 연구 결과물로서 출판된 것이다. 이 사업을 주관한 서남포럼은 약정한 연구기한을 넘겼음에도 불구하고 인내심을 가지고 필자의 연구를 지켜봐주었으며, 이 포럼에서 주최한 연례행사를 통해 많은 동아시아 연구자들과 교류할 수 있는 유익한 장을 마련해주었다. 많은 양의 원고를 정성껏 다듬어서 출판해준 창비 편집부 여러분에게도 감사의 말씀을 전하고 싶다.

2011년 8월
김경일

제1부

제1장 동아시아의 정체성과 지역연대

20세기 전반기 동아시아연대의 문제를 검토할 때 가장 먼저 부딪히는 난점 중의 하나는 20세기 전반기의 시기와 동아시아연대 사이에는 근원적인 괴리가 있다는 사실을 들 수 있다. 개방체제로의 이행이라는 점에서 연대를 위한 조건은 갖춰졌지만 그것이 실현되기 위한 내재적 주체의 결집과 지향에서 지역 차원의 연대는 아직은 낯설고 생소한 주제였기 때문이다. 일본을 비롯해 한국과 중국의 동아시아 민족과 국가에서 지역 공동의 연대를 통해 열강에 대항해야 한다는 연대의 사상은 19세기 후반 서구열강에 의한 제국주의 세력의 위협이라는 외부의 조건에 의해 형성되었다.

이처럼 내재적이고 자발적 요구가 아니라는 점에서 동아시아 각국가와 민족에서 지역연대의 문제에 대한 공감대 형성은 찾아보기가 힘들다. 한국의 경우에 한정해보더라도 전통의 보존과 근대의 도입을 둘러싼 개화파와 위정척사파의 논쟁에서와 같은 극심한 대립과 투쟁이 야기되었으며, 이는 흔히 중앙 정치무대에서 반대파의 축출과 박해, 그리고 해외로의 망명과 같은 격렬한 투쟁과정을 수반했다. 국내에서의 이러한 대립양상은 대외문제와 밀접한 관련을 가지면서 진행되었다. 이는 서구열강들과의 국교를 수립하는 문제는 물론이고 동일한 지역권 안의 다른 동아시아 국가들과의 관계 설정에서도 재현되었다.

서세동점의 엄연한 현실에서 국가의 보존과 자주를 지켜야 한다는 절박한 필요에는 공감하면서도 동아시아 다른 국가들과의 관계를 어떻게 설정할 것인가에 대해서는 다양한 의견과 제안 들이 제시되었다. 그것은 한편으로는 중국을 중심으로 하는 전통적 지역질서로서의 이른바 화이(華夷)적 세계관에 입각한 조공체제와 근대적 국제질서로서의 만국공법 사이의 대립이라는 형태로 나타났는가 하면, 다른 한편으로는 동아시아 국가, 특히 일본과의 관계 설정을 둘러싼 의견 차이로 표명되기도 했다.

구체적인 시간의 맥락에서 보면 조선사회 내부에서 근대와 전통, 개화와 반(反)개화의 대립전선이 형성되면서 전자를 지지하는 이른바 개화사상이 출현한 시기에 대해서는 1850년대부터 1870년대에 이르기까지 10년 단위로 다양한 의견이 나오고 있지만(정용화 2004: 112), 적어도 그것이 1870년대 무렵에 형성된 것은 분명하다. 이에 반해 국제적 쟁점으로서의 동아시아에 대한 관심은 이보다 늦은 1880년대 무렵부터 제기되기 시작하여 1910년대까지 지속되었다.

자주독립과 근대화를 위해서는 대외적으로 개방해야 한다는 주장에 이어 동아시아의 국가들끼리 연대를 해야 한다는 생각이 일부 개화파들을 중심으로 제기되면서 지식인 사회에서는 아시아연대론이나 동양삼국공영론 등과 같은 주장들을 둘러싸고 활발한 논쟁이 전개되었다. 논쟁의 초점은 연대의 이유, 즉 왜 동아시아 국가와 민족 들이 연대의 대상이 되어야 하는가였다. 연대의 정당성을 설파하기 위한 근거로서 흔히 제시된 것은 지리적 인접성이나 인종, 그리고 문화·문명과 같은 요인들이었다.

1. 지역 정체성의 주요 요소: 지리와 인종, 문명

일반적으로 지역 정체성을 구성하는 주요 요소로서 지리적 근접성, 인종적 동질성, 문화적 유사성이 거론되는 것에서 보듯이 문화적 가치와 아이덴티티를 표상하는 지역과 인종은 아시아연대론의 핵심개념이었다(장인성 2000: 112, 116). 중요한 것은 지역연대의 정당성을 설명하는 데 이 세 요소가 중요한 의미를 가지고 있다고 하더라도 각각에 부여하는 의미와 그것이 작용하는 방식은 시간의 흐름과 역사의 맥락에 따라 다르다는 사실이다. 이러한 점에서 이들 요소들은 1880년대 이후의 시대적 맥락에서 각이시기에 미묘한 편차를 보이면서 의미의 변화를 경험했다.

먼저 지리적 조건은 페르낭 브로델(Fernand Braudel)이 일찍이 지적한 바와 같이 장기지속(longue durée)의 부동의 역사에 속한다는 점에서 가장 변화하지 않는 속성을 지닌 것으로, 이 시기 아시아연대에서 가장 기본적이고도 지속적인 영향력을 남겼다. 무엇보다도 15세기 후반 이래 폐쇄상태에 있던 동아시아 지역이 개방체제로 이행했던 주요 요인은 이 시기에 들어와 지리적 범위가 대폭 확장되었다는 사실에서 비롯되었다. 일국적 천하관이라는 전통적 개념에 사로잡혀왔던 동아시아 지식인들의 인식지평에서 서구라는 타자의 출현은 공간의 규모를 세계 차원으로 확장시켰다.

물론 지역 내에서도 국가에 따른 편차가 있어서 일본의 경우 16세기 이래 네덜란드를 통한 서양문물의 도입에서 보듯이 매우 이른 시기부터 서구를 통한 공간의 확장을 경험했다. 또한 조선에서의 동양삼국공영론에서 보듯이 1880년대 초 이래 동아시아 삼국의 범위를 거의 벗어나지 않았던 조선의 경우와는 달리 일본의 아시아연대론은 점차 동남아시아나 인도, 그리고 중동의 이슬람국가들로 확장되어갔다.[1] 중국은 근대로의 이행과정에서

---

1) 오까꾸라 텐신(岡倉天心)의 『동양의 이상』이 단적인 사례이다. 일본의 아시아연대론에서 지리는 상황적 조건이었으며, 지리적 근접성이란 조건은 동양 삼국을 대상으로 한 연대 구

세계 속에서 하나의 '지역'으로의 전변(轉變)이라는 '근대적 사건'(양 니엔천 2005: 86)과 아울러 일본의 침략에 의한 반식민지 상태와 사회주의 체제로의 이행을 통해 중화 중심의 세계관에 근본적 변화를 경험했다. 그럼에도 불구하고 천하적 세계관의 전통에서 거대한 중국 영토의 동쪽 변방에 위치한 변방에 불과한 것으로 동아시아 지역을 보는 인식은 오늘날에도 여전히 남아 있다.

　지리적 조건보다는 덜하지만 인종 역시 상대적으로 지속적이고 불변의 자연적 속성을 지닌 것이었다. 인종주의는 아시아연대론에서 가장 즉자적, 감각적이면서 대중적인 영향력을 지속적으로 행사했다. '아시아'에 대한 인식 자체가 그러했듯이 아시아에 속하는 같은 인종이라는 자각은 내재적이라기보다는 외부로부터 온 것이었다. "같은 인종끼리 특별히 더 사랑하는 것은 인정의 당연한 바"라는 주장에서 보듯이[2] 같은 인종과 다른 인종을 구분하고 자신이 속한 인종에 정서적 귀속감을 부여하는 인식은 원초적이고 내재적인 감정의 영역에 속하는 것처럼 보였음에도 불구하고 사실은 서구와의 조우를 통해 비로소 생겨난 것이었다. 1880년대 이래 미국과 유럽에서 보급된 이른바 황화론과 같은 대중담론이 그 상상력의 원천을 제공했으며, 사회진화론이나 형질인류학과 같은 근대 '과학'의 외양을 띤 이론들의 유포는(김민환 1988: 67~68; 장인성 2000: 118) 이러한 믿음들을 더욱 강화했다.

　동아시아에서 인종주의는 시기에 따른 변이를 거치면서 복합적이면서도 모순적인 성격을 띠었다. 무엇보다도 앞의 지리적 조건과 비슷하게 인종에 대한 이해는 나라에 따라 일정한 편차가 있었다. 그 범위가 가장 좁은 사례로는 조선을 꼽아야 할 것이다. 동아시아라는 지리 공간을 좀처럼 벗어나지 않았던 조선에서 같은 인종이란 동아시아 삼국의 '민족' 혹은 인종집단을 우

상에서는 강하게 의식되었지만 아시아일반까지 확대된 연대 구상에서는 더이상 유효할 수 없었다(장인성 2000: 125)는 지적은 이러한 맥락에서 나온 것이었다.
2) 『제국신문』 1900년 2월 9일자 논설.

선적으로 의미하는 것으로 이해되었다. 다양한 소수민족들을 영토에 포괄하고 있었던 중국의 경우는 논외로 하더라도 일본에서도 동아시아라는 제한된 지역에 한정하여 인종을 이해하던 방식은 점차 동남아시아와 인도, 이슬람을 포괄하는 것으로 확장되어갔다.

나아가 동일한 인종에 대한 반응 양상은 다양한 방식으로 나타났다. 삼국공영론이나 삼국정립론에서 보듯이[3] 서구제국주의의 침략에 대항하기 위해서는 같은 인종끼리 단결해야 한다는 주장은 19세기 말의 주요한 관심사가 되었지만 이와는 대립되는 입장이 일본에서조차 일찍부터 제기되었다. 단적인 사례로 문명개화론자인 후꾸자와 유끼찌(福澤諭吉)는 중국에서 양무운동의 좌절과 조선에서 김옥균 등의 갑신정변의 실패를 배경으로 "아시아 동방의 악우(惡友)를 사절(謝絶)한다"는 유명한 「탈아론」을 1885년에 발표함으로써 아시아로부터의 이탈을 선언했다(사또오 코에쯔 2006: 293, 306). 이어서 1905년 이후 일본의 침략이 노골화하면서 조선과 중국에서도 또한 아시아연대론에 대한 환멸과 비판이 거세게 제기되었으며, 이에 따라 아시아연대론은 일정한 형태의 변용을 하지 않을 수 없었다.

흔히 인종전쟁이라는 통설로 알려진 바로서의(장인성 2000: 128; 박정심 2007: 135) 1904년 러일전쟁에 대한 평가에서도 이러한 복합성은 찾아볼 수 있다. 황인종 일본이 유럽의 러시아를 격퇴시킨 사건은 일본은 말할 것도 없고 동아시아 근대사에서 획기적인 의미를 지닌 것으로 평가받아왔다. 조선에서 김윤식은 이 전쟁이 "세계 초유의 의전(義戰)"으로서 "비단 동양을 진동시켰을 뿐만 아니라 그 광영은 전지구를 찬란하게 비출 것"이라고 찬양했

---

3) 예컨대 위의 신문은 이어서 다음같이 서술한다. 즉 "황인종으로 말할진대 동양에 대한과 일본, 청나라 세 나라가 있은즉 그 형세가 비유컨대 솥발과 같아 만약 솥발 하나라도 떨어질 지경이면 그 솥이 기울어지는 것처럼 세 나라 중에 한 나라라도 만일 정치가 문란하여 국세가 위태하면 능히 동심협력하여 동으로 나오는 서방 형세를 막기가 어려울 터이니 이때를 당하여 동양 삼국이 피차에 더욱 사랑하는 마음이 도저할 수밖에 없"다는 것이다.

으며(정창렬 1986: 225~26), 중국에서도 상하이의 『동방잡지(東方雜志)』가 보도하듯이 "내지(만주 이외 중국지역) 사람으로 러일전쟁을 모르는 사람을 제외하고는 일본이 이기기를 바라지 않는 사람이 없었"으며, 중국인들 대부분이 일본의 승리를 기뻐했다(옌 안성 2005: 155~56). 그러나 이와는 상반되는 반응들이 있었던 사실에도 주목해야 한다. 정창렬은 이어서 이와는 상이한 일반 민중들의 반응을 소개하고 있으며(정창렬 1986: 230 이하) 옌 안성(嚴安生) 역시 중국 지식인들에게서 볼 수 있는 이러한 현상이 "자주적으로 형성된 것이라기보다는 유학을 권유하고 받아들이는 상대, 즉 일본의 영향이 짙게 반영되어 있다는 것을 알아야 한다"(옌 안성 2005: 159)고 지적하고 있다.

이 전쟁이 가지는 복합성은 또다른 사실에서도 찾아볼 수 있었다. 흔히 인종간의 전쟁으로 알려진 이 전쟁에 개입한 또다른 변수로는 이른바 문명과 야만의 대립을 들 수 있다. 즉 문명개화한 일본이 짜르 전제가 지배하는 야만 러시아를 물리쳤다는 인식이 그것이다. 어둠, 낙후, 전제와 같은 부정적 이미지들과는 대립되는 문명과 발전과 진보의 승리라는 표상이 여기에는 작용했다.[4] 여기에서 아시아연대를 구성하는 마지막 요소로서 문명(문화)의 변수가 제기된다. 앞의 지리나 인종에 비해 문명은 자연으로부터 가장 거리가 멀었다. 인간의 개입이나 의지의 작용이 가능한 것만큼이나 이 시기 아시아연대론에서 문명의 영향은 결정 가능하고 또 궁극적인 것으로 여겨졌다.

문명의 영향이 결정적이라는 말은 그것이 궁극적으로는 인종과 같은 자연적 제약 요인들보다 규정적이거나 논리적으로 선행하는 것을 의미한다. 후꾸자와 유끼찌가 "동방의 악우를 사절한다"고 한 것도 동일 인종보다도 문명의 척도를 우선시한 것이었으며, 유색인종 국가로서의 일본이 이 시기 국제무대에서 문명국의 대접을 받았던 것도 인종에 앞서는 문명의 영향력

---

4) 대체로 조선이 개화사상가들이 러일전쟁을 우선적으로 문명과 야만의 대결로 생각했다는 지적은 이러한 맥락에서 이해된다. 정창렬 1986: 226; 옌 안성 2005: 157 참조.

을 보이는 것이었다. 조선에서도 문명개화는 부국강병을 위한 유력한 수단으로서 1880년대 이후 강조되기 시작했으며, 이 시기 중반 이후 『한성순보』 『한성주보』 『독립신문』 등에서 자주독립과 함께 문명개화, 문명부강, 문명진보 혹은 문명과 야만 등의 용어를 찾는 것은 어렵지 않은 일이었다(박정심 2007: 122).

그런데 현실적으로 문명의 모범은 발전된 서구 국가에서 찾아볼 수 있었으므로 서구문명이 곧 보편문명이라는 인식이 자리잡기 시작했다. 부국강병과 자주독립을 지향하는 문명화에 대한 과도한 집착은 보편주의를 표방하는 서구문명의 수용을 절대 목표로 설정한 것이다. 서양문물의 수용 자체가 곧 문명으로 환치되면서 서양적이지 않은 모든 것을 곧 야만으로 보는 인식이 생겨났다(같은 책 123). 이제 문명 자체는 그것을 담지하고 있는 인종과 동일시되었으며, 문명론과 인종론의 이러한 결합은 인종을 서열화, 차별화하는 인종주의로 연결되었다.

문명과 인종의 결합과 위계화는 흥미로운 몇가지 결과를 야기했다. 하나는 문명이 결부되면서 이제 인종은 더이상 객관적이고 중립적인 개념이 아닌, 그 자체가 내재적 가치를 포괄하는 어떤 것이 되었다. 후꾸자와 유끼찌가 중국과 조선을 일컬어 "동방의 악우"로 지칭한 사실에서 단적으로 보듯이. 이제 그것은 선과 악이라는 규범적인 가치판단을 내포하는 것으로 바뀌었다. 문명화된 백인종은 지식과 덕, 문명화를 겸비한 상위의 인종으로서 존경대상이 된 것과 대조적으로 흑인종은 무능한 경멸대상이 되었다.[5] 『독립신문』의 논설은 문명과 인종의 이러한 결합을 다음같이 분명한 형태로 제시

---

[5] 장인성(2000: 118)과 박정심(2007: 124)은 1897~99년 『독립신문』의 논설을 통해 이를 입증한다. 예를 들면 『독립신문』 1897년 6월 24일자 논설은 백인종을 "세계인종 중에 가장 영민하고 부지런하고 담대한 까닭에 온 천하 각국에 모두 퍼져 차차 하등인종을 이기고 토지와 초목을 차지"했다고 적은 반면에 흑인에 대해서는 "동양인종들보다도 미련하고 흰 인종보다는 매우 천"하다고 평가했다.

하고 있다. 즉 "어떤 인종은 학식이 고명하고 재덕이 겸비하여 온 세계에 어느 나라를 가든지 남에게 대접을 받고 어떤 인종은 문견이 고루하고 무지 무능하여 가는 곳마다 남에게 천대를 받"는다고 하면서 "흑인종과 적인종은 인류가 아닌 것은 아니로되 족히 의논할 것이 없고 야만국과 미개화국은 나라가 아닌 것은 아니로되 또한 족히 말할 것이 없다"는 것이다.[6]

두번째로는 문명화의 정도에 따른 이러한 구분과 차별이 동아시아 내부의 국가에 적용되었다는 사실이다. 1894년의 청일전쟁에서 중국이 패하면서 우등한 백인과 열등한 흑인의 비유는 동아시아 내부에 투영되어 우등한 일본과 열등한 청나라라는 구분을 낳았다. 일본의 문명개화와 일본인의 우수성에 대한 지적과 대조적으로 청국인은 지구상에서 가장 천대받는 제일 약한 인종으로 간주되었다(장인성 2000: 119; 박정심 2007: 125). 조선의 김윤식이 러일전쟁을 "세계 초유의 의전"으로 표현한 것과 비슷하게 후꾸자와 유끼찌나 우찌무라 칸조오(內村鑑三)는 청일전쟁을 "문명과 야만 간의 의전(義戰)"으로 일컬었으며, 이리하여 청일전쟁은 문명 대 야만의 문명전쟁이며, 러일전쟁은 황인종과 백인종의 인종전쟁(장인성 2000: 128; 박정심 2007: 135)이라는 잘 알려진 신화가 성립되었다.

마지막으로 문명의 절대적 기준을 통해 인종에 투영된 일정한 가치들은 그것이 일정한 시간적 맥락과 조건에서 형성되었음에도 불구하고 탈시간화되고 탈맥락화되는 과정을 통해 마치 그것이 특정 인종에 고유한 속성인 것처럼 내재화되고 고착화되기 시작했다. 자신이 배태된 맥락으로부터 떨어져 나와 고립된 상태에서 추상적이고 본질적인 고유의 속성을 갖는 것으로 표상된 것이다. 그것은 진보와 발전이라는 근대 계몽주의의 사조가 가지는 단계론적 사고로부터의 일탈이자 왜곡이라고 할 수도 있었다. 그리하여 이와 같이 형성된 문명과 인종관은 일정한 방식으로 동아시아의 지역 정체성과

---

6) 『독립신문』 1899년 9월 11일자 논설 「인종과 나라의 분별」.

연대의 이념에 의미있는 영향을 미쳤다.

2. 세기 전환기 한국과 중국에서 지역연대의 구상과 제안

1) 한국에서의 논의

19세기 말부터 20세기 초의 이른바 세기 전환기에 한국에서는 지리적 근접성과 인종적 동질성, 문화적 유사성을 토대로 한 지역연대에 관한 다양한 구상과 제안들이 출현했다. 예를 들면 동양주의(아시아주의)나 아시아연대론, 삼국공영론 혹은 동양평화론 등이 그것이다. 여기에서 삼국공영론은 연구자에 따라 삼국동맹론(신운용 2009c), 삼국제휴론(현광호 2003; 정문상 2006) 등의 다양한 명칭으로 일컬어져왔으며, 구체적인 내용과 성격에 대해서도 연구자들 사이에서 의견이 엇갈리고 있다. 예를 들면 김민환은 삼국공영론이 계몽주의시대 민족지가 내세운 가장 핵심적인 대외정책이라고 평가하면서 그 밑바탕에는 바꾸후 말기부터 일본에서 꾸준히 제기된 정한론이 깊이 뿌리 내리고 있다고 주장한다. 그것은 한국의 김옥균, 중국의 캉 여우웨이(康有爲), 쑨 원, 인도의 수바스 찬드라 보스(Subhash Chandra Bose), 필리핀의 에밀리오 아기날도 등을 통해 각국으로 수출되었는데, 한국에서는 김옥균 등을 통해 국내에 수입되거나 중국을 거쳐 간접적으로 수입되어 주로 신지식계층에 의해 무비판적으로 수용되었다는 것이다(김민환 1988: 64~68).

김민환은 이 이론이 계몽주의시대 한국의 지식인들에 의해 자체 생산된 것이라기보다는[7] 동양지배의 당위성을 합리화하기 위해 일본이 동양 각국

---

7) 중국 연구자인 옌 안성 역시 이와 비슷한 맥락에서 후일 공산당의 원로 혁명가로 이름을

에 수출한 것이라는 사실을 되풀이하여 강조한다.[8] 그는 한국이 일본과 '보호조약'을 체결한 이후 일본의 침탈이 본격화하면서 친일인사나 단체에 의해 삼국공영론이 동양주의로 발전했다고 보았다. 그에 따르면 이전의 동양(삼국)공영론이 각국의 자주권을 바탕으로 하되 일본의 주도 아래 일종의 동맹관계를 형성하여 서세에 대응하자는 주장이었지만 새로이 대두된 동양주의는 자주권 확립의 중요성을 간과한 채 일본의 지배 아래 서세를 막아 공영권을 구축해야 한다는 것으로 그야말로 일본의 아시아 점령에 동조하는 매판 이데올로기의 성격이 노골화한 것이었다(같은 책 72). 이러한 점에서 김민환은 일본에서 수입된 아시아주의의 변형된 형태로서 삼국동맹론을 이해하고, 이러한 삼국동맹론의 원형이 이후 일본에서의 아시아주의로 수렴되어 갔다고 보는 것이다.

그런데 김민환이 말하는 1905년 무렵 삼국공영론이 변질된 형태로서의 동양주의는 그 내용에서는 신운용이 언급하고 있는 삼국동맹론과 비슷하다.[9] 신운용은 삼국동맹론에서 일제의 침략성이 드러나면서 일제의 침략논

떨치게 되는 우 위장(吳玉章)을 비롯한 중국의 지식인들에게서 살펴볼 수 있는 일종의 범아시아주의적인 사상과 감정이 자주적으로 형성된 것이라기보다는 일본의 영향이 짙게 반영되어 있다는 사실을 강조한다. 그는 중국 지식인의 일본 유학을 이러한 맥락에서 설명한다. 러시아가 맹방 독일의 자오저우만(膠州灣) 점령을 후원하고 이어서 1897년 12월에 뤼순항에 군함을 진주시켜 뤼순(旅順)·따롄(大連)의 조차를 요구하기 시작한 직후에 일본 참모본부의 주도 아래 중국인에 대한 친선공작과 유학 권유가 시작된 사실에 주목해야 한다는 것이다(옌 안성 2005: 157~59).

8) 따라서 그 이면에는 일본의 두가지 독선적인 국가적 타산이 숨어 있다고 본다. 즉 상하관계와 아울러 일본 독립의 보존을 전제로 한다는 것이다(김민환 1988: 68, 75~76).

9) 1880년대에 삼국공영론이 한국에 수입된 것으로 본 김민환과는 대조적으로 신운용은 1904년의 러일전쟁 발발을 전후해 삼국공영론이 삼국동맹론으로 전환되었으며, 당시의 지식인들은 이를 회의적 시각으로 보았다고 언급한다. 그는 삼국공영론과 삼국동맹론의 양자를 구분하여 전자가 문화, 정치, 경제의 측면에서 삼국의 발전을 추구한 반면에 후자는 군사관계에 무게를 두어 동양의 보존을 강조한 것이라고 보았다(신운용 2009c: 533). 해석과 분석의 과정에 초점을 맞춘 김민환과는 달리 신운용은 현상 중심의 서술에 입각하고 있다.

리에 대항하는 이론이 출현하게 되었고, 그것이 동양평화론으로 발전했다고 보았다(신운용 2009c: 536). 즉 삼국동맹론이 발전한 형태로서의 동양평화론은 일진회 등 일부 부일세력이 주장하는 동양평화론과는 성격이 다른 것으로 일제의 침략을 무력화하기 위한 자주논리로 정착되었다는 것이다(같은 책 536~37). 그의 이러한 주장은 안중근 동양평화론의 의의를 적극적으로 평가 한다는 문제의식에서 안중근의 동양평화론이 일본이 주장한 아시아연대주의 와 구조적 동일성을 가지면서도 반침략주의라는 대립적인 특징을 가지고 있 다고 본 윤경로의 입장과도 상통한다(윤경로 1985). 이와는 대조적으로 이광 린은 이 시기 한국인들이 내세우는 동양평화론이란 아시아연대론과 맥을 같 이하는 것이라는 사실을 지적하면서, 동양평화론에 대한 비판적 의견들을 소개하고 있다(이광린 1988: 297~98).

그런가하면 현광호는 삼국공영론이나 삼국동맹론이라는 표현보다는 삼국 제휴론이라는 개념에 주목했다. 그것은 한국이 청일전쟁 이후 청나라의 내 정간섭으로부터 탈피하고 을미사변으로 악화됐던 한일관계가 개선되면서 현 실적인 외교방안의 하나로 검토된 것으로, 기본적으로 서구열강의 침략, 특 히 러시아의 침략을 저지하려는 외교방안이라고 보았다. 삼국제휴론은 중국 에 대한 폄하와 일본의 지도적 역할을 인정하면서 백인종에 대한 저항을 표 방했지만 실제로는 러시아의 침략을 방어하는 데 초점을 두었다고 그는 주 장한다(현광호 2003: 171~72). 이처럼 인종주의와 일본맹주론에 호소한다는 점에서 삼국제휴론이 아시아주의와 유사하다고 하면서도 그는 삼국제휴론을 아시아연대론과는 명확하게 다른 것으로 구분했다. 즉 삼국이 대등한 관계 에서 동맹을 맺어 서구 침략에 맞서는 것을 목표로 한 삼국제휴론과 대조적 으로 아시아연대론은 일본의 조선 병탄과 중국 침략을 추구한 대륙침략론이 라는 것이다.[10] 삼국제휴론에 대한 그의 이러한 평가는 그것을 부정적·회

---

10) 현광호 2003: 174. 최근의 연구에서 그는 삼국제휴론과 삼국공영론, 동양평화론, 동양주 의 등을 포괄하는 표현으로 '동아시아협력론'이라는 개념을 제안한다. 그에 따르면 이는

의적 맥락에서 해석한 김민환이나 신운용과 대조적이다.

1870~1910년대 근대로의 이행기에 찾아볼 수 있는 아시아연대에 관한 이들 제안들에서 나타나는 혼란은 그 기원과 명칭에서부터 그것을 구성하는 실제 내용과 성격, 그리고 그에 대한 평가에 이르기까지 다양한 차원에 걸쳐 있는 것으로 보인다. 이 주제에 관한 최근의 연구들은 아시아주의나 동양평화에 관한 더 적극적이고 주체적인 평가를 시도해왔다. 구체적으로 말하면 그것이 단순히 일본에 의해 수출되어 동아시아 각지역의 지식인들을 통해 일방적으로 전파되었다기보다는 그것이 특정 국가나 지역, 예를 들면 한국의 역사적 맥락에 적용되고 해석되는 과정에 주목하고자 한다는 것이다.

이러한 접근은 지역 내 지식인들의 능동적 수용과정과 실천양상을 부각시킨다는 이론적 효과를 거둘 수 있다. 후술하듯이 거시적 맥락에서 보면 안중근의 동양평화론에 대한 최근의 연구들 역시 이러한 흐름 안에서 진행되어 온 것으로 보인다. 그러나 주체성과 능동성에 대한 강조는 일정한 대가를 수반했다. 가장 큰 약점은 초기의 연구들이 갖추고 있었던 일본으로부터의 규정성이 거의 잊혀버리게 되었다는 점이다. 특히 유학이나 공무 등을 통해 일본과의 교류가 잦았던 지식인들의 경우에 그랬지만, 일반적으로 이 시기 한국의 지식인들은 어떤 형태로든 이른바 일본발 아시아주의[11]로부터 영향을 받았다.

그 주된 통로는 시찰단으로 파견된 관료나 유학생들로서, 이른바 개화파 지식인들이었다. 1880년 일본에서 설립된 흥아회(興亞會)에 이들이 대거 참석한 사실은 이를 상징하는 것이었으며, 아시아연대에 대한 주장은 이후 『한성순보』나 『한성주보』를 통해 활발하게 국내로 소개되었다. 이 시기 동

"한·중·일 삼국의 협력을 통해 서구열강의 침략을 저지하자는 논의"로 정의된다(현광호 2009: 22).

11) 여기에서는 동양주의, 아시아연대론, 삼국공영론, 삼국제휴론 등을 포괄하는 총칭으로 이 용어를 사용한다.

아시아연대에 대한 관심은 후술할 타루이 토오끼찌(樽井藤吉)의 대동합방론에 대한 지식인들의 열띤 호응에서도 찾아볼 수 있다. 일찍이 아시아연대에 공감한 김옥균은 한·중·일 삼국의 상호제휴를 의미하는 삼화(三和)를 자신의 호로 삼았으며, 샹하이의 여관에 투숙할 때 자신의 이름을 이와따 미와(岩田三和)로 서명할 정도로 그 실현에 몰두했다. 그의 삼화주의는 일제 말기 대동아공영권이 제창되던 시기에 동양주의와 대아시아주의의 선구로 추앙되었다.[12] 이인직은『만세보』1906년 7월 20일자에 발표한 「삼진연방」이라는 논설을 통해 일본과 간도, 만주를 포함하는 "동양의 일대 연방을 만들어 경제상 대진보를 연구"해야 한다고 주장했다.[13]

그런가 하면 안창호 역시 이또오 히로부미(伊藤博文)와의 회견에서 삼국의 정립친선이 동양평화의 기초라는 의견에 공감하면서 서양세력의 아시아 침입을 막기 위해 조선과 일본, 중국이 협력해야 한다고 주장했다.[14] 박은식은 인종론과 문명론에 근거하여 동아시아 삼국의 연대를 주장한 오오가끼 타께오(大垣丈夫)가 1908년에 저술한 『청년입지편(靑年立志篇)』으로부터 지대한 영향을 받았다.[15] 러일전쟁 후 일본에 의한 조선의 '보호'국화가 추

---

12) 팔봉 1941: 66. 강재언의 평가에서 보듯이 기존의 연구에서는 김옥균의 삼화주의가 일본을 맹주로 한 동아시아 삼국의 문명화와 서구 침략에 대한 대항을 주장한 후꾸자와의 일본 맹주론의 영향을 받은 것으로 평가해왔다. 이와 대조적으로 조재곤은 최근의 연구에서 삼국이 강고한 화맹체제를 유지하여 러시아를 비롯한 서구 침략을 방어하고 나아가 조선을 완전한 중립국으로 만들어 국체를 보존하고자 했다는 점에서 삼화주의에 대한 적극적 평가를 시도한다(조재곤 2000: 158~61).

13) 이승원 2007: 223 참조. 1906년『만세보』에 연재한『혈의 누』에서는 일본을 거쳐 미국으로 유학 간 구완서가 문명국 미국에서 신식교육을 받은 목적은 "공부를 힘써 하여 귀국한 뒤에 우리나라를 독일국같이 연방도를 삼되, 일본과 만주를 합하여 문명한 강국을 만들고자" 한다고 하면서 아시아연대에 대한 포부를 밝히고 있다(이인직 1969: 74).

14) 그러나 그는 안중근과 비슷하게 그전에 한국은 한국인으로 하여금 혁신하게 하라고 요구했다. 일본이 한국을 '보호'국화하지 말고 한국의 독립을 회복시킨 후에 해야 한다는 것이다(주요한 1978: 55~57).

15) 1910년 일제에 의한 강제병합 이후 그는 그에 대해 심한 환멸을 느끼고 격렬하게 비판한

진된 것을 계기로 국내에서 아시아연대론에 대한 회의가 대두되면서 아시아를 단위로 한 지역연대의 구상이 외면을 받고, 민족과 국가에 대한 추구가 일정한 세력을 형성한 배경을 고려해볼 때,[16] 민족주의 사학의 주창자로 잘 알려진 신채호조차도 1909년에 이르러서야 동양주의에 대한 비판을 발표(신채호 1997(1909))한 것은 뒤늦은 감이 있었다.

2) 중국의 경우

이처럼 서구열강의 침략 앞에서 아시아의 단결과 연대를 호소하는 아시아주의의 포괄적 흐름은 세기 전환기의 한국은 말할 것도 없고 중국과 일정한 호응을 가지고 전파되었다. 위에서 본 것처럼 당시의 한국에는 아시아주의에 대한 적극적 지지에서부터 소극적 호응에 걸친 다양한 반응 양상과 아울러 신채호의 사례에서 보듯이 아시아주의 자체를 부정하는 비판적 입장의 극단이 존재했다. 이 점은 중국에서도 마찬가지였다. 많은 지식인들이 그에 대한 비판과 냉소의 태도를 보였으며, 중국공산당의 창당을 주도했던 리 따자오(李大釗)는 이러한 입장을 대표한다.

다. 박은식이 인종주의의 관점을 견지했다는 지적도 있지만(현광호 2009: 172~73), 이후 아시아와 황인종은 더이상 그의 관심이 아니었으며 반제연대의 관점에서 새로운 국제감각을 갖게 되었다. 한기형 2005: 169 이하 참조.

16) 1905년의 을사늑약을 계기로 문명개화론자들 사이에서 분화가 일어나 『대한매일신보』 계열은 동양주의와 동양평화론을 비판하면서 국가주의를 제창한 반면에 『황성신문』 계열은 그것을 고수하면서 동양평화를 교란한 일본의 각성을 촉구한 것으로 지적된다. 전자를 대표하는 사례로 신채호를 들 수 있겠지만, 백영서는 후자의 경우로 안중근을 들고 있다(백영서 2000: 149). 이와는 달리 현광호는 『황성신문』 계열은 선실력양성 후독립, 『대한매일신보』 계열은 선독립론을 지지하면서 전자는 무장투쟁 반대, 후자는 양자를 병행할 것을 주장했다는 점에 주목해 안중근은 동양평화론을 지지했다는 점에서 전자와 공통점이 있고, 무장투쟁을 지지했다는 점에서는 후자와 유사하다고 평하고 있다. 이런 점에서 안중근은 사상사적으로 특이한 위치에 있으며, 나아가서 이 시기 사상적 분화가 복잡했음을 보여주는 본보기가 된다는 것이다(현광호 2003: 188~89; 2009: 213).

리 따자오의 지역연대의 구상에서는 지역과 인종이 중시된다. 그는 진정한 아시아연대를 실현하기 위해 "같은 아시아, 같은 황인종의 우의를 생각하여 상부상조하고 세계의 진정한 도의를 지키며 세계의 확실한 평화를 보장"(리 따자오 1997: 161~62)해야 한다는 당위론을 주장했다. 이러한 원칙적인 주장과 의의에도 불구하고 그는 일본의 대아시아주의 현상에 대해서는 매우 비판적인 의견을 개진했다. 일본의 대아시아주의 주장에 대한 아시아인의 우려를 표명하면서 그것은 "중국 병탄주의(倂呑主義)의 은어"이자 "대일본주의의 다른 이름"이라고 신랄하게 비판한다.

이렇게 보면 이 대아시아주의는 평화주의가 아니라 침략주의이며, 민족자결주의가 아니라 약소민족을 병탄하는 제국주의이며, 아시아의 민족주의가 아니라 일본의 군국주의이며, 세계 조직에 적응하는 조직이 아니라 세계조직을 파괴하는 하나의 씨앗일 따름이다(같은 책 163~64).

이러한 점에서 리 따자오는 일본은 말할 것도 없고 중국이나 혹은 중·일의 공동영도를 주장하는 제안에 반대의사를 표명하면서 그에 대신해 아시아 약소민족의 해방과 민족자결주의에 바탕을 둔 연대를 제안했다. 일본의 대아시아주의에 대한 대안으로서 그의 이러한 구상은 신아시아주의로 알려져 왔다. 그의 신아시아주의는 아시아연대를 기반으로 나아가서 그것을 세계연방으로 발전시키고자 한다는 점에서(같은 책 165) 일종의 세계주의적 이상을 담은 것이었다. 아시아주의의 본질을 일본의 침략주의로 규정하면서 그것을 신랄하게 비판한 점에서는 신채호와 비슷하지만, 그 자체를 아예 인정하지 않고 아시아에 대한 연대의 제안을 더이상 발전시키지 않은 신채호와는 달리17) 그는 약소민족의 해방과 민족자결에 바탕을 둔 아시아연대의 이

---

17) 신채호가 1909년에 동양주의를 비판한 반면에 리 따자오가 일본의 대아시아주의를 비판하면서 신아시아주의에 대한 자신의 구상을 밝힌 것은 10년쯤 후인 1917년과 1921년이라

상을 구체화했다.

그럼에도 불구하고 리 따자오의 아시아연대사상의 기저에는 중국 중심주의의 사고가 놓여 있다는 점에 주목해야 할 것이다. 그는 서구열강의 "대서양주의에 대해 (일본처럼— 필자) 대아시아주의의 기치를 내걸어 저항하는 것은 역시 당연한 반응에 속할 것"이라고 말한다. 그러나 여기에는 일정한 단서가 있다. "중국이 없으면 아시아가 있을 수 없다"는 사실이 인정되어야 한다는 것이다. 대아시아주의자는 "마땅히 (면적이 광활하고 인구가 많아 아시아의 문명을 대표하는) 중화국가의 재건과 중화민족의 부활을 절대적인 관건으로 삼아야" 하며 이는 스스로의 자찬이 아니라 세상이 공인하는 바라고 그는 지적했다(같은 책 161).

중국에서 아시아주의를 긍정적으로 수용한 대표적 인물로는 쑨 원(孫文)을 꼽을 수 있다. 쑨 원의 아시아주의에 대한 주장은 신해혁명 이후인 1910년대부터 나타난 것으로 평가되고 있으며, 그의 대아시아주의가 일본으로부터 영향을 받았다는 사실은 잘 알려져 있다. 아시아주의에 대한 그의 초기 입장은 백인종의 침략에 대항하기 위해 황인종들의 단결을 주장했다는 점에서(배경한 1996b: 12) 인종주의에 의거한 지역연대의 전형적인 양상을 드러내는 것이었다. 그러나 그가 지역연대의 근거를 전적으로 인종이라는 변수에서 구한 것만은 아니었다. 1924년 11월 하순에 일본을 방문한 쑨 원은 11월 28일 코오베(神戸)고등여자학교에서 대아시아주의에 관한 잘 알려진 강연을 했다. 이 강연에서 그는 대아시아주의의 문제는 단적으로 문화의 문제, 즉 "동방문화와 서방문화의 비교 및 충돌"이라고 요약했다. "동방의 문화는 왕도이고 서방의 문화는 패도"라는 점에서 전자는 "인의와 도덕을 주장"하는 반면에 후자는 "공리(功利)와 강권을 주장"한다는 것이다(쑨 원 1997: 174).

는 점이 고려되어야 할 것이다. 아울러 신채호가 아시아주의에 대한 반발에서 민족주의를 바탕으로 무정부주의로 이행해간 반면에 리 따자오는 지역연대의 구상을 위한 자원을 공산주의 이념에서 발견했다.

쑨 원은 아시아주의의 궁극적 목표는 유럽의 강성한 민족에 저항하기 위해 아시아의 피압박민족이 그들 공동의 자산인 왕도를 기초로 "모든 민중의 평화적 해방의 문화"를 건설하는 데에 있다고 말한다(같은 책 177~78). 흔히 일본의 대아시아주의가 일본의 팽창과 연결되었던 것과 대조적으로 쑨 원의 대아시아주의는 서구열강의 침략에 대항하기 위한 것이라는 점에서 일본의 경우와 다르다고 말해지는 것은 이 때문일 것이다(배경한 1996b: 12). 이 강연에서 그는 "아시아의 고통받는 민족"이나 "모든 민중의 평화적 해방"을 언급했지만 그것은 명목에 지나지 않았다. 이 점에서 그는 아시아 모든 약소민족의 연대를 주장한 리 따자오의 입장과는 구분된다. 왕도를 기초로 한 그의 아시아주의의 전제는 중국과 일본이 아시아를 공동으로 이끌어야 한다는 이른바 중·일 공동영도론이었다(같은 책 12~13). 한편으로는 일본을 비판하면서 다른 한편으로는 일본에 의존하고자 하는 그의 이중적인 태도는[18] 대아시아주의에 대한 그의 이상이 자기모순적이고 실현되기 어렵다는 사실을 보이는 것이었다.

쑨 원이 조선문제 자체에 대해 직접적인 관심을 가지지 않은 것은 이러한 맥락에서 이해될 수 있다. 대부분의 경우 조선문제에 대한 그의 관심은 일본의 침략을 저지한다거나 중국문제를 해결하기 위한 하나의 방편으로서 제기되었다. 이러한 점에서 한국의 독립 그 자체에 대해서는 매우 소극적이거나 부정적이었다고까지 말할 수 있는 것이다(같은 책 14~15). 그의 이러한 입장이 1924년 1월에 시작된 제1차 국공합작 이후에도 크게 변화하지 않았다는 것은 같은 해 말 코오베의 강연에서도 일본의 조선점령에 대해서는 전혀 언급하지 않은 채 아시아인의 대동단결을 위해 중국과 일본의 공동영도만을 주장한 사실에서 단적으로 드러나는 것이었다.[19] 백영서 역시 쑨 원의 아시

---

18) 그는 일본에 대해 "일본민족은 이미 유럽 패도의 문화를 이룩했고 또 아시아 문화의 본질도 가지고 있"다고 지적하면서 "서방 패도의 주구가 될 것인지 아니면 동방 왕도의 간성이 될 것인지"를 신중히 선택해야 한다고 촉구했다. 쑨 원 1997: 178 참조

아주의에 대해 식민지 조선의 지식인들이 강하게 반발했던 사실을 언급하면서 설령 그의 주장이 약소민족을 중시했다고 하더라도 중국 국내정치 세력 판도에서 열세에 처한 상황에서 일본의 지지를 얻기 위한 정략적 의도에서 대아시아주의를 내세웠다고 지적한다(백영서 2000: 57~58, 150~51).

아시아주의와 관련한 그의 이러한 이중적이고 실현 불가능한 입장은 무엇보다도 일본에 대한 그의 모순적인 태도에 있었다. 논자에 따라서 그의 이러한 입장이 정치적으로 충분히 계산된 의도를 가진 "자기규제"적인 것이었다고 설명할 수도 있겠지만(安井三吉 1985: 123~24; 배경한 1996b: 18), 본질적으로는 일본제국주의에 대한 그의 인식의 불철저함이 기저에 가로놓여 있었다는 사실은 부인하기 힘들다. 비록 그가 아시아 피압박민족을 언급했다고 하더라도 이는 구두선에 그치는 것이었고 실제로 그는 아시아 약소민족의 해방 의지와 역량을 불신하고 있었다. 그의 이러한 사상의 기저에는 중국 중심의 중화주의적 영토관념이나 중국 주변 약소민족의 중국에 대한 복속이라는(배경한 1996b: 5) 중국 중심의 오래된 사고가 자리잡고 있었다. 정도의 차이는 있다고 하더라도 이는 위에서 언급한 리 따자오나 심지어 오늘날 진보를 표방하는 중국의 연구자들에게서도 일정한 형태로 나타나는 것으로 (후술) 이러한 존재 구속적인 사유방식의 극복 없이는 약소민족·국가에 대한 진정한 이해가 매우 어렵다는 사실을 실증하는 것이다.

3. 일본에서 아시아연대의 흐름

한국과 중국의 경우에서 보았듯이 구미열강에 의한 제국주의 세력의 위협 앞에서 지역이 공동으로 연대해 대항해야 한다는 아시아연대의 주장은 세

---

19) 이와 관련해 당시 국내 언론의 보도나 논평 등의 구체적인 반응 양상에 대해서는 배경한 1996b: 16 이하 참조.

기 전환기 동아시아 민족과 국가 들에 순환하면서 각각의 국가·민족에 수용·해석되는 과정을 통해 고유의 흐름을 형성해갔다. 이제 이러한 흐름의 원류를 이룬다고 할 수 있는 일본에서 이 주제에 대한 논의를 검토해보기로 하자.

일본에서 아시아연대의 이념은 흔히 아시아주의와 관련해 논의되어왔다. 이 점에서 이 절에서는 아시아주의에 초점을 맞춰 일본에서 아시아연대의 문제를 검토해보기로 한다. 아시아주의 또는 그와 유사한 의미에서의 대아시아주의, 범아시아주의라는 용어의 기원이나 정의에 관해서는 다양한 의견들이 있어왔다. 기원문제만 하더라도 논자에 따라서는 그것은 "근대 이전, 적어도 토요또미 히데요시(豊臣秀吉)의 조선 침략까지 거슬러 올라"가야 한다는 입장(伊東昭雄 1990: 7)이 있는가 하면, 아시아주의가 "메이지 말기까지 아직 존재하지 않았으며 그 명칭은 타이쇼오(大正) 무렵에 출현한 것"(趙軍 1997: 34)이라고 하여 1910년대로 다소 늦게 잡는 경우도 있다.

아시아주의의 정의에 관해서도 일본에서는 다양한 견해들이 존재한다. 사전적 의미에서의 정의들[20)에서 보듯이 아시아주의가 지니는 연대와 침략의

---

20) 『헤이본샤대백과사전(平凡社大百科事典)』(제1권)은 "패전까지 근대 일본에 일관되게 보이는 대외 태도의 한 경향"으로 "중국 등 아시아 제국과 연대해 서구열강의 압력에 대항하고 그 억압으로부터 아시아를 해방하려고 하는 주장을 내걸면서 의식적 또는 무의식적으로 열강의 아시아 침출(侵出)에 선제(先制)하여 혹은 그에 대신하여 일본을 아시아에 침출시키는 역할을 맡았던 점에 최대의 특징이 있다"고 서술한다(植手通有 1984: 197). 같은 사전의 1993년판에서 아시아주의는 "구미열강의 아시아 침략에 대항해 아시아의 단결을 도모하려는 주장. 범아시아주의 등과 거의 동의어로 쓰이고 있다. 메이지 초기의 민권론과 국권론, 구화주의와 국수주의의 대립은 일본의 팽창주의가 만들어낸 것이고 이 풍조 속에서 아시아주의는 생겨났다고 할 수 있다. (…) 그러나 이러한 다양한 측면을 지녔던 아시아주의도 자유민권의 쇠퇴, 국가기구의 정비, 청나라나 러시아에 대한 군비확장의 과정에서 점차 아시아에 대한 침략으로 수렴되어갔다. (…) 그리고 그후 아시아주의는 천황주의와 함께 많은 우익단체에 맡겨져 후에는 동아신질서, 대동아공영권의 사상과 결부되어가게 된다"고 서술한다(橋川文三). 1979년의 『국사대사전(國史大辭典)』은 "근대 일본에 나타난 아시아는 문화적, 정치적으로 하나라는 심정과 이념. 범아시아주의와 대아시아주의와 같은 경향성을

양면성에 대해서는 많은 연구들이 지적해왔지만,[21] 실제로는 이 두 측면 중 어느 한쪽이 더 집중적으로 부각되어왔다. 이에 따라 연대의 측면에 엄격하게 한정해 이 개념을 적용하는 연구자가 있는가 하면,[22] 일본 파시즘 이데올로기의 특질들 중 하나로서 아시아주의를 이해하는 경우도 있다.[23] 이처럼 일본에서 아시아주의는 연대와 침략, 저항과 타협, 수구와 개혁, 민권론과 국권론, 구화주의와 국수주의, 아시아와 유럽(구미), 또는 고립과 개방 등과 같이 상호대립적인 경향 들 중 어느 하나를 대표하면서도 이들 대립된 양자를 동시에 포괄하는 모순적이고 복합적인 성격을 가져왔다.

갖는다"고 하면서 아시아주의에 특수한 상황을 구성하는 인자로서 아시아라는 지역 개념의 정의, 아시아에서 근대화문제 및 서구 침략에 대항해 일본만 독립을 획득하고 급속한 근대화를 수행할 수 있었다는 점 등 세가지를 들고 있다(平野健一郎 1979: 154). 이보다 늦게 1999년에 이와나미출판사에서 간행한 『일본사사전(日本史辭典)』은 "근대화과정에서 일본 중심의 심정적인 아시아 일체주의"로서 "19세기 이래의 열강제국의 제국주의적 침략에 의해 식민지화로의 위기감이 지리, 인종, 문화, 반서양 등의 점에서 아시아의 독자성과 일체감의 강조를 낳았다"고 서술한다(永原慶二 外 1999: 18).

21) 최근의 연구에서 프라센지트 두아라(Prasenjit Duara) 역시 세기 전환기에 일본에서 아시아주의의 흐름에는 제국주의적인 지향과 아울러 다른 아시아인들에 대한 평등주의적(egalitarian)이고 연민의 감정을 포함한 다양한 조류들이 있었다고 지적한다(Duara 2010: 970).

22) 1960년대 초에 타께우찌 요시미(竹內好)는 아시아주의가 "침략주의와 연대의식의 미묘한 분리와 결합"에서 성립된다는 점을 지적하면서도 "아시아 여러 나라의 연대의 지향을 내포하고 있는 공통성"이 "최소한으로 규정한 아시아주의의 속성"이라고 결론을 내린 바 있다(竹內好 1963: 14, 22). 이와 비슷한 문제의식에서 연대에서 침략으로의 시기에 따른 변화양상을 강조하면서 아시아주의가 "사상으로서 유효한 것은 청일전쟁까지의 30년 정도"라고 하여 연대의 측면에 주목해 아시아주의를 시기적으로 한정하는 경우(伊東昭雄 1990: 286)도 있다. 진보적이며 친중국적인 타께우찌의 아시아주의에 대한 연대론적 평가는 당시 많은 반향을 불러일으켜 일본의 조선사 연구자들로부터 비판대상이 되는가 하면 우익적인 입장에 있는 연구자들에게는 아시아주의 재해석의 틀을 제공하는 등 종래 우익의 대외침략 사상으로 규정된 아시아주의 연구에 새로운 장을 제공한 것으로 평가된다.

23) 마루야마 마사오(丸山眞男)는 일본 파시즘 이데올로기의 특질로서 가족주의, 농본주의와 아울러 아시아주의를 들면서 일본의 대륙발전 이데올로기에는 시종일관 동아시아 해방이라는 측면이 붙어 다닌다는 사실을 지적한다(丸山眞男 1964: 95~96).

46

이러한 점에서 아시아주의는 예컨대 민주주의라든가 사회주의와 같이 어느 정도 공통의 이해의 폭을 가진 보편 개념과는 달리 특수하고 다의적인 개념일 뿐만 아니라 그 명칭 또한 다양하게 불려왔다는 점이 일찍부터 지적되어왔다(竹內好 1963: 7~8). 이러한 개념의 모호성을 해소하기 위해 타께우찌 요시미는 심정과 논리의 두 차원으로 아시아주의를 구분해보자고 제안한다. 최근의 연구에서도 "아시아주의는 확고한 사상체계"가 아니며 "오히려 다종 다양한 유파 또는 추세를 포용하는 사상적 복합체"로서 "민주주의, 민족주의 쇼비니즘, 군국주의 등과 같은 사상이나 주장을 실현하기 위한 수단과 방법으로써의 성격"을 갖는다는 인식이 중요하다는 사실이 지적되고 있다(趙軍 1997: 38~44).

일반적으로 아시아주의는 근대세계체제의 성립 및 팽창과 더불어 일어난 현상으로서 서구에 대한 아시아의 고유한 반응과 대응형태의 하나로 이해될 수 있다. 동아시아의 다른 민족 · 국가에서처럼 일본에서도 19세기 중 · 후반 이후 서구 침략에 의해 아시아가 스스로를 하나의 전체로 인식하게 된 것이 아시아주의를 낳은 일차적 계기였다. 아시아주의 개념에 따른 다의성과 복잡성은 '문명개화'를 통해 서구의 근대화를 달성한 일본이 서구제국주의 국가들과 마찬가지로 아시아의 다른 나라들에 대해 침략정책을 채택했던 사실에서 비롯된다.

일본은 근대화를 통해 단순히 서구문명을 받아들였을 뿐만 아니라 서구의 아시아를 보는 시각까지도 받아들였다. 즉 아시아를 하나의 전체로 보는 시각은 아시아의 다른 어느 국가들보다도 일찍이 일본에서 확립된 것이며, 아시아주의에 대한 한국이나 중국에서의 논의의 대부분은 일본의 그것에 대한 대응 혹은 비판으로 생겨났다. 이러한 점에서 아시아주의는 근대 일본의 역사와 떼려야 뗄 수 없는 밀접한 관계를 맺고 있다고 할 수 있는 것이다.

전통적으로 일본은 동양의 문명원리에 의하여 위계화된 중국 중심의 중화체제로부터 상대적으로 자유로울 수 있었다. 대륙과 떨어져 있었던 지정학적 위치는 일본이 근대화의 문턱에 이르는 시기까지 자문명에 대한 예외주의적이고 독자적 자의식이 도전받지 않고 유지할 수 있게 했다. 19세기 중엽 이른바 '서양의 충격'은 국가적 위기로 받아들여져 바꾸후체제의 일본을 뒤흔들었다. 결국 그 충격으로 바꾸후체제가 무너지고 중앙집권적인 천황제 통일국가가 수립되었다. 천황을 구심으로 하는 새로운 '근대' 체제가 등장한 것이다.

이미 언급했듯이 일본의 아시아주의가 아시아를 하나의 단위로 보는 사고에 입각해 있었다고 할 때, 그러한 시각이 궁극적으로 아시아 자체라기보다는 오히려 서구를 지향한 것이었다는 인식은 일본에서 아시아주의를 이해하는 데 중요한 문제이다. "근대 일본의 아시아 국가들과의 관계를 사상문제로 생각하려는 경우 피할 수 없는 것이 아시아주의의 문제"(伊東昭雄 1990: 285)라는 지적이 타당하다고는 하더라도 일본에서 아시아주의는 아시아 국가들보다는 오히려 서구 국가들과의 관계를 통해 발전되어온 측면이 강하기 때문이다. 이와 같이 본다면 일본에서 아시아주의는 아시아 차원을 넘어 그것의 형성과 발전을 추동해온 요인으로 서구라는 변수를 고려하지 않고서는 적절하게 이해될 수 없을 것이다.

실제로 아시아주의의 역사를 살펴보면 이 점은 분명히 드러난다. 1850~60년대에 일본을 아시아의 일원으로 파악하면서 아시아의 기존 질서를 회복하자거나 아시아연대를 주창하는 아시아주의의 초기 형태가 출현한 것은 1860년의 난징(南京) 함락을 전후로 구미열강의 아시아에 대한 위협이 가시화된 상황과 밀접한 관련을 가지고 있다.[24] 이와 대조적으로 일본이 아시아

---

24) 물론 그 안에는 민권론과 국권론 또는 아시아연대에 대한 지향과 팽창주의 의도를 가진 것으로 대별할 수 있는 다양한 흐름들이 초기부터 존재한다. 예컨대 사이고오 타까모리(西鄕隆盛) 등이 제창한 정한론(征韓論)이나 하시모또 사나이(橋本左內)와 요시따 쇼오인(吉田松陰)의 해외진출 구상이 국권주의나 팽창주의에 속한다고 한다면, 히라노 쿠니오미(平野國臣)와 사또오 노부히로(佐藤信淵) 등이 주장한 일청제휴론이나 자유민권운동시대 우에끼 에모리(植木枝盛)와 이따가끼 타이스께(板垣退助) 등의 만국공의정부설(萬國共議政府設)은

대륙에 대한 침략의 발판을 처음으로 마련했던 1876년 조선에 대한 강제적 개국은 발칸반도를 중심으로 유럽에 전란이 심화된 1870년대에 서구의 아시아에 대한 침략이 상대적으로 느슨해졌던 사정을 빼놓고는 설명하기 힘들 것이다. 다시 1880년대 이후에는 서구 제국의 아시아 침략이 격렬해지는 것을 배경으로 일본에서 아시아주의의 주장이 활발하게 제기되었다.

예컨대 타루이 토오끼찌가 한국과 일본의 두 나라를 연방제도에 의해 결합하는 것이 "동아의 대국을 안정시키는 최상책"이라고 주장한 『대동합방론(大東合邦論)』의 초고를 완성한 것은 1885년이며, 같은 해 후꾸자와 유끼찌는 "아시아주의와는 대극에 서 있으면서도 그것과 표리를 이루면서 미묘하게 관련되는" 유명한 「탈아론(脫亞論)」을 발표했다. 이어서 1890년대에 들어와 청일전쟁에서 일본이 승리하면서 대아시아론이 새롭게 전개된다. 전쟁의 승리로 일본은 국가독립에 대한 위기의식이 해소 내지 공동화되고 비서구 국가로서는 유일하게 타이완을 식민지로 영유하는 제국주의 국가로 성장했다.

더 나아가 일본은 중국 중심의 전통적인 중화체제가 완전히 붕괴된 것을 계기로 중국 대신 그 자리를 차지해야 한다는 국가목표를 설정하게 되고, 이때 아시아주의적인 주장과 언설이 활발히 나타나 하나의 사상적인 풍조를 이루게 된다. 아시아를 하나의 단위로 상상하는 사유의 질적인 전환이 일어난 것이다. 곧 국가독립에 대한 위기의식에서 배태된 연대 지향의 아시아론이 이때에 와서는 아시아패권론, 아시아맹주론 등으로 모습을 드러내게 되는 것이다.

동양에 대한 서구열강의 침략은 국가 단위로 이루어졌음에도 불구하고 백인과 기독교 문명권, 그리고 서양은 한몸으로 표상되었고 타자로서의 동양이라는 정체성의 형성이 그에 대한 대응의 형태로 나타나기 시작했다. 이러

이와는 다른 흐름을 대표한다. 趙軍 1997: 28~30 참조.

한 동양으로의 회귀는 특히 일본에서 최초로, 그리고 가장 전형적인 양식으로 자리잡았다. 이 이론 중의 하나는 대국화를 통해 독립을 유지해야 한다는 대륙침략론으로, 또다른 하나는 동양의 대국 중국과 연대해 서구 침략에 대항해야 한다는 연대론으로 나타났다.[25] 메이지 초기 일본에서 등장한 아시아론은 대개 이 두가지 범주 속에서 논의되었다.

1898년에는 코노에 아쯔마로(近衛篤麿)에 의해 동아동문회가 결성되어 서구열강에 의한 중국 분할에 대해 '중국보전론'을 주장하면서 인종동맹론적 성격을 띤 동양먼로주의가 주창되었다. 조선, 만주, 시베리아에서 활동하는 대륙 낭인들은 1901년 흑룡회라는 우익단체를 만들어 혈통주의에 입각한 '동이족통합론'을 주창했으며(강창일 2002), 미술사가이자 평론가인 오까꾸라 텐신(岡倉天心)은 독자의 문명사관에 입각해 인도까지도 아시아의 범주로 확장시켜 "아시아는 하나"라는 유명한 명제를 1902년에 제시했다(제2장 제2절).

이 시기 일본은 한편으로는 급격한 산업화를 통해 서구적 의미에서의 근대화를 완성하는 동시에 대외적으로도 1894년 청일전쟁과 이어서 1904년 러일전쟁에서의 승리를 통해 서구열강과 나란히 비서구의 유일한 제국주의 국가로 세계무대에 등장했다. 서구화로의 추동이 일본의 급속한 성장을 뒷받침했다는 점에서 문명개화론과 같은 서구주의의 대세를 인정한다고 하더라도 제국주의 국가로서 자신감을 획득한 일본의 자기정체성(self-identity) 확립이라는 차원에서 아시아주의에 대한 의미 부여는 이러한 점에서 보면 1880년대를 기점으로 하는 것이었다고 말할 수 있을 것이다.[26]

---

25) 일본 내부를 주목해보면 조선침략론을 집대성한 요시따 쇼오인의 동문인 카쯔 카이슈우(勝海舟)가 1863년에 아시아연대론이란 명분 아래 조선을 비롯한 아시아 침략주의를 거론하고 이후 1873년의 정한론으로 이어졌는데, 1881년 농촌에 기반을 둔 자유당 결성을 계기로 그와는 다른 아시아연대론이 출현했다는 설명이 있다(박영재 1984: 95, 100).

26) 이러한 맥락에서 타께우찌 요시미는 군부이건 외무성이건 일본의 관료에 구미파와 아시아파의 파벌이 형성된 것은 이 무렵의 산물이라고 평가한다. 선후관계를 따져보면 아시아

나아가서 1895년 시모노세끼조약(청일강화조약)에 뒤이은 독일과 프랑스, 러시아에 의한 랴오뚱반도의 반환(이른바 삼국간섭에 의한 영토 할양)이나 1897년 말 독일에 의한 자오저우만(膠州灣) 점령과 조차조약에 의한 합법화, 그리고 1907년 미국에서 일본인이민제한법에 의한 일본인 이민배척의 합법화[27] 등과 같은 일련의 사건들은 아시아주의의 지향을 더욱 강화하는 외적 요인으로 작용했다. 중국과 러시아 등의 강대국을 상대로 한 일련의 군사적 승리에 의해 강화된 조선과 중국에 대한 우월감은 서구 제국이 주도한 이러한 사건들로 말미암아 심각한 자기모순에 직면했으며, 일본은 이처럼 손상된 자존심을 아시아에 대한 침략을 통해 보상받고자 했다.

이처럼 일본은 서구열강의 아시아에 대한 위협을 강조하면서 '아시아의 맹주'로서의 사명의식을 강화해가는 한편, 한국이나 중국에 대한 무시와 모멸감에 비례해 아시아에 대한 무력의 사용을 정당화했다. 이에 따라 아시아주의는 연대와 침략의 두 측면에서 점차 후자의 측면을 노골화하게 된 것이다. 더구나 제1차 세계대전의 발발은 유럽열강이 아시아에 개입할 여지를 좁힘으로써 상대적으로 아시아에서 일본의 팽창을 용이하게 한 측면이 있었다.[28] 제1차 세계대전의 발발과 더불어 1915년에 일본이 뤼순과 따롄의 조

파가 있고 구미파가 생겨난 것이 아니라 오히려 전자는 후자에 대한 대항의식에서 나중에 태어났다고 그는 주장한다. 따라서 구화(歐化)주의가 그에 대한 반동으로 아시아주의를 낳은 모태의 하나였다는 것이다(竹內好 1963: 23). 이와는 달리 함동주(1997: 75, 80)는 타자로서 서양의 존재에 대한 의식을 바탕으로 아시아의 동일성을 주장한 아시아주의는 1870년대 중반 이후부터 성립되었다고 주장한다.

27) 미국에서 일본인이민배척운동은 1900년 무렵부터 조직적으로 나타난다. 1906년 쌘프란씨스코에서 일본인 학생 격리문제가 일어나고 이후 1913년 캘리포니아에서는 미국시민이 될 수 없는 외국인의 토지소유와 3년 이상의 토지임대를 인정하지 않는 토지법이 제정되었고, 이듬해에는 워싱턴 주, 1921~22년에는 서북부 11개주에서 동일한 법률이 제정되었으며, 1924년에는 그전부터 금지해온 일본인 이외의 아시아인에서 나아가 일본인의 이민까지도 전면 금지하는 신이민법이 연방의회를 통과했다(若槻泰雄 1972: 55~56; 古屋哲夫 1996: 91; 大塚建洋 1998: 213; Cumings: 1997: 438).

28) 1905년 러일전쟁 이후 일본에서는 그때까지의 목표였던 조선 지배를 실현했다는 만족감

차 기한 연장, 샨뚱성에서의 독일 이권 양도 등을 골자로 하는 이른바 21개조 요구안을 중국에 강요했던 것을 단적인 사례로 들 수 있다.[29]

제1차 세계대전의 종결과 함께 일본에서 아시아주의는 또다른 양상을 띠게 된다. 세계대전의 충격으로 국제정치에서 유럽 중심의 자명성이 상실되었으며 식민지에서 민족운동의 고양은 민족자결의 정통성을 인정한다는 사조를 낳았다. 아시아에서 보자면 구미제국에서 대아시아 정책의 오류를 반성·재검토하려는 움직임과 함께 오히려 돌출적인 일본의 대중국 침략에 대한 의구심이 강화되었다. 1920년에 국제연맹이 창설되고 1922년 중국의 주권존중, 문호개방, 기회균등을 내용으로 하는 이른바 "중국에 관한 9개국 조약"(워싱턴조약)이 조인된 것은 바로 이러한 새로운 사조와 아울러 중국(만주)에 대한 일본 침략을 견제하려는 서구 제국의 의도를 반영하는 것이기도 했다.

이러한 점에서 보자면 구미열강의 아시아에 대한 위협의 대응논리로서 등장했고 줄곧 그 위협을 강조하는 아시아주의는 이제 사상적 적합성을 상실해야 할 것이었다. 그럼에도 불구하고 그에 관한 논의가 실제로는 사그라들기는커녕 오히려 더 활발하게 진행되면서 침략적인 성격을 강화해갔다. 왜 이와 같은 일이 일어났을까? 다소 우회적이기는 하지만 타께우찌의 논의는 이에 대한 하나의 설명을 제공한다. 그에 따르면 일본에서 우익인 현양사(玄

이 확산되는 한편 다음의 목표를 어디에 둘 것인가를 둘러싸고 북진(滿蒙經略主義)과 남진(北捨南進主義)의 대립이 있었다. 서구열강과의 관계를 고려한 이러한 양자택일의 의론은 제1차 세계대전의 발발과 더불어 자취를 감추고 그 아래에서 축적되어온 "아시아의 맹주" "동양평화의 담당자"라는 의식이 표면으로 분출했다(古屋哲夫 1996: 59~62).

29) 그럼에도 불구하고 일본은 중국의 강한 저항을 예기하지도 못했을 뿐만 아니라 21개 요구가 중국에 얼마나 크나큰 충격을 주었는지를 충분히 인식하지 못했다. 이 사건은 중국에서 근대 민족주의가 형성되는 주요한 계기를 이루었으며, 1924년의 국공합작과 이듬해 1925년의 이른바 5·30운동 등으로 이어지면서 중국에서 항일운동으로 발전한다(古屋哲夫 1996: 63~64, 95).

洋社)와 흑룡회(黑龍會) 계열에서 아시아주의를 선취한 가운데 1910년대에 좌우가 분리되고 이어서 1920년대 후반에 걸쳐 좌우의 대립이 심화되면서 아시아주의는 침략적 성격을 더욱 강화했다고 본다.

이에 따라 아시아주의가 우익에 의해 독점되면서 좌익은 프롤레타리아 국제주의를 여기에 대치시키는 포진이 형성되었다는 것이다.[30] 더 직접적인 이유로는 당시 유럽에서 논의된 '황화론(黃禍論)'에 대한 일본의 반발이라거나 미국에서 일본인 이민배척의 움직임에 자극받은 것이라는 주장(伊東昭雄 1990: 303~304) 등을 들 수 있다. 일반적으로 말하자면 그것은 전후 대거 아시아로 복귀, 쇄도하려는 구미세력에 대한 대항 차원에서 이해할 수 있으며, 이러한 맥락에서 잊혀가고 있는 것처럼 보였던 아시아주의가 재등장했다(古屋哲夫 1996: 88~91).

거시적으로 보면 일본에서 아시아주의의 성립과 발전은 동시에 일본이 구상, 주도하는 세계질서가 좌절되어 나가는 과정이기도 했다. 예컨대 제1차 대전이 종결될 무렵 일본이 제시한 지역적·국지적 연맹체 구상은 "원칙적으로 지역주의를 부정"한다는 국제연맹 규약에 의해 거부되었다.[31] 이러한

---

30) 앞에서도 말했듯이 아시아주의에 대한 그의 정의는 연대 차원에 중점을 두고 있다는 점을 고려해야 한다. 이러한 의미에서의 '비침략적' 아시아주의는 이 시기 이후 다만 심정으로만 남고 사상으로 승화하지 못하는 가운데, 침략적 아시아주의의 논리가 더욱 강화되어 갔다고 그는 주장한다(竹内好 1963: 49~52).

31) 대표적인 사례로는 우끼따 카즈따미(浮田和民)가 주장한 신아시아주의를 들 수 있다. 그는 토꾸또미 소호오(德富蘇峰)의 아시아먼로주의와 같은 폐쇄적 지역질서의 구상에 내포된 인종적 관점에 비판적이었다. "아시아에 거주하는 모든 민족은 인종의 이동(異同)에 불구하고 아시아인이라고 해석"하는 인식에서 서구 제국에 의한 새로운 식민지화에는 반대하면서도 구미와의 대결을 목적으로 하지 않는 아시아주의를 제창한 것이다. 그에 따르면 국제연맹과 같이 "직접적으로 세계적 평화대동맹의 출현을 바라는 것은 무리한 주문"이기 때문에 그에 앞서 "우선 구라파, 아메리카 및 아시아의 3대륙에 부분적 평화동맹을 성립"시킴으로써 "아시아에 관한 문제는 이후 일본이 주창하여 범아세아회의를 개최하고, 미국도 아시아도 각각 자기 내부의 문제에 관하여는 자주독립을 확수(確守)"한다는 의견을 제안했다. 이에 따라 아시아에서 일본은 동양평화의 '후견인' '보호자'로서 만주에서 정치적 권력 대신

맥락에서 빠리강화회의를 회고하면서 일본이 "세계의 대세에서 낙오하고 동양에서는 오늘날까지 굳게 지켜온 특수한 지위를 잃고 고영낙연(孤影笭然)하게 동양의 일각(一角)에 고립하기에 이르렀다"는 자탄이 나왔던 것이다.[32]

일본의 팽창·침략주의에 대한 서구제국의 의혹과 견제는 1920년대에 들어와서도 지속되는 한편, 워싱턴군축회의나 미국에서 이민법안의 통과 등은 일본의 자존심을 크게 손상시켰다. 일본정부의 대외정책에 대한 불만은 세계공황에 의한 경제적 파탄으로 가중되었으며, 이러한 배경에서 1920~30년대의 아시아주의는 상대적으로 협애화된 지지 기반에서 공격적인 성격을 더욱 강화했다.

이에 따라 군인이나 일반사회에 그 영향력이 점차 파급되면서 정치적인 행동을 통해 구체화된 것이다(平石直昭 1998: 197~98). 1931년의 만주사변에 이어 1933년 국제연맹에서 탈퇴하면서 일본은 전술한 9개국 조약을 대신하는 새로운 국제관계의 대안을 모색했다. 그리고 그것은 대동아공영권으로 수렴된 국제적인 고립의 심화와 침략정책의 강화라는 파국으로 치닫는 길이었다.

중국 전역에서 경제이익을 획득해야 한다고 주장했다(古屋哲夫 1996: 79~81; 平石直昭 1998: 193~95). 그의 신아시아주의는 기존의 조악한 인종주의적 논의에 비해 진전된 측면이 있고 주권국가와 국제연맹을 매개하는 지역결합의 이념을 내포하고 있지만, 결국은 아시아에 대한 일본의 패권을 의도한다는 점에서 당시 대세를 이룬 세계기구의 구상을 대체하지는 못했다.

32) 1919년의 빠리강화회의에서 일본은 산뚱반도에서 독일 이권의 계승, 적도 이북의 독일령 남태평양제도의 영유와 더불어 국제연맹 규약에 인종적 차별대우 철폐를 명기할 것을 요구했다. 그러나 산뚱문제만 중국의 찬성을 얻었을 뿐 일본의 요구는 받아들여지지 않았을 뿐만 아니라 이에 반발이라도 하듯 전술한 것처럼 미국 캘리포니아 주에서 일본인이민배척운동이 재연됐다. 古屋哲夫 1996: 91; 岡本幸治 1998: 213 참조.

4. 동아시아의 현재적 인식

지금까지의 논의에서 살펴보았듯이 동아시아연대에 대한 주장의 근거로
서 지리적 근접성이나 인종, 문명 등은 19세기 후반 이래의 오랜 역사적 경
험을 통해 그 자명성의 기초를 점차 상실했다. 이러한 점에서 오늘날 동아시
아란 무엇인가를 둘러싸고 그것을 단순한 지리적 고정물이나 문화적 구성물
로 파악할 수 없다는 견해는 맺음말에서 보듯이 이미 1920년대에 강력한 도
전에 직면했으며, 이러한 과정을 거쳐 오늘날 동아시아의 내부에서도 이에
대한 합의가 이루어지고 있는 듯이 보인다. 그럼에도 불구하고 최근에 이르
러서도 '아시아'에 대한 다양한 개념 정의와 연구방법, 문제의식을 배경으로
아시아 개념에 내포된 어려움과 모호성은 여전히 해소되지 않은 채로 남아
있다.[33]

일본의 야마무로 신이찌는 다양성을 제외하고는 아무런 공통성을 갖지 못
한다는 점에서 아시아의 특성은 혼돈과 다양성이라고 단언한다. 쑨 꺼는 아
시아라는 주제는 근대성 담론과 마찬가지로 명확한 해석을 제시하기 힘들다
고 하면서 명확한 지리 개념으로 귀속시킬 수 없다는 점에서 아시아를 실체

---

[33] 동아시아 개념에 관한 최근의 논의는 『동아시아의 비판적 지성』(창비 2003)에 망라된 6
인의 사례가 대표적이다. 천 꽝싱(陳光興 2003); 쑨 꺼(孫歌 2003); 추이 즈위안(崔之元
2003); 왕 후이(汪暉 2003); 사까이 나오끼(酒井直樹 2003); 야마무로 신이찌(山室信一
2003)가 그것이다. 그들 중에서 추이 즈위안은 아시아문제에 대해 가장 소극적인 입장을
보인다. 장 모네(Jean Monnet)의 유럽통합 구상을 빌려 아시아 국가들의 협력강화를 일정
하게 시사하는 정도의 논의에 그치는데, 그가 언급하는 동아시아의 협력모델은 다분히 중
국의 근대화라는 문제의식에서 비롯된 것으로 아시아 자체에 대한 관심의 표출이라고 보기
는 힘들다. 이에 대한 구체적인 논의로는 김경일(2003) 참조. 더 최근의 논의로는 지역으로
서의 아시아가 가지는 의미를 주제로 한 아시아학회(AAS) 2010년도 연례대회의 포럼을 들
수 있다. 두아라가 주제발표를 하고 5명의 연구자가 토론으로 참가한 이 심포지엄의 결과
는 JAS(*Journal of Asian Studies*) 2010년 겨울호(vol. 69 no. 4)에 특집 형식으로 수록되어
있다.

화하기가 곤란하다고 지적한다. 즉 아시아문제의 난점은 그것이 확정된 의미를 내포하지 않는다는 사실에 있으며, 따라서 역사적으로 변할 수 있는 사상(思想)의 차원에서 이해해야 한다는 것이다. 왕 후이 역시 아시아에는 결코 유럽 같은 상대적으로 통일된 정치문화와 상대적으로 평등한 경제수준이 존재하지 않았다는 점에서 '아시아를 상상하는 것'의 원천적 어려움을 지적하면서 아시아 개념의 역사 속에 포함된 파생성·애매성·모호성을 직시해야 한다고 주장한다.

이러한 점에서 아시아를 단일문화로 특징화하는 어떠한 시도도 받아들이기 힘들다고 그는 말한다. 유 이념의 경우를 보더라도 그것으로는 심지어는 중국 자체도 설명할 수 없다는 것이다(Wang 2010: 987). 이 점은 최근 아시아학회 포럼에서 두아라를 비롯한 연구자들의 경우에도 마찬가지이다. 두아라는 동아시아연대의 형성은 다기적(multipath)이고 불균등하며 복수적 발전이라는 점에서 유럽의 사례와는 현저하게 다르다고 지적한다(Duara 2010: 981).

그렇다면 이들은 왜 아시아에 대한 개념 정의가 어렵다고 생각하는가? 가장 큰 이유로는 무엇보다도 19세기 후반 서구제국주의 세력에 의해 비로소 이 지역이 발견되고 정의되었다는 역사적 경험을 들어야 할 것이다. 이들 모두는 공통적으로 아시아는 정체되고 낙후된 존재로 서구문명이 구제해야 할 대상이었다거나(山室信一), 아시아의 대다수 지역은 서양이 대상화하고 종속시킨 지역과 사람들의 집합을 가리킨다는 사실을 제외하고는 아무런 공통성을 가지지 않는다거나(酒井直樹), 20세기까지 아시아인으로 불리는 객체는 존재했지만 스스로 아시아인으로 부르는 주체는 존재하지 않았다는 언급(酒井直樹)과 비슷하게 아시아는 서구를 향한 피동적 실체(쑨 꺼)라고 지적한다.

그러나 아시아가 반드시 이와 같이 수동적이고 정체된 이미지로만 정의되어 온 것은 아니다. 두아라는 아시아에는 일본의 대동아공영권에서 절정을 이루는 제국주의의 지역주의와 함께 반제국주의를 지향하는 두가지 상이한 지역화 프로젝트가 존재해왔다고 지적한다. 비록 그것이 오늘날의 제국주의적 기술과 지역통합의 양식에 의해 개념화되었다고는 하더라도, 아울러 그것이 대부분 문화적 운동을 통한 것이었다고는 하더라도 지역연대의 진정성을 보이는 후자의 사례로서 그는 일본의 오까꾸라 텐신과 인도의 라빈드라나트 타고르(Rabindranath Tagore) 및 중국의 장 삥린(章炳麟)을 제시한다.[34] 서구의 지배적 문명담론에 대한 대안의 가치들을 추구했다는 점에서 이들은 문화적 반제국주의의 창설자이자 아시아 세계주의(cosmopolitanism)의 제안자라는 것이다(Duara 2010: 969~73).

왕 후이가 중국 사회주의혁명 전통에서 식민주의시대 이래 중국과 세계가 경험한 잔혹한 역사경험과 아울러 중국 사회주의혁명운동이 지녔던 해방적 역할을 이해하고 사회주의 경험과 교훈을 단순히 냉전이데올로기로 간주하지 말 것을 촉구한 것도 이와 관련하여 주목할 만하다. 서문에서 이미 언급한 바 있듯이 그는 19세기와 20세기에 아시아 개념은 상이한 두가지 의미를 내포했다고 주장한다. 즉 일본제국의 식민계획을 대표로 하는 아시아주의와 아울러 약소민족의 민족해방운동으로 표현된 피압박민족의 민족자결 요구가 그것이다.

주목할 것은 피압박민족의 시각에서의 인식이 단지 중국에만 한정된 것은 아니라는 점이다. 야마무로 신이찌가 지적한 바와 같이 20세기 아시아 사회정체론의 가장 강력한 신봉자였던 일본에서도 1980년대 이래 아시아에 대한 정체성 규정에서 벗어나 자유롭게 접근하는 분위기가 조성되어 있었기 때문이다. 이에 따라 '전제와 정체의 아시아'는 이제 '독립과 혁명 주체의 아시아'로 전환된다. 비슷한 맥락에서 사까이 나오끼 역시 포스트모더니즘의 시각에서 정체된 아시아상에 대한 대안을 제시하고자 한다.

---

34) 나아가 미얀마의 아웅 산(Aung San), 베트남의 호찌민(Ho Chi Minh), 필리핀의 호세 리잘(José Rizal)의 세사람이 추가적으로 언급되기도 한다(Acharya 2010: 1002).

우선 그는 아시아의 고유성에 대한 집착이 서양의 독자적 차별성을 강화한다는 점에서 유럽 중심주의의 보편주의와 아시아의 특수주의 사이에 상호의존성(공범성)이 성립할 여지가 있다는 사실에 주목한다. 이러한 점에서 타자에 대한 인정과 연민보다는 다수자의 세계전략이 어떻게 기능하는지를 이해하고 그를 바탕으로 현실을 바꾸기 위해 싸우는 것이 중요하다는 것이다.

객체로부터 주체로 아시아 개념이 변화함에도 불구하고 왕 후이가 적절히 지적한 바와 같이 오늘날에도 '아시아'는 여전히 국가나 엘리뜨의 영역으로 남아 있으며, 이 지역의 기층 사회운동에서 사실상 그에 대한 관심이 희박했던 것은 유감스럽게도 사실이다. 아마도 이러한 사정이 오늘날 이 지역 지식인들이 공동으로 당면하고 있는 상호이해와 연대의 어려움을 설명하는 또다른 배경이 될 것이다. 이러한 점에서 이들은 '하나의 총체적인 지역'이자 자율적이고 자기완결적인 아시아 개념에 대신하여 잠정적이고 전략적인 접근방법을 제안한다.

예를 들면 한국의 동아시아론에서 제기된 '지적 실험으로서의 동아시아'[35]와 비슷하게 천 꽝싱은 공동으로 생각하고 반성할 수 있는 거점으로서의 아시아를 '방법'으로 삼자고 주장한다. 더 최근에 그는 먼 지역보다 밀접하게 서로 연관된 역사를 공유하는 인접 지역의 경험이 더 적합한 준거점을 제공한다는 의미에서 상호준거성(inter-referentiality)의 형식을 그 방법으로서 모색하고 있다(Chen 2010). 쑨 꺼는 아시아를 근대문제에 대면해 대안을 찾도록 하는 '기능'으로 이해하고자 한다.

그런가 하면 야마무로 신이찌는 동아시아 개념이 선험적으로 존재하는 것은 아니며 동아시아란 만들어져가는 것이라는 점에서 '시론(試論)'으로서의 동아시아 개념을 제안한다. 사까이 나오끼는 서양과 아시아의 구별은 고정

---

35) 백영서(白永瑞)의 이 제안과 비슷한 맥락에서 아리프 딜릭(Arif Dirlik)은 '프로젝트로서의 아시아'를 말한 바 있다. 백영서 2000: 50의 주5 참조.

된 것이 아니라 유동적이라고 주장하면서 문화적·문명적·인종적 정체성이 지닌 배타성을 타파하자고 제안한다. 아시아인이라고 하는 범주를 자연화하지 않고, 또 있지도 않은 개인이나 집단의 불변적 특성에다 아시아인이라는 정체성의 기초를 두지 말고, 끊임없이 변화해가는 사회경제적 조건의 한 결과로 생각하자는 것이다.[36]

동아시아 지식인들의 아시아 개념이 이처럼 잠정적인 것은 이 개념이 지니는 현실 적합성의 한계를 반영하는 것이기도 하다. 이는 중국의 경우에 특히 그러한 것으로 보이는데, 이와 관련하여 쑨 꺼는 중국의 지식인에게 아시아 의식이 없다는 한국 지식인의 비판에 공감을 표명하면서 설령 아시아 담론이 중국에서 점점 유행할지라도 중국 지식계에는 여전히 아시아 의식이 결여되어 있다고 자인한다. 중심으로 자처하는 중앙의 대국에서 아시아문제는 오랫동안 문제로 부각된 적이 거의 없었으며, 중국 지식계는 동아시아에 별로 관심이 없다는 것이다. 이러한 점에서 그녀는 아시아문제는 문화대국의 주변부, 즉 주변국가에 해당하는 곳에 진정한 의의가 있다고 하면서, 중국은 한국이나 일본과 달리 방대한 지역을 망라하고 있다는 점에서 동아시아라는 지역적 개념이 널리 수용되기 힘들다는 사실을 지적한다.[37]

중국의 지리적 조건을 인정한다 하더라도 쑨 꺼의 언급에서 얼핏 내비치는 아시아 인식은 위의 제2절에서 논의한 쑨 원이나 리 따자오와 상통하는 면이 있다는 사실을 알 수 있다. 당대의 논의에서 이를 더 뚜렷한 형태로 제시한 것은 왕 후이다. 쑨 꺼와 비슷하게 왕 후이는 중국은 지역이 광활하고

---

36) 이러한 주장은 제5장에서 후술할 동아협동체론에서 서인식이나 김명식의 인식과도 통하는 것이다.

37) 여기서 조금 더 나아가 쑨 꺼는 한국인이 문제삼는 동아시아와 중국의 동아시아는 다르다고 말한다. 중국인은 자기중심적이고 중화주의적이라는 한국인과 일본인의 비난은 일면적이라고 그녀는 지적한다. 이러한 점에서 동아시아 개념에 대한 그녀의 입장은 모호하고 이중적이며 자기모순적이다.

다민족으로 구성되어 있고 문화가 다양하다는 의미에서 동아시아와 같은 협소한 개념보다는 아시아라는 포괄적 개념이 적합하다고 생각한다. 나아가 그는 중국의 자기인식은 아시아보다는 오히려 서구와의 대비를 통해 생겨난 것이며, 중국과 다른 아시아 국가들 사이의 교류나 상호추동으로 이루어진 경우는 아주 적다고 지적한다.

동아시아 지식인 사회에서 보이는 이러한 경향은 "횡향사고(横向思考)의 부족"(백영서 2000: 49)으로 이미 지적된 바 있거니와, 왕 후이의 입장에서처럼 동아시아에서 다수자로서 중국의 관점에 서 있을 때는 조선이나 타이완 혹은 베트남과 같은 소수자의 입장이 잘 들어오지 않는다. 이러한 인식의 한계는 대동아공영권(그의 표현으로는 대동아식민권)에 대한 왕 후이의 평가를 통해 잘 드러난다. 그는 대동아공영권이 '문화'적 자결을 보호하고 정치적 자결에 반대한 것이라고 언급하고 있는데, 이러한 평가는 다분히 중국 중심이라는 비판을 면할 수 없을 것이다. 왜냐하면 그는 대동아공영권이 유교주의의 범주 내에서 기획되었다는 점에서 문화적 자결을 보호한 것이라고 평가하지만,[38] 이러한 인식에서는 예컨대 조선을 식민지라기보다는 일본의 일부로 간주한 일제 식민주의가 조선에서 자행한 고유한 문화말살은 무시되고 만다.

앞에서 언급한 쑨 원의 대아시아주의에 대한 이들의 평가 또한 아시아 인식의 한계를 단적으로 보이는 좋은 사례이다. 왕 후이는 1924년 쑨 원이 대아시아주의에 대한 강연에서 네팔의 조공을 언급한 것은 대중화(大中華)의 옛 꿈을 되새기기 위한 것이라기보다는 상호인정과 상호존중의 평등관계가 거기에 포함되어 있음을 확신했기 때문이라고 주장한다. 이와 비슷한 맥락에서 쑨 꺼 또한 비록 그것이 백인종 때문에 형성된 연대라고는 하더라도 쑨 원의 아시아관에는 일본의 아시아관에서 찾기 어려운 약소민족에 대한

---

38) 제6장에서 후술하듯이 대동아공영권의 '이념'을 유교에 근거하여 설명하는 방식에 대해서도 이견이 제기되고 있다.

관심이 있었다고 주장한다.[39]

그러나 약소민족의 당사자라고 할 수 있는 한국과 타이완의 지식인들의 평가는 매우 대조적이다. 타이완의 천 꽝싱은 쑨 원의 아시아주의는 아시아 각지역을 등한시하고 서방이라는 큰 쪽만을 중요한 대상으로 다루었으며, 중국과 서구의 대립이라는 거대담론 속에서 아시아와 제3세계는 안중에도 없었다고 비판하고 있다.[40] 이미 언급했듯이 한국에서도 배경한이나 백영서 역시 천 꽝싱과 비슷한 문제의식에서 쑨 원의 아시아 인식을 비판한 바 있었다.

국제무대에서 소수자의 시각을 반영하지 못한 다수자 중심의 아시아 인식의 한계는 이들 지식인들이 자주 언급하는 오까꾸라 텐신이나 타께우찌 요시미에 대한 평가에서도 잘 드러난다. 타께우찌의 아시아 인식과 관련한 사까이 나오끼의 긍정적 평가는 그만두고라도 일본에서 공부한 쑨 꺼 역시 "아주 힘겹게 그와 거리를 유지"하면서도 타께우찌의 아시아 인식을 긍정적으로 평가하고자 한다.

오까꾸라 텐신에 대해서도 쑨 꺼는 그의 논리가 후대에 대동아공영권을 여론화하는 수단으로 활용되었다 하더라도 그것은 자신이 관심을 기울인 문제가 아니었다고 하면서 긍정적으로 평가하고 있다. 오까꾸라 텐신에 대한 비슷한 평가는 야마무로 신이찌나 두아라에서 찾아볼 수 있다.

---

39) 쑨 꺼 2003: 83 참조. 이 문제에 대한 그녀의 평가는 일관된 경향을 보이지 않는다. 이 책의 또다른 곳에서 그녀는 쑨 원의 『대아시아주의』를 읽어보면 예컨대 왕도(王道)에 대한 서술에서는 여전히 주변에 대한 감각적 의식이 결여되어 있음을 발견하게 될 것이라고 서술한다(같은 책 55).
40) 이러한 인식의 연장에서 그는 "한국은 우리의 시야에 있지 않았다"고 하면서 한국의 지식인들 역시 비교연구의 소수 학자를 제외하고는 타이완을 상호교류 대상에서 제외해왔다는 사실을 지적한다. 이와 같이 서로를 경시하는 풍조는 역사과정에서 식민주의가 낳은 후유증이자 냉전체제의 장벽에 부딪혀 식민주의에 대해 다시 생각할 수 있는 여지를 박탈당한 채 강자의 논리만을 추구한 결과라고 그는 주장한다.

오까꾸라 텐신에 대한 비판이 전혀 없는 것은 아니라고 하더라도 쑨 꺼 등은 오까꾸라 텐신이 조선이나 타이완과 같은 식민지를 어떻게 인식하고 있었는지에 대해 전혀 언급하고 있지 않다. 타께우찌의 식민지 인식에 대한 한계는 흔히 지적되어왔거니와 오까꾸라 텐신에 대한 비판은 쑨 꺼 등의 아시아 인식의 지평에는 들어와 있지 않은 것이다.[41)

---

41) 이또오 아끼오(伊東昭雄 1990: 61~62)는 "일본이 이미 구미열강의 아시아 침략에 가담하고 있는 사실에 대해 전혀 의식하지 못했다"는 점에서 오까꾸라 텐신을 비판한다. 자신의 사상이 서구와의 전면적인 대결은 말할 것도 없고, 같은 아시아 국가들에 대해 지배의 논리로 전환·귀결될 수 있는 함의에 대해서도 지나치게 부주의했다고 할 수 있다. 제2장 2절 참조

제2장 아시아연대의 유형과 양상

이 장에서는 19세기 후반부터 20세기 전반의 세기 전환기에 아시아연대와 관련한 주요 인물들의 주장과 사상을 검토해보고자 한다. 중국에 관해서는 앞의 제1장에서 리 따자오와 쑨 원을 중심으로 살펴본 바 있으므로 여기에서는 한국과 일본의 사례를 중심으로 살펴보기로 한다. 일본에서는 아시아주의의 초기 사상을 대표하는 타루이 토오끼찌와 오까꾸라 텐신의 두사람을 검토대상으로 했다.

이들은 1850~60년대에 태어나서 1880~90년대에 아시아연대에 대한 주장과 활동을 전개한 인물들이다.[1] 이들의 주장은 1930년대 이후 아시아주의의 원형을 드러내는 전형적인 사례를 제공한다. 전후 일본에서 아시아주의 연구를 대표하는 타께우찌 요시미가 아시아연대의 표명이라는 최소한의 정의에 입각하여 아시아주의를 정의한 다음, 그 원형으로 이 두사람을

---

1) 후꾸자와 유끼찌의 경우 이들보다 한 세대 위의 인물로서 그의 초기 사상이 아시아주의적 요소를 강하게 띠고 있는 것은 사실이지만 그의 사상의 중심은 오히려 후기의 「탈아론」에 있다는 점을 감안한다면 아시아주의와는 거리가 멀다고 할 수 있다.

제시한 사실은(제6장 제5절 참조) 이러한 맥락에서 이해된다. 지역연대의 주요한 기반을 제공하는 지리적 근접성과 인종, 그리고 문명이라는 관점에서 보면 타루이 토오끼찌는 인종주의에 근거한 아시아연대의 주장을 펼쳤으며, 이와 대조적으로 오까꾸라 텐신은 문명에 입각한 독자적인 연대의 이상을 설파했다.

이어서 한국에서는 윤치호와 안중근의 아시아연대에 대한 주장을 검토했다. 이 시기 아시아연대와 관련해서는 이미 언급한 김옥균과 아울러 안경수(安駉壽)가 흔히 언급되는데(Shin 2006: 31~32), 유감스럽게도 김옥균의 아시아 인식과 관련해서는 그 전모를 알 수 있는 자료가 전해지지 않고 있다(조재곤 2000: 161). 초대 독립협회 회장을 역임한 안경수는 이 시기 한국인으로서 삼국제휴의 논리를 가장 체계적으로 제시한 인물로 평가된다(같은 책 169). 안경수의 아시아 인식은 일본의 국수주의 잡지인 『일본인』 1900년 6월 5일~9월 20일에 8회 연재된 「일청한동맹론(日淸韓同盟論)」을 통해 살펴볼 수 있다. 동아시아연대와 관련한 그의 제안이 궁극적으로는 침략주의로서의 아시아주의에 편승하는 데 지나지 않았다고는 하더라도(같은 책 171) 이 제안은 몇가지 점에서 주목할 만하다.

무엇보다도 그는 지역 정체성의 세가지 요소들 중에서 지리적 근접성을 가장 중시했다.[2] 물론 그가 이 시기를 풍미한 인종주의의 요소로부터 자유

---

2) 그는 '근대 국제학'에서 동맹의 종류로 공수(攻守)동맹과 수세(守勢)동맹, 그리고 중립동맹의 세가지를 언급한다. 전자의 공수동맹은 다시 일반 유형과 특수 유형, 그리고 두번째의 수세동맹은 상대 지정과 사건 지정의 두가지로 구분하여 제시한다(안경수 1900a: 25). 조선 중립화론을 선호한 김옥균과는 달리(조재곤 2000: 160~61) 그는 한국과 일본 사이의 공수동맹을 더 선호한 것으로 보이는데, 여기에서 이미 국부를 이룬 일본이 그렇지 못한 한국과 영구적인 공수동맹을 체결할 수 있는 근거로서 두 나라 사이의 지리적 인접성, 이른바 "순치보차(脣齒輔車)의 형"세를 언급한다. 즉 한국이 위태로우면 일본의 독립이 위협받을 수 있다는 것이다. 이러한 점에서 두 나라의 동맹은 한국을 위해서뿐만 아니라 일본으로서도 "천고(千古)의 장계(長計)"가 될 수밖에 없다는 것이다. 안경수 1900b: 22 참조.

로웠다고 말할 수는 없을 것이다. 이 점은 그가 이 시기 동아시아연대론자들 사이에서 낯익은 비유, 즉 서구 문물의 도입 정도에 따라 한중일의 삼국 중에서 일본을 가장 만형으로 놓고 중국과 한국이 그 아래에 위치하는 형제의 비유(안경수 1900c: 24)를 들고 있다는 점에서도 유추할 수 있다. 그의 글이 주로 외교와 국제정치에 초점을 맞춰 조선의 부국강병과 독립의 방안을 목표로 하는 삼국연대를 모색했다는 점을 고려한다고 하더라도 적어도 『일청한 동맹론』에서는 이 시기의 연대론에 흔한 인종주의를 언급하지 않는다는 점이 눈에 뜬다.

다음에 그는 정부나 정치의 상위 영역에 초점을 맞춰 동아시아 정세를 분석하면서도 최종적으로는 이러한 정부의 위상에 못지않게 국민의 역할이 중요하다는 점을 강조했다. 동양 삼국에서 국민의 존재와 국민의 감정은 정부 차원의 삼국동맹을 '후원'하고 나아가서는 그 근저를 이루는 것으로 그가 말하는 "국민적 동맹"의 성립에서 중요한 의미를 갖는다고 그는 지적한다(안경수 1900e: 24). 국가나 정부가 아닌 국민에 대한 이러한 강조는 그의 독립협회 경험과도 무관하지는 않겠지만, 더 근원적으로는 국민의 일원으로서 삼국 자본가들의 협력을 통해 "식산흥업과 어업 등의 발달, 개량"을 꾀함으로써 각국의 국부를 달성한다는(같은 책 26) 자신의 동아시아 구상을 반영한 것이다.

이처럼 국제정치와 외교 관점에서 아시아연대를 모색한 김옥균이나 안경수와는 다른 사례로서 이 장에서는 윤치호와 안중근의 두 사례를 검토해보기로 하겠다. 비록 본격적인 형태로 아시아연대의 이론을 체계화한 것은 아니라고 하더라도 윤치호의 경우는 인종주의에 입각한 아시아연대의 주장을 보이는 좋은 사례인 반면에 이미 잘 알려져왔듯이 안중근의 동아시아연대와 동양평화론은 이 시기 지역연대의 사상에서 독자적인 위상을 점하는 것으로 주목할 만한 가치가 있기 때문이다.

1. 타루이 토오끼찌(樽井藤吉, 1850~1922)

타루이 토오끼찌는 흔히 『대동합방론』의 저자로 우리에게 알려져 있다. 이 책이 간행된 것은 1893년인데, 10년 정도를 거슬러 올라가는 1885년에 그는 이 책의 초고를 썼다. 같은 해에 간행한 「탈아론」에서 후꾸자와 유끼찌가 "동방의 악우(惡友)를 사절(謝絶)"한다는 입장을 보인 것과 대조적으로 그는 일본과 한국, 그리고 중국의 동아시아 삼국의 연대를 주장했다. 즉 "일신(一身)을 가지고 국본(國本)으로 하는 일개인제도(一個人制度)"에 입각한 구미제국과는 달리 "일가(一家)로써 국본을 삼는 가족제도"를 기반으로 하는 동아의 제국이 연대를 하는 것은 "자연의 도리"일 뿐만 아니라 "천하의 지고의 덕"으로서의 화(和)를 "국치(國治)의 지표"로 하는 일본의 이상에도 부합한다는 것이다(樽井藤吉 1893: 106~07, 116).

그가 초고를 썼던 1885년은 조선에서 갑신정변이 일어났으나 청나라의 무력간섭으로 실패로 돌아가고 일본은 어쩔 수 없이 청나라의 국력 앞에 무릎을 꿇어 일본의 '위신'이 크게 실추한 때였다. 이러한 맥락에서 서구열강의 방식에 따라 동양을 침략하자는 후꾸자와의 탈아론적인 주장이 크게 공감을 얻고 있었다. 묻혀 있던 그의 초고가 간행된 1890년대의 일본사회에서는 만국공법에 대한 인식이나 불평등조약의 개정문제 또는 외국인의 내지잡거(內地雜居)의 가부를 둘러싼 논란이 활발하게 전개되고 있었다. 이러한 현실문제와 관련해 국제사회에서 일본이 나아가야 할 길이 새삼스럽게 논의되었다. 이러한 점에서 보자면 그의 이 책은 구미열강의 동진정책에 대응해 식민지화나 서구화도 거부하면서 동양의 한 나라로서 국제정치에서 독자적인 위치를 차지하기 위한 방법과 구상을 제시한 것으로 볼 수 있다(平石直昭 1994: 271).

이 시기 일본은 청과의 '아시아 맹주 다툼'을 위한 군비확장을 어느정도 달성해 일전을 겨룰 태세가 되어 있었고 사회적 분위기도 '대청주전론'이 비등하던 때였다. 타루이의 주장은 이와 같이 주전론이 주류를 이루고 있었던 상황에서 전쟁을 치르지 않고 평화적인 방법으로 동양의 패권을 장악해야 한다는 비전론적인 침략론으로 일본사회 일각의 다른 분위기를 대변하는 것이기도 했다.

　그의 사상은 당시의 시대사조였던 다윈의 진화론적 사상과 아울러 인종주의의 편향을 반영하고 있었다. 즉 그가 본 세계는 "생존경쟁의 장에 선 열국(列國)경쟁"과 '세계적 규모에서의 인종전쟁'의 가능성이 지배하고 있었으며, 이에 대한 대응으로 그는 '동문동종(同文同種)'의 동아시아 국가들의 연대를 주장한 것이다. 연대의 방책으로 그는 서구식의 연방제도에 주목했다. "친화합동(親和合同)이 동인(東人)의 천부의 성(性)"이라는 인식에서(樽井藤吉 1893: 115) 그는 평화적이고 자주적인 합의에 기반을 둔 대등합병과 아울러 각국 인민들의 평등한 참정권을 주장했다. 그러나 구체적으로 들어가보면 그가 조선과 중국에 대해 서로 구분되는 방식을 제안하고 있다는 것을 알 수 있다.

　그는 조선에 대해서는 '동문동조론(同文同祖論)'이라는 혈통주의와 '순치보거'라는 운명공동체론에 의거해 '병력이나 압제'가 아닌 평화적 방식을 통한 '합방'을 제시한다. 서로의 이해관계가 일치하기 때문에[3] "서로 싸워야 할 대상이 아니고 상화(相和)해야 할" 두 나라가 만일 통합한다면 일본은 "싸우지 않고 조선을 취하는 것이고, 조선도 또 싸우지 않고 일본을 취하는 것"이라는 것이다. 나아가 그는 각각의 나라가 옛 명칭을 그대로 사용하되 합방된 두 나라의 총칭은 '대동(大東)'으로 해야 한다고 주장했다.[4] 자주국

---

3) "양국 통유(通有)의 이"로서 그는 다음의 여덟가지를 들고 있다. ① 두 나라가 합동하면 하나의 적국을 감할 수 있다. ② 합동으로 대(大)를 이루면 다른 나라로부터 외경(畏敬)된다. ③ 공에 입각한 정치가 가능하다. ④ 두 나라가 점차 친밀하게 된다. ⑤ 쓰시마 해협의 봉쇄가 견고하게 된다. ⑥ 공사영사(公使領事)의 비용을 절감할 수 있다. ⑦ 무역, 여행, 통운 등의 편리를 도모할 수 있다. ⑧ 청나라와 러시아 두 나라의 경외(敬畏)를 받는다는 것이다(樽井藤吉 1893: 118~19).

인 한·일 두 나라가 "협의체맹(協議締盟)을 통해 화합을 도모하는 것은 원래부터 공통의 조리(條理), 정명(正明)의 대전(大典)에 부합한다"는 것이다 (같은 책 126).

한국에 대한 합방의 주장과 대조적으로 그는 중국에 대해서는 상이한 방안을 제시하고 있다. 결론부터 이야기하면 그는 한국과 일본이 먼저 합방하여 '동국(東國)'을 구성한 다음, 중국과의 '합종(合縱)'을 시도해야 한다고 주장한다. "경쟁세계의 대세에 비춰 아시아 동종(同種)의 우국(友國)을 합하여 이종인(異種人)과 경쟁"해야 하는 점에서 "합동을 요하는 것이 어찌 한국과 일본에 그치겠느냐"고 반문하면서도 그는 청나라는 만주족에 의한 이민족 지배국가이기 때문에 자신이 신봉하는 자주적 합방 원칙에 비춰 먼저 청나라의 지배체제를 해체해야 한다고 주장한다. 이를 위해서는 '한토(漢土), 거란, 몽골, 시짱(西藏)'의 자주권이 회복되어야 하겠지만, 청나라가 이를 허용하지 않을 것이기 때문에 서구열강이나 러시아에 대항하기 위해서는 아시아의 두 강국인 일본과 중국이 합종하는 길밖에 없지 않느냐는 것이다(같은 책 124). 이러한 그의 주장은 위에서 언급한 중국 쑨 원의 중·일 공동영도론을 연상하게 하는 것이다.

그의 아시아주의는 화(和)나 의(義), 또는 덕(德)과 같은 동양적 이상들을 표방하고 있지만, 국제정세나 세계전략의 차원에서는 매우 실용적이고 타산적인 면모를 보이고 있다. 예컨대 앞에서도 언급했듯이 한국과 일본의 합방에 따르는 구체적인 이·불리를 제시한다거나 '동국'과 중국과의 합종이 중국에게 결코 불리하지 않다는 점을 논증하려는 시도[5] 등이 그렇다. 동아시

---

4) 樽井藤吉 1893: 108~10 참조. 이를 논증하기 위해 그는 양국의 역사를 거슬러 올라가 그 유래를 설명한다. 1907년에 집필해 한국통감부에 제출되었다는 『일한연방조규개요(日韓聯邦條規概要)』라는 책자에서 이 제안은 더 구체화되면서 침략적 의도를 노골화한다. 즉 "섬나라 일본의 명칭만을 가지고는 아직 그 성덕(盛德)을 표현하기에 부족하므로 대륙을 겸유(兼有)하는 존호를 세워야 한다"고 하여 새로운 국호의 필요성을 역설하는 것이다(伊東昭雄 1990: 53).

68

아 국가들의 이러한 합방·합종을 통해 그는 궁극적으로 황인종이 패권을 장악하는 세계전략의 구상을 제시한다. 즉 중국과 일본이 합종을 통해 '북고(北顧)의 우(虞)'를 없앴다면 '도남(圖南)의 대계(大計)'를 세울 수 있는바, 구체적으로 중국이 베트남과 샴, 미얀마와 연합해 말레이반도를 백인 지배로부터 해방하면, '동국'이 중국과 "길을 나누어 남양제도의 척식을 도모하고 문명"화할 수 있다는 것이다(같은 책 128~29).

이와 같이 그는 당시의 시대적 사조였던 인종주의의 사고로부터 자유롭지 못했다. 백인의 패권적 지배에 이기는 길은 "동종인의 일치단결의 세력을 키우는 데 있을 따름"이며, "동종인의 안에 친화하고 이종인과 바깥으로 경쟁하려고 하는 것은 세운(世運)의 자연"이라는 현실인식에서 동아시아인의 연대를 주장한 것이다. 만일 이러한 연대가 성립한다면 "수십년이 되지 않아 아시아 황인국의 일대 연방"이 이루어질 것이라는 그의 예언(같은 책 129)은 불행하게도 대략 반세기 이후에 중국의 자리까지를 일본이 대신하는 형식의 대동아공영권 구상을 통해 희화적으로 실현되었다.

타루이의 아시아주의에서 연대의 필요를 위한 주장의 기저에는 "세계 제5위의 인구를 가진 일본이 판도를 넓히려 해도 그 장소가 없다"는 인식이 깔려 있다. 따라서 "우승열패 약육강식의 천수(天數)를 면"하고 "국광(國光)을 밖으로 펼치려고 한다면 모름지기 우선 국력을 강대히 하여 안전을 도모해

---

5) 청나라가 경계해야 할 것은 서남(서구)와 북방(러시아)에 있다는 점에서 사면을 적으로 하지 않기 위해서는 '동국'을 우국으로 두는 것이 필요하다고 그는 주장한다. 이러한 점에서 중국은 "조선으로 하여금 영국의 보호를 받게 하려고 할 것"이 아니라 대동합방을 통해 '우국의 부강융성'의 기반을 열어주는 것이 의(義)에 부합한다는 것이다. 설사 한일병합이 이루어진다 해도 토지의 광협이나 인구의 다소에서는 중국에 훨씬 못 미치기 때문에 중국으로서는 염려할 바가 없을 것이라거나, 중국 내부를 보더라도 합종을 통해 지배체제가 강고하게 된다면 설령 있다고 하더라도 만주족에 대한 한족(漢族)의 반란심 또한 일어나지는 못할 것이라거나, 다음에 서술하듯이 만주족이 한족의 '모반심'을 밖으로 향하게 하여 그것을 이용해 남진정복을 꾀해야 할 것이라는 현실적 방안을 충고하고 있다(樽井藤吉 1893: 125~28).

야 한다"는 것이다(樽井藤吉 1893: 115; 平石直昭 1994: 272~73). 이와 같이 일본의 안전과 세력 확장을 기저에 둔다는 점에서 그가 주장하는 연대논리가 쉽게 침략논리로 전화될 수 있었다는 점 또한 부정할 수는 없을 것이다(平石直昭 1994: 273). 곧 일국 이기주의 토대 위에서 일본의 안전과 국권 확장을 위해 한·일 두 나라의 '병합'과 중국과의 합종을 주장하는 그의 논리는 표면적으로는 연대론처럼 보이지만, 사실은 군사적 침략론과는 침략방법에서의 상이성을 갖고 있을 뿐이라고 해야 할 것이다.

그의 책은 동아시아 삼국의 연대에 관심을 가진 조선과 중국의 지식인들에게 많은 영향을 주었다. 량 치챠오(梁啓超)는 이 책에 자신의 서문을 덧붙여『대동합방신의(大東合邦新義)』라는 제목으로 샹하이에서 10만부를 찍어 출간했으며, 이중 1,000여부가 조선에 보급되었는데 등사본이 유행할 정도로 인기를 얻었다(강재언 1984: 242; 정문상 2006: 51~52; 김윤희 2009: 112~13). 1910년 '일한병합' 과정에서 한국에서 출판된 이 책은 절망적인 한계 속에서 혹은 '입신출세의 욕구'에서 매국활동을 하던 많은 친일인사들에게 지속적인 영향을 미쳤다. 또한 일본의 침략론자들에게는 그 침략성을 은폐하는 수단이 되어 강제병합의 이론적 무기가 되었음은 주지하는 대로이다. 타루이 또한 자신의 지론인 평화적 방식이나 상호대등의 원리에 입각한 것이 아니었음에도 불구하고,[6] 강제병합이 이루어진 것에 대해 매우 기뻐했다고 한다. 결과적으로 그의 아시아주의는 1910년의 강제병합에 이용되었을 뿐만 아니라 1930년대 말 이후 대동아공영권 구상의 원형적 형태를 제시한 것이었다.

---

6) 1910년에 발간한『대동합방론』의 재판에서 그는 "일본이 조선에 대해 재정적 원조를 해야 하므로 조선이 재정적 부담을 할 수 있을 때까지는 합성국(合成國)의 대정(大政)에 조선인을 참가시킬 수는 없다"고 하여 자신의 원칙을 저버렸다(伊東昭雄 1990: 51~52).

2. 오까꾸라 텐신(岡倉天心, 1862~1913)

일본 미술사의 전문가로서 베다철학이나 불교, 도교, 유교 등에 깊은 조예가 있었던 오까꾸라 텐신의 아시아 인식은 같은 계열의 다른 논자들이 대개는 서구문명을 준거로 하여 일본이나 아시아의 문명을 평가하고 있었던 것과는 대조적으로 아시아 자체의 문화적 동질성(identity)에 주목한다는 점에서 더 급진적이고 또 근원적이다. 이 시기를 전후한 아시아연대론자들의 대부분이 인종주의나 지역질서 구상의 차원에 입각해 있었던 것과는 달리 독자적인 문명론의 입장에서 아시아연대를 주장했다. 이와 아울러 타루이의 경우 아시아는 한국과 중국, 일본을 포함한 삼국을 주로 지칭하고 있었던 것과 대조적으로 오까꾸라가 말하는 아시아는 히말라야 산맥을 넘어 인도와 이슬람국가들로 확장되어 적용되고 있다. 1902년 영어로 씌어 런던에서 간행된 『동양의 이상』에서 그는 다음같이 서술하고 있다.

아라비아의 기사도, 페르시아의 시가(詩歌), 중국의 윤리, 인도의 사상은 모두 단일한 고대아시아의 평화를 말하고, 그 평화의 가운데 하나의 공통의 생활이 자라나 각기 다른 지역에 다른 특색이 있는 꽃을 피우고 있는데, 어디에도 명확부동의 분계선을 긋는 것은 불가능한 것이다(岡倉天心 1902: 68).

이러한 문화적 동질성의 문제의식에서[7] 그는 이 책에서 일본의 원시예술과 북방중국의 유교, 남방중국의 노장사상과 도교, 그리고 불교와 인도예술 등의 각각을 상세히 고찰하고 있다. "공자의 공동사회주의를 가진 중국문명과 베다의 개인주의를 가진 인도문명"(같은 책 67)에서 보듯이 아시아 여러

---

7) 물론 그가 문화적 측면에서의 동질성만을 주장한 것은 아니다. 농경공산주의라는 경제기반과 그에 조응하는 가족제도, 생활문화, 종교, 도덕 등을 들고 있기 때문이다(平石直昭 1998: 190).

민족의 구성이 다양하다고 하더라도 "구극(究極) 보편적인 것을 구하는 사랑의 광대함", 동양적 의미에서의 '개성'과 '교양' '평화'에 대한 옹호라는 점 등에서 "아시아는 하나"라고 그는 주장한다.[8]

이미 지적했듯이 쑨 꺼나 야마무로 신이찌가 일정한 단서를 붙이면서도 오까꾸라의 아시아 인식을 긍정적으로 평가하는 것은 이러한 맥락에서 이해될 수 있다. 서구 학계에서 두아라 역시 반제국주의 연대의 이념을 제시한 대표적인 사례로 인도의 타고르나 중국의 장 삥린과 함께 오까꾸라를 거론한 바 있다. 그의 아시아주의에 나타나는 몇몇 한계들에도 불구하고 두아라는 아시아연대에 대한 오까꾸라의 진정성을 기꺼이 인정한다. 장 삥린과 마찬가지로 서구제국주의 권력에 맞서기 위해 서구의 모델에 따른 근대 민족국가를 수립해야 한다는 필요성을 인정했다는 점에서 오까꾸라의 아시아주의의 기저에 놓인 민족주의의 동기를 지적하면서도 반제국주의의 지향을 가진 지역연대 구상이라는 점에서 의미를 부여한 것이다(Duara 2010: 969~71).

이러한 평가들에도 불구하고 오까꾸라의 아시아 인식에는 몇가지 짚어봐야 할 점이 있다. 우선 동양 공통의 정체성에 대한 오까꾸라의 강조는 다분히 "서에 대한 동의 안티테제"로서의 성격이 강하다. 서구문명의 아시아 침탈에 대해 그는 아시아의 전통과 '영광'을 주장하면서 아시아가 당면한 과제는 "아시아의 양식을 지키고 그것을 회복"하는 것이며, 이를 위해서는 "아시아 자신이 우선 이러한 양식의 의미를 인정하고 그 의식을 발전시켜가야

---

8) "동양인이 생각하는 개성이라고 하는 것(은), 성숙하고 살아있는 지식으로서 또 강건하면서도 온화한 인간미를 포함한 사상과 감정의 조화로서의 개성인 것이다. 이러한 상호왕래를 통해 비로소 교양의, 단순히 인쇄된 지침으로서가 아니라 참된 수단으로서의 인간의 교제라고 하는 동양적인 관념이 유지되어간다. (…) (아시아의 영광은) 모든 아시아인의 마음에 뛰노는 평화의 메아리 안에 또 제왕과 농민을 연결시키는 조화의 안에 또 모든 동정, 모든 예양(禮讓)의 념(念)을 낳는 것으로도 되는 숭고한 일체성의 직감 안에 숨어 있다"(岡倉天心 1902: 103). 이 구절은 伊東昭雄 1990: 61에서의 역문 참조.

한다"고 주장한다. "과거의 그림자야말로 미래의 약속"(岡倉天心 1902: 104)이라고 그는 말한다. 이러한 주장은 아시아인이 서로에 대해 가지는 인상이 유럽인들의 "해석에 의해 윤색되어 있다"는 인식으로 나아간다. 아시아인이가지는 아시아상 자체가 유럽인의 아시아상에 의해 매개되고 있다는 것이다. 그의 이론이 "근대 서구문명에 의해 아시아 전통문명이 파괴되는 것에대한 항의"로서 평가된 것은(平石直昭 1994: 280) 이러한 맥락에서 이해될 수있다.

문제는 오까꾸라의 이러한 자기인식이 서양에 대한 동양의 자민족 중심주의의 성향을 강하게 드러낸다는 사실이다. 그리고 이러한 점에서 동양에 대한 서양의 전통과 문명은 부정적으로 묘사되는 경향이 있다.9) 이러한 맥락에서 오까꾸라는 자신의 시대를 "미래에의 단서를 줄 수 있는 한가닥의 실"을 잃어버린 채 대량으로 유입하는 서양사상에 의해 미혹당하고 있다고 파악했다(岡倉天心 1902: 104~05).

더 심각한 문제는 이러한 자민족 중심주의의 편견이 아시아 내부로 투사되면서 일본의 독자성과 우월성을 강조하는 경향으로 이끌린다는 사실이다. 오까꾸라에 의하면 아시아가 "복잡한 가운데 특별히 통일을 실현할 수 있었던 것은 일본의 위대한 특권"이었다. 일본은 "아시아 사상과 문화를 위탁받은 참된 저장고"이면서 "아시아 문화의 역사적 부를 그 비장의 표본에 의하여 일관되게 연구할 수 있었던" 유일한 국가이고, 일본이 "근대적 강국의 지위에 올랐던 것과 동시에 아시아의 혼에 항상 충실하게 머무를" 수 있었던 것도 일본이 '아시아 문명의 박물관'으로서의 역할을 해왔기 때문이다(같은 책 69~70).

---

9) 예를 들면 "인생의 목적이 아니고 수단을 추구하는 것을 좋아한다"거나 서양은 '무지'하기 때문에 다양한 환경과 상관적인 사회현상을 "거의 이해할 수 없다"거나 "근대적인 속악(俗惡)의 타오르는 것과 같은 한천(旱天)이 (동양의) 생명과 예술의 인후(咽喉)를 바삭바삭 고갈시키고 있다"는 주장 등이 그렇다(岡倉天心 1902: 67, 71, 105).

여기서 주목할 것은 오까꾸라의 아시아 인식에서 나타나는 이러한 특성들, 즉 일본의 우월성에 대한 강조와 아울러 서구문명에 대한 비판과 부정이[10] 1930년 일본에서 아시아주의의 고양과 대동아공영권의 전개과정에서 그대로 재현된다는 사실이다. 실제로 그는 유럽이라고 하는 '악성종양'을 제거하기 위해 "애국적 열정의 조직적 앙양과 전쟁에 대한 조직적 준비"를 호소했으며, 이를 실현하기 위해 '범아시아동맹'을 결성할 것을 주장했다(平石直昭 1994: 281).

종래 대부분의 아시아연대론이 원초적인 감각주의에 바탕을 둔 인종주의를 근거로 한 정치론임에 반해, 오까꾸라의 아시아론은 종교적, 문명적 정체성을 가지고 전개되고 있다는 점에서 특이하다. 그런 의미에서 동양문명에 대한 근원주의적 성격을 내포하고 있고 관념적 언설에 빠져 있기도 하다. 이 관념성 때문에 오히려 '아시아는 하나'라는 주장은 그때부터 지금까지 줄곧 아시아주의를 정당화하고 미화하는 화두가 되어왔다. 그의 언설은 근대 일본의 아시아주의의 본질인 동북아지역을 범주로 하는 황인종단결론이나 '동이북적족'통합론, 그리고 동북아문명론(한자문화권)을 훨씬 뛰어넘어 유색인종론과 광의의 아시아 문명(종교 포함)의 원리에 서서 인도까지 아시아의 범주에 포함시키고자 했다. 이러한 점에서 추상적·사변적·관념적·낭만적인 아시아주의론으로 평가할 수 있으며, 주류 아시아론에 비춰보면 오히려 방류적이라고 할 수도 있었다.

비록 오까꾸라가 동양의 정신적 전통과 문명에 대한 심오한 이해를 바탕으로 서구제국주의 지배와 문화침탈에 대한 비판의식에서 아시아주의를 주장했다고는 하더라도 궁극적으로 그것은 1930년대 이후 일본에서 군국주의

---

10) 1904년 미국여행중에 간행한 『일본의 각성』의 제5장 「백화(白禍)」에서 그는 르네쌍스 이래 서양의 동양에 대한 진출을 추적하면서 서구의 기계문명, 거대산업주의, 상업주의, 황금숭배, 능률주의 등 "서구문명이 낳은 정신적 퇴폐를 남김 없이 폭로"했다(平石直昭 1994: 282).

의 고양과 아시아 침략을 위한 지배논리로 수렴되는 성격을 지닌 것이었다.[11] 한 평자가 지적하듯이 그는 "일본이 이미 구미열강의 아시아 침략에 가담하고 있는 사실에 대해는 전혀 의식하지 못했을" 뿐만 아니라(伊東昭雄 1990: 61~62), 자신의 사상이 서구와의 전면적인 대결은 말할 것도 없고 같은 아시아 국가들에 대해 지배논리로 전환·귀결될 수 있는 함의에 대해서도 지나치게 부주의했다. 이에 따라『동양의 이상』의 말미에서 그가 제기했듯이 "안으로부터의 승리인가, 아니면 밖으로부터의 거대한 죽음인가"라는 양자택일의 강박관념에 이끌려 "아시아의 영광과 부흥"을 절규했던 것이다. 수십년 후 아시아를 침략하고 지배했던 대동아공영권 사상의 원류를 여기에서 찾는 것은 어렵지 않은 일이었다.

3. 윤치호(尹致昊, 1865~1945)

한국 근대사에서 윤치호는 문명개화론을 옹호하면서도 김옥균이나 박영효와는 달리 점진적 개혁에 바탕을 둔 온건한 방식의 근대화를 선호한 인물로 평가된다. 윤치호의 동아시아 인식에서는 아시아연대에 대한 적극적인 제안이 두드러지게 나타난다. 그 이유로서는 지역연대의 주요한 두 요소인 인종과 문명에서 윤치호가 후자보다는 전자에 더 결정적인 설명력을 부여하면서, 인종을 상위 개념으로 하는 문명에 대한 일종의 본질론적 접근을 선호했기 때문이다. 여기서 본질론이란 문명의 단계를 고립화하는 구조 틀 안에

---

11) 오까구라에 대한 타께우찌 요시미의 평가는 다소 유보적이고 또 양면적이다. 그는 "아시아는 하나"라는 오까구라의 명제가『대동합방론』에 못지않게 일본 파시즘에 의해 이용되었다고는 하더라도 그것을 "오욕에 찬 아시아가 본성으로 돌아오는 자태를 낭만적인 이상으로 서술"한 것으로 보아야지 제국주의의 찬미로 보는 것은 원래의 뜻을 무시하는 것이라고 평가한다(竹內好 1963: 42).

서 그 자체를 탈역사화해 추상화하는 것을 말한다.[12] 즉 인종주의에 기반을 둔 문명에 대한 본질론적 인식이 아시아연대에 대한 지지를 야기했다는 것이다.

윤치호는 1883년부터 시작하여 1943년에 걸쳐 무려 60년에 이르는 오랜 시기 동안의 일기를 남겼다. 1833년 1월 1일 한문으로 시작한 그의 일기는 1887년 11월 24일까지 계속되다가 이후 한글로 바뀌어 1889년 12월 7일까지 이어졌으며 이후에는 영어로 썼었다. 이들 일기에서 문명과 인종에 대한 윤치호의 생각은 특히 1890년부터 1905년에 이르는 15년 정도의 시기에 걸쳐 여기저기 단편적으로 서술되어 있다. 윤치호의 문명론은 일본의 후꾸자와 유끼찌의 영향을 받았다. 윤치호는 1892년 12월 29일자의 일기에서 야만과 반문명, 그리고 문명에 대해 언급하고 있는데,[13] 주지하듯이 이 표현은 문명에 대한 후꾸자와 유끼찌의 단계 구분을 받아들인 것이었다.

문명의 단계 구분에 대한 후꾸자와의 표현을 그대로 사용하고 있는 것에서 보듯이 그 역시 후꾸자와 마찬가지로 문명의 범주를 추상화시키는 본질론의 사고로부터 벗어날 수는 없었다. 선과 악의 대조를 통해 문명과 야만을 강조한 후꾸자와 비슷하게 그는 자연에 대한 주인과 노예의 비유를 들어 문명과 야만을 대비시켰다.[14] 그러나 그렇다고 하여 야만에서 문명으로의 발전이나 이행과 같은 단계론적 사고의 '편린'을 그에게서 찾아볼 수 없는 것은 아니었다. 미국인들이 자신들은 "신의 마지막 작품(effort)이며 문명이 자신의 대륙에서 종착역에 도달했다고 생각하고 말한다"고 하면서 그는 그럴 수도 있겠지만 이는 오히려 오만한 생각이라고 덧붙이고 있다. 왜냐하면

---

12) 이러한 점에서 그는 발전과 이행이라는 역사과정을 통해 문명을 이해하는 단계론의 입장에 섰던 유길준과 좋은 대조를 이룬다. 지역연대에 대한 두사람의 대조되는 입장의 비교로는 김경일 2008 참조.

13) 『윤치호일기(2)』 1974: 449.

14) 반문명인에 대해서는 "자연의 소심한 구걸자"(a timid beggar from Nature)라고 묘사한다. 같은 곳 참조.

"세계는 아직 그 마지막 단계에 도달하지 않았으며 인종은 그것의 궁극적인 발전에 이르지 않았기 때문"이라는 것이다. 이어서 그리스가 로마에 의해 정복된 사실 등을 사례로 들면서 그는 미국인들이 야만이라고 부르는 민족들 중의 하나가 세계문명의 정상에 오르게 될 날이 올 수도 있을 것이라고 강하게 반문했다.15) 그런가 하면 타운쎈드가 쓴 『아시아와 유럽』(Townsend 1901)에 대한 자신의 감상을 말하면서 그는 "인종으로서의 홍·황인종은 백인들보다 훨씬 이전에 높은 수준의 문명을 발전시켜왔"다는 점에서 "문제는 시간으로 우리는 다시 백인종을 따라잡을 수 있고 또 누가 아는가 그들을 다시 한번 추월할 수도 있을 것"이라고 말하기도 했다.16)

얼핏 보면 단계나 이행으로 해석될 수 있는 이러한 언급들은 자세히 검토해보면 야만과 문명의 기본 틀 안에서 그 실제적인 대행자나 내용만을 전치(轉置), 혹은 순환시키고 있다는 것을 알 수 있다. 즉 문명과 야만을 대립시키는 구조의 기제는 그대로 유지되고 있다는 것이다. 나아가서 두 대립 범주의 대행자로서 민족이나 인종을 설정한 점도 주목된다. 다가올 문명의 담지자로서 황인종이나 비서구 민족을 상정한 것은 현재의 시점에서 야만의 상태에 있는 이들의 현실을 역설적으로 드러내는 것이었다. 이러한 점에서 그는 조선이 아직 야만의 상태를 벗어나지 못한 것으로 파악했다.17)

이 점은 중국의 경우에도 마찬가지였다. 중국에서 3년 6개월 동안의 유학 생활을 경험한 윤치호에게 중국은 악취와 불결과 낙후, 무기력, 완고, 교만과 같은 부정적 속성들(유영렬 1985: 65~67)로 묘사되는 나라였다. 윤치호의

---

15) 1893년 4월 15일자, 『윤치호일기(3)』 1974: 59~60.
16) 윤치호에 따르면 아시아와 유럽의 구별(separateness)은 자명한 것으로, 이는 전자의 자격지심(sensitiveness)과 후자의 오만함에서 기인한 것이다. 1903년 1월 15일자, 『윤치호 일기(6)』 1976: 3~4.
17) 조선을 반개화상태로 상정하고 유교전통의 영향을 강조한 유길준과는 달리 그는 조선이 미개상태에 처한 근본요인이 유학의 숭상에 있다고 보아 이를 비판했으며, 그 대안으로 서구 기독교의 수용을 통한 문명화를 주장했다(허동현 2002: 184; 박정심 2007: 131).

일기에서 조선이나 중국에 대한 부정적이고 혐오에 찬 표현을 찾는 것은 어렵지 않다. 예를 들면 "중국이나 한국의 거리에서 맡아야 하는 구역질나는 냄새" "혐오스러운 냄새가 나는 중국, 무능한 정부가 지속되는 한국" "그토록 흔한 천한 말씨가 있는 중국말이나 한국말" 등이 그렇다.18) 문명 대 야만의 문명전쟁으로서의 청일전쟁에 대해서는 이미 언급한 바 있거니와 윤치호역시 이 사실을 언급한다.

현재의 전쟁(청일전쟁—필자)은 갱생하는 서구문명과 동양의 퇴락하는 야만 사이의 갈등 이상의 것이다. 일본의 성공은 한국의 구원과 중국의 개혁을 의미할 것이다. 그 반대는 반도의 왕국을 중국의 타락이라는 끝없는 나락으로 빠뜨리게 될 것이며, 중국의 천자는 제국이 아무런 개혁을 필요로 하지 않는다는 믿음을 확신하게 될 것이다. 모든 동양의 선을 위해 일본이 승리하기를!19)

문명전쟁으로서의 청일전쟁이라는 통념에서 훨씬 나아가서 윤치호는 오히려 그것은 "갱생하는 서구문명과 동양의 퇴락하는 야만 사이의 갈등 이상의 것"이라고 주장한다. 여기에서 윤치호는 문명보다는 오히려 인종이라는 변수를 중요하게 고려하고 있다는 사실을 알 수 있다. 동양의 선을 위해 청일전쟁에서 일본의 승리를 기원한 위의 일기에서 보듯이 그는 일관되게 일본에 동경과 찬사를 보냈으며, 이는 자연스럽게 식민지시기 그의 친일 경력으로 이어지는 것이다. 위 일기의 뒷부분에서 그는 일본의 문명개화를 외부의 영향으로 설명하는 의견을 다음같이 비판하고 있다.

---

18) 1893년 11월 1일자, 『윤치호 일기(3)』 1974: 203~05. 그러나 그가 중국에 대해 부정적으로 평가한 것만은 아니다. 그는 중국의 문화전통이 지닌 우수성과 심오함을 인정했으며, 일본 또한 정치와 문학, 철학, 예술 등에 걸친 모든 것을 중국으로부터 배웠다는 사실을 지적하면서 중국의 전도를 낙관적으로 전망하기도 했다. 1890년 2월 14일자, 『윤치호 일기(2)』 1974: 18.
19) 1894년 9월 27일자, 『윤치호 일기(3)』 1974: 374.

어떤 사람은 일본이 오늘날의 일본이 된 것은 외국인들의 덕분이라고 생각하는 듯이 보인다. 가르치는 자로서 어디를 가더라도 가장 양심적인 성실함으로써 자신의 신성한 의무를 실행한다는 것이 서구인들의 영원한 영예라고 말하게 한다 하더라도 선생의 성공은 대체로 가르침을 받는 자의 능력과 야망에 의존한다. 자신에게 가르침을 베풀었던 자가 아무리 성실했다 하더라도 만일 일본이 국민들의 애국심의 집약과 기사도적인 명예감, 순발력 있는 지력, 높은 열망과 과감한 용기가 없었다면 채 30년이 되지 않는 기간에 그토록 놀라운 변화를 결코 성취할 수는 없었을 것이다. 이러한 품성들은 주문한다고 해서 만들어지는 것이 아니다. 그것들은 봉건주의의 오랜 세기 동안 배태되어 소중히 길러지고 성숙한 것이다.[20]

그가 보기에 서구와의 접촉을 통한 근대 문물의 도입으로 일본의 근대화를 설명하는 입장은 설득력이 없는 것이었다. 애덤 스미스의 비교방법대로 하자면 동일한 서구의 영향을 받았다 하더라도 근대화에 실패한 사례를 제시할 수 있었더라면 더 좋았겠지만, 어쨌든 윤치호는 일본의 문명개화에서는 외부의 자극보다는 오랜 동안 봉건주의의 태내에서 배태되어온 바로서의 애국심과 명예감, 지력과 열망, 용기 등과 같은 내재적 미덕이 크나큰 역할을 했다는 사실을 강조했다. 일본에 대한 그의 찬사는 여기서 멈추지 않았다. 윤치호는 문명의 효과가 구체적으로 표현되는 일상생활의 미시영역에서도 일본에 대한 그의 호감을 주저 없이 드러낸다.

아사꾸사공원에서 놀라운 묘기를 펼쳐 보이는 다양한 쇼들을 놀랠 만큼 싼 값에 보면서 아침 한나절을 보낼 수 있다. 단돈 한푼에 끝없이 펼쳐지는 박진감 넘치는 다양한 퍼포먼스들을 보면서 하루 종일을 한 장소에서 보낼 수도 있다. 이토록 적은 돈으로 그토록 많은 삶의 즐거움을 얻을 수 있는 곳은 일본 말고는 세계 어디에도 없다! 시장에서 나는 아름다운 작은 물건들을 항상 저렴

---

20) 1894년 9월 27일자, 『윤치호 일기(3)』 1974: 375.

하게 살 수 있다는 사실에 기쁘고 놀라워한다. 일본은 작은 물건들에 위대한 나라이다. 만일 내가 내키는 대로 나의 집을 고를 수 있다면 일본이야말로 바로 그러한 나라가 될 것이다. 나는 혐오스러운 냄새가 나는 중국이나 혹은 인종적 편견과 차별에 시달려야 하는 미국에서 살고 싶지 않으며, 무능한 정부가 지속되는 한 한국에서도 살고 싶지 않다. 오, 축복받은 일본이여! 동방의 낙원이여! 세계의 정원이여![21]

곧이어 그는 왜 자신이 조선을 포함한 다른 어느 나라보다도 일본을 더 선호하는지에 대한 이유를 9개 항목에 걸쳐 쭉 나열하고 있다. 이를테면 미국의 남부에서와는 달리 "집에 와 있는 듯한 편안함"을 일본에서는 느낄 수 있다든지, "일본말에는 중국말이나 한국말에는 그토록 흔한 천한 말씨가 없다"는 식이다. 또다른 일기에서 그는 "일본인들과 함께 있을 때 느끼는 일종의 동지감을 미국의 친구들과 함께 있을 때는 느낄 수 없다"고 적었다. "백인과 황인 서로는 관계에서 느끼는 '무언가'가 있다"는 것이다. 이 '무엇'(something)에 관하여 그는 신체적, 경제적(혹은 생활양식), 사회적, 개인적 느낌 등으로 나눠서 자세히 설명하고 있다.[22]

여기에서 보듯이 윤치호의 사상에서 같은 인종으로서의 일본에 대한 선호는 선천적·본능적 요인들로 귀착되는 단순함과 집착을 드러내고 있다. 그럼에도 불구하고 그것을 혈연이나 자연과 같은 1차적 요인으로 설명하는 것은 합리적인 접근이 되지 못할 것이다. 그렇다면 일본에 대한 윤치호의 선호는 언제부터 형성되었을까? 1888년에 상하이 중서서원(中西書院, Anglo-Chinese College)을 마친 그는 처음에는 일본에 가서 공부를 계속하고 싶었지만 여러 사정으로 포기하고 같은 해 11월에 미국으로 가게 된다. 미국에서 유학생활을 하던 1890년 5월 18일자의 일기에서[23] 그는 조선의 현실에

---

21) 1893년 11월 1일자, 『윤치호 일기(3)』 1974: 203~04.
22) 1903년 1월 15일자, 『윤치호 일기(6)』 1976: 4~9.
23) 『윤치호 일기(2)』 1974: 58~60.

서 가능한 다섯가지 대안들을 제시하고 있다. 첫번째와 두번째는 평화적인 내부개혁이나 혁명으로 이 두가지는 현 시점에서는 최선의 것이지만 실현될 가능성은 없다고 보았다. 세번째와 네번째로는 현 상태를 유지하는 것과 중국에 속박되는 길이 있는데, 어느 것도 감내하기 힘든 것이다. 이에 따라 그는 마지막으로 영국이나 러시아의 지배를 거론하면서 현상의 유지나 중국의 지배보다는 훨씬 나은 방도라고 평가하고 있다. 그러면서도 자신은 단연코 러시아보다는 영국의 지배를 선호한다고 부언한다.

여기서 주목되는 것은 그가 대안들 중의 하나로 일본의 지배를 받는다는 씨나리오는 생각하지 못하고 있다는 사실이다. 일본을 좋아하는 것과 일본의 지배를 받는 것은 차원이 다른 것이지만, 적어도 1890년의 시점에서 그가 조선의 현실에서 일본의 존재를 언급하지 않았던 것은 자못 흥미롭다. 1893년 10월에 그는 미국에서의 유학생활을 마치고 일본과 중국을 거쳐 귀국했다. 이미 보았듯이 이 당시 그는 토오꾜오 아사꾸사에서의 좋은 인상을 일기에 남기고 있지만, 일본에 대한 그의 호감은 청일전쟁에서 일본의 승리에 의해 자리잡은 것으로 보인다.

일본에 대한 그의 선호에는 다분히 문명개화한 나라로서의 일본에 대한 동경과 선망이 깔려 있다는 것은 말한 나위도 없다. 문명의 기준을 적용한다면 미국이 당대 최고의 수준에 이르렀다고 본 점에서(유영렬 1985: 75~77), 그는 당대 개화파 지식인들과 인식을 함께했다. 1887년 4월 샹하이의 미션스쿨에서 세례를 받고 기독교신자가 된 것이나 이후 미국 유학을 결심한 것도 기본적으로 문명에 대한 그의 동경을 반영한다. 그럼에도 불구하고 5년 정도에 걸친 미국에서의 유학생활을 통해 그는 표방되는 바로서의 문명과 실제로서의 문명 사이의 괴리와 모순을 강하게 인식했다. 1890년 2월 14일자의 일기에서 그는 미국인들이 말하는 천부인권이나 자유와 같은 이상이 실제로는 단지 허울 좋은 명목에 지나지 않는 것이라고 비판하고 있다. 이 '자유의 나라'에서 이른바 천부의 인권을 누리고자 한다면 당신은 백인이어야

만 한다고 그는 야유하고 있다.24)

이와 같이 그는 문명의 이상으로 표방되는 인권이나 자유와 같은 개념들과 아시아인이나 흑인, 혹은 인디언과 같은 유색인종에 대한 차별이라는 괴리 사이에서 심한 모순과 갈등을 느꼈으며, 일상생활에서 자신이 직접 겪었던 비인도적 차별에 대해서 절망하고 좌절했다. 미국사회에 만연한 마약과 범죄 등 도덕적 타락상(허동현 2002: 187; 박정심 2007: 134)은 미국문명에 대한 그의 회의를 더욱 강화했다. '고귀한 이상'의 배후에서 작동하는 추악한 현실을 설명하는데 그가 발견한 것은 바로 힘의 논리였다. 자신의 일기 도처에서 그는 "힘이 곧 정의"(Might is Right)라고 적었다. 위의 1890년 2월 14일자 일기의 후반부에서 그는 "세계를 실제로 지배하는 것은 정의가 아니라 힘"이라고 하면서 "힘이 곧 정의라는 것이 세계의 신"이 되었다고 주장했다.25)

힘이 곧 정의라는 그의 생각은 흔히 지적하듯이 적자생존이라는 사회진화론의 교리를 원론 그대로 받아들인 것이었다. 1892년 11월의 일기에서 "자신은 늘 국가 사이 혹은 인종 사이의 관계에서 힘이 정의라고 생각해왔으며, 정의에 대한 힘의 승리처럼 보이는 것도 사실은 상대적 불의에 대한 상대적 정의의 승리일 따름"이라고 언급한 것은26) 우승열패의 사회진화론의 사고방식을 전형적으로 드러내고 있다. 1902년 5월 7일에 그는 블라디보스또끄로 일하러 간 이강호라는 사람의 방문을 통해 한국인들에 대한 러시아의 야만적 행위를 전해 들었다. 이강호의 설명은 "한국에서 일본인들의 저열함과 때때로의 부정의로 인해 내가 보지 못하고 있었던 한가지 사실에 눈뜨게 했

---

24) 여기에서 그가 미국인들의 민족적 혹은 인종적 편견 자체를 비난하고자 하는 것은 아니다. 단지 그는 "가장 저열한 편견에 가득한 그들의 행위와 가장 고상한 체하지만 결코 실현되지 않는 보편성의 교조 사이의 완벽한 불일치"를 문제로 제기한다. 1890년 2월 14일자, 『윤치호 일기2』 1974: 18~19.

25) 1890년 2월 18일자, 『윤치호일기(2)』 1974: 19~20.

26) 1892년 11월 20일자, 『윤치호일기(2)』 1974: 418~19.

다"고 그는 적었다.

그것은 아무리 흠이 많다 하더라도 일본은 러시아보다는 좋은 친구라는 것이다. 한국에 일본인의 절반 정도만큼의 러시아인이 있었다 하더라도 이들 러시아인들은 곧 이들의 야만성과 야수성에 의해 스스로 인내하기 힘들게 만들어버리고 말 것이다. 아무리 저열한 일본인이라 하더라도 보드까에 절은 정통 러시아인들과 비교해보면 신사이고 학자일 것이다. 일본인과 한국인 사이에는 인종과 종교와 문자의 동일성에 기반을 둔 감성과 이해의 공동체가 있다. 일본과 중국과 한국은 즉 극동 지역을 황인종의 영원한 안식처로 보존하고 자연이 그러하고자 했듯이 이곳을 아름답고 행복하게 만들고자 하는 하나의 공동목표와 공동정책과 공동의 이상을 가져야만 한다. 백인종 오스트레일리아! 백인 필리핀! 백인 미국! 이 말에는 얼마나 많은 오만, 불공정과 노골적인 부정의가 있는가! 백인종은 스스로를 다른 인종의 땅에 밀고 들어와서 이들을 노예로 만들거나 혹은 이들은 이들을 절멸시키거나 혹은 이들로부터 안식처를 빼앗아버렸다. 그러고서는 돌아서서 말한다. "이 땅은 백인의 나라가 될 것이다. 모든 다른 인종들은 손대지 마라!"27)

이 구절에 바로 이어 그는 "그러나 분개나 흥분은 도움이 되지 않는다. 먼저 힘을 갖춰라. 그러면 권리나 정의나 재산(다른 사람의)과 같은 다른 것들이 따라올 것"이라고 적었다. 위의 일기는 백인종의 "오만과 불공정과 부정의"에 대항하여 "인종과 종교와 문자의 동일성에 기반을 둔 감성과 이해의 공동체"로서의 동아시아라는 '황인종의 영원한 안식처'를 건설할 것을 제안한다. 그리고 이러한 "공동목표와 공동정책과 공동의 이상"을 실현하기 위해서는 다른 무엇보다도 힘을 갖춰야 한다는 것이다. 여기에는 우승열패, 적자생존의 사회진화론의 논리가 전형적인 방식으로 드러나고 있다. 이 점은 러일전쟁에 대한 그의 일기에서도 비슷한 방식으로 재현된다.

---

27) 『윤치호 일기(5)』 1975: 325~27.

5월 27, 28일에 발틱함대는 일본의 제독들에 의해 철저하게 파괴되었다. 이 얼마나 일본에게 영광스러운 전투인가! 한국인으로서의 내가 이 일본의 간단 없는 성공에 대해 기뻐할 아무런 이유가 없다. 모든 승리는 한국의 독립이라는 관에 박는 못이다. 한국을 일본의 지배라는 바퀴에 단단하고 바짝 조이기 위해 일본인들이 사용하는 수단들은 참으로 저열하다. 그럼에도 황인종의 일원으로서 한국, 혹은 차라리 나는 일본의 영광스러운 승리에 대해 자부를 느낀다. 일본은 우리 인종의 명예를 드높였다. 허풍선이 미국인이나 오만한 영국인 어리석게도 우쭐대는 프랑스인들도 앞으로는 황인종은 큰일을 할 수 없다고 결코 말할 수는 없을 것이다. 중국인들이 산업이나 상업에서 아무도 따라오는 자가 없음을 입증했듯이, 일본인들은 자만에 찬 서구인들로 하여금 극동의 군사적, 해군의 뛰어난 역량을 인정하지 않을 수 없도록 만들었다.[28]

여기에서 보듯이 무엇보다도 먼저 윤치호에게 러일전쟁은 막강한 전력을 가진 것으로 알려져왔던 러시아의 발띡함대를 "철저하게 파괴"할 수 있는 강력한 힘을 가진 "일본의 영광스러운 전투"였다. 그리하여 일본의 승리가 "한국의 독립이라는 관에 박는 못"이라는 사실을 충분히 인식하면서도 그는 한국의 자주독립보다는 오히려 황인종의 일원으로서 인종의 영예나 일본의 영광스러운 승리에 대한 강한 자부심을 표명한다. 그는 러일전쟁을 인종전쟁으로 보는 일본에서의 '신화'를 체현하고 있는 것이다.

문명개화론자로서 윤치호는 후진적이고 미개한 사회의 일원으로 근대화된 문명국 일본과 미국에서의 생활을 경험했다. 이 과정에서 그는 오늘날 우리가 오리엔탈리즘이라고 부르는 현상에 직면했다. 즉 단선적인 진보의 도상에서 앞서 있는 서구와 주변적이며 특수하고 열등한 이미지로 재현되는 비서구 타자의 대조를 통해 서구적 자아의 중심성과 보편성, 그리고 우월성 등을 확인하는(우정열 2004: 136) 서구 중심의 논리에 빠져든 것이다. 적자생

---

28) 1905년 6월 2일자, 『윤치호 일기(6)』 1976: 112~13.

존의 사회진화론은 도태될 수밖에 없는 민족의 일원으로서의 자신에 대한 열등감과 패배의식을 더욱 강화했다. 열등자 아이덴티티와 자기혐오의 감정이 문명개화론의 논리에 내재했다는 지적은(같은 책 132) 이러한 맥락에서 이해되는 것이었다.

그러나 문명의 최고 단계를 대표하고 있는 미국은 그가 보기에 인종차별과 오만과 불공정과 부정의에 의해 지배되는 나라였다. 그리고 미국에서의 차별과 부정의가 부각되는 것만큼이나 동양에서 유일하게 적자로 생존한 일본에 대한 동경과 선망은 강해져갔다(허동현 2002: 188; 박정심 2007: 136). 이리하여 일본에 대한 선호와 미국에 대한 비판은 서로 길항관계를 이루면서 같은 인종에 대한 집착을 강화해갔다. 이를 통해 윤치호는 하등민족으로서의 자신에 대한 열등의식과 차별의식을 보상받고자 했다. 이 열등의식은 동일한 황인종이라는 이유로 문명한 일본의 식민지배를 기꺼이 받아들일 정도로 강렬한 것이었다.

그러나 그가 한·중·일의 "극동지역을 황인종의 영원한 안식처로 보존"하고자 하는 공동의 목표와 이상을 강조했음에도 불구하고 앞에서 본 일본에서의 아시아주의자들처럼 적극적인 형태의 아시아연대를 주장하고 실행에 옮기지는 않았다. 동아시아 공동체의 이상에 대한 윤치호의 주장에도 불구하고 그는 마치 후꾸자와 유끼찌가 그러했듯이 중국과 한국의 현실에서 미개와 열등, 그리고 절망이라는 메씨지를 읽었다. 인종을 기초로 하는 동아시아 공동체의 필요를 강하게 느끼면서도 그것을 실현할 수 있는 가능성을 자신의 현실에서 더이상 발견하지 못한 나약한 지식인으로서의 한계와 모순이 일본에서와 같은 아시아주의의 언설과 실천을 가로막은 것이다.

지금까지 필자는 윤치호에게서 찾아볼 수 있는 동아시아관이 인종을 문명의 상위에 두면서, 문명의 단계를 고립화시키는 본질론적 인식에서 비롯되었다는 점을 보이고자 했다. 그렇다면 더 나아가서 윤치호는 왜 인종과 문명을 이러한 방식으로 이해하게 되었을까? 윤치호의 개인주의 사상이 어느정도 그에 대한 설명을 제공할 수 있을 것이다.[29] 이 시기 대부분의 개화사상가들이 공동체와 국가, 그리고 전체에 대한 헌신을 표방한 것과 대조적으로 윤치호는 개인과 자의식, 그리고 자기욕망에 충실한 사례의 전형을 대표한다. 일본과 중국, 그리고 미국에서의 유학생활을 통해 윤치호는 문명화된 근대의 개인이 지닌 천부의 인권과 자유에 대한 선호를 문명화의 척도로서 받아들인다.

이러한 점에서 윤치호는 국가와 인민을 서로 분리할 수 있는 실체로 인식했다. 후꾸자와 유끼찌나 조선에서 대부분의 지식인들과는 달리 국가의 독립과 인민의 자유를 불가분의 것으로 볼 수만은 없다고 본 점에서 그는 근대 자유주의에 내포된 개인주의의 세례를 받았다. 그 영향 때문인지, 혹은 그에 상응하는 생래적 본능과의 선택적 친화에 의한 것인지는 제쳐두고라도 이러한 개인주의의 지향이 당대의 지적 풍토에서는 매우 드문 사례라는 점을 지적해야 하겠다. 이 시기 다른 문명개화론자들이 공유한 국가주의 의식은 그에게서는 나타나지 않으며, 국가에 우선하는 개개인의 자유와 권리 자체에 주목했다는 점에서 그는 "자유주의의 개인주의적 성격을 완전히 내면화시킨 조선 최초의 인물"(우정열 2004: 151)이라고도 할 수 있다. 대다수의 개화론자들이 민에 대한 집합적 개념으로부터 여전히 벗어나지 못하던 시대상황에서 그의 자유주의·개인주의의 지향은 일정한 측면에서 돋보이는 점이 있다고 할 수도 있을 것이다.

그의 이러한 성향은 그의 출생배경과 생장과정으로 거슬러 올라가서 설명

---

29) 윤치호 문명개화론의 친일 성향을 설명해온 기존의 연구들이 지나치게 인종주의의 영향만을 부각시키는 결과론적 설명에 치중해왔다는 비판에서 자유주의·개인주의를 통해 그것을 보완·설명하는 우정열의 논의는 이 점에서 좋은 참고가 된다. 그에 따르면 윤치호는 자유주의의 개체주의적 속성으로 인해 인민이 국가로부터 떨어져 나와 낱낱의 개인 수준으로 파편화된 바로 그 순간, 스스로를 동일시하고 귀속의식을 느낄 수 있는 정체성으로서 '인종'이라는 더 큰 자아를 제시하는 매력적인 사유체계로서 인종주의를 받아들이게 되었다고 한다. 우정열 2004: 152~53 참조.

될 수 있다. 1881년 국비유학생으로 선발될 만큼 잘 알려진 수재였지만 그는 서얼 출신 무관의 아들이라는 신분의 한계로 말미암아 조선사회에서 관직으로 나아가 출세하는 데에는 제약이 있었다. 주변신분이라는 제약을 염두에 두고볼 때 그는 기존 체제로부터 얻을 것도, 또한 그것의 부재로부터 더이상 잃을 것도 없었다. 더구나 무능과 부패, 무기력에 의해 지배되는 듯이 보였던 이 체제로부터 더이상의 미래를 찾는 것도 무망해보였던 현실에서[30] 국가로부터 벗어나서 개인으로서의 자신의 자유와 권리라는 문명의 혜택에 안주하는 것은 그에게는 더 쉬운 일일 수 있었다.

높은 지적 수준 및 학문적 역량과 대조를 이루는 그의 신분적 주변성은 일본, 미국으로의 유학을 통한 문명개화에 대한 그의 관심과 노력을 설명하는 주요한 요인이 되었다. 윤치호는 5년 정도의 비교적 장기에 걸친 미국 유학생활을 하면서 경제적 빈곤과 신체적 병고와 정신적 고뇌에 시달렸다. 망명시의 지참금을 샹하이 유학시절에 거의 다 써버리고 미국에서 학자금을 마련하기 위해 풀 뽑기, 건물 청소, 서적 외판 등의 아르바이트와 방학을 이용한 모금 전도여행을 통해 생활비를 충당했지만 늘 경제적 어려움에 시달렸다. 유학기간 내내 고질적인 병마에 시달리면서 그는 조국의 "수치스런 과거의 역사와 수모 받는 비참한 현실과 기대할 수 없는 절망적인 미래"로 고통스러워했고, 불안정한 현재의 생활과 불확실한 미래의 진로로 말미암아 정신적 불안을 느꼈으며, 부모와 고국에 대한 짙은 향수와 병적인 고독으로 괴로워했다(유영렬 1985: 74~75). 나아가서 미국사회의 인종차별과 편견으로 인한 천대와 멸시를 경험하면서 받은 충격과 자존심의 손상은 치유하기 어려운 열등감의 상흔을 자아에 남겼다.

종교에 대한 관심은 내면의 자아와 연결될 수 있다는 점에서 개인주의와

---

30) 1890년 5월 18일에 쓴 자신의 일기에서 그는 당시의 현실을 정부의 무능과 압제, 포악과 전제이고 인민의 편에서 보면 무지와 미신, 가난과 비참함이며, 국가의 입장에서 보면 수치와 불명예, 그리고 질질 끄는 죽음의 상태라고 표현한다. 『윤치호일기(2)』 1974: 59 참조.

일정한 친연성을 갖는다는 사실을 염두에 두고볼 때, 윤치호가 전통 유교를 버리고 기독교에 경도된 사실도 주목할 만하다.[31] 5세부터 16세까지 대략 12년에 걸치는 자아 형성의 시기에 전통적인 유학교육을 받았음에도 불구하고 그의 신분적 주변성은 그로 하여금 전통 유학사상으로부터 개화사상으로의 이행을 쉽게 했다(같은 책 17~19). 그는 유교야말로 조선에서 불가능한 개혁과 만연한 미개상태를 야기한 원인이라고 생각했다. 갑오개혁과 청일전쟁이 진행되던 1894년 9월 27일자의 일기에서 그는 조선과 중국에서는 "통치자와 피통치자의 사이에서 적절한 의미에서의 애국심의 완전한 결여가 개혁의 걸림돌이 되고 있다"고 하면서 "그 도덕체계에 어떠한 신(God)도 없으며 그 정치체제는 시민의 소리를 결코 허락하지 않는 유교는 어떠한 인종이라도 기만적이고 이기적이며 노예적으로 만들기에 충분한 엄청난 폐해를 끼쳤다"고 신랄하게 비난했다.[32]

조선(나아가서는 동양)의 미개상태가 유교에 의해 초래되었다고 본 것과 비슷하게 그는 서양인들이 누리고 있는 문명의 핵심에 기독교가 있다고 보았다. 이러한 점에서 서구문명에 대한 추구는 곧 기독교에 대한 동경과 궤를 같이하는 것이었다. 그가 기독교를 처음 접한 것은 샹하이 유학시절인 1885년 2월 미국인 선교사를 따라 교회에 나가게 되면서부터였다. 1886년 초부터 그는 설교와 성경공부, 종교서적과 종교 강연을 통해 기독교 신앙에 눈뜨게 되어 1887년 4월에 세례를 받고 조선인 최초의 남감리교 신자가 되었다.[33] 그에게 기독교는 국가나 민족의 집합적 대의라는 차원에서라기보다는

---

31) 이 점에 착안하여 허동현(2002)은 이 시기 사회진화론을 각각 유교와 기독교에 입각하여 받아들인 유길준과 윤치호의 사상적 입장이 어떻게 다른지를 구명한다.

32) 『윤치호 일기(3)』 1974: 376.

33) 유영렬 1985: 62~63. 사실 그는 일본 유학시절부터 기독교에 쉽게 접할 수 있는 환경에 놓여 있었다. 그가 유학한 도오시샤(同志社)의 설립자 나까무라 마사나오(中村正直)는 일본 천황에 기독교 개종을 권유하는 상소문을 올릴 정도로 기독교에 심취한 인물이고, 갑신정변 이후 그가 애초에 유학을 원했던 일본의 도오시샤도 저명한 기독교 교육가 니시마 조오

개인적 차원의 것(같은 책 63)이었지만, 기독교가 문명화로 나아가는 길처럼 보인 것은 의심의 여지가 없는 것이었다.[34]

4. 안중근(安重根, 1879~1910)

안중근의 동아시아 인식과 동아시아연대에 대한 주장은 이 시기 다른 지식인들에게서는 찾아볼 수 없는 몇가지 특성들을 가지고 있다. 이 시기 대부분의 문명개화론자들이 민중을 계몽의 대상으로 보고 한국의 자주적인 개화 역량에 회의를 보내면서 일본을 문명의 전범으로 하는 전략을 채택한 것과 대조적으로 안중근은 문명개화론을 수용하면서도 한국의 개혁역량을 신뢰하면서 한국은 물론이고 다른 나라의 민중까지를 고려하는 독자적인 사상을 발전시켰다. 문명개화론자들의 대부분이 이 시기의 의병항쟁에 반대한 것과는 달리 자신은 이를 지지하면서 직접 참여했던 사실이 이를 단적으로 입증하는 것이었다(현광호 2009: 212~13).

무엇보다도 그의 사상에서 가장 큰 모순으로 보이는 것은 민족주의와 세계주의의 동시적 실천이었다. 흔히 극단적으로 배치되는 것으로 보이는 양자를 동시에 추구했다는 점에서 그의 사상과 실천이 가지는 독자성을 찾아볼 수 있다. 신채호에 못지않은 강렬한 민족주의적 동기를 가지고 그것을 몸소 실천했음에도 불구하고 지역연대와 동양평화, 나아가서는 세계평화에 대한 비전을 놓치지 않았다는 점은 그의 동아시아 인식을 이해하는 데 핵심적

(新島襄)가 설립한 학교이다. 상하이의 중서학원(中西學院)도 감리교 선교부가 운영한 학교이다. 허동현 2002: 185 참조.

34) 기독교의 수용을 통한 문명화를 주장하면서 그는 1893년 4월 8일자의 일기에서 "기독교화가 조선인들의 유일한 구원"이라고 적었다. 사회진화론에서 설파하는 적자생존의 기회에서 만약 조선이 어쩔 수 없이 실패한다면 그때 자신이 신을 통한 기독교화를 통해 기여할 수 있다고 생각한 것이다. 『윤치호 일기(3)』 1974: 55; 박정심 2007: 131 참조

인 내용이 될 것이다.

민족주의와 관련하여 안중근은 1909년 하얼삔역에서 이또오 히로부미를 '처단'한 민족의 '의사'로 기억되어왔다. 비록 민족적 동기가 강하게 부각되어왔다고는 하더라도 하얼삔역에서 안중근의 의거 자체는 한국인 안중근이 "중국 영토 내의 러시아 행정력이 미치는 철도 구역 내에서 일본 국민을 상대"로 일어난 것이었다(박 보리스 2009: 110). 하얼삔은 중국의 영토이지만 당시 러시아는 청나라와의 조약을 통해 이른바 동청철도의 부설권을 양도받았기 때문에 하얼삔역 구내는 러시아의 관할지역이었다.[35] 이처럼 중국의 영토와 러시아가 관할권을 갖는 지역에서 한국인이 일본인을 대상으로 일어난 행위라는 점에서 안중근의 의거는 필연적으로 동아시아라는 맥락에 얽혀 있을 수밖에 없었다.

사정이 이렇기 때문에 안중근 사건에 대한 공판에서는 이 사건에 대한 재판의 '권한문제' 즉 관할권문제가 제기되었다. 이 사건의 일본인 관선 변호인 카마따 쇼오지(鎌田正治) 변호사는 1910년 2월 12일 오전 9시 반에 열린 제5회 공판에서 이 사건이 중국 영토에서 일어난 한국인의 '범죄'라는 점에서 한청조약이나 한일협약이 있다고 하더라도 한국의 외교권이 소멸된 것이 아니라 일본이 대행할 뿐이므로 피고인은 한국의 법령에 의해 보호받아야 하며, 일본제국의 헌법을 적용할 수 없다고 주장했다. 따라서 이 경우에는 한국의 형법을 적용해야 하는데, 한국의 형법에는 이국에서 범한 죄에 대해서는 아무런 벌칙조항도 없기 때문에 피고인을 처벌할 수 없다는 것이다(中野泰雄 1995: 66; 사끼 류우조오 2003: 263).

흥미로운 것은 이 변론에 대한 안중근의 반응이다. 자신을 옹호하는 이 변론에 대해 그는 의외로 자신은 "이것을 부당하고 어리석은 논리라고 생각

---

35) 러청조약의 규정에 따라 동철철도의 종업원은 러시아인과 청국인에 한정되어 있었으며, 철도 부속시설은 모두 러시아 측이 관리하고, 역무원이나 경비병 역시 러시아인이었다(사끼 류우조오 2003: 91).

한다"고 진술했다. 그 이유를 설명하면서 그는 "오늘날 모든 인간은 법에 따라 생활을 한다"는 점에서 "사람을 죽이고 처벌을 받지 않고 살아간다는 것은 언어도단"이라는 사실을 들었다. 즉 동기야 어찌되었든 자신은 사람을 죽였으니 그에 따른 처벌을 받아야 한다는 것이다. 그렇다면 남는 문제는 자신이 어떤 법에 따라 처벌을 받아야 할 것인가라는 것인데, 이에 대해 안중근은 "그것은 간단하다. 나는 한국의 의병으로서 적국에 포로가 되어 있기 때문에 만국공법에 따라"야 한다고 답변한다.[36]

여기에서 안중근이 동아시아의 특정 국가가 아닌 만국공법의 관할권을 주장한 것은 보편주의적 세계주의에 대한 그의 믿음을 보이는 것이었다. 보편에 대한 이러한 헌신은 그의 열린 민족주의와 짝을 이루는 것으로 이러한 인식은 그의 동아시아상과 밀접한 관련을 가진 것이었다. 이 시기 동아시아의 지식인들에 의한 동아시아 구상의 대부분이 입으로는 동아시아연대와 단결을 외치면서도 따져들어가면 자신의 민족과 국가에 한정된 폐쇄적인 성격을 가졌던 것과는 대조적으로 그의 동양평화론은 보편세계로의 지향을 가진 열린 민족주의에 근거한 것이었다. 이러한 점에서 안중근은 이 시기 일반적으로 말해지던 아시아주의와 동양평화의 일정한 부정적 속성들을 반영하는 시대적 제약에 의해 구속되면서도 동시에 그것을 비판하고 극복하는 동아시아 구상을 발전시킬 수 있었던 것이다.

그럼에도 불구하고 오늘날 한국에서는 일국사의 관점에서 항일에 의거한 민족주의의 관점에서 안중근을 이해하는 경우가 지배적이다. 이는 그의 민족주의 개념에 일정한 편향과 왜곡을 초래했으며, 이는 다시 그의 동양평화론에 대한 우리의 인식에 영향을 미쳤다. 예를 들면 일본 천황에 대한 그의

---

36) 나까노 야스오는 이에 대해 "한청통상조약에 기초한 카마따 변호사의 논지를 안중근이 거부한 것은 '죽인 자는 죽어야 한다'는 굳건한 그리스도교 윤리관에 의한 것"이라고 지적하면서 "만국공법의 재판을 요구하면서 관동도독부 지방법원의 부당한 재판을 비판한 안중근의 정당성을 인정"해야 한다고 말한다(中野泰雄 1995: 72~73).

입장은 무시되거나 거론되지 않으며, 이는 일본의 대륙침략을 뒷받침한 이데올로기로서의 아시아주의나 인종주의로 확장된다. 그런가하면 동양평화를 실현하기 위한 실천방안들은 그 자신이 고안해낸 유일무이한 것으로 찬양되기도 한다. 이처럼 동양평화론은 가장된 무관심과 없는 것으로 간주하기, 자신에 대한 과장과 배타를 통한 전유, 그리고 때때로의 전도를 통한 재해석의 과정을 통해 윤색되고 왜곡된 형태로 우리에게 전해져왔다.

이러한 문제의식에서 안중근의 민족주의에 대한 이해가 우선 필요할 것이다. 주지하듯이 안중근의 의거는 한국에서 민족주의적 동기에 의해 주로 이해되고 조명되어왔다. 그는 한국 내에서 일본과의 강제병합을 추진한 주동자를 처단한 민족의 영웅으로서 추앙받아온 반면에, 국외에서는 편협한 인종적 민족주의(ethnic nationalism)의 징표로서, 혹은 몰락해가는 무능한 국가의 국민이 절망적 상황에서 최후수단으로 선택한 테러리스트로 폄하되기도 했다. 긍정적이건 부정적이건 간에 이러한 사실들이 한국의 민족주의를 저항적이고 공격적인 성향을 가지는 것으로 인식하게 하는 데 일정한 역할을 했다. 그리고 여기에서 비록 명시화된 형태는 아니라고 하더라도 자연스럽게 한국에 대한 폐쇄적인 민족주의의 이미지가 형성되었다.

그렇다면 근대 한국 민족주의의 프리즘을 통해 구축되어왔으며, 그에 따라 오늘날 우리가 알고 있는 바로서의 안중근의 민족주의가 아닌 안중근 자신의 민족주의는 어떠한 것이었을까? 에릭 홉스봄(Eric Hobsbawm)이 말한 대로 근대 민족국가의 성립과정에서 민족의 개념이 인위적으로 만들어진(invented) 것이라 하더라도 종족(ethnic)과 민족이 일치하는 한국의 경우 민족공동체에 대한 애정과 헌신은 자연스러운 감정의 발로일 수 있었다. 후진국 민족주의의 일반적 특성으로 흔히 지적되어온 바로서 외부의 충격이나 침략에 대항하여 형성된 저항민족주의의 속성들을 안중근에게서 찾아보는 것도 어렵지 않을 것이다.[37] 나아가서 심지어는 절망이나 '폭력' 혹은 '테러'와 연관되는 공격적 성향의 극단적 민족주의의 일정한 요소를 찾아볼 수 있을지도 모르겠다.

　이처럼 원초적 민족주의의 원형들을 안중근에게서 찾아볼 수 있는 개연성을 충분히 인정한다 하더라도 안중근의 사후 형성되어 오늘날 우리에게 전래된 바로서의 폐쇄적 민족주의 상은 안중근과는 거리가 먼 것이었다. 하얼삔역에서의 사건과 이후의 재판과정을 구체적으로 검토해보면(김경일 2009: 198~99) 사적인 원한이나 공명심과 같은 개인적 동기를 강조하고자 한 일본의 태도와 이에 맞서 한국의 독립과 동양평화로 요약되는 공공의 대의를 강조하는 안중근의 입장이 극명한 대조를 보이고 있다. 안중근의 인격에 감화를 받은 몇몇 일본인들의 이야기와 그의 동양평화론에 공감하는 분위기가 있다고는 하더라도 전자는 일본의 교과서나 주류 언론의 안중근에 대한 이미지로 전승, 고착화되었으며, 후자 역시 민족주의의 동원이라는 전후 남한 사회의 필요에서 일면화되고 경직되어가는 과정을 밟았다. 만일 우리가 그의 민족주의에 부착된 이러한 역사의 흔적들을 제거하고 원래의 모습을 찾아본다면 "한국을 위해, 나아가서는 세계를 위해" 열림을 지향하는 그의 민족주의를 분명하게 인식할 수 있을 것이다.

---

37) 나까노 야스오는 안중근의 민족의식이 촉발된 계기로서 안중근의 신앙과 관련된 일화를 언급한다. 한국의 민중이 글을 잘 몰라서 천주교를 포교하는 데에 지장이 많으므로 서양의 수사회에 요청하여 교수를 초빙하고 대학을 설립하면 좋을 것이라고 생각한 안중근은 서양인 홍신부로부터 프랑스어를 배우면서 서울의 민주교에게 이를 건의한다. 몇차례의 시도에도 불구하고 민주교가 이를 받아들이지 않자, 그는 분개하여 "천주교의 교리는 진리임에 틀림없지만 외국인은 그렇게 믿을 것이 못된다"고 생각하여 프랑스어를 배우는 것을 중단한다. 그 이유를 묻는 친구들에게 그는 "일본어를 배우는 사람은 일본의 노예가 되고 영어를 배우는 사람은 영국의 노예가 된다. 내가 만일 프랑스어를 배우게 되면 프랑스의 노예가 되지 않을 수 없을 것이다. 때문에 그만둔 것"이라고 답하면서, "만일 우리 한국의 국위가 세계에 그 위세를 떨치게 되면, 세계의 사람들이 한국어를 열심히 배우게 될 것이 아니겠는가"라고 언급했다고 한다(中野泰雄 1995: 122~23). 이 일화는 가톨릭의 '보편주의'에 대한 그의 신념에도 불구하고 서구 선교사와 조우하면서 좌절을 경험한 그의 민족주의가 국가로 회귀하는 과정을 잘 보이고 있다.

안중근의 열린 민족주의는 그의 동아시아 인식과 밀접한 관련을 가지고 있다. 하얼삔에서의 거사 이후 안중근은 법정에서 자신이 이또오를 처단한 이유들을 밝히고 있다. 이 중에서 눈에 띄는 것은 "동아시아의 평화를 파괴한 죄" 혹은 "한국의 독립과 동아시아의 평화유지를 위해 전쟁을 한다고 밝힌 후 모든 열강들을 기만한 죄"와 같이 동아시아의 평화와 관련된 대목이다.38) 일본이 동양평화를 위해 한국을 '보호'한다고 세계 각국에 선언한 상황에서 한국을 강제로 병합하는 것이 있을 수 있겠느냐는 검찰관의 심문에 대해서도 안중근은 한 마을에 사는 삼형제의 비유를 들어 한중일 삼국의 경우를 말하면서 "이 세 가족은 형제라는 것은 분명하므로 현재 동양 각국이 모두 손잡고 힘을 같이하면 인구가 오억은 되니 어떤 나라도 당해낼 수 있다"고 진술했다.39)

이처럼 동양평화는 한국의 독립과 함께 안중근 사상체계의 중심을 이루는 두 기둥 중의 하나이다. 그의 동양평화론은 이미 살펴본 그의 민족주의에 대한 왜곡된 상을 배경으로 한국의 민족주의라는 협소하고 일면적인 시각에서 해석되어왔다. 최근의 연구들에서 이러한 경향이 극복되어가고 있기는 하더라도 동양평화론의 대상 자체가 동아시아라는 지역40)임에도 불구하고 국가

---

38) 구체적인 내용은 자료에 따라 약간의 상이가 있다. 러시아 신문 『달료까야 오끄라이나』 1909년 11월 20일자는 안중근이 예심에서 이또오를 처단한 이유로서 13개 조항을 거론했다고 보도한다. 이중에서 마지막 두 조항이 동양평화와 관련된다. 검찰 심문조서에서 그가 밝힌 이유는 15개 항목이지만, 동양과 관련한 내용은 두개 정도로 변함이 없다. 판결 이후 옥중에서 그는 이를 다듬어서 『안응칠역사』에 정리했다(中野泰雄 1995: 19~22; 이기웅 2000: 34; 박 보리스 2009: 104~05).

39) 1909년 11월 24일 관동도독부 감옥에서의 제6회 심문조서. 이기웅 2000: 115~17. 김윤희는 이 삼형제의 비유가 가족규범을 중심으로 한 유교 윤리를 보인 것으로, 이러한 점에서 안중근의 동양 개념은 유교 가치를 의미화한 것이라고 주장한다. 그는 안중근의 '동양' 개념의 기원을 동아시아 삼국의 동질성을 유교를 통해 설정하고자 한 『황성신문』의 동양 개념에서 찾는다(김윤희 2009: 103~04, 117).

40) 한중일의 삼국을 준거로 동아시아를 이해한 이 시기에 아시아연대의 주류와 대조적으로 안중근이 말하는 (동)아시아는 타이와 미얀마 등의 동남아시아를 포함한다. "동양이란 어디

의 틀에서 그것을 이해해온 것은 일종의 아이러니로서, 이러한 점에서 그의 동양평화론에 대한 동아시아적 시각에서의 접근이 요구된다고 할 수 있다.[41] 안중근의 열린 민족주의는 그의 동아시아상과 밀접한 관련을 가진 것이었다는 전제 아래 그의 동양평화론의 성격과 지향을 구체적으로 검토해볼 필요가 제기되는 것이다.

이 시기의 다른 지식인들이 그러하듯이 안중근 역시 아시아연대를 주장하는 다양한 흐름들(제1장 2절 참조)로부터 영향을 받았다. 이 시대의 상황에서 일본의 의도가 짙게 드리워져 있는 아시아주의와 동양평화론의 영향으로부터 안중근만이 자유로울 수 있었다고 기대하거나 해석하는 것은 납득하기 힘들 것이다. 이러한 점에서 안중근의 동아시아 인식은 아시아주의 일반의 영향으로부터 야기된 시대적 한계와 아울러 그것을 극복하고 넘어서는 양면성을 가진 복합적 성격을 가지게 되었다. 먼저 안중근 동양평화론의 한계와

를 말하느냐"는 검찰의 심문에 대해 그는 "중국, 일본, 한국, 타이, 미얀마 등"을 포함한 아시아 주를 말한다고 답변했다. 이기웅 1995: 114~15 참조. 신운용은 이 시기 삼국동맹론자들이 동양 삼국만을 고려한 것과 대조적으로 안중근이 동양평화론의 대상을 동남아시아까지 확대한 점에 주목하면서 이를 민에 대한 그의 인식 확대와 연결시킨다. "상대적으로 열악한 동남아시아까지 동양평화론의 범주에 포함시킨 것은 한국인과 같은 인권이 동남아인에게도 있음을 인식한 결과"라고 보아 적극적인 의미 부여를 하는 것이다(신운용 2009b: 506~07). 현광호도 안중근에게 동양의 범주는 한중일 등 동북아와 타이, 미얀마 등 동남아 국가도 포함하는 아시아 주라는 점을 지적하면서 이는 장지연이 아시아 전체를 연합하는 것은 불가능하지만 몽골인종에 속하는 한중일의 연합은 가능하다고 인식한 것이나, 혹은 일본의 국수단체인 흑룡회가 한일병합을 기초로 만주, 몽골을 범주로 하는 대아시아 연방을 구상한 것과도 차원이 다르다고 지적한다(현광호 2003: 179). 그러나 이미 보았듯이 드물기는 하지만 일본에서도 오까꾸라 텐신같이 동남아시아를 포함하는 대아시아주의의 주장이 메이지 시기부터 있었으며, 이 시기 한국과 중국이 일본발 아시아주의의 영향을 강하게 받았다는 사실을 아울러 고려해야 할 것이다.

41) 강동국은 연구자 자신이 명확한 동아시아의 관점에 서서 동양평화론에 접근한 연구가 거의 전무하다고 지적하면서, 그 이유로서 한국의 지식계가 동아시아를 본격적으로 논의한 시기가 1990년대 이후라는 사실과 아울러 한국 학계에서 한국사와 동아시아론이 서로 다른 담론의 장에서 병존하고 있는 현실의 두가지를 언급한다. 강동국 2009: 400~01 참조.

관련해서는 아시아주의의 침략적 속성에 대한 인식의 부족과 아울러 그 성격이 시기에 따라 변화해간 양상을 제대로 포착하지 못한 측면이 있었다는 사실을 지적해야 할 것이다. 이와 아울러 다음에 안중근의 동양평화론을 포함하여 이 시기 아시아주의의 중심에는 인종주의와 일본맹주론이라는 두 기둥이 있었다. 전자는 황인종이라는 인종의 동질성에 기반을 두어 아시아인의 연대를 주장한 것이고, 후자는 동양의 나라들 중에서 근대화에 성공한 일본이 아시아를 이끄는 맹주가 되어야 한다는 주장으로 메이지 이후 일본 아시아주의의 핵심을 이루는 내용이다.

거시적으로 보아 안중근도 이러한 아시아주의로부터 어떠한 형태로든 영향을 받았다는 점에서 그의 『동양평화론』에서 이 두 요소를 찾는 것은 어렵지 않다.[42] 동양평화론의 서문에서 그는 러일전쟁에서 "동해 가운데 조그만 섬나라인 일본"이 "강대국 러시아를 만주 대륙에서 한주먹으로 때려눕"힌 일을 찬양한다. 그러나 이러한 일본이 한·청 양국의 우의와 양국인의 소망을 저버린다면, "차라리 다른 인종에게 망할지언정 차마 같은 인종에게 욕을 당하지는 않을 것이니, 한청 양국인의 폐부에서 의론이 용솟음쳐서 상하 일체가 되어 스스로 백인의 앞잡이가 될 것"이라고 경고한다(안중근 1997(1910): 206~08). 이미 언급한 한중일에 대한 그의 삼형제 비유도 앞에서 살펴본 안경수에게서 찾아볼 수 있는 것으로 인종주의의 혐의를 보이는 것이다.

그러나 아시아주의와 인종주의의 이러한 요소들에도 불구하고 필자는 동양평화론이라는 동일한 텍스트가 이와는 대조적으로 그것을 비판하거나 넘어서는 생각을 동시에 담고 있다는 사실에 주목하고 싶다. 예를 들면 그는

---

42) 한국의 독립을 최우선 과제로 생각한 그는 러시아의 침략을 저지하는 방안의 일환으로, 그리고 일본의 문명개화에 대한 긍정적 평가에서 일본을 맹주로 하는 삼국제휴론을 수용했으며, 이와 아울러 사회진화론에 입각한 약육강식의 원리를 수용하여 강자인 백인종이 약자인 황인종을 침략하고 있다고 인식했다(현광호 2003: 176~77).

1898년 중국에서 무술개변(戊戌改變)과 의화단의 반란, 그리고 8개국 연합국의 톈진 함락으로 이어지는 일련의 참화에 대해 "세계 역사상 드문 일이고 동양의 일대 수치일 뿐만 아니라 장래 황인종과 백인종 사이의 분열 경쟁이 그치지 않을 징조를 나타낸 것"으로 깊은 우려와 탄식을 표명한다(같은 책 210). 위에서 말한 한·청 양국이 백인의 앞잡이가 된다는 구절에서 "같은 인종에게 욕을 당하지는 않는다"는 언급은 강한 인종주의 사고를 엿보게 하는 것이지만, 다른 한편으로 현광호는 이어지는 후반부에 주목하여 일본이 한·중에 대한 침략을 계속한다면 두 나라는 서양과 맹약을 체결할 것이라고 경고한다는 점에서 안중근이 서구열강을 협력이 가능한 대상으로 인식했다고 평가한다. 즉 배타적 인종주의의 관점에서가 아니라 국제법과 국제기구 등에 대한 신뢰에서 서구열강을 인식했다는 것이다. 이와 같이 그는 안중근이 동서양의 평화공존을 지향했다는 점에서 다른 인종의 예속과 배제를 추구한 서구적 인종주의자가 아니었으며, 반대로 인종간의 대립적 관계만을 사고하는 삼국제휴론적 의미의 인종주의자도 아니었다고 평가한다(현광호 2003: 182~84). 비슷한 맥락에서 신운용(2009b: 507)은 안중근이 서양(러시아)의 침략세력에 대해 적대적 태도를 취한 근본원인은 인종문제라기보다는 동양 침략이라는 도덕성의 결여에 있었다는 점에서 당시 시대인식의 한계인 인종론을 극복하고 있다고 언급한다.

이처럼 텍스트로서 안중근의 『동양평화론』은 아시아주의와 인종주의의 편린들과 아울러[43] 동시에 그것을 부정하고 넘어서고자 하는 이중성을 갖는다. 이러한 다의성을 고려하지 않고서 어느 한쪽만을 강조하거나 무시하는 것은 결코 사실에 다가가는 것이 될 수 없을 것이다. 강동국 또한 이러한 이

---

[43] 김윤희는 지역, 인종과 문화(유교)라는 지역의 동질성과 유교적 가치로 의미화된 동양 개념이 비록 그 내부구성의 관계 규정은 다르다고 할지라도 안중근과 일진회의 수사에서 공통적으로 나타난다고 지적한다(김윤희 2009: 106). 이러한 평가는 「청취서」(국가보훈처 1996)를 중심으로 한 한정된 텍스트에 근거를 둔 것이다.

중성에 주목한다. 그는 동아시아 지역주의의 역사에서 서구의 충격을 배경으로 민족주의와 지역주의, 그리고 제국주의가 대두된 국제정치의 맥락에서 안중근의 동양평화론의 의의를 높게 평가한다. 즉 민족주의가 제국주의와 결합하여 지역주의를 침략의 도구로 사용한 일본이나, 민족주의가 제국주의와 지역주의에 대항하거나 혹은 민족주의가 지역주의와 결합된 제국주의에 투항한 한국과 중국의 경우와는 달리, 안중근은 민족주의와 지역주의를 결합시키면서 제국주의에 대항하는 사상을 발전시켰다는 것이다. 이에 따라 중국 등에서 비슷한 구조의 사상을 발견할 수 있는 신채호 류의 민족주의와는 달리 안중근의 동양평화론은 동아시아 전체에서 유일하다는 의미에서 역사적 의의를 설정할 수 있다는 것이다(강동국 2009: 412).

이러한 의의에도 불구하고 그는 안중근의 동양평화론이 가지는 일정한 한계들을 지적한다. 지역과 다른 지역·세계와의 관계 설정에서 닫힌 지역주의의 측면이나 혹은 인종론에 기반을 둔 다른 인종에 대한 무시와 대립의 가능성 등이 그것이다(같은 책 416~19). 그러나 그는 이러한 한계가 안중근 자신의 철학의 문제라기보다는 그가 당시의 지적 세계에서 제공받은 지식과 정보라는 문헌학의 문제로 설명하고자 한다(같은 책 429). 나아가서 그는 이러한 한계를 극복하는 두가지의 계기로서 기독교라는 보편적 종교의 존재와 민중의 시각에서의 사고를 제시한다.[44]

동양평화론에 관해서는 지금까지 검토한 『동양평화론』에서의 원론적인 논의와 아울러 그것을 실천하기 위한 구체적 방안들을 그가 아울러 제시한 사실도 주목을 받아왔다. 1910년 2월 14일 히라이시 우지히또(平石氏人) 관

---

44) 가톨릭에 바탕을 둔 보편 종교의 가치를 매개로 동서양이나 인종의 구별을 뛰어 넘을 수 있었으며, 민중 입장에서의 사고는 국내에 머물지 않고 일본 민중의 시각에서 보는 것을 통해 민족이라는 벽을 극복할 수 있었다는 것이다(강동국 2009: 430~33). 이와는 다른 관점에서 김윤희(2009: 103~04)는 동아시아 삼국의 연대를 공인하는 주체를 국제법이 아니라 교황이라고 생각한 사실은 국제관계를 독립적 국가관계로 인식하지 못한 안중근의 한계를 보이는 것이라고 지적한다.

동도독부 고등법원장과의 면담 기록인 「청취서」의 후반에 소개되어 있는 이 구상에 관해서는 지금까지 많은 연구자들이 언급해왔다.[45] 여순중립화론, 평화회의기구의 구성, 세계정부와 국제평화군의 창설, 동아시아 공동개발은행의 설립과 공동화폐의 발행 등을 주요내용으로 하는 이 구상에 대해서는 많은 연구자들이 그것의 의의를 적극적으로 평가하고 나아가서 그에 대한 현재적 의미를 부여해왔다.[46] 이와 대조적으로 강동국은 안중근이 살았던 제국주의시대와 오늘날 국제정치의 현실이 다르다는 점에서 동양평화론의 구체적 정책이 오늘날의 현실에 맞아야 한다는 강박관념을 가지고 동양평화에 대한 연구의 방향을 설정하여 오늘날의 현실에 그의 사상을 끼워맞추는 결과를 초래할 수 있는 가능성에 우려를 표명한다. 이러한 문제의식에서 안중근의 구상이 가지는 현재적 의미가 비록 크지 않다 하더라도 나름대로 의미가 있는 것으로 평가하고자 하는 것이다(같은 책 403).

필자는 동양평화에 대한 안중근의 구체적 방책을 적극적으로 평가하는 것은 그 자체로서 충분한 의미가 있다고는 하더라도, 그렇다고 하여 그것을 마치 안중근에 고유한 제안으로 일방적으로 부각시키고자 하는 시도들이 가져올 수 있는 의도하지 않은 결과를 먼저 지적하고자 한다. 그것은 동양평화에 관한 일련의 실천적 제안들을 안중근에게 배타적으로 귀속시킴으로써 그를

---

45) 「청취서」는 국가보훈처·광복회 1996: 51~57에 소개되어 있다. 그에 관한 논의로는 현광호 2003: 178~80; 윤병석 2009: 393; 김삼웅 2009: 350~52; 강동국 2009: 402~03; 신운용 2009b: 503~05 등이 있다.

46) 예를 들면 김삼웅은 안중근의 이러한 제안들은 "유럽공동체와 같은 기구를 100년 전에 구상한 것"이라고 하여 적극적으로 의미를 부여한다(김삼웅 2009: 8). 현재의 관점에서 안중근의 제안을 매우 높게 평가하는 대표사례로는 김영호를 들 수 있다. 안중근의 여순중립화론을 한반도의 중립적 조정국가론으로, 삼국평화회의론을 동북아 평화회의 6자회담으로, 개발은행과 공동화폐론을 동북아개발은행과 아시아판 유로머니의 창설 등으로 연결시키면서 그는 '동북아 중심국가론'과 동북아판 신 마셜플랜을 실현하기 위한 유용한 역사적 자원으로 안중근 동양평화론의 그랜드디자인을 거론한다. 김영호 2003: 271~73; 김삼웅 2009: 332~33 참조.

'민족의 영웅'으로 숭배하고자 하는 시도로 이어지며, 나아가서 이는 안중근의 민족주의에 대한 왜곡과 연동하여 결과적으로 오늘날 한국사회에서 폐쇄적이고 고립적인 민족주의 이데올로기의 신화 창출에 기여한다.

여기서 필자는 동양평화에 관한 안중근의 구체적 실천방안은 그 자신이 독창적으로 고안한 것이라기보다는[47] 당시의 시대적 맥락에서 많은 지식인과 언론매체들을 통해 논의되어왔으며 또 논의되고 있었던 제안들이었다는 사실을 상기하고자 한다. 즉 그것은 동아시아의 지적 공간을 떠돌아다니면서 안중근 자신을 포함하는 동아시아의 지식인들에 의한 비평과 보완과 전유라는 역사적 과정을 통해 형성된 동아시아 공동의 지적 자산이자 제안으로서 이해하는 것이 더 적절하다는 것이다.

이와 관련해서는 최근 몇몇 연구들에서도 지적되고 있듯이(김현철 2002: 27~28; 현광호 2003: 178), 국제평화회의의 조직과 국제평화군의 창설에 대해서는 일찍이 『한성순보』가 1883년 12월 20일자의 「소병의(銷兵議)」에서 세계정부와 국제평화군의 창설을 언급한 바 있다. 6년 후인 1899년에는 네덜란드 헤이그에서 만국평화회의가 개최된 것을 계기로 『독립신문』(7월 22일자)은 「평화론」이라는 논설을 통해 세계평화를 유지하기 위해 국제 군대를 창설하고 뻬이징에서 만국평화회의를 개최할 것을 주장했다.[48] 공동개발은행

---

47) 이들 제안에서 그의 독창성이 가장 두드러진 항목은 동양삼국의 황제가 로마교황을 방문하여 협력을 맹세한다면 세계 민중의 신용을 얻을 수 있을 것이라는 부분일 것이다. 이 점은 다른 연구자들에 의해서도 지적되어왔다. 예를 들면 현광호(2003: 180)는 세계 민중의 신용을 중시하는 대목은 다른 구상에 비해 더욱 독창성이 있는 것이라고 평가하며, 신운용(2009b: 505)은 안중근이 세계 각국의 지지와 로마교황의 공인을 구했다는 점에서 인종론에만 집착하여 현실을 보지 못했다는 주장을 비판한다. 즉 안중근이 세계의 여론과 로마교황을 인정한 사실은 그가 서양을 침략세력으로, 동양을 평화세력으로 구분하는 이분법적 사고의 소유자가 아니라는 것을 입증한다는 것이다.

48) 『황성신문』도 이듬해인 1900년 12월 8일~26일자의 「외보」에서 만국평화회의에 참석한 독일, 영국, 미국 등의 전권위원이 기명 조인한 '국제분쟁의 평화처리조약'의 전문을 16차에 걸쳐 소개하는 등 지대한 관심을 표명했다. 현광호는 안중근의 동양평화회의가 삼국제

의 설립과 공동화폐의 발행에 대해서는 이미 언급한 안경수의 「일청한동맹론」에서 비슷한 내용을 찾아볼 수 있다.[49] 안중근은 동아시아 삼국간의 무역이 증대되고 있는 상황에서 경제협력을 통해 공동의 상업이익을 증대시키기 위한 구상에서 삼국공영을 실현할 수 있는 실질적·경제적 기반의 조성을 제안한 것이었다.[50]

이처럼 비록 그것이 그에게만 귀속되는 독자적인 구상은 아니었다고 하더라도, 안중근은 이를 바탕으로 한 재해석과 보완의 과정을 통해 자신에 고유한 평화이론으로 발전시켰다.[51] 로마교황을 통한 세계 민중의 지지에 대해서는 이미 언급한 바 있거니와 삼국연합군 구상을 통해 동양 삼국의 청년들로 군단을 편성하여 이들이 상대국가의 언어를 배움으로써 우방이나 형제의 관념을 갖는 진정한 연대의 장을 모색한 것도 좋은 예가 될 것이다(국가보훈처·광복회 1996: 56; 현광호 2003: 179; 신운용 2009b: 505). 이러한 점에서 그의 실천방안들은 국수주의적 지향에 편승한 안경수의 논의나 20년대 일본의 국

휴론에서는 볼 수 없는 구상으로 1899년의 만국평화회의와 이를 계기로 대두된 국내의 평화론에서 그 아이디어를 얻은 것으로 본다.

49) 이 시기 중국과 일본에서는 양국의 공동은행을 설립하거나 상업에서의 공동이익을 위해 합자 등을 추진하는 분위기가 형성되어, 상업동맹에 대한 여론이 폭넓게 형성되어 있었다 (안경수 1900a 23~24; 1900b: 25~26).

50) 동아시아 삼국의 상인들 사이에서 거래의 확대와 신용 발달은 금융시장의 확대를 가져왔으며, 이를 배경으로 당시의 지식인들은 삼국의 경제수준이 함께 진보해야 삼국 공영이 실현될 수 있다고 인식했다. 김윤희 2002: 177; 현광호 2003: 180에서 재인용. 신운용 (2009b: 504)은 공동은행을 설립하자는 안중근의 제안은 일본의 동양침략 원인이 경제적 궁핍에 있다고 본 안중근의 진단에 따른 것으로 안경수의『일청한동맹론』에서도 이와 비슷한 논리를 찾아볼 수 있다고 지적한다. 제4장에서 보게 되듯이 1926년 7~8월 일본 나가사끼에서 개최된 아시아민족회의에서도 아시아회관 건설과 아시아 공동의 금융기관과 흥업기관의 설치, 아시아 공동의 언어 연구, 아시아대학 창설 등이 안건으로 논의되었다.

51) 일본국회도서관 헌정자료연구실에서 동양평화론을 처음으로 발견했을 때 김정명은 당시 31세의 청년이 이 정도로 세계정세를 인식하고 있었다는 것에 놀랐다고 회고한다. 20세기 초두의 동아시아를 둘러싼 열강에 관하여 실로 예리한 관찰을 하면서 조국의 위기를 염려하는 뛰어난 역사관에 의해 뒷받침된 평화론이라는 것이다(市川正明 2005: 17).

수주의 단체인 대아세아협회의 제안과는 질적으로 다른 것이었다(제4장). 자신의 죽음을 한달 남짓 남겨둔 시점에서 별다른 자료도 구할 수 없는 옥중생활에서 히라이시 법원장과의 면담 대화를 통해 이처럼 체계적인 논의를 펼칠 수 있었던 것은 동아시아의 평화에 대한 그의 관심과 열정을 단적으로 보이는 것이다.

제2부

제3장 태평양회의와 태평양문제연구회(IPR)

세기 전환기 동아시아연대에 대한 다양한 주장과 제안들에 대한 제1부에서의 검토에 이어 이 장에서는 이어지는 1920년대에 동아시아를 무대로 전개된 아시아연대와 협력의 실제 양상을 구체적으로 살펴보기로 하겠다. 19세기 후반에 한국을 비롯한 중국과 일본은 영국과 미국, 독일, 프랑스, 러시아를 비롯한 서구열강의 영향권으로 들어가게 되었다. 이에 따라 상대적으로 이른 시기에 근대화에 성공하여 동아시아 지역을 둘러싸고 서구와 경쟁관계에 놓이게 된 일본을 비롯하여 서구와 일본제국주의 침략으로부터 근대국가를 수립하려는 한국과 중국을 포함한 동아시아 체제는 심각한 상호대립과 세력 불균형 상태로 다시 들어가게 되었다. 1910년 일제에 의한 한국의 강제병합은 이러한 불안정성을 완화시켰다고는 하더라도 1945년의 종전과 냉전 시기에 비교해보면 식민지시기에 동아시아 체제의 개방성은 상대적으로 높은 것이었다고 할 수 있다.

이러한 점에서 이 시기에는 국제 회합과 국제기구에서 동아시아의 참여와 활동은 매우 활발한 양상을 띠고 전개되었다. 동아시아에서 이들 국제기구와 국제회의는 크게 보아 세가지 조류로 대별될 수 있다. 하나는 서구 유럽을 중심으로 한 것이고 또다른 하나는 미국의 주도에 의한 것, 그리고 마지막으로 일본이 중심역할을 한 것이 그것이다.[1] 대체적인 추세를 보면 유럽 주도에 의한 국제기구의 영향력은 미국 헤게모니의 증대에 따라 국제무대에서 점차 그 영향력이 감소했다. 특히 한국과의 관련에서 보자면 물리적 거리나 직접적 이해관계를 가지는 국가가 거의 소멸된 관계로 그 영향력은 미미했다. 식민지 사회의 사회주의자들을 논외로 한다면 이 시기 유럽 지역에서 개최된 세계약소민족대회나 피압박민족회의, 국제청년대회 등에 대해 식민지 조선사회는 거의 관심을 가지지 않았거나 아니면 소식만 겨우 전해 듣는 정도에 그쳤다.

이에 반하여 미국이 주도하는 민간 국제기구나 회합은 이 시기에 활발하게 개최되었으며, 조선의 지식인들 역시 이에 많은 관심을 가지고 적극적으로 참여하여 국제사회에서 그 존재를 인정받고자 했다. 이 범주의 회의나 기구에서 대표적인 것이 태평양회의(Pacific Conference)와 거기에서 조직된 태평양문제연구회(Institute of Pacific Relations)[2]였다. 미국이 주도한 이들 회합이나 기구의 명칭에는 주로 '태평양'이라는 수식어가 따라다녔던 사실에서 보듯이 이들은 미국의 태평양 연안 국가들에 대한 민간 차원에서의 영향력 증대라는 전략적 의도에서 이해될 수 있다. 예컨대 범태평양학생회만

---

1) 물론 이 시기 국제기구나 회의로는 아마도 국제연맹이나 1919년의 빠리강화회의, 1921년의 워싱턴(군축)회의(세칭 태평양회의), 또는 쏘비에트 러시아의 주도에 의한 역대 국제공산당(코민테른)대회 등을 가장 먼저 떠올릴 것이다. 이들은 개별 민족국가를 대상으로 한 것으로 주로 정치, 군사적 측면에서의 국제협력과 국제관계를 의제로 채택했다는 점에서, 여기에서는 다루지 않는다.
2) 이하 IPR로 약함. 이 기구에 대한 한·중·일 삼국의 명칭은 각기 다르다. 한국에서는 1931년의 제4차 대회까지는 태평양문제연구회로, 1932년 이후에는 일본에서와 마찬가지로 태평양문제조사회로 불렀다. 일본에서는 태평양문제조사회, 중국에서는 태평양국제학회, 또 태평양회의는 태평양국교토론회(太平洋國交討論會)라고 불렀다.

하더라도 태평양문제, 아시아와 미국관계, 중국의 치외법권과 관세문제, 중일관계, 중국학생운동, 조선문제, 중국·일본·조선·미국 사이의 연락문제, 학생 연락문제 등과 같이 시사적이고 민감한 '정치'적 쟁점들을 의제로 상정했다.

일본의 입장에서 보면 자국이 지배하는 조선민족이 국제무대에서 자신들과 대등한 지위로 참가하여 완전한 발언권을 가지는 것을 결코 바라지는 않았다. 더구나 그것이 잠재적 적대세력인 미국이 주도한다는 점에서 일본은 특히 민감하게 반응했다. 그러나 대부분의 민간기구는 국가단위라기보다는 민족이나 인종에 참가자격을 부여했기 때문에 일본이 공식적으로 그것을 제재하는 데에는 일정한 한계가 있었다. 이에 조선총독부는 일본인을 지정하여 '조선 대표'라는 명목으로 참가시키거나 또는 어용 조선인을 대표단의 일원으로 파견하기도 했다. 그리하여 이러한 종류의 대회가 개최되는 경우 그것을 통제하려는 일본과 그에 맞서 "진정한 의미의 조선 대표의 출석"을 요구하는 식민지 민족 사이에 치열한 신경전과 대립이 야기되었다.

또다른 전략으로 일본은 미국이 주도한 국제기구와 비슷한 종류의 회합이나 기구를 아시아를 대상으로 조직하고자 했다. 1924년 무렵에 제기된 아시아연맹이나 1926년에 일본 나가사끼에서 제1차 대회가 개최된 아시아민족회의(제4장), 혹은 태평양전쟁 시기의 대동아회의(제6장) 등을 사례로 들 수 있을 것이다. 이들은 일본이 미국과의 관계가 악화되어갔던 국제정치학에서 아시아를 자신의 변병세력으로 삼고자 하는 의도를 가진 것이었다. 미국이 주도하는 국제기구나 회합들이 일반적이고 보편주의의 목표들을 표방할 수 있었던 것과 대조적으로 이들은 아시아 민족의 단결이나 아시아의 재건 등과 같은 특수주의의 언설에 의존하는 경향이 있었다.

다른 아시아 민족들과는 달리 조선을 식민지라기보다는 자국의 연장으로 생각한 일본은 이들 대회에 한국 민족이 참가하는 것조차 달가워하지 않았다. 식민지 민중의 입장에서도 일본이 주도한 회의나 조직 들에 대해서는 무관심과 냉소, 혹은 때로는 강력한 비판과 반대라는 반응을 보였다. 주지하다 시피 한국은 1910년에 일제의 강제병합으로 말미암아 국가 주권과 아울러 정치와 군사, 경제의 모든 부문에서 주요 권리를 박탈당했다. 1919년 3·1 운동의 발발과 일본에서 자유주의 풍조(이른바 타이쇼오 데모크라시)의 영향으로 1920년대에 들어와 언론, 출판, 결사, 집회의 자유가 허용되었다고는 하더라도 그것은 법제적 차원의 것은 아니었고 그나마 제한된 범위 안에서 선택적으로 용인되었다.

이러한 점에서 식민지 조선인은 민간 차원에서의 이들 국제기구에 중요한 의미를 부여하고 이에 적극 참여하여 국가단위의 국제기구로 대표되지 못하는 약소민족의 존재를 국제무대에 알리는 한편, 나아가서 그를 통해 상실된 주권을 회복할 수 있는 단초를 마련하고자 했다. 이 장에서는 동아시아의 이들 국제민간기구 중에서 가장 영향력이 있고 오랜 시기에 걸쳐 지속된 태평양회의와 IPR을 주요대상으로 특히 식민지 지식인들의 이에 대한 참여 양상과 그에 대한 대응방식 등을 검토해보고자 한다.

태평양회의에 대한 조선인들의 참여문제를 다룬다고 해서, 그것을 전적으로 식민지사회의 시각에서만 보는 것은 바람직스럽지 않다. 본격적인 시도가 거의 없다는 점에서 연구는 그만두고라도 당시의 신문 자료 등을 보면 주로 식민지 조선인의 당대의 관심에서 이들 기구를 이해했던 사정을 반영하여 미국을 포함한 다른 동아시아국가들과 식민지사회의 그에 대한 인식 사이에는 일정한 거리가 있었다. 이러한 점에서 일본이나 중국, 혹은 미국의 입장과 의도를 아울러 고려함으로써 그 성격이나 내용을 상대화시켜 파악할 필요가 있을 것이다.

태평양회의에 대한 식민지사회의 입장은 동아시아의 거시적 시각을 통해 보완될 때 진정한 이해가 가능하다. 1980년대 이후 국제화와 세계화의 조류에 본격적으로 휩쓸리기 이전까지만 하더라도 한국사회에서는 국가 위주의 일국사적 인식이 우세했다. 이에 따라 국제관계나 국제적 차원에서의 변수는 내재적 분석에 외재하는 것으로 사실상 분석에서 배제되거나 또는 항상 동일한 상수로서 가정되어왔다. 반대로 경우에 따라서는 내재적 변수의 한계를 지적하면서 그에 대한 대안으로 외생적 변수에 주목할 것을 지적하는 연구들도 있어왔다. 어느 경우이건 결과는 내재적 변수와 외생적 변수가 상호대립적이고 배제적인 방식으로 제시되면서 사회현실에 대한 적절한 이해를 가로 막아왔다. 이러한 점에서 타자와 우리의 입장을 동시적으로 상대화시켜 분석하는 객관적 접근이 요구되는 것이다.

이 장에서는 미국과 아울러 한·중·일 동아시아 삼국의 지식인들이 태평양회의에 참여하게 된 동기와 그로부터 제기된 주요 쟁점들을 비교·검토해보고자 한다. 동아시아의 지식인들이 미국의 주도에 의한 이 회의에서 어떠한 활동을 했고, 그것을 어떻게 인식하고 평가했으며, 또 그에 대해 어떠한 반응을 보였는가를 살펴보고자 한다. 이를 통해 자신의 사회나 국가가 안고 있는 당면과제들 중에서 이들이 국제무대를 통해서 제기하고자 했던 것은 무엇이었으며, 그것이 어떠한 의미와 한계를 가진 것이었는가를 이해할 수 있을 것이다.

다른 한편으로 이러한 접근은 식민지시기 인종문제와 민족문제의 복합적 성격을 이해하는 데 일정한 시사를 제공한다. 국가나 정부 차원에서 국제활동이 원천적으로 봉쇄된 식민지 상황에서 조선의 지식인들은 민간이나 민족·인종 차원에서 가능했던 국제기구에 주도적으로 참여하고자 했다. 여기에서 이들은 참가자격과 대표권, 출석권 문제를 둘러싸고 일본과 미국, 그리고 식민지 조선 사이에서 조성된 상호모순과 대립의 상황을 맞이했다. 그 복합적이고 역동적 성격을 이해하는 것은 이 시기 동아시아의 지구정치학에서 민족문제와 인종문제를 인식하는 데 일정한 시사점을 제공할 수 있을 것이다.

마지막으로 비정부 민간 차원의 IPR과 태평양회의의 내용과 성격에 대한 검토는 오늘날 국제무대에서 그 활동양상이 부각되고 있는 비정부기구

(NGO)를 역사적, 거시적 맥락에서 이해하는 데 도움을 줄 수 있다. 이러한 점에서 전적으로는 아니라고 하더라도 오늘날의 비정부기구의 계보를 거슬러 올라가보면 식민지시기의 민간국제기구나 회합들과 맥이 닿는 것이다. 시민운동이나 참여민주주의의 차원에서 비정부기구에 대한 학계에서의 높은 관심을 반영하여 서구에서 비정부기구에 대한 다양한 여러 이론들이 번역, 소개되고 있지만, 한국사회 현실의 맥락에서 그것의 연원과 의미를 내재적, 역사적으로 검토해보는 것도 이 주제에 대한 이해와 논의에 일정한 기여를 할 수 있을 것이다.

이 주제에 대한 기존의 연구성과로는 국내에서는 고정휴에 의한 일련의 연구가 있다(고정휴 1991: 2005). 전자는 조선지회가 결성된 국내외적 배경에 주목하면서 민족주의 계열 운동의 일환으로 조선지회의 성격과 활동방향을 조선사정연구회와 관련하여 설명한 것이고, 후자는 태평양문제연구회를 통해서 본 미국 지식인들의 한국문제에 대한 인식의 한 단면을 분석한 것이다. 일본에서 이 주제에 대한 연구는 상당수에 이르지만,[3] 조선문제에 초점을 맞춘 것으로는 카따기리 노부오(片桐庸夫 1986)와 소또무라 마사루(外村大 1996)의 연구가 있을 따름이다. 전자는 1925년의 제1차 대회부터 1931년 제4차 대회에 이르기까지 조선과 일본, 중앙사무국의 동향을 중심으로 조선이 IPR에 독립단위로 참가하는 대표권문제를 다룬 것이고, 후자는 IPR에 조선인이 참가한 목적과 아울러 조선지회의 설립동기와 활동내용에 대한 검토를 바탕으로 조선인이 IPR에서 탈퇴한 배경과 아울러 IPR 자체의 변질과정을

---

3) 주요 연구에 대한 소개로는 山岡道男 1991: 47~48; 塩崎弘明 1998: 5~6 참조. 최근의 대표적인 업적으로는 카따기리 노부오(片桐庸夫 2003)가 있다. 야마오까 미찌오(山岡道男)는 일본에서 IPR에 대한 연구 경향을 문제의식에 따라 다음같이 제시한 바 있다. 그에 따르면 IPR은 ① 태평양공동체의 전사로서, ② 전전기 민간외교를 구명하는 시점에서, ③ 전전기 자유주의적 일본지식인의 국제문제에 대한 자세를 규명하는 관점에서, ④ 전후 일본 점령 정책과의 관계에서, ⑤ 아시아연구라고 하는 입장에서 주로 연구되어왔다(山岡道男 1991: 145).

고찰한 것이다.

어느 경우이건 이들 연구들은 자신들이 설정한 문제의식에 따라 거의 전적으로 조선의 사례에 초점을 맞추고 있다. 이러한 점에서 일본이나 중국, 미국의 사례들과의 관련에서 조선문제를 상대화시켜 본다거나 조선의 사례를 다른 경우들과 비교해서 보는 접근은 시도되지 않았다. 동아시아의 맥락에서 식민지 조선문제에 접근하는 것은 특정 국가/민족에만 초점을 맞춘 일국사적 접근이 제공할 수 없는 유용한 사실들의 발견과 새로운 쟁점들의 이해와 다차원적인 해석을 제공할 수 있을 것이다.

1. 회의의 조직과 경과

IPR은 태평양 연안 각국의 민간인이 정치, 경제, 교육, 종교 등에 관한 과학적인 학술연구 및 조사활동을 하고 또 2년마다의 국제회의(태평양회의)에서 의견 교환을 함으로써 국제협조의 내실을 기하는 것을 목적으로 설립된 비정부기구의 하나이다. 그것은 제1차 세계대전의 경험을 반성하면서 국가들 사이의 문제들을 해결하기 위해서는 민간차원에서의 교류와 상호이해의 장이 필요하다는 인식에서 1925년 7월 하와이 호놀룰루에서 개최된 제1회 태평양회의에서 창립되었다. 종전 이후 1961년까지 존속한 IPR은 1958년의 제13회에 이르는 태평양회의를 주도했는데, 이 회의는 주로 유럽문제를 다루는 국제연맹과 미국이 중심이 되어 라틴아메리카 국가들과의 지역협력을 목적으로 조직된 범미(Pan-America)회의와 더불어 세계 3대 국제회의의 하나로 일컬어졌다(山岡道男 1991: 107).

IPR의 등장은 크게 보아 세계적 차원에서 제1차 대전 이후 달라진 민간차원에서의 국제인식의 변화를 반영한다. 그 이전에 국제관계가 외교관이나 군인의 영역이었다고 한다면 전쟁을 통한 엄청난 피해의 경험은 직업외교관으로 상징되는 비밀외교에 비판적인 분위기를 조성했다. 이를 배경으로 구미에서는 대학의 커리큘럼에 국제관계론 과정이 개설되고, 또 국제문제를 연구하기 위한 민간기구가 설립되기 시작했다. 새로운 학문을 통해 평화유지에 공헌하고자 하는 민간차원의 노력이 시작된 것이다. 이러한 새로운 학문의 배경이 된 것은 우드로 윌슨(Woodrow Wilson) 류의 이른바 신외교정책이었다.

구체적으로 IPR의 조직에 영향을 미친 몇몇 요인들이 있었다. YMCA 조직의 영향은 일찍부터 가장 자주 언급되어왔다. 국제적으로 보면 1919년 빠리강화회의에서 미·영에 의해 설립된 IIA(The Institute of International Affairs)와 그로부터 갈라져 나와 1920년 영국에서 성립된 RIIA(The Royal Institute of International Affairs, Chatham House)와 미국에서 1921년 조직된 CFR(The Council of Foreign Relations)의 영향을 고려해야 한다(塩崎弘明 1998). 미국 내에 초점을 맞춰보면 IPR은 윌리엄스타운정치학연구소(Williams-town Institute of Politics)를 모델로 하여 그 국제판의 형태로 설립된 측면이 있었다.[4]

IPR은 과학적 탐구의 자유(사상의 자유), 모든 견해에 대해 열린 태도의 유지(지적 관용) 및 민주주의적 수속의 보증(민주주의)이라는 3대 원칙을 천명했다. 정부 사이의 협력에 관한 최초의 성과가 국제연맹이라고 한다면, IPR은 국민들끼리의 협력을 위한 최초의 실험으로서 비정부적 성격을 표명했기 때문에 현역 정치인은 참가할 수 없었다. 또한 실제로는 그렇지 않았지만 정부로부터의 재정원조 없이 민간의 기부를 통해 활동자금을 조달하

---

4) 이 연구소는 클라크대학 정치학과의 조지 블레이크슬리(George H. Blakeslee)가 주도했다. 피셔(Galen M. Fisher)는 IPR의 형성에 중요한 초기 모델로 이 연구소와 아울러 시카고대학의 로버트 파크(Robert Park)가 주도한 인종관계조사(the Survey of Race Relations)와 그 책임자인 스탠퍼드대학 총장 리먼 윌버(Lyman Wilbur)의 역할 및 뉴욕의 인콰이어리(The Inquiry) 소장으로 1927년 미국 IPR 사무국장과 1933년 사무총장을 역임한 에드워드 카터(Edward Carter)의 영향 등을 들었다. Hooper 1995: 276~77 참조.

고자 했다. 국제 민간학술단체라는 점에서 회원자격은 처음에는 국가가 아닌 민족단위를 채택했으며, 참가자 또한 각국가나 민족의 대표라기보다는 어디까지나 개인자격이었다. IPR에 참가한 지식인의 대다수는 당시 자유주의자(the liberals)로 불렸던 사람들이고, 조직의 이념은 정치적 중립을 표방했지만 실제로는 시기적 맥락이나 각국의 정치적 이해를 반영하여 변화되어갔다.

이러한 사정은 IPR이 역대 회의를 거듭하면서 겪게 된 조직의 성격변화에도 반영되었다. 원래 IPR은 각국이 수집한 자료에 근거한 조사·연구를 기초로 문제의 근본적인 원인을 규명하고 그 해결을 위해 토론하는 방식을 채택했다. 이러한 점에서 각국의 대표들은 개인자격으로 참가하여 상호이해와 설득을 통해 회의를 끌어간다는 원칙을 표방했다. 그러나 회의가 거듭됨에 따라 이러한 분위기는 사라지고 각국 참가자들은 그 나라의 대표자로서 자국 정부의 정책을 변호하고 주장하는 경향이 강해지게 되었다. IPR과 태평양회의는 국제연맹을 비롯한 국제회의와 다름없이 대결과 자기변호의 장으로 변질했으며, 이러한 점에서 '국제연맹의 태평양판'이라는 평가를 받았다.[5]

IPR이 주관한 태평양회의는 영어를 공식언어로 채택했다. 그밖의 언어는 공식적으로 사용되지 않았다. 발표자가 영어로 자신을 잘 표현하지 못하는 경우 불어가 사용된 경우는 드물게 있었지만 체계적으로 통역제도를 갖추지는 않았다. 즉각적으로 의견을 주고받을 수 있는 원탁회의 형식의 운영 방식을 선호했다는 점에서 만일 통역이 개입된다면 상호대면의 회의방식을 침해할 우려가 있다는 이유 때문이었다. 그러나 이 때문에 특정 국가는 대표단을 선정하는 데 한계가 있다는 불만을 제기했다. 예컨대 단순히 영어에 유창하

---

5) 山岡道男 1991: 70, 81, 126 참조. 심지어는 당시 일본 대표의 일원인 즈모또 모또사다 (頭本元貞)조차 제2차 호놀룰루회의 이래 "본회는 학술대회에서 일변(一變)하여 실제문제를 토의, 연구하는 하나의 사설 국제정치회의로 되었다"고 비판했다. 頭本元貞 1930; 外村 大 1996: 202에서 재인용.

지 않다는 이유로 많은 중요한 일본인들이 배제되었으며, 이러한 점에서 IPR은 중요한 정보와 의견의 원천을 상실했다(Hooper 1995: 256~57).

IPR이 미친 영향 내지는 공헌으로는 여러가지가 지적되고 있다. 예를 들면 IPR의 조사사업과 간행물의 발간은 아시아·태평양지역에 대한 서구 근대학문의 기원이 되었으며, 태평양을 단일한 지역 범주로 개념화함으로써 이 지역에서 오늘날의 지역 기구들이 조성되는 데 커다란 역할을 했다거나 혹은 아시아·태평양에 대한 관심을 환기함으로써 유럽 중심주의와 아울러 오늘날 논쟁이 되고 있는 다문화주의(multiculturalism)에 대한 근대적 도전의 주요소가 되었다는 것 등이다.[6]

다음에 IPR이 개최한 역대 태평양회의의 개관과 아울러 각대회에서 제기된 주요쟁점들을 간략히 검토해보기로 하자.[7] 1925년 하와이 호놀룰루에서 개최된 제1회 태평양회의에는 조선과 중국, 필리핀, 일본, 미국, 하와이, 뉴질랜드, 오스트레일리아, 캐나다 등에서 139명의 대표가 참가했다.[8] 1925년 6월 30일부터 7월 14일까지 2주 정도에 걸쳐 진행된 이 회의는 전야제에 이어 첫 날인 7월 1일에 각국가/민족 대표의 개막 연설을 듣고 2일 째부터 본회의로 들어갔다.[9]

---

6) 후퍼(Hooper 1995: ii~iii)는 그밖에 다음과 같은 업적들을 제시한다. 즉 태평양회의와 출판물의 간행은 이 지역 전문가들 ——기업가, 언론인, 학자 그리고 일정 정도는 외교관 등 —— 사이에서 네트워크가 발전하는 데 기여했으며, 전문직업의 동료로서 여성의 참여는 아시아·태평양에 대한 공공의 관심을 야기했고, 중등학교에서 아시아·태평양 연구를 장려했으며, 대학들에서 아시아 언어프로그램을 주도했다는 것이다.

7) 개최지를 달리하면서 1945년의 종전 이전까지 9차례의 회의가 열렸는데, 여기에서는 조선 대표의 참가문제가 최종적으로 논의된 1931년의 제4차 대회까지만을 다룬다. 창립 당시의 표방과는 달리 IPR이 점차 정치적 성격을 더해가는 과정에 염두에 두고 여기에서는 특히 동아시아에서 일본과 중국 사이에 제기된 쟁점을 중심으로 살펴보고자 한다.

8) 준대표를 포함하여 조선 8명, 중국 14명, 필리핀 3명, 일본 19명, 미국 본토 40명, 하와이 28명, 뉴질랜드 11명, 오스트레일리아 6명, 캐나다 7명, 무소속 3명이었다. IPR 1925: 35~40; 山岡道男 1991: 14 참조

9) 회의의 일정은 이날까지만 미리 결정하고 나머지 의사일정은 15명으로 구성된 프로그램위

이 대회의 주요의제는 이민문제였다. 그중에서도 특히 미·일 사이에 현안이 된 이민법을 둘러싼 쟁점이 부각되었다. 대회의 토의주제는 종교·교육·문화 관계, 경제·상업 관계, 인구·인종관계, 정치관계의 4부문에 걸쳐 진행되었는데 초점은 이민문제를 포함한 인구·인종문제에 맞춰졌다. 1924년 5월 미 의회에서 이른바 배일이민법이 통과되어 미국에서 일본인 이민배척문제가 심각한 양상을 보이고 일본에서 그에 대한 강력한 반대여론이 조성됨으로써 미·일관계가 악화된 상황에서 개최되었기 때문이다. 다른 주요의제로는 중국에서 치외법권과 불평등조약의 철폐나 관세자주권 회복의 요구를 제기했지만 주요국의 관심을 끌지는 못했다.[10]

제2차 대회는 1927년 7월 15일부터 2주간의 일정으로 제1차 대회와 비슷한 규모의 137명이 참석한 가운데 다시 호놀룰루에서 열렸다.[11] 연구회를 항구기관으로 하여 2년마다 열기로 결정한 데 따른 최초의 회의였다. 이 대회에서는 제1차 대회에 이어 이민문제가 주요의제가 되는 듯이 보였다. 일본이 현안으로 중요시했던 이 문제가 다시 주요의제로 부상한 것은 미국과 아울러 일본이 이 회의에서 지니는 영향력을 반영하는 것이었다(片桐庸夫 1992: 163).

그러나 새로 회원국으로 가담한 영국은 회의 직전에 극적으로 의사일정의 변경을 주도했다. 그리하여 일본이 당혹스럽게도 중국문제가 회의의 가장 중요한 의제로 상정되었으며, 일본이 현안으로 제기한 이민문제는 다음 순위로

원회가 매일 모여 다음 날의 의제를 결정하는 방식으로 진행되었다. 서재필은 이 프로그램위원회의 1인이었다. 山岡道男 1991: 100, 128의 주6 참조

10) 상하이를 중심으로 전개되고 있던 동맹파업이나 차관에 대한 중국정부의 금리미상환 등에 대한 영국과 미국, 일본 등의 불만으로 중국에 대한 호의적 여론이 조성되지 않았기 때문이다. 片桐庸夫 1985: 38~39 참조.

11) 정식 참가국은 중국과 일본, 미국, 오스트레일리아, 뉴질랜드, 캐나다의 6개 국가였으며, 한국과 하와이, 필리핀은 해당 이사국의 승인을 얻는 지역단체(local group)의 자격으로 참가했다. 그밖에 제1차 대회에 참석하지 않은 영국이 14명의 대표를 파견했으며, 국제연맹과 국제노동기구(ILO) 등이 옵저버로 참가했다. Condliffe 1928: 597~602 참조.

밀려났다. 의사일정의 변경은 영일동맹이 소멸된 이후 동아시아에서 여전히 일본과의 협력이라는 틀을 유지하면서도 일본을 견제하고자 하는 영국의 적극적 의지가 작용한 결과였다.12) 이에 따라 회의는 3일간의 일정으로 치외법권과 불평등조약의 철폐, 관세자주권의 회복, 할양지·조차지의 반환 등을 중심으로 하는 중국문제에 대한 토의를 마치고 다음 의제인 인구·식량문제에 대한 토론에 이어서 일본의 최대 관심사인 이민문제로 넘어갔다.

제2차 대회의 주요 의제가 중국문제가 되었던 것은 1929년 쿄오토에서 열린 제3차 대회에서 중심주제를 예고하는 것이었다. 예상대로 3차 대회의 주요 의제는 중국과 관련하여 동아시아의 당면 현안으로 부상한 만주문제가 되었다.13) 제1차 세계대전 이후 일본의 중국에 대한 21개조 요구안이나 시베리아 출병에 이어 1925년의 일·소조약 체결을 계기로 볼셰비즘의 확산을 일본이 대륙팽창에 이용하려는 것이 아닌가 하는 영국과 미국의 의구심을 배경으로 중국에서 국민혁명의 진전과 민족주의의 고양은 중국에 대한 일본의 강경책과 맞물리면서 동아시아의 국제무대에서 일본의 고립화를 심화시키는 방향으로 나아갔다.14)

이 대회에서 중국은 자국에서 민족주의의 고양과 배일감정 및 국권회복에

---

12) 영연방의 일원인 캐나다와 오스트레일리아, 뉴질랜드 등이 이를 지지했으며, 중국의 국민 혁명과 민중운동에 호감을 가진 미국의 동조 등이 작용했다(片桐庸夫 1992: 167~68).
13) 일본의 만주 침략과 관련하여 타나까내각의 제2~3차 산뚱 출병과 아울러 이른바 지난 (濟南)사건, 장 쭤린(張作霖) 폭사사건 등 제2차와 제3차 대회 사이에 일어난 사실을 염두 에 둘 필요가 있을 것이다.
14) 그러나 IPR의 중심 성원들은 중국의 현상에 대해 오히려 비판적이고 거꾸로 일본에 대해 비교적 호의 내지는 동정의 태도를 보였다. 스탠퍼드대학 총장으로 IPR 중앙이사회 이사장 인 윌버는 일본이 이민 및 경제적 필요에 의해 만주로 발전해갈 수밖에 없는 사정을 시인 하고 동정하는 것이 필요하다고 일본의 입장을 옹호했으며, 대회 이전에 중국·만주를 시 찰하고 조선을 거쳐 일본으로 들어온 미국 대표들은 중국의 열악한 치안과 낮은 생활수준 등과 대조되는 쿄오토의 아름다운 경관을 보고, 만주문제에 대해 일본에 호의적인 태도를 가지게 되었다. 片桐庸夫 1979: 57~59 참조.

대한 강한 요구를 배경으로 치외법권문제, 조계 및 거류지 문제, 재정개혁문제 및 만주문제 등을 회의의 중심의제로 상정하고자 했다. 그러나 이에 대한 일본의 대응도 만만치 않았다. 제2차 대회 이래 개최지가 어디가 되든지간에 만주문제가 주요안건이 되리라는 것을 쉽게 예상할 수 있는 상황에서, 일본은 일찍이 그에 대한 조사연구에 대비했다(片桐庸夫 1979: 65~66). 일본 외무성과의 밀접한 협조 관계 아래에서 일본 대표들은 이 회의에서 일본이 만주에서 조약상 획득한 권익의 정당성을 주장하는 데 중점을 두었다. 아울러 군사주둔권이나 경찰권, 만철 연변의 행정권 회수와 같은 중국의 요구에 대해서는 중국의 국방과 치안유지능력의 결여를 근거로 반박했다. 중국이 주장하는 만주에서의 경제적 권익과 정치·군사적 이해관계의 분리를 비판하면서, 일본은 양자의 밀접한 상호연관을 제시하고자 했다.

궁극적인 해결보다는 임기응변식으로 넘기기는 했지만 이 대회에서 일본은 자신들의 주장을 구미 대표들에게 납득시킴으로써 일본의 침략을 국제 여론의 지지에 호소하고자 했던 중국의 시도를 좌절시키는 데 일단 성공한 듯이 보였다(같은 책 67, 79~80). 그러나 만주문제를 둘러싼 중국과 일본의 의견 대립은 양자의 의견을 절충한 어떠한 타협책이 들어설 여지를 허용하지 않았다. 국가이익을 둘러싼 두 나라의 입장은 다음의 제4회 상하이/항저우(杭州) 회의에서 더욱 뚜렷해져서[15] 대화를 통한 타협책의 모색은 더이상 가능하지 않게 되었다.

---

15) 일본은 제3차 대회에서 만주문제가 이미 충분히 논의되었으므로 제4차 대회에서는 이 문제를 의제로 상정하지 않아야 한다고 주장했다. 결론적으로 말하면 회의가 국제정치의 토론장으로 되지 않아야 한다는 명분에서 만주문제를 직접 다루는 회의를 설치하지 않고 「태평양지역에서 외교기관」이나 「중국의 외교관계」와 같은 원탁회의에서 다루기로 했음에도 불구하고 이 회의의 배경에는 늘 만주문제가 그림자를 드리우고 있었다. 만주문제를 둘러싼 제4차 대회의 자세한 경과에 대해서는 片桐庸夫 1994 참조.

2. 조선인의 참가와 대표권문제

IPR이 주관하는 태평양회의에 조선인이 참가한 것은 1925년의 제1차 대회부터 1929년의 제3차 대회까지였다. 샹하이/항저우에서 열린 1931년의 제4차 대회에서도 조선문제가 논의되었지만 조선 대표가 직접 참가하지는 않았다. 제1회 태평양회의의 참가준비는 다른 참가국들이 그러했듯이 조선에서도 YMCA를 중심으로 진행되었다. 식민지 조선에서 기독교는 일본의 조선지배에 대한 저항운동과 관련하여 보급되어왔고, 이들 기독교인들은 민족주의적 언론기관이나 학교의 운영에 주로 관계하고 있었다.

제1차 대회에 참가한 조선 대표가 YMCA 간부인 신흥우(申興雨)와 유억겸(兪億兼), 보성전문의 김종철(金鍾哲), 『조선일보』의 김양수(金良洙), 『동아일보』 주필 송진우(宋鎭禹) 등이었던 것은 이러한 맥락에서 이해된다.16) 조선 대표로 회의에 참가한 신흥우는 둘째날(7월 1일) 오후 회의의 첫번째 발표자로 일본 대표에 앞서 연설했다. 그는 이 개막연설에서 한국의 지리, 역사와 종교를 소개한 다음 일본의 동화정책에 기초한 식민통치와 아울러 식민지 경제정책과 일본인 이민정책을 비판했다.17)

이 회의의 폐막 이후 각국에서 IPR 지회가 조직되었는데, 조선에서도 1925년 11월에 조선지회가 조직되었다. 주요 회원은 윤치호, 신흥우, 송진

---

16) 정식 대표는 미국에서 합류한 서재필을 포함하여 이들 6명이었다. 단장격인 신흥우 (Hugh Cynn)를 제외하면 이들 대표는 국내의 주요 대학(유억겸은 연희전문의 교수였다)과 언론기관을 안배하여 선발한 것으로 짐작된다. 준대표로는 하와이 현지의 지성필과 미국에서 유학중인 김활란(Helen Kim)이 참석했다. 윤치호의 딸인 윤혜란도 참석했다고 하는데, 공식 대표단의 일원은 아니었다. IPR 1925: 35~40; 고정휴 1991: 291; 外村大 1996: 181~82 참조.

17) 일본인의 조선 이주는 조·일 사이의 인종 갈등을 야기하며, 식민지에서 축출된 조선인들이 만주로 이주하여 중국인과의 사이에 또다른 갈등을 야기한다는 사실을 지적했다. IPR 1925: 79~82 참조.

우, 안재홍, 백관수, 백남운, 이순탁, 유억겸, 조병옥 등이었다. 직업별로 보면 학계와 언론계의 지식인들이 대부분을 차지했고, 지역으로 보면 서울, 경기, 충청도의 기호파 인물이 주류를 점하고 있었다. 윤치호를 제외한다면 이들은 1880~90년대에 태어났으며, 대부분이 1910년대 중반부터 1920년대 초반에 걸쳐 일본이나 미국에 유학한 경력이 있었다(고정휴 1991: 302~308; 外村大 1996: 190~94). 이 시기의 일본과 미국에서는 민주주의와 군국주의 비판의 풍조가 사회를 휩쓸고 세계평화나 민족자결과 같은 이상주의가 우세했다. 이러한 시대사조는 이들의 사상형성에 깊은 영향을 미쳤으며, 이러한 사상적 배경에 의해 이들 대부분은 1919년의 3·1운동에서 주도적 역할을 했다.

3·1운동의 실패와 빠리강화회의에 대한 환멸을 배경으로 강대국의 헤게모니가 지배하는 국제회의의 현실에 대한 인식에도 불구하고 이들은 인도주의적 이상주의에 입각한 '진리와 정의와 인도의 관념'을 지지했다.[18] 예컨대 폴란드의 독립이나 인도의 불복종운동, 필리핀의 독립운동과 같은 약소민족의 저항운동과 아울러 노동운동의 고양을 지켜보면서 이들은 "세계 대중의 이상과 세론(世論)에 따라" 제국주의의 기존질서가 급격하게 변화되고 있다고 보았다. 이와 같이 1920년대는 파시즘이 본격적으로 대두하지도 않았고, 민족독립운동이나 노동운동에 대한 탄압이 가해지기 이전의 시기로, 아직은 이상주의와 인도주의, 자유주의가 일정한 영향력을 가지고 있었던 시기였다.

그러나 식민지 피지배민족의 이러한 이상주의는 과학적 지식을 근거로 객관적인 학술 조사연구를 목적으로 표방했던 IPR에서조차 가혹한 시련을 받았다. 태평양회의의 구상이 제안된 초기에는 YMCA의 영향력이 강했기 때문에 조선은 이 국제조직의 일원으로 자연스럽게 회의에 참가했지만, 회의

---

18) 대표적으로 『동아일보』 1925년 6월 11일자 사설 「태평양문제연구회, 조선인이 출석할 의의」 참조.

후반에 IPR의 영속적 조직위원회를 결성하기 위한 논의에서 회원 자격을 독립국으로 한정하고자 하는 의견이 유력하게 되었다. 이 시기 IPR에서 가장 큰 영향력을 행사한 미국과 일본의 두 나라는 조선그룹의 참가에 애초부터 부정적이었다. 일본은 대회 개최 이전부터 조선인 참가자들의 동향을 경계했으며,19) 미국 역시 조선그룹의 참가에 우려를 표명했다.20) 미·일 두 나라의 이러한 부정적 의견이 어떠한 형태로든지 조선인을 실질적으로 배제하는 회원 자격의 제한 방침에 영향을 미쳤으리라는 것은 쉽게 짐작할 수 있을 것이다. 조선그룹에 대한 일본의 부정적 태도를 프로그램 조직책임자인 존 콘들리프(John B. Condliffe)는 다음과 같이 회상했다.

1925년의 바로 그 회의에 초대받지 않은 한국의 대표단이 왔으며, 일본은 이에 항의했다. 그전에 나는 대회 프로그램 조직위에서 일하도록 부탁받았고 이제는 한국문제를 조정하기 위한 위원회의 의장을 맡았다. 오후 내내 미국인들은 이러저러한 제안들을 제시했지만 일본 대표는 의자에 앉아 몸을 흔들면서 침묵의 거부권을 행사했다. 이윽고 그가 나에게 말했다. "왜 당신은 한국을 말하는가? 그러한 장소는 없다. 그것은 조선이라고 불리는 일본의 일부분이다." 그래서 나는 한국인들을 어떻게 불러야 하는가를 그에게 물었다. "조선인 (Chosenites)?" 단호하게 그는 아니라고 하면서 일본인으로 불러야 한다고 대답했다(Condliffe 1995: 433).

---

19) 신흥우는 회의 개최가 결정되자 일본인 참가자가 경성부를 통해 기선과 여비를 알선하겠다는 의견을 제시했다고 회상한다. 이 제안의 수용은 조선인을 일본 대표단의 일부로 간주하는 것을 의미하기 때문에 신흥우는 이를 거부했는데, 이번에는 조선총독부에서 여권을 교부하는 것을 꺼리는 등 방해를 했다. 하와이로 가는 배에 함께 탄 일본 대표단은 조선 대표들에게 냉담한 태도를 보였다. 전택부 1971: 171~72; 外村大 1996: 186 참조.

20) IPR의 결성에 참가한 미국의 윌리엄스타운(Williamstown)그룹에서 특히 반대의견이 강했다. 이들은 조선에서 대표가 참가할 경우 ① 일본그룹의 불참가 ② 일·미관계에 좋지 않은 영향을 미칠 것을 우려한 국무성과 IPR의 불화 ③ IPR 프로젝트 자체의 붕괴를 우려하여 조선그룹의 참가 자체에 반대했다. 片桐庸夫 1994: 49 참조.

제1차 대회에 참가한 조선그룹은 일본의 이러한 태도를 충분히 의식하고 있었다. 개막연설에서 신흥우가 일본의 우려와는 달리 독립의 요구와 같은 '과격'한 주장이나 관동대지진에서 조선인 학살사건과 같은 민감한 사안을 아예 언급하지 않았던 것도 이 때문이었을 것이다.[21] 조선과 일본 사이의 갈등은 이 연설에 대한 토론시간에 표출되었다. 일본인 참가자의 한사람인 즈모또 모또사다(頭本元貞)는 "조선은 일본의 일부분이기 때문에 조선문제는 국내문제"라는 점에서 그 문제를 언급하는 것은 내정간섭이라고 주장했으며, 이에 대해 서재필은 "조선문제는 한 국가의 문제가 아니고 동양의 문제이고 전세계 인류의 문제라는 점에서 조선문제를 이 회의에 제출할 의무와 권리가 있다"고 주장했다.[22]

전반적으로 보면 조선그룹은 다분히 일본의 입장을 의식하여 처신했던 것으로 보인다. 그러나 조선이 독립된 자격으로 회의에 참석할 수 없다는 결정은 이들이 받아들일 수 있는 한계를 넘어서는 것이었다. IPR의 조직위원회를 독립국으로 구성하고 조선은 참가할 수 없다는 의견에 반발하여 조선인 참가자들이 일단은 짐을 꾸려 회의 도중에 귀국할 의향조차 보인 것은 이러한 정황을 잘 보이는 것이다(전택부 1971: 175; 外村大 1996: 188). 조선그룹의 대표권을 둘러싼 이 문제는 2년 후의 제2차 대회로 넘어갔다.

1927년 하와이에서 열린 제2차 대회에는 조선에서 연희전문의 유억겸(兪億兼)을 대표로 이화전문의 김활란과 『조선일보』의 백관수(白寬洙)의 3인이

---

21) 이러한 점에서 일본의 연구자들은 신흥우의 연설이 "회의 전체의 주요 의제인 교육, 이민문제에 관한 조선의 실상과 희망을 서술한 것으로 단순한 선동이 아니라 사실에 의거한 호소"로서(外村大 1996: 186) IPR의 이념이나 주위의 상황을 고려한 '절제와 위엄에 찬 것'이었다(片桐庸夫 1994: 50)고 평가했다.

22) 조선 내 참가자가 아닌 미국 시민권자인 서재필이 일본 대표를 논박한 사실을 통해서도 조선 대표들이 다분히 일본을 의식하고 있었다는 사실을 방증하는 것이다. 자세한 내용에 대해서는 IPR 1925: 157~58; 김도태 1972: 293~95; 片桐庸夫 1994: 51; 外村大 1996: 186~88 참조.

참가했다(Condliffe 1928: 600). 제1차 대회 때 신흥우가 맡았던 각나라 대표의 개막 공식연설은 이번 대회에서는 김활란이 맡았다. 이 연설에서 그녀는 한국이 4000년 이상에 걸쳐 평화를 사랑하는 민족이라는 사실에서 시작하여 최근 조선에서 주목할 만한 변화로 신간회와 근우회의 결성을 들었다. 나아가서 조선의 경제적 재건과 관련하여 일본인 이민의 부당성을 지적한 다음, 조선 경제의 전영역이 생존으로부터 점차 절멸해갈 혼란과 위기의 상태에 빠져 있다고 지적했다(같은 책 34~37).

7월 17일 저녁에는 자신의 국가/민족의 목적과 여망에 관한 참가자들의 15분 연설이 있었다. 조선에서는 유억겸(김활란 대독)이 나서서 일본 대표를 자극하지 않도록 배려하면서도 동화정책을 결코 받아들일 수 없다는 점을 시사하면서 아울러 조선이 독립한 회원 자격을 얻을 수 있도록 각국 대표들에게 호소했다.23) 7월 28일 폐막 행사로 열린 각국의 문화제에서는 하와이 거주 조선인들이 푸나후(Punahou) 학교에서 다과회를 개최했다. 회의에 참가한 일본인 대표는 "조선의 인형극놀이와 민요, 다과 등과 함께 조선식 둥근 부채에 붙인 각대표의 이름은 받는 이에게 기쁨을 주었으며, 젊은이들의 형형색색의 조선옷은 아름다운 느낌을 주었다"고 적었다(井上準之助 1927: 248).

이 회의에서 일본은 제정된 기본규약의 회원자격을 태평양에 인접한 주권 혹은 자치국으로 한정하고, '인종적 혹은 지역적 단체들'이라는 범주를 인정하지 않는다는 의견을 관철시키고자 했다.24) 인도는 제외하고라도 이 규정

---

23) 이 연설은 *Institute News Bulletin* 1927년 10/11월호에 수록되었다. Condliffe 1928: viii; 井上準之助 1927: 99~100; 外村大 1996: 198 참조.

24) 제2조의 회원자격에서 원문은 'sovereign or autonomous state'이다. 인종적 혹은 지역적 단체들(racial or territorial groups)은 제3조에 나오는데, 이들 단체가 속한 국가의 국내 이사회의 동의를 받지 않고서는 대표를 파견할 수 없다는 조항에 따라 조선지회는 일본의 동의를 받지 않고서는 회의에 참석할 수 없게 된 것이다. Condliffe 1928: 607 참조. 소또무라 마사루는 이 조항이 첨가된 배경에 일본의 의향이 작용했다고 하면서, 그 근거로 제1차 대

에 따라 캐나다, 뉴질랜드, 오스트레일리아는 말할 것도 없고, 필리핀 또한 자치국으로 나중에 정식 회원자격을 획득했지만,[25] 조선그룹은 일본의 완강한 반대에 부딪혀서 더이상 공식 회원의 자격으로 회의에 참가하는 것이 불가능하게 되었다.

1929년 10월 28일부터 2주의 일정으로 쿄오또에서 개최된 제3차 대회에는 윤치호, 송진우, 유억겸, 백관수, 김활란 등이 참가했다.[26] IPR의 현행 규정에 따라 이들은 정식 대표가 아닌 일본그룹의 초청이라는 형식으로 참석했다. 애초부터 이 규정을 인정하고자 하지 않았기 때문에 대회에 불참하기로 했던 조선그룹이 참가하는 쪽으로 방향을 바꾼 것은 미국이 주도하여 일본을 설득한다는 배후교섭에 기대를 걸었기 때문이다.[27]

이 대회에서 조선그룹은 자신들을 정식대표로 인정해야 하는 3가지 근거를 제시했다. 첫째는 연구회의 발기 회원이자 창립 회원의 일원으로 지금까지 참가해왔다는 점, 둘째는 연구회의 기본정신은 정치적 목적이라기보다는 태평양 연안 민족의 학술과 사정에 대한 조사·연구라는 점, 셋째로 조선인은 태평양 연안에서 4000년 동안 독립민족으로 상당한 문화를 유지해왔다는 점에서 참가할 자격과 정당한 권리가 있다는 것이다.[28] 조선인 참가자들

회 이전부터 일본인 참가자가 조선인 참가자를 일본의 일부처럼 취급하려고 책동한 것이나, 조선인 참가자들의 식민통치 비판에 일본인이 반발한 사실 등을 들고 있다(外村大 1996: 195~96).

25) 조선과 필리핀은 기본규약의 일국 일단체주의에 대해 가장 강하게 반발했지만, 필리핀은 이른바 존스법에 의해 미국으로부터 장래 독립을 약속받고 일정한 자치를 인정받을 수 있었기 때문에 1929년의 기본규약을 일단 받아들이고 자치국으로서의 지위를 요구한다는 자세로 전환했다(片桐庸夫 1986: 56).

26) 윤치호(1988: 243~44)는 『동아일보』의 김우평(金佑枰)이 함께 참석했다고 적었으나, 소또무라 마사루(1996: 191, 200)를 제외하고 다른 자료들에서는 그의 이름이 보이지 않는다. 조선그룹은 정식 대표 자격으로 참가한 것이 아니기 때문에 IPR의 공식회의록에는 수록되지 않았다. Condliffe 1930: 623~30의 부록 I 참조.

27) 구체적 내용에 대해서는 片桐庸夫 1986: 65 이하; 外村大 1996: 199 이하; 山岡道男 1997: 137~40 참조.

은 거듭되는 회의를 통해 이 문제를 지속적으로 제기했다.[29] 이에 대해 일본 대표는 과거 몇년 동안 조선 - 일본인 사이에 다수의 결혼이 있었다는 점에서 조선인을 일본인과 다른 인종으로 보기 어렵다는 취지 등으로 규약개정에 반대했다.

거듭된 절충의 결과 최종적으로 기존의 기본규약 제3조 3항에서 (상이한 인종적 혹은 지역적 단체들의 완전한 자기표현을 장려하기 위해 중앙이사회 및 사무국은 이 단체가 속한) "국가의 국내 이사회의 동의를 얻어"라는 조항을, "중앙이사회 전원의 찬동에 의해" IPR이 이들 단체들과 직접 교섭할 수 있다는 내용으로 바꾸는 것으로 결론이 났다(新渡戶稲造 1930: 42~46; 48, 70). 이에 따르면 기존에는 지역 단체인 조선이 대회에 참석하기 위해서는 그가 속한 국가, 즉 일본의 국내 이사회의 동의를 얻어야 했지만 개정안에서는 그 것이 IPR 중앙이사회 전원의 찬동을 얻는 것으로 바뀐 것이다.

윤치호는 이 수정안이 "조선민족도 직접 참석할 수 있는 항목을 설치하여 (IPR이―필자) 충분 성의를 보였다"고 긍정적으로 평가했지만,[30] 사실상 이는 기존안과 별다른 차이가 없는 것이었다. 왜냐하면 비록 형식적으로는 일본의 동의가 필요 없게 되었다고 하더라도, 중앙이사회에서 이사회 전원의 찬동을 얻어야 한다는 점에서 일본의 거부권 행사가 예견되었기 때문이다. 이러한 점에서 규약개정은 조선그룹의 기대와는 사실상 어긋나는 것이었다.[31] 1931년 제4회 상하이/항저우 회의에서 일본은 예상대로 거부권을 행

---

28) 『동아일보』 1929년 10월 30일자, 11월 6일자 참조.

29) 윤치호에 따르면 1929년 11월 4일부터 8일까지 이 문제가 신중하게 토의되었으며 특히 8일에는 이 문제로 3번이나 회의가 열렸다. 일본 외무성의 특별보고에 따르면 조선인들은 11월 5일부터 9일에 이르기까지 지속적으로 이 문제를 제기했다. 『동아일보』 1929년 11월 12일자; 山岡道男 1997: 135~36 참조.

30) 『동아일보』 1929년 11월 12일자의 개정안 설명에 대한 윤치호의 발표 요지 참조.

31) 片桐庸夫 1986: 69. 조선인 참가문제와 관련한 객관적 현실과 조선인 참가자들의 태도 사이에는 일정한 거리가 있었다. 즉 이러한 결정에도 불구하고 대회 참석자의 대표격인 윤치호는 국내 신문과의 회견에서 기본규약이 2개월 이내에 개정되어 다음 대회에 독립대표

사했으며, 이에 따라 조선그룹은 이 회의에 참석할 수 없게 되었다.[32] 이로써 1942년의 제8차 대회까지의 10여년 동안 한국은 IPR의 태평양회의에 참가하지 못했다(Hooper 1995: 2).

조선 대표의 이러한 패배와 좌절은 우선적으로는 민간 학술기관조차 강대국의 이해관계에 의해 좌우된 국제관계의 냉혹한 현실을 반영한 것이었다. 1920년대 중반 이상주의가 지배하던 분위기에서 창립된 IPR은 동아시아에서 일본과 중국, 미국 사이의 대립이 첨예화되어간 사실을 배경으로 초기의 자유주의적인 성격에서 더 정치화되고 공식화된 방향으로 경직되어갔다. 제1~2차 대회만 하더라도 일제 지배하의 조선민족과 식민 실태에 대한 관심이 참가자들 사이에서 표명되었지만, 쿄오또에서 열린 제3차 대회 이후에는 개인적 차원에서나마 이러한 관심이 들어설 여지가 거의 없어지고 말았다.

외국 대표들에게 반일감정을 전달하는 문서류를 조선인들이 가지고 온 것이 아닌가를 의심한 다수의 일본 대표는 식민통치에 비판적인 조선인이 의견을 발표하는 것 자체를 봉쇄하고자 했다(윤치호 1988: 245). 특히 송진우 등과 친교가 있고 조선자치론을 주장한 소에지마 미찌마사(副島道正)나 즈모또 모또사다처럼 "다분히 조선에 관계있는" 인물들은 조선이 독자적인 그룹으로 회의에 참가하고 자기주장을 하는 것에 가장 완강한 태도를 보였다.[33]

로 참가할 수 있을 것이라고 낙관했으며, 『동아일보』는 1929년 11월 13일자 「태평양회의의 경과를 보고: 회의의 기본정신과 사명」이라는 사설을 통해 "그 요구가 비록 완전히 관철되지는 못했으나 (규정의 개정은) 오인의 현하 처지로서 의외의 적지 않은 수확"이라고 논평했다.

32) 이와 대조적으로 미국은 필리핀에 대한 거부권을 행사하지 않았기 때문에 필리핀그룹은 정식대표로 회의에 참가할 수 있었다(『동아일보』 1931년 10월 31일자).

33) 경성일보 사장 등을 역임했던 소에지마 미찌마사에 대해서는 趙聖九 1998 참조. 즈모또 모또사다는 "조선인이 회의에 참가하는 유일한 목적은 조선에서 총독정치에 대한 불만을 선전하고 각국인의 동정에 호소하는 것"이 명백하므로 절대로 회의에 참가시켜서는 안된다고 주장했다. 물론 일본 대표 모두가 이런 의견을 가진 것은 아니었다. 이러한 반대에도 불

이러한 사정은 중국을 비롯한 아시아 각국의 민족주의를 적극적으로 평
가하지 않고 일본의 침략주의에 유화적 입장을 보였던 IPR의 태도에 의해
더욱 악화되었다.[34] 국제무대에서 식민통치의 치부를 드러내고 싶지 않았
던 일본의 의도는 그에 대한 타협과 절충을 모색하고자 했던 미국 측의
시도에 의해서도 별다른 영향을 받지 않았다. 중국의 경우 좌파의 연안정
부로부터 공식적인 항의는 물론이고 국민당 내부에서조차 약소민족의 억
압의 실례로 조선인의 회원자격 상실문제를 들고 나섰지만, 정작 회의에
참가한 중국 대표들은 이 문제에 더이상의 이견을 제기하지 않았다.[35] 당
사자인 조선 대표들 역시 "중국이나 필리핀과 함께 항쟁하는 것이 필요하
다"는 국내여론에도 불구하고[36] 사실상의 공조를 끌어내려는 노력은 거

구하고 조선인들은 조선지회의 주장에 공감한 니또베 이나조오(新渡戶稻造)나 타까끼 야사
까(高木八尺) 등의 초청으로 대회에 참가했으며, 이 때문에 니또베는 동료들로부터 심한 비
판을 받았다(윤치호 1988: 247; 外村大 1996: 200~02). 덧붙이자면 니또베가 조선인들의
주장에 공감을 표시했다고는 하지만, 조선민족에 대한 그의 평가는 매우 부정적이었다.
1907년에 집필한 『수상록(隨想錄)』에서 그는 조선인을 "정치적 본능을 결여하고 경제적 상
식이 없으며, 상식적 야심이 없고 박약한 여성적 국민"으로 묘사하면서 조선이 고사국(枯死
國)이 된 이유를 조선인 자체에서 찾았다. 가부장적 온정주의의 관점에 입각한 식민지배의
정당화로 이끄는 이러한 견해가 여전히 조선인 대표권문제의 대응에 반영되어 있었다. 佐
佐木豊 1995: 111~12 참조.

34) 미국 IPR 위원회의 지식인들은 중일전쟁 이후 기획된 조사씨리즈(the Inquiry Series)를
계기로 일본 군국주의와의 대결을 명확하게 하면서 중국을 비롯한 아시아의 민족주의를 적
극적으로 평가하려는 경향을 보였지만, 그것은 곧이어 자국정부와 거리를 유지한 자세를
포기하고 태평양전쟁을 적극적으로 지지하는 것으로 이행했다. 민주주의를 위한 일본과의
전쟁의 정당화가 종전 이후 이들이 지원한 '민주주의'체제 아래에서 매카시즘의 희생양으
로 귀결된 것은 역사의 아이러니이다.

35) 중국 대표로 뻬이핑(北平) YMCA 총간사였던 천 리팅(陳立廷)은 대회에서 규정 개정을
제의하여 조선 대표도 독립한 자격을 가지고 참가하도록 노력하겠다는 의사를 표명했지만
더이상의 진전은 없었다. 『동아일보』 1931년 10월 17일자 참조.

36) 『동아일보』는 1929년 11월 13일자 사설 「태평양회의의 결과를 보고: 회의의 기본정신과
사명」에서 "태평양 연안 중심지대에 광휘 있는 장구한 역사와 문화를 가지고 흘립(屹立)한
인도, 조선, 비율빈, 안남 및 남양의 기타 민족이 참가치 못하게 된 것은 그 회의의 기본정

의 하지 않았다.

3. 동아시아 지식인의 국가·민족과 미국

IPR의 내용과 지향은 주요 참가국 대표들에 대한 분석을 통해 더 명확히 이해할 수 있다는 점에서, 이 절에서는 일본과 중국, 미국의 사례를 중심으로 각국 IPR에 참가한 지식인들의 구성과 성격 등을 검토해보기로 하겠다. 먼저 일본의 사례를 보면 다음의 [표 3-1]은 제1~4차 대회에 이르는 일본인 참가자들의 직업 분포를 정리한 것이다.

표에서 보듯이 제1차 대회에는 일본 YMCA 관계자들을 제외한다면 학계·교육계와 재계, 언론인, 정·관계 인사들이 주로 참여했다.[37] 제2차 대회에는 학계 인사가 전체 대표단 16명에서 무려 7명으로 대폭 늘어나서 거의 절반에 이르는 비율을 차지한 점이 눈에 띈다.[38]

쿄오또에서 열린 관계로 역대 대회 중 가장 많은 44명이 참석했던 제3차 대회를 다소의 예외로 한다면 다음에 보게 될 중국이나 미국에 비해볼 때 일본에서는 재계·실업계 인사가 차지하는 비중이 상대적으로 적었다. 이와 대조적으로 미·중 두나라에 비해 정계·관계 인사는 상대적으로 많은 비중을 차지했다.

신과 배치되는 것으로 태평양 연안 제민족의 공동의 이익과 그 회의의 장래를 위해 크게 유감"이라고 주장했다.

37) 주요인물로는 토오꾜오대학 교수(高木八尺, 高柳賢三)와 재미일본인(하와이대학과 스탠퍼드대학 교수), 전 일본우선(日本郵船) 부사장, 토오꾜오 기선 쌘프란씨스코 지점장, 전 철도청참사관(鶴見祐輔), 귀족원의원(澤柳 政太郎), *Harold of Asia* 주간(頭本元貞) 등이 있었다.

38) 재계에서는 일본우선부사장과 철도청참사관(鶴見祐輔)이 제1차 대회에 이어 참석했으며, 일본노동총동맹회장(鈴木文治)이 새로이 참석했다.

[표 3-1] 일본인 참가자의 직업별 분포(1925~31)

직업별	제1회(1925)	제2회(1927)	제3회(1929)	제4회(1931)
학계 · 교육계	6(31.6)	7(43.8)	16(36.3)	7(41.2)
재계 · 실업계	2(10.2)	1(6.3)	7(15.9)	1(5.9)
정 · 관계	2(10.2)	2(12.5)	6(13.6)	4(23.5)
언론 · 출판계	1(5.3)	-	10(22.8)	2(11.8)
기독교 관계	5(26.3)	2(12.5)	3(6.8)	1(5.9)
사회단체	-	1(6.3)	1(2.3)	1(5.9)
기타	3(15.8)	3(18.8)	1(2.3)	1(5.9)
계	19	16	44	17

자료: 山岡道男 1991: 49~54에서 필자가 작성.

 태평양회의에 참석한 일본인 참가자들은 초기의 시부자와 에이이찌(澁澤榮
一)나 이노우에 준노스께(井上準之助) 등을 예외로 한다면 니또베 이나조오와
그의 감화를 받은 인물들이었다.39) 일본 IPR의 지식인들은 일본인 가운데에
서 세계의 새로운 조류에 가장 민감하게 반응한 그룹으로, 근대 과학에 대한
믿음과 아울러 정의와 이성에 대한 신뢰를 보인 것으로 알려져왔다. 서구 근
대의 합리주의적 인간관이나 영미의 실증주의와 스펜서 사상을 선호했던 이
들은 감정을 배격하고 구체적 사실을 분석하는 것을 과학적 정신이라고 생
각하고 그것을 현실정치에 적용하고자 했다. 과학으로 무장한 지식인에 의
한 국제조직을 무대로 한 공개외교를 선호했다는 점에서, 이들은 군사력을
통해 대륙진출을 꾀하려는 군부의 강경노선에 반대했다.
 이와 같이 국제관계에서 민간 지식인의 독자적인 역할을 설정했다는 점에
서 이들은 전전기 일본을 대표하는 가장 국제적인 지식인이었다.40) 일본에

---

39) 그가 토오꾜오 제일고 교장으로 있던 시기 키워낸 인맥으로, 타까끼 야사까, 쯔루미
 유스께(鶴見祐輔), 타까야나기 켄조오(高柳賢三), 마에다 타몬(前田多門) 등으로 앞에서도
 말했듯이 타까끼와 타까야나기 등은 토오꾜오제국대학의 교수들이었다(中見眞理 1985:
 106).
40) 동시에 이들은 일본에서 대표적인 윌슨주의자들이었다. 윌슨주의에 보편적 측면과 특수

서 타이쇼오 데모크라시 시기를 겪으면서 국가에 대해 자립적 가치를 주장하는 사회적 범주로서의 지식인층이 등장했다고 한다면 일본 IPR에 참여한 지식인들도 그 범주 중의 하나였던 것이다. 그러나 이들의 근대적 개인주의와 합리주의에는 치명적 결함이 있었다. 이들이 모델로 설정한 근대적 개인은 서구의 그것이었지, 동아시아의 식민지인 조선이나 반식민지 중국을 염두에 둔 것은 결코 아니었다. 이들은 조선인이나 중국인을 인격을 가진 존재로 인정하고자 하지 않았다(中見眞理 1985: 107).

이들은 서구를 지향하고 대미관계를 중시하는 만큼이나 식민지 조선이나 중국 관계를 경시 내지는 무시했다. 일본 IPR의 대표들에게 태평양문제는 대미관계이고 중국문제를 논의의 대상으로 인식하는 시각은 거의 없었다(같은 책 110). 아울러 이들은 미국과 관련된 문제는 정치적이라고 보지 않았던 것과 대조적으로 중국이나 조선문제에 대해서는 그것을 의사일정에 포함시키는 것조차 정치적이라고 하여 강한 경계심을 품는 경향이 있었다(같은 책 107). 미국을 모범국으로 상정했던 이들은 학술면에서 미국연구를 급무라고 생각하여 일본에서 미국연구를 개척했다. 구미제국의 IPR 위원회들이 사회과학적 아시아연구를 개척하고 있었던 것과 대조적으로 전전의 일본 IPR에서 활동의 중핵을 이룬 사람들이 중국이나 다른 아시아 국가들을 전문영역으로 하는 연구자가 아니었던 것은 흥미로운 일이었다(같은 책 111).

다음에 이들이 내건 국가로부터 개인의 자립이라는 이상도 실제와는 일정한 거리가 있는 것이었다. 이들은 IPR이 정부원조를 받지 않는 민간조직인 것을 강조하고 같은 민간조직이면서 정부의 원조에 대부분을 의존하는 국제연맹과의 차이를 강하게 의식했다. 그러나 실제 민간기구로서의 성격을 강

적 측면이 있다고 한다면 이들은 보편적 측면, 즉 인도주의적 이상주의에 강하게 이끌렸으며, 이 점에서 미국자본주의의 요청이라는 특수주의의 시각에서 윌슨주의를 인식한 후꾸따 토꾸조오(福田德三)나 미국에 대한 불신이나 절망을 표명한 우찌무라 칸조오(內村鑑三)와는 달랐다(中見眞理 1985: 107~09).

조하면서도 일본 IPR은 일본정부나 재벌 회사들로부터의 재정 지원에 의존했으며,[41] 특히 외무성 온건파와는 정보를 제공하기도 하고 필요에 따라 상호 의견조정을 하는 등 설립 당초부터 밀접한 연락관계를 유지했다. 이러한 점에서 일본 IPR은 순수한 민간 조직이라기보다는 반관반민의 성격을 띠었다는 평가를 받았다(片桐庸夫 1979: 67).

미국은 말할 것도 없고 심지어는 중국에 비해서도 일본그룹은 개개인의 자유로운 의사와 토론보다는 국가이익의 대변자로서의 집단적 지향이 강하다는 평가를 받았다. 특히 만주문제를 둘러싼 중·일의 의견대립이 첨예화된 1929년의 제3회 회의부터 일본 IPR 각회원의 발언은 개인의 의견보다는 국익 옹호라는 관점에서 통일화, 획일화하는 경향을 보였다. 1931년의 샹하이/항저우회의에 이르러 이러한 지향은 더욱 뚜렷하게 나타났다.[42]

IPR 중앙이사회 의장을 역임한 J. W. 디포(J. W. Defoe)의 다음과 같은 언급, 즉 "일본 대표는 정부로부터 자유로운 입장에 있지 않다. 확실히 과거에는 자유주의적 국제주의자의 경향을 가지고 있었는지는 알 수 없지만, 현재의 그들은 태평양을 지배하도록 운명 지워진 엘리뜨라고 하는 신앙에 사로잡혀 있다"는 말은 이러한 사정을 잘 보이는 것이었다(中見眞理 1985: 116~17).

1933년에 일본이 국제연맹에서 탈퇴하여 국제무대의 통로로 일본 IPR이 유일하게 남아 있었던 시점에서 일본의 중국침략에 대한 국제사회의 압력에

---

41) 제1차 대회 참가비 3만원 가운데 2/3에 해당하는 2만원을 일본 외무성이 부담했으며, 이후에도 일본정부는 지속적으로 재정 지원을 했다. 또한 일본위원회는 미쯔이, 미쯔비시, 스미또모은행, 남만주철도주식회사, 일본은행과 같은 재벌회사들로부터의 기부금으로 재정의 상당 부분을 충당했다(片桐庸夫 1983: 102; 山岡道男 1991: 90; Hooper 1995: 118, 230).
42) 片桐庸夫 1994: 28. 당시 IPR 관계자 역시 "1929년 쿄오또대회 시기부터 일본위원회는 한 목소리를 내었다. 이들이 일본 외무성의 지시를 받았는지의 여부는 알 수 없지만 (…) 어쨌든 일본 대표단은 매우 절제된(well-disciplined) 집단이었으며 이들 사이에 명백한 의견의 차이는 없었다"고 회상한다(Hooper 1995: 230).

맞서서 일본 IPR은 '현실의 정치문제'에 대한 IPR의 개입은 바람직하지 않다고 반발했다. 이들은 중국에 대한 자국의 침략을 저지하는 자세보다는 일본의 행위에 대한 도덕적 정당성을 구미열강에 강조하고자 했다. 사실에 기초한 과학이 정치에 우선한다고 하는 이들의 견해는 일본의 정책을 정당화할 수 있다고 확신할 수 있는 범위 안에서만 적용되는 것이었으며, 결국 이들은 비현실적인 대동아공영권구상의 논리에 이끌려서 그것을 지지했다.[43]

역설적인 것은 그럼에도 불구하고 일본 IPR은 일본 국내에서는 '적성조사기관'으로 간주되어 활동의 제한을 받았으며 대외적으로도 일본정부의 대변자로 비난받음으로써 조직 자체의 축소에 그치지 않고 결국은 해산할 수밖에 없었다는 사실이다(山岡道男 1991: 29~30). 이러한 사실은 타이쇼오 데모크라시 시기에 생겨난 서구적 개인 지향의 주류 지식인들이 궁극적으로는 국가를 우선시할 수밖에 없었던 사정을 배경으로, 비국가적 가치를 강조하는 일본형 자유주의의 기반이 얼마나 취약하고 한정적인가를 보이는 것이다.

다음에는 중국의 경우를 살펴보기로 하자. 아래의 [표 3-2]는 일본의 경우와 마찬가지로 제4차 대회까지 참석한 중국 대표들의 직업을 정리한 것이다. 일본의 경우와 비교해서 우선 눈에 띄는 점은 기독교 관계자의 비중이 비교적 높게 나타나는 점이다. 이는 중국 IPR이 설립될 초기에 샹하이 YMCA가 중심이 되었던 사정을 반영하는 것으로 다른 나라에서는 YMCA와의 관계를 떠난 이후인 1927년 무렵에도 중국 IPR은 여전히 그 영향권 아래 있었다. 학계 인사는 제1~2차 회의에서는 일본에 비해 낮은 비율을 차지하지만 제3차 회의 이후 일본과 비슷하게 거의 절반 정도의 비중을 차지할 정도로 증대했다.

---

43) 나까미 마리(中見眞理 1985: 115)는 이들이 우파나 좌파와도, 혹은 다른 자유주의자들과는 다른 방향에서 대동아공영권을 긍정한 것은 법적, 도의적 접근을 중시하는 국제정치사상의 일본인적 수용의 귀결이라고 평가한다.

[표 3-2] 중국인 참가자의 직업별 분포(1925~31)

직업별	제1회(1925)	제2회(1927)	제3회(1929)	제4회(1931)
학계 · 교육계	3(25.0)	4(28.6)	17(54.8)	14(45.2)
재계 · 실업계	-	2(14.3)	5(16.1)	8(25.8)
정 · 관계	2(16.7)	-	-	1(3.2)
언론 · 출판계	1(8.3)	1(7.1)	3(9.7)	2(6.5)
기독교 관계	4(33.3)	5(35.7)	4(12.9)	3(9.7)
사회단체	1(8.3)	-	-	-
기타	1(8.3)	2(14.3)	2(6.5)	3(9.7)
계	12	14	31	31

자료: 山岡道男 1997: 208~12에서 작성.

[표 3-2]에서 재계와 실업계 인사가 제1차 대회에는 전혀 참석하지 않은 것으로 나타나 있지만, 1925년에 중국에서 열린 태평양회의 준비회에는 학자, 연구자, 교육협회, 신문협회, 퇴직한 정부관계자들 이외에도 저명한 실업가, 은행가와 함께 상업회의소나 은행협회관계자들이 참석했다(山岡道男 1997: 189). 일본과 비교해볼 때 주목되는 또다른 특징 중의 하나는 정 · 관계 인사의 참가가 두드러지게 적다는 사실인데, 아마도 이는 일본이나 미국에 비해볼 때 학계나 재계 등이 정부 및 당과 밀접한 관련을 가지고 있었던 체제의 특성을 반영하는지도 모르겠다.

제1회 태평양회의가 종료된 이후 중국에서도 중국 IPR의 지도로 연구위원회가 조직되어 국제관계와의 관련에서 중국의 현상, 특히 치외법권, 관세자주권, 불평등조약의 문제를 중점적으로 조사, 연구했다.[44] 1931년 이후 중국 IPR의 이사장은 뻬이징대학 교수인 후 스(胡適)가 맡았으며,[45] 이사로

---

44) 뻬이징 징화(精華)대학 교수 천 따(陳達)가 중심 역할을 했다. 山岡道男 1997: 188 참조
45) 1943년 이후에는 장 멍린(蔣夢麟)이 이사장으로 재임했는데, 1948년에 당시 뻬이징대학 총장인 후 스가 다시 이사장으로 활동했다. 이 시기 중국 IPR 연구위원회의 위원장은 중앙 연구원사회과학연구소의 저명한 사회학자인 타오 루꿍(陶履恭)이 맡았다. 山岡道男 1997:

는 상하이 상업은행총경리, 뻬이핑 박물회장, 텐진대공보, 국민정부통계국장, 대학교수 등이 참가했다. 연구위원회에는 난징의 중앙연구원사회과학연구소(The Institute of Social Sciences, Academia Sinica) 교수 등이 참가했으며, 텐진의 난까이(南開)대학 경제연구소도 밀접한 관련이 있었다(山岡道男 1994). 전반적으로 보면 중국 IPR에 관여한 대부분의 사람들은 주로 미국에서 고등교육을 받았으며, 이는 일본 IPR 관련 인사들이 친미적 경향과 통하는 측면이 있었다.[46]

그렇다면 중국의 경우 IPR에 관련된 지식인들은 국가/민족을 비롯한 외부의 요구로부터 얼마나 자유로웠을까? 이에 답하기 위해서는 먼저 중국 IPR의 재정원에 대해서 살펴볼 필요가 있다. 이에 관해서는 정확한 정보를 얻기가 힘들지만, 2~3개의 중국 대은행이 실제적인 지원을 했으며 뉴욕의 중국인 기업가들도 도움을 주었다. 1937년 이후에는 정부의 비공식 지원도 있었던 것으로 추정되는 것에서 보듯이 국민당 정부의 일정한 지원이 있었던 것으로 생각된다(Hooper 1995: 231).

중국의 경우 주목되는 점은 중국 IPR이 미국의 전략적 고려에 의해 집중적인 지원을 받았다는 사실이다. 이는 IRP의 지역연구 간행물에 대한 분석을 통해서도 쉽게 유추해볼 수 있다. 미국과 영국을 포함한 각지역들에 대한 연구업적은 모두 1,098권이 간행되었는데, 이중에서 중국에 대한 연구가 가장 많아 260책, 23.7퍼센트를 차지했다. 만일 여기에 따로 분류된 홍콩

---

201 참조.

46) 종전 이후 일본 IPR 관계자들이 대학 등에서 미국 연구의 개척자가 된 것과 대조적으로, 중국의 인사들은 중화인민공화국의 성립과 함께 미국이나 타이완으로 이주했다. 예컨대 난까이대학 경제연구소의 허 렌(河廉)은 1949년 혁명 이후에 미국으로 건너가 뉴욕의 컬럼비아대학 교수로 경제학부와 신설의 동아시아연구소에서 중국경제를 가르쳤으며, 팡 센팅(方顯廷)은 방콕으로 이전하여 ECAFF (UN경제사회인사회의 하부기관으로 설치된 아시아극동경제위원회, 1974년 ESCAP 아시아태평양경제사회위원회로 개칭)에서 활동했다. 구체적인 내용은 山岡道男 1994; 1997: 201~02 참조.

(64책)과 만주(27책)를 합하면 351책으로 전체의 거의 1/3(32.0퍼센트)에 달했다.[47] 그밖에도 미국의 록펠러재단은 난까이대학 경제연구소를 통해 중국 IPR의 연구활동을 지원했으며, 중일전쟁 이후에는 미국전시정보국(The US Office of War Information)이 중국 IPR을 지원했다. 아울러 나중에 미국의 국무장관이 된 존 덜레스(John Foster Dulles)를 비롯해 존 페어뱅크(John K. Fairbank)와 갤런 피셔(Galen M. Fisher), 로저 그린(Roger S. Greene) 등도 중국에 대한 지원을 강화, 촉진하기 위해 활동했다(山岡道男 1997: 193, 198~99).

민간 차원에서 개인의 자유로운 의사의 발표와 토론이라는 IPR의 기본 취지에 비추어볼 때 중국의 경우는 일본에 비해 집단의 의사에 덜 동조적이고 다양성이 있었던 것으로 평가된다. 후퍼는 이와 관련하여 중국 대표단의 경우 비록 만주와 같은 쟁점에 대해서는 한 목소리를 냈다 하더라도 "이는 진실이 아니었으며, 혹은 적어도 그렇게 느낄 수 없었다"고 진술하고 있다. 중국의 내부문제에 관해서는 더 다양한 의견의 차이가 있었다는 것이다(Hooper 1995: 230).

그럼에도 불구하고 되돌아보건대 중국위원회는 국제문제에 대한 국민당 정부의 일반적 입장에서 결코 벗어나지 않았다. 어떤 의미에서는 이들 역시 일본의 경우와 비슷하게 정부의 견해에 대한 일종의 비공식 대변인 역할을 했다고 말할 수 있는 것이다(같은 책 230~31). 다만 일본의 경우와 차이가 있다면 IPR의 역대 회의를 통해 중국이 당면문제로 제기한 만주문제, 치외법권문제, 관세자주권문제, 조계문제 등에 대해 일본과 미국은 때때로 그것이

---

47) 중국에 대한 연구는 일본(169책, 15.4퍼센트)이나 미주 지역(미국 55책, 미국과 태평양 74책, 필리핀 55책, 16.8퍼센트)보다 훨씬 많은 비중을 차지한다. 이와 대조적으로 조선은 18책(1.6퍼센트), 인도는 22책(2.0퍼센트)에 지나지 않았다. 조선의 경우를 보면 전전 시기가 10책으로, 1920년대가 1책, 1930년대가 3책, 1940년대가 6책으로 가장 많았다. Hooper 1995: 507~600에서 작성. 조선의 경우는 570~71 참조

감정적이고 선전적이며, 정치적이라는 평가를 내렸다는 점이었다. 특히 1940년대 이후의 종전기에 들어서면서부터는 일본이나 혹은 다음에 보게 될 미국의 경우와 비슷하게 중국 IPR의 지식인들 역시 국가의 정치적 요구로부터 결코 자유롭지 않았다.[48]

마지막으로 미국의 경우를 보기로 하자. 아래의 [표 3-3]은 태평양회의에서의 미국인 참가자들의 직업 분포를 정리한 것이다. 제1회와 2차 대회에서는 하와이 대표단이 별도의 그룹으로 참가했다는 점을 고려한다면,[49] 미국은 일본이나 중국에 비해 가장 규모가 큰 대표단을 역대 대회에 파견했다.[50] 전반적으로 일본이나 중국과 비교해볼 때 미국은 학계·교육계와 재계·실업계, 언론·출판계 등의 각분야 인사들이 골고루 참여하고 있다는 사실을 알 수 있다. 그럼에도 다른 나라들과 마찬가지로 미국 대표단 역시 대학과 연구기관을 비롯한 학계·교육계 인사가 거의 절반에 이르는 높은 비율을 보였다.[51]

---

48) 1943년 이후 장 제스는 중국 IPR에 조사·연구 목록을 제시한다. 비록 전시체제에 대한 직접적인 협력을 요구하지는 않았다고 하더라도 그것은 ① 중국의 역사, 국토와 인물 ② 중국의 정치철학 —전쟁 이후 세계평화에의 공헌 ③ 중국인의 혼과 중국의 재건에 대한 쑨 원의 이상주의적 계획 ④ 전후기 중국 경제재건의 문제와 같이 국가적 요구를 반영한 것이었다(山岡道男 1997: 196).

49) 참고로 제1차 대회에는 16명, 제2차 대회에는 15명의 하와이그룹이 참가했다. IPR 1925: 35~39; Condliffe 1928: 598~99 참조.

50) 제4차 대회는 중국에서 개최된 관계로 중국 대표단의 규모가 더 컸다.

51) IPR과 태평양회의에는 이른바 미국 명문대학의 유수한 교수들이 주도적으로 참여했다. 대표적인 인물들로는 하바드대학의 조지 윌슨(George Crafton Wilson)과 컬럼비아대학의 제임스 쇼트웰(James T. Shotwell), 스탠퍼드대학의 윌버, 클라크대학의 블레이크슬리, 프린스턴대학의 윌리엄 록우드(William W. Lockwood), 존스홉킨스대학의 아이제이어 보먼(Isaiah Bowman) 등을 들 수 있다. 그밖에도 IPR의 기관지인 *Pacific Affairs*의 편집을 맡은 오언 라티모어(Owen Lattimore) 역시 1938년 이래 존스홉킨스대학 교수였으며, 1941년에는 로우즈벨트의 추천으로 장 제스의 정치고문으로 임명되었다. 라티모어에 대해서는 天羽英二 1954; Lattimore 1977 참조.

[표 3-3] 미국인 참가자의 직업별 분포(1925~31)

직업별	제1회(1925)	제2회(1927)	제3회(1929)	제4회(1931)
학계·교육계	14(50.0)	21(47.7)	19(42.2)	9(34.6)
재계·실업계	2(7.1)	5(11.4)	6(13.3)	4(15.4)
정·관계	1(3.6)	3(6.8)	2(4.4)	-
언론·출판계	6(21.4)	5(11.4)	3(6.7)	4(15.4)
기독교 관계	3(10.7)	2(4.5)	1(2.2)	1(3.8)
사회단체	2(7.1)	3(6.8)	8(17.8)	3(11.5)
기타		5(11.4)	6(13.3)	5(16.1)
계	28	44	45	26

주: 1929년과 1931년은 하와이그룹을 합한 수치임.
자료: IPR 1925: 35~39, Condliffe 1928: 600~02; 1930: 628~29, Lasker 1932: 506에서 작성.

일본이나 중국과 비교해볼 때 미국 대표단에서 찾아볼 수 있는 또다른 특성은 재계·실업계의 비중이 상대적으로 높다는 사실이었다. 이는 미국 IPR이 정부의 지원에 상당 부분 의존했던 일본, 혹은 그 정도는 덜하지만 중국과는 달리 주로 재계와 실업계의 지원에 의존하고 있었던 사정을 반영한 것이었다.[52] 정부나 국가의 요구라는 점에서 보자면 미국정부, 특히 미국 육군과 국무성은 IPR의 창립 구상에 특히 강하게 반대했던 것으로 전해진다. 워싱턴의 한 그룹은 미국의 극동정책에 개입할 우려가 있다는 이유로 IPR이 출범하기 전에 붕괴되기를 원했다(Condliffe 1981: 432). 이러한 사실은 정부의

52) 미국 IPR은 아시아와 사업 관계를 가진 미국의 주요 기업들의 재정 지원을 통해 유지되었다. 예를 들면 선박운송사업에서 로버트 달러(Robert Dollar)와 아메리칸 프레지던트 라인스(American President Lines), 중국과 일본에 지사를 가진 내셔널씨티(National City)와 체이스(Chase)의 두 거대 은행 및 스탠더드 버큠(Standard Vacuum)과 스탠더드 오일(Standard Oil)과 같은 정유회사, 혹은 제너럴 일렉트릭(General Electric)을 비롯하여 아시아와 관계를 가진 거대기업들이 지원을 했다. 이러한 점에서 조너선 마셜(Jonathan Marshall)은 IPR이 미국 기업의 이해관계를 추진하기 위해 설립되었다고 주장한 바 있다. 이는 다음 절에서 보게 될 식민지 조선에서 IPR에 대한 사회주의자들의 비판과 통하는 바가 있다. Hooper 1995: 212~14 참조.

강한 지원과 영향력 아래 있었던 일본이나 중국의 사례와는 대조되는 것이었다.

그러나 미국에서 IPR이 주로 민간기업의 지원에 의존한 것은 일정한 대가를 요구했다. IPR의 재정지원에 관여한 대다수의 기업가들이 거의 무의식적으로 가지고 있던 우월성은 그것이 학문적 제국주의라고 생각할 정도로 진정으로 효율적인 연구 프로그램을 조직하는 데 끊임없는 문제가 되었기 때문이다(Condliffe 1981: 441). 그럼에도 불구하고 정부의 요구로부터의 자유는 미국 IPR의 장점이라고 할 수 있는 일정한 속성들을 부여했다.

설립 초기부터 IPR의 운영에 깊이 관여했던 스탠퍼드대학 윌버의 사례에서 보듯이 미국 IPR의 관계자들은 IPR을 전적으로 사적인 비공식 기관으로 간주했으며, 그것이 어떠한 방식으로건 정부에 관여하는 것을 꺼렸다(같은 책 433). 이들은 국제 민간연구단체로서 IPR의 사명은 선전(프로파간다)을 배격한 이성적 토론을 전개하기 위한 포럼이 되어야 한다고 보았다. 이러한 점에서 그들은 중국이나 일본이 두 나라 사이의 당면 현안들에 지나치게 주관적이고 정치적인 관점에서 접근하고 있다고 때때로 생각했다.

동아시아 국가들에 대한 이러한 평가는 과학적 탐구의 정신이나 언론의 자유를 가치규준으로 하는 전문가로서의 지식인이라는 자기상을 반영했으며, 이들은 전시 체제로의 이행에 따라 사상이나 표현의 자유가 억압된 상황에서도 시민적 자유를 옹호하고자 했다. 당시 대부분의 미국 민간단체가 중립법의 개정이나 대일경제제재의 문제에 몰두하고 있었다는 점에서 장래의 중·일관계를 기둥으로 하는 신동아시아 국제질서를 고려한 토론을 이들로부터 기대할 수 없었던 것과 비교하면 IPR의 이러한 자세에는 확실히 돋보이는 점이 있었다(佐佐木豊 1995: 212).

동아시아의 다른 국가들에 비해 미국 IPR이 가졌던 또다른 장점은 미국 IPR의 활동이 더 민주적이라고까지는 아니라고 하더라도 더 대중지향적(populist)이었다는 사실이다. 이는 동아시아 국가들의 IPR 활동에서 일반적으로 찾아볼 수 있었던 엘리뜨주의적 경향과 확실히 대조되는 것이다. '대중적 정보활동'(popular informational activities)이나 '일반 공중을 위한 교육활동'에 대한 관심이 결여되어 있었던 동아시아의 사례들과는 달리 미국은 '중요한 사람들의 소수집단'에 한정하지 않고 태평양지역의 일반 공중에 대한 자각을 창출하는 데 더 관심이 있었다는 것이다(Hooper 1995: 280~82).

이와 같이 미국 IPR이 가지고 있었던 자유주의적이고 개인주의적인 지향과 아울러 순수한 민간차원에서의 활동에 대한 강조는 동아시아 국가들의 IPR에서는 찾아볼 수 없는 몇몇 장점들을 미국 IPR에 부여했다 하더라도, 이러한 사실이 국가의 요구로부터 미국 IPR이 전적으로 자유로웠다는 것을 의미하지는 않았다. 사실을 말하자면 설립 초기에조차 미국 IPR에서 일본이나 중국과 같은 종류의 정치적 연계를 찾아볼 수 없는 것은 아니었다(같은 책 231 이하). 나아가서 1941년 태평양전쟁이 발발하면서 미국 IPR은 학문적 객관성의 원칙을 스스로 파기하고 전쟁 수행에 적극 협력했다.53) 그러나 이러한 전향에도 불구하고 민주주의 옹호라는 이름 아래 중립을 포기한 미국 IPR을 종전 이후에 기다리고 있었던 것은 반공주의자에 의한 정치공세였다. 미상원 사법위원회 국내안전보장 소위원회는 미국 IPR이 객관적 중립적 학술연구의 원칙을 어기고 특정 노선을 의도적으로 채택했다고 비난했으며, 이러한 매카시즘의 선풍을 이겨내지 못하고 IPR은 1961년에 결국 자진 해산하고 말았다.54)

전반적으로 보면 동아시아 삼국에서 태평양회의에 참여했던 지식인의 등장이 국가에 대해 자립적 가치를 주장하는 사회적 범주로서의 지식인층의

---

53) 1941년 12월의 진주만공격 직후 당시 IPR 위원장인 월버는 일본을 포함한 추축국의 군사적 제국주의를 타도하기 위해 IPR은 중립의 원칙을 버리고 미국정부의 "민주주의적 전쟁 수행"에 전면적으로 협력한다는 성명을 발표한다. 佐佐木豊 1995: 212 참조

54) 같은 해에 일본 IPR 역시 해체되었지만, 기관지인 *Pacific Affairs*는 캐나다 브리티시컬럼비아대학의 후원으로 계속 발간된다. *Kodansha Encyclopedia of Japan* 1983: 315~16 참조.

138

출현을 의미한다고 한다면, 그 가장 발전된 형태는 일본에서 찾아볼 수 있었다. 일본에서 타이쇼오 데모크라시 시기 IPR에 참여한 지식인들은 서구의 합리주의와 과학정신, 사회과학에 대한 신뢰를 표명했으며, 이러한 자신들의 신조와 역량은 적어도 1930년대 전반기의 회의까지는 어느정도 유지되는 듯이 보였다. 그러나 이 시기 후반 이후 미일관계의 악화를 계기로 이러한 신념은 더이상 지속되지 못했다. 1937년 중일전쟁 발발을 계기로 일본과 미국 사이에 조성된 갈등은 일본의 지식인이 주장하는 "사실에 기초한 과학이 정치에 우선한다"는 견해의 허구성을 드러냈으며, 이들 모두는 곧이어 군국주의에 기반을 둔 대동아공영권 건설에 기꺼이 동참했다.

이러한 정황적 조건들 이외에도 일본의 자유주의 지식인이 가지고 있는 내재적 한계가 있었다. 일본에서 가장 국제주의적 지식인으로 개인의 인격과 자유에 높은 가치를 부여했다고 평가받는 이들에게 개인은 보편적이라기보다는 소수의 엘리뜨를 의미하는 것이었으며, 이는 국가권력에 대한 실질적 의존으로 표출되었다. 이러한 사실은 동아시아 삼국에서 개인주의가 가장 발전한 일본에서조차 비국가적 가치를 강조하는 자유주의의 기반이 얼마나 취약하고 한정적인가를 보이는 것이다. 일본까지를 포함하여 이 회의에 참가했던 자유주의적 성향의 동아시아 지식인들은 그 사회의 주류 지식인들에 비해 소수이고 어느정도 고립되어 있었으며, 이러한 점에서 자신의 속한 사회의 요구와 개인의 가치를 양립시키는 데는 자기모순과 분열을 경험할 수밖에 없었다.

일본의 식민지로 주권을 박탈당한 조선에서 국가의 요구란 애초부터 성립될 수 없는 것이었다. 일본이나 중국, 미국과 같은 국가의 지원을 받지 못했다는 점에서 이 회의가 표방한 비정부 민간기구의 취지에 가장 잘 부합할 수 있었다는 것이다. 그러나 조선의 지식인들이 국가의 요구로부터는 자유로울 수 있었다 하더라도 식민지 상황이 조성한 민족주의의 요구로부터 결코 자유로울 수 없었다. 이는 조선 대표들이 제1차 대회에서 일본 대표들과 가졌던 개인적 교류와 상호이해에도 불구하고 결국은 서로 냉대, 적대하는 분위기로 갈 수밖에 없었던 사실을 통해서도 잘 드러난다.

중국의 경우에도 그러했지만 조선 대표의 민족주의적 요구는 흔히 역대 대회들에서 정치적이고, 감정적이며, 선전을 위한 것으로 받아들여졌다. 일본 대표들은 미국과 관련된 쟁점들은 정치적이라고 보지 않았던 것과 대조적으로 중국이나 조선문제에 관하여는 그것을 의사일정에 포함시키는 것조차 정치적이라는 이유를 들어 배척하려는 경향이 있었다. 일본까지를 포함하여 IPR과 관련한 동아시아의 지식인들에게서—— 비록 그 예외적 형태가 전혀 없지는 않았지만 —— 민족주의 의식을 넘어서는 단초를 찾는 것은 거의 불가능에 가까웠다.

이들 동아시아 지식인들의 대부분은 근대국가의 정립을 위한 사회발전 모델로 서구, 그중에서도 특히 미국을 설정하고 그 관계를 중시했다. 이러한 지향이 가장 두드러지게 나타난 것은 일본이었다. 자유주의적 국제주의자들로 알려진 일본 지식인의 주류는 윌슨주의에 대한 신봉자들이었다. 중국의 경우 IPR에 관여했던 대부분의 지식인들은 주로 미국에서 고등교육을 받았으며, 미국의 재단이나 연구소, 정부기구들과 관련 아래에서 활동했다. 동아시아에서 중국이 차지한 전략적 위상을 배경으로 중국은 미국과의 연결망을 통해 필요한 자원들을 효율적으로 확보할 수 있었다.

조선의 경우에는 윤치호나 신흥우, 조병옥, 김활란 등과 같이 이 회의에 참가한 지식인들에 대해 국내 학계에서는 서구 지향적 성향이 강하고 이들 일부에 대해서는 때로는 미국 추종적이라고까지 평가하고 있지만, IPR의 국제무대로 옮겨오면 상황은 사뭇 달라지는 듯이 보였다. 강대국의 헤게모니가 지배한 IPR회의에서 이들이 제기하고자 했던 식민지와 민족문제에 대한 쟁점은 이들과 미국·일본 사이에 심각한 갈등과 모순을 야기했다. 이러한 사실은 심지어는 미국 시민의 자격으로 대회에 참가한 서재필의 경우에도 그러했다. 이는 이 시기 지식인들에게 나타난 '친미(혹은 친일)'의 문제가 상

140

황정의적이고 맥락의존적이라는 사실을 잘 보이는 것으로, 그것을 지식인 자신과 동일시하여 고유한 내재적 속성의 일부로 간주하거나, 또는 어떠한 맥락에서도 변화하지 않고 지속해온 것으로 상정하는 몰역사적 인식과는 배치되는 것이다.

서구·미국에 대한 태도와 대조적으로 IPR을 중심으로 한 조·중·일 동아시아의 지식인들 사이에서는 상호관계가 거의 없거나 혹은 있더라도 형식적인 차원에 그치는 경향을 보였다. 일본 지식인들에게 전형적으로 보였던 미국 중심의 사고는 일본의 지식인들이 조선이나 중국에 보였던 태도와 대조를 이루는 것이었다. 일본 대표들에게 태평양문제는 대미관계를 의미했으며, 조선은 물론이고 중국문제조차 논의의 대상으로 인식하는 문제의식은 거의 없었다. 중국의 경우 치외법권의 철폐나 관세자주권의 회복과 같은 주제에 대한 관심은 반식민주의적 의의를 가진 것이었지만, 이 문제를 논의하기 위한 주요 파트너는 미국이나 일본이었지, 조선이나 필리핀, 또는 인도와 같은 다른 동아시아 국가들이 아니었다. 식민지와 민족문제가 가장 절실한 현안이던 조선의 경우 대표권문제가 제기되었을 때조차도 비록 일본에 대한 항의와 비난, 혹은 약소민족과의 연대에 대한 당위적 주장은 있었다 하더라도, 일본 대표들 사이에서 강건파와 온건파를 구분한다거나, 또는 중국이나 필리핀 등의 (반)식민지 국가나 민족 집단과 보조를 함께한다는 연대의 노력은 인식의 지평에 들어오지 않았다.

IPR의 설립은 미국과 동아시아 주요 국가들 사이의 첨예한 대립 현안들에 대한 이해관계를 민간학술 차원에서 연구 조사하는 것이었다. 이와 같이 국가들 사이의 첨예한 쟁점들에 대한 민간 차원에서의 조사연구의 필요성은 일본이나 미국, 중국 등의 강대국들에 의해 어떠한 의미에서건 공감을 얻었던 사안이기도 했다. 이러한 조사활동은 제2차 세계대전뿐만 아니라 종전 이후인 1961년에 이르기까지 태평양지역에서 지역연구의 발전에 상당한 공헌을 했다.

그러나 여기에도 미국과 다른 나라들 사이에 차이가 있었다. 즉 미국이 IPR의 학술활동에 의거한 지식과 정보의 확충을 통해 자국의 동아시아정책 수립을 위한 기초 자료로 활용한다는 전략에 치중한 반면에, 일본이나 중국 은 미국의 발전된 학문을 도입하고 적용하는 주요한 창구로 IPR을 활용하고 자 했다. 구미제국의 IPR위원회들이 사회과학에 의거한 아시아연구를 개척 하고 있었던 것과 대조적으로 전전의 일본 IPR에서 활동의 중핵을 이룬 사 람들이 중국이나 다른 아시아 국가들을 전문 영역으로 하는 연구자가 아니 었던 사실은 흥미롭다. IPR에 참가한 미국그룹에서 동아시아 전문가가 다수 배출된 것과 대조적으로 일본 IPR지부의 주류는 미국에 대한 지역연구자들 이었던 것이다. 중국의 경우에도 난까이대학 경제연구소를 통한 IPR의 활동 은 중국에서 근대경제학이 확립되는 주요 계기가 되었던 것으로 평가되고 있다.

4. 동아시아 국가들의 IPR 인식과 반응

조선과 일본, 중국의 동아시아 삼국은 IPR에 대해 어떠한 인식을 가지고 있었으며, 또 그것을 어떻게 평가했을까? IPR이 미국의 제안에 의한 만큼, 동아시아 국가들은 서양에 대한 동양, 혹은 백인종에 대한 유색인종이라는 프리즘을 통해 IPR을 보고자 했다. 또한 미국과 일본이 주도한 만큼 조선이 나 중국은 제국주의 대 식민지·반식민지 국가라는 문제의식에서 IPR을 보 고자 했다. 이러한 일반적 논의에도 불구하고 동아시아 각국에서 IPR은 도 시의 일부 지식인과 정치가, 관료 들을 제외하고는 일반에 널리 알려져 있지 않았으며, 따라서 이에 대한 대중의 관심도 높지는 않았다.

아울러 동아시아 삼국에서 IPR에 대한 인식과 평가는 자국의 현실이나 대미관계의 설정 등에 따라 각각 달랐다. 태평양을 중심으로 미국과 잠재적 헤게모니를 다투고 있었던 일본의 경우 조선이나 중국과는 다른 차원에서의 의미를 IPR에 부여했다. 예컨대 IPR의 태평양회의로서는 미국의 영토 밖에서 처음으로 개최된 1929년의 쿄오또회의에 대한 일본 신문이나 잡지의 논조는 일반적으로 냉정했다. 그런가하면 일부 우익단체는 "일본이 막대한 희생을 치루고 얻은 만주의 특수권익을 침략하려고 하는 영·미 침략정책의 허수아비"로 IPR을 인식했다. 이 회의에서 만주문제가 의제로 다뤄지면서 일본이 일종의 피고인 입장에 놓이게 된 데 대한 반감과 석연치 않은 불만이 지식인과 정치가들 사이에서 폭넓게 존재했다(片桐庸夫 1979: 70~71). 결국 중일전쟁을 계기로 일본과 미국의 헤게모니 갈등이 표면화됨으로써 일본 IPR은 1939년 미국 버지니아 비치에서 열린 IPR 제7차 대회에 불참했으며 (片桐庸夫 2000), 이는 결국 일본 IPR의 해산으로 이어졌다.

일본과 대조적으로 중국은 IPR(과 미국)을 통해 동아시아에서 일본의 전횡을 견제할 수 있는 유용한 수단을 찾고자 했다. 그러나 동아시아에서 일본과 첨예하게 대립하고 있었던 중국의 시각에서 IPR은 미국이 주도한 것이기도 하지만 동시에 일본의 무대이기도 했다. 이러한 점에서 중국에게 IPR은 이중적이고 복합적인 의미를 가진 것이었다. 특히 1929년의 쿄오또회의가 만주문제에 대한 일본의 의견만을 일방적으로 반영했다는 인식이 확산되면서, 중국 국내에서는 1931년 중국의 항저우에서 열리기로 예정된 제4차 대회에 대한 반대 여론이 고조되었다.

IPR 제4차 대회에 대한 반대운동은 학생, 교사, 공산당원 등으로 조직된 뻬이핑(北平, 뻬이징)의 동방문제연구회(東方問題硏究會)나 난징(南京)의 아주문화협회(亞洲文化協會)가 중심이 되었다. 대회 개최에 협조하라는 난징정부의 훈령을 받기는 했지만 반대운동의 기운이 고조됨에 따라 항저우의 국민당 당부는 대회 개최를 반대하는 운동을 전개할 것을 결정하고, 항저우 신문기자공회, 항저우시농회 등이 반대결의를 선언함으로써 항저우의 국민당 당부 자체는 난징정부의 통제로부터 벗어나서 반대운동의 중핵에 서게 되는 상황을 맞았다(박일형 1931: 31~32; 片桐庸夫 1994: 9~11). 여기에 1931년 7월 만주에서 만보산사건이 발생하고 곧이어 9월에 만주사변이 발발하여 중·일관계가 악화됨에 따라 회의장소를 부득이 샹하이로 변경하지 않을 수 없었다.

그러나 IPR에 대한 이러한 반대에도 불구하고 중국 IPR은 미국과 일본과의 관계가 악화되고 상호대립하게 됨에 따라 IPR의 집중적인 관심과 지원을 받았다(전술). 이에 따라 동아시아에서 대표권문제로 가장 먼저 IPR에서 떨어져 나간 조선이나 중일전쟁 이후 미국과의 대립으로 IPR에서 철수한 일본과 달리 중국은 1945년의 종전에 이르기까지 IPR에서 활동을 계속할 수 있었다.

중국과 비슷하게 조선에서도 미국이 주도하는 IPR에 대한 일정한 기대가 있었다. 일찍이 제1차 대회에서부터 제기된 대표권문제조차도 이러한 기대를 저버리게 하지는 않았다. 이러한 점에서 『조선일보』는 IPR 제2차 대회를 앞두고 본격적으로 제기된 대표권문제에 대해 자격문제는 지엽적이며, 저명한 명사와 석학이 출석한 회의에서 토의되는 문제를 경청하고 음미할 필요가 있다고 주장했다[55]. 미국 내의 저명한 민간지식인들의 영향력을 통해서 어떠한 방식으로나마 식민지 상태를 개선할 수 있는 도움을 받기를 원했던 것이다.

그러나 이와 동시에 조선의 대표권문제를 둘러싸고 IPR에서 표출된 강대국 중심의 사고방식은 이러한 기대를 저버리기에 충분한 것이었다. 이러한 점에서 중국에서와 마찬가지로 조선에서도 IPR은 이중적이고 복합적인 의미를 지닌 어떤 것으로 인식될 수밖에 없었다. 위의 『조선일보』와 비슷한 시기에 『동아일보』는 사설을 통해 정치적 중립성의 표방에도 불구하고 IPR이 "태평양과 세계를 분할 지배"하려는 영·미·일 삼국에 의한 제네바회의의

---

55) 『조선일보』 1927년 6월 28일자 시론 「태평양회의 조선 대표가 독립한 자격으로서 출석하느냐의 문제」 참조

의 '정신적 군축회의'로 전락하고 있다고 강하게 비판했다.

　　지금 문제되는 이 회합은 저 삼국 군축회의와 어느 점에 있어서 공통되는
바 있다고 볼 수 있는 것이니 어디서나 영·미·일의 삼국이 문제되는 것은
사실이니 그들은 태평양을 분배하는 동시에 어떻게 세계를 의좋게 분배할까
하는 것을 제네바에 있어서나 호놀룰루에 있어서나 생각하고 계획하고 있는
것이라고 볼 수 있는 것이다. 호놀룰루의 회의는 정신적 군축회의가 됨이라고
하니 약소민족들은 그에 있어서 마취되지 아니할까? 용의주도한 바 있어야 할
것이다. 조선은 중국, 필리핀 등과 같이 항쟁하여야 할 것이다.[56]

　　이와 같이 IPR에서 조선문제를 둘러싼 미국과 영국의 태도에 대한 환멸
을 배경으로 국내 여론은 이들 열강의 행태를 강하게 비난했다. 1929년의
쿄오또회의에서 조선의 대표권문제가 좌절되는 것처럼 보였던 상황에서
『동아일보』는 "이는 곧 (IPR이—필자) 엄연한 현존의 사실을 무시하는 것으
로 태평양 연안 제민족의 이익은 고사하고 세계의 화원(禍源)을 조성하는 죄
악의 기관이 되거나 혹은 열강의 외교취임소인 제2국제연맹이 되고 말 것"
이라고 경고했다.[57] 이에 따라 위의 인용문에서 보듯이 서구열강에 대한 기
대 대신에 이들은 중국이나 필리핀과 같은 아시아의 식민지·반식민지 국가
들과의 연대에 오히려 치중할 것을 주장했다. 서구에 대한 환멸과 아시아에
대한 연대의식의 표명은 조선이 IPR의 대표자격을 완전히 상실한 1931년의
제4차 대회에서도 찾아볼 수 있다.[58]
　　IPR에 대한 국내에서의 비판 여론이 가속화된 것을 배경으로 쿄오또회의

---

56) 『동아일보』 1927년 6월 26일자 사설 「태평양문제연구회」.
57) 『동아일보』 1929년 11월 13일자 사설 「태평양회의의 경과를 보고: 회의의 기본정신과
　　사명」.
58) 제4차 대회에서 조선의 대표권문제에 국내 언론이 온통 관심을 기울인 와중에서도 『동아
　　일보』는 만주문제와 아울러 태평양 연안의 비독립 민족의 문제와 관련된 대회 의제에 관심
　　을 표명했다. 『동아일보』, 1931년 10월 31일자 참조.

를 앞둔 1929년 8월에 신간회는 IPR 조선지회 회원인 조병옥이 사회를 본 회의에서 IPR 회원들에게 "탈퇴 권고를 하고 출석한 회원에게는 경고"한다는 결의를 했다.[59] IPR에 대한 조선 대표들에 대한 비판적 의견은 이전에도 산발적으로 있었지만,[60] 이 시기에 이르러 식민지의 가장 대표적인 민족 단체가 IPR에의 참가 자체를 부정한 것이다. 이러한 상황에서 대표권문제만을 논의한다는 제한된 목적을 가지고 객원 자격으로 쿄오또의 IPR 제3차 대회에 참석했던 윤치호는 1931년의 제4차 대회를 앞두고 대표권문제가 다시 제기되자 다음같이 자신의 심경을 솔직하게 토로했다.

태평양문제연구회는 종주국 대표들이 상호불만을 토로하고 약소국들로부터 쟁취한 이권을 얼마나 오래 보유할 수 있을 것인가를 연구하는 일종의 민간차원의 국제연맹으로 전락했다. 조선인이 이번 회의(제4차 대회——필자)에서 뭘 할 수 있을까? 만일 이 회의석상에서 조선인이 많은 걸 얘기하면 일본인들이 그에게 덤벼들 것이다. 만일 그가 발언을 거의 하지 않는다면 조선인들이 그에게 욕설을 퍼부을 것이다. 우리가 태평양문제연구회에서 나오게 된 건 차라리 아주 잘 된 일이다.[61]

1931년의 샹하이/항저우 대회에서 조선인의 참가 좌절이 최종적으로 확

---

59) 『조선일보』 1929년 8월 26일자, 9월 1일자.
60) 1925년의 제1차 대회에 참가한 조선 대표들의 곤란한 상황을 IPR의 한 간부는 다음같이 적었다. "조선인들의 처지는 곤란하게 되었다. 그들은 그들이 귀국했을 때 받게 될 비난이 두려웠으며, 당시 하와이에 있었던 이승만은 자신의 민족주의 운동을 대변하지 않으면 그들을 암살하겠다고 위협"했다는 것이다. Condliffe 1981: 433~34 참조.
61) 윤치호 1988: 403; 김상태 2001: 284~85 참조. 제3절에서 말했듯이 귀국 이후 기자회견에서 윤치호가 대표권문제를 낙관적으로 전망한 것은 다분히 이러한 분위기를 의식했기 때문일 것이다. 아울러 그는 이 대회에서 일본 대표들에게 자신들은 일본그룹의 객원으로 초청되어왔으며, 자신들의 불만이나(만일 있다면) 원망(願望)을 외국그룹이 아니라 일본 지도자들에게 토로하겠다고 말하자 일본 대표들이 매우 흡족해했다는 일화를 소개하고 있다. 윤치호 1988: 244 참조.

인되면서 국내에서 그에 대한 실망의 정도와 비난의 목소리는 절정에 달했다. 일찍부터 이 대회에 반대의사를 표명해온 『조선일보』는 말할 것도 없고[62] 온건한 민족주의 논조를 유지했던 『동아일보』조차도 사설을 통해 "이미 제2차 대회 때에 본래 목적에 위배되는 차별적 회원권을 제정"했던 당시에 "조선지부는 탈퇴를 성명하고 그 내부에 잠재한 불순한 의식을 세간에 폭로했어야" 했다고 하면서, IPR의 태도는 "스스로 자기의 묘혈을 파는 것"으로 "차라리 자진 해체함이 가장 현명한 일"이라고 극언했다.[63]

사회주의자/공산주의자들과 그에 공감하는 입장에서는 주로 『혜성』이나 『비판』과 같은 잡지의 지면을 빌려 비판을 전개했다. 예컨대 박정길(朴貞吉)은 "종교가, 어용학자, 일부 정치브로커 들이 태평양 연안을 중심으로 모인" IPR은 '민족 브로커의 악희장(惡戲場)'이라고 비난했다. 왜냐하면 "민족개량주의자들이 이른바 약소민족문제와 같은 중요한 의안을 온정주의적으로 해결하려는 것이 이 회의 성립의 목적이며 기획"이기 때문이다. 따라서 프롤레타리아를 지배계급의 억압 아래 두려는 '제국주의 옹호기관'으로서의 태평양회의를 반대하는 것은 노동자 농민이 주도하지 않고는 불가능하다는 것이다(박정길 1931: 16~18).

김수봉(金秀峰) 역시 같은 『비판』지에 비슷한 내용의 글을 기고했다. 그는 먼저 IPR을 "태평양 연안의 보고(寶庫)의 분할, 재분할을 위한 측량기수 격의 선발대의 집합체"로 정의했다. 그에 따르면 IPR의 목적은 이들 "제국주의 부르주아지의 어용기술자, 학자, 정치부로커 등"이 "태평양 연안에 놓여 있는 상품시장과 자원지(資源地)에 대한 실제 재료를 측량"하고자 하는 것이다. 이러한 점에서 그는 조선의 "좌익 민족주의자들은 당연히 이를 반대해야 함

---

62) 『조선일보』, 1931년 6월 28일자 사설 「태평양회의 반대: 조선 제외의 악례」 참조.
63) 『동아일보』, 1931년 10월 16일자 사설 「태평양문제연구회에 寄함: 스스로 묘혈을 파지 마라」. IPR에 대한 극렬한 비판과는 대조적으로 이 사설은 조선인 참가자들이 신중하고 납득할 만한 처신을 했다고 평가하면서 이들을 변호했다.

에도 불구하고 무조건하고 국제적인 정치무대의 진출인 것에 유혹되어" 이에 대한 아무런 비판적 태도를 갖지 못한다고 비판했다(김수봉 1931: 2~7).

박일형(朴日馨)은 『혜성』에 기고한 글을 통해서 급진주의적 입장에서 가장 체계적인 비판을 시도했다(박일형 1931: 31~39). 먼저 그는 조선인의 대표권문제는 태평양을 중심으로 한 제국주의 열강의 세력 쟁탈전이 치열해지면서 민족들 사이의 분규와 알력이 격화된 것을 배경으로, "당초에 허여했던 식민지 민족 부르주아 대리인들의 참가권을 박탈하기까지 하는 단말마적 행동"이 표출된 것이라고 보았다. 그에 따르면 IPR은 "이른바 '여론의 제기'라는 도학자적 운무(雲霧) 속에 자신의 정체를 은폐"한 제국주의자의 대리인이 부르주아적 평화주의의 가면을 쓰고 약소민족과 프롤레타리아를 억압하기 위해 설립한 것이었다. 따라서 IPR에 대한 약소민족의 이해관계는 국제프롤레타리아의 그것과 완전히 일치한다는 점에서 약소민족은 국제프롤레타리아 계급투쟁의 근본노선과 밀접히 결부되어야 한다고 그는 주장했다. 이러한 점에서 그는 1929년 제3차 대회에서 신간회를 비롯한 국내의 반대운동이나 1931년의 제4차 대회에서 중국의 반대운동은 동일한 민족주의 계열에 속하는 것으로 비난했다. 따라서 이들처럼 약소민족의 발언권이나 민족단위의 참가를 주장하는 데 그쳐서는 안되며, 회의 자체를 근저에서 부정하는 차원의 운동이 되어야 한다고 보았다. 즉 그것은 단순히 회의에 대한 참가문제에 그치지 않고 "회의가 의존하고 있는 모체의 전복에까지 진출"해야 한다는 것이다.[64]

---

64) 조소앙(趙素昻)은 각국의 유력한 정치가와 전문가 들의 모임인 IPR회의가 각국의 중요한 여론을 집중 표현하고 있는 점에서 참가권에 대한 합리적 방법을 강구하고 이 회의를 통해 가능한 범위 내에서 조선에 대한 지식을 널리 알릴 필요가 있다는 이유에서 조선인의 참가를 역설한다. 박일형은 이러한 조소항의 의견을 신랄하게 비판한다. 즉 약소민족운동이 국제프롤레타리아운동에 의존한다는 사실을 무시하고 약소민족의 이름으로 이 회의를 예찬하는 것은 결국 제국주의자의 이익을 중시하고, 제국주의자에 대한 굴종과 무장해제로 이끈다는 점에서 '극악한 반동배의 발호(跋扈)'이자 '민족적 반동행위'라는 것이다.

마지막으로 『비판』은 '태평양회의 반대호'로 「태평양회의에 대한 제가(諸家)의 반대함성」이라는 특집기사를 10월호에 게재했다. 이 기사는 노총과 농총, 청총, 신간회, 근우회, 형평사, 천도교를 비롯한 사회단체와 언론계, 법조계 등 사회주의자와 일부 비타협 민족주의자들을 포함하는 각계 인사들의 반대 의견을 수록했다. 비록 표현의 차이는 있다 할지라도 전반적으로 이들 모두는 태평양회의에 대해 위의 잡지에 기고한 사회주의자/공산주의자들과 비슷한 인식을 공유했다. 이 시기 신간회 해소와 비합법운동으로의 전환을 배경으로 한 민족해방운동의 급진화 경향을 반영하여 식민지 민간시민·민족단체의 지도자들 모두는 한 목소리로 IPR을 비판했다. 다분히 폐쇄적이고 배타적인 분위기와 관념적이고 급진적 차원에서 당위적이고 상투적인 수사들로 가득 찬 이들의 언술이 비록 근본적인 차원에서 문제를 제기한 것인지는 몰라도 IPR에 참가한 일본·중국과 같은 동아시아 국가들이나 미국의 문제의식과 도저히 화해할 수 없는 것만은 분명해보였다.

제4장 아세아민족회의와 아세아연맹

　　앞장에서 살펴본 태평양문제연구회와 태평양회의에 대응하여 동아시아에
서 미국과 헤게모니를 다투고 있었던 일본 역시 아시아를 단위로 하는 국제
기구와 회의를 여러 차례에 걸쳐 조직했다. 이 장은 이들 회의 중에서 가장
대표적이라고 할 수 있는 1926년 7~8월 일본 나가사끼와 이듬해인 1927년
11월 중국 상하이에서 두차례에 걸쳐 개최된 아세아민족회의와 이 대회에서
결성된 아세아연맹을 주된 분석대상으로 한다.

　　동아시아에서 근대국가를 가장 일찍이 수립하고 제국주의 대열에 합류한
일본이 이 회의의 조직을 주도한 것은 1924년 5월 15일 미국의회 상·하양
원에서 가결된 이민법[1]에 포함된 인종차별조항이 직접적인 계기가 되었다.

---

1) 제안자의 이름을 따 리드 - 존슨법(Reed-Johnson Act)으로 알려진 이 법은 아시아인을 포
　함하는 '바람직하지 않은'(undesirable) 이민자들의 배제를 규정했는데, 그 대상이 주로 일본
　이라는 점에서 일본에서는 배일이민법으로 불렸다. 1965년의 이민법이 제정될 때까지
　1882년에 제정된 중국인배제법(Chinese Exclusion Act)과 함께 아시아 이민을 제한한 대표
　적인 법이라고 할 수 있다.

이 법안에 강한 굴욕감과 분노를 느낀 일본에서 그에 대한 반대여론이 비등하게 제기된 것을 배경으로 일본에서 아시아의 여러 민족/국가들과 연대해 서구에 대항하고자 하는 아시아주의적 요구가 강하게 대두된 것이다.

서구에 대한 동양 혹은 백인종에 대한 황인종의 인종적 단결에 호소했던 아시아주의는 서구의 제국주의적 침략에 의한 식민지/반식민지를 경험했던 아시아 민족/국가들이 호응할 수 있는 일정한 호소력을 가지고 있었다. 그러나 아시아주의의 이념과 당위는 일본이 동아시아에서 가지고 있었던 현실적 이해관계와 상충하고 모순되는 것이었다. 이러한 모순이 가장 직접적이고 우선적으로 표출된 식민지 조선의 경우는 논외로 하더라도 중국의 경우에도 일본이 제창한 아시아주의가 영국을 비롯한 서구제국주의와 대항하는 측면에서는 일정한 호소력을 가질 수 있었지만, 중국 침략이라는 제국주의 일본의 현실과 양립할 수 없는 것은 분명해 보였다.

아세아민족회의에 대한 분석은 제국주의 일본이 가지고 있었던 이러한 모순을 드러냄으로써 일본제국주의의 성격과 지향을 이해하는 데 도움이 될 것이다. 일본제국주의의 특수성은 특히 앞장에서 다룬 태평양회의와 태평양문제연구회와 비교해볼 때, 더 분명하게 부각될 수 있을 것이다. 이와 아울러 식민지 상태에 있던 조선을 비롯한 반식민지 중국과 같은 동아시아 국가들의 그에 대한 반응과 비판의 양상을 검토해보려고 한다.

아세아민족회의와 아세아연맹에 참가한 각국가/민족 대표들을 보면 일본의 경우 정우회라는 정당의 배경을 논외로 하더라도 정치인과 실업가, 학자, 언론인 등이 주로 참가했다. 이른바 시민단체라고 할 수 있는 여러 민간조직들에 관계했던 인물들이 다수였다고 하더라도, 회의를 주도한 것은 아무래도 정치인들이었다고 보아야 할 것이다. 민간단체에 속한 인물들도 이러저러한 형태로 정부·정당과 관계를 가지고 있었다. 중국의 경우에는 시정부나 성정부의 관계 인물들이 주도하면서, 학계와 언론계, 실업계 인사들이 참가했다는 점에서 일본에 못지않게 민간적 성격이 덜했다. 그밖의 나라/민족들의 경우는 대표라기보다는 일본이나 중국과 관계를 맺고 있었던 망명자나 '정치낭인' 혹은 조선의 경우는 직업적 친일분자와 같은 인물들이 주축을 이루었다.

전반적으로 보자면 이들 모두는 정부나 정계 인사들이거나, 그렇지 않으면 관변적 성격이 강한 인물들이었다. 이 점은 비슷한 시기 미국이 주도한 태평양회의와 태평양문제연구회에 참여한 일본이나 중국 대표들과 비교할 때 일정한 대조를 이룬다. 비록 일정한 한계는 있다 하더라도 태평양문제연구회에 참가한 지식인들이 적어도 외형적으로는 국가에 대한 자립적 가치와 개인의 인격에 바탕을 둔 시민사회의 지향이 강했던 것과 대조적으로 일본이 주도한 아세아민족회의의 경우에는 상대적으로 개인이 국가의 요구를 직접적으로 반영하는 정부기구와 같은 성격을 보였던 것이다.

이러한 점에서 아세아민족회의가 비록 민간의 주도에 의한 비정부기구의 성격을 표방했다고 하더라도 실제로 회의를 지배한 것은 강력한 국가주의/민족주의 성향이었다. 문제는 이러한 국가중심의 생각이 비단 회의에 직접 관계한 인물들뿐만 아니라 사회 일반의 분위기를 반영하고 있다는 사실일 것이다. 『오오사까 매일신문』이 "아세아연맹을 조직할 것은 민간의 정치기관에 의해 대표되는 회의가 아니라 정부여야 한다"고 주장한 사실, 혹은 아시아민족회의가 "일부에 국한되는 한은 하나의 연구회에 지나지 않을 것"이라고 부정적인 어조의 사설을 게재했던 것은[2] 이러한 지향을 단적으로 보이는 것이었다. 적어도 일본의 여론은 개인의 참여나 민간의 자율보다는 국가의 관여나 정부의 주도에 훨씬 더 강한 신뢰를 표명한 것이다.

---

[2] 비슷한 맥락에서 『야마또신문』이 아세아민족회의는 "비공식적인 유지의 회동에 지나지 않는다"고 폄하한 것 역시 국가주의 사상의 일단을 드러낸 것으로 보아야 할 것이다. 내무성 경보국 1926: 110; 水野直樹 1996: 520 참조. 앞서 1924년 아세아연맹의 결성과 비슷하게 조직 결성을 둘러싼 정우회와 헌정회의 대립이 여기에 반영되어 있을 가능성도 배제할 수는 없는 것으로 보인다.

다음으로 아세아민족회의는 아시아주의로 일컬을 수 있는 이념이나 사상의 기반에 의해 추동되었다. 아세아민족회의는 일본에서 아시아주의자들이 주도했으며,[3] 회의에 대한 일본 언론의 논조도 대부분 아시아주의의 입장을 고수했다. 이들은 서구 대 아시아, 백인 대 유색인종이라는 도식에서 아시아를 인식하고 아시아의 동일성과 공통성을 자명한 것으로 전제했다. 태평양 문제연구회에 참가한 대다수 지식인들이 서구와 근대를 지향했던 것과 대조적으로 아세아민족회의의 관계자들은 상대적으로 아시아와 전통을 강조했다. 아시아에만 특권적 지위를 부여하는 이 이론의 편협한 특수주의의 한계가 자명함에도 불구하고 다음의 신문 사설에서 보듯이 그것은 일본은 말할 것도 없고 조선이나 중국을 비롯한 아시아의 다른 국가/민족들에도 일정한 호소력을 가지고 있었다.

황색인종, 또는 일반 유색인종의 대동단결을 절규하여 저 백인의 횡포에 대항하려는 기세를 보이는 것은 이론으로서 당연할 뿐 아니라 일반 유색인종의 자위를 위해 반드시 취하지 않을 수 없는 최후의 활로이다. 그러나 이와 같이 기운이 아직도 촉진치 못한 것은 무슨 까닭인가 하면 물론 일반 유색인종의 자각이 부족한 것이 그 큰 원인이어니와 적어도 아세아의 전국면에 있어서는 일본이 취한 제국주의적 침략주의가 이상의 기운을 저해한 것이다. 이 점에 있어 일본은 아세아 전민족의 죄인이다.[4]

그러나 아시아주의의 이상과 실제 사이에는 치명적인 분열과 모순이 있었

---

3) 이와 관련하여 1926년 8월 4일자의 러시아 『에에호』는 논평을 통해 일본이 내세운 아시아주의와 서구를 포함한 국제주의 사이의 모순을 다음같이 지적했다. 즉 아시아주의를 내세우며 아세아민족회의를 주도한 "일본은 국제연맹에 가입하여 상임이사이므로 아세아연맹은 당연 국제연맹의 부속물로 되며 따라서 범아세아주의는 연기와 같이 흩어"진다는 것이다. 내무성 경보국 1926: 109 참조.
4) 『동아일보』 1924년 5월 2일자 사설 「사이비적인 아세아연맹론」; 정진석 편 1998: 84~85.

다. 일본은 아시아주의를 표방하면서 아시아의 부흥을 위해서는 아시아민족이 단결해야 하고, 일본이 그 중심역할을 해야 한다고 주장했다. 이에 대해 조선과 중국을 비롯하여 제국주의의 억압 아래 있던 국가/민족들은 아시아의 동일성과 단결을 위해서는 일본이 서구를 모방한 제국주의 정책을 포기해야 하며, 아시아의 맹주를 주장하는 것은 제국주의 침략을 위한 것이라고 보았다. 위의 사설에서 제국주의 침략의 길로 나선 일본을 '아시아 전민족의 죄인'으로 단죄한 것은 이러한 인식을 단적으로 보이는 것이다. 이들 피압박 민족/국가들에게 아시아는 하나라기보다는 제국주의 대 피압박민족으로 분열된 것이었으며, 이후의 역사적 경험은 이를 입증했다.

아시아주의의 이상과 현실 사이의 이러한 괴리는 한편으로는 제국주의 일본에 대한 피압박 아시아의 민족/국가들의 불신을 심화시켰으며 다른 한편에서는 조선과 중국을 비롯한 아시아의 피압박민족들 사이의 상호연대를 위한 노력을 촉진했다. 후자와 관련해서는 일본의 언론이 조선·중국에서 아세아민족회의에 대한 비판에 관심을 거의 보이지 않은 것과 대조적으로 중국과 조선에서는 상호의 의견과 정보 교환이 활발하게 이루어져, 중국의 동향이 조선신문에 보도되고 거꾸로 조선의 움직임이 중국신문에서 언급되는 양상을 보였다(水野直樹 1996: 544).

피압박민족/국가들 내부에서 상호이해와 연대를 위한 시도들이 두드러지게 나타난 것과 대조적으로 일본과 다른 아시아 민족/국가들 사이에는 상호불신과 대립관계가 조성되었다. 일본에서 아세아민족회의에 관계한 인물들은 말할 것도 없고 일반 대중의 차원에서조차 조선이나 중국에서 전개된 반제운동에 대해서는 거의 관심이 없었으며, 설령 있었다 하더라도 그것을 독단이나 망언의 차원에 지나지 않는 것으로 인식했다. 조선이나 중국은 아시아에 대한 일본의 제안에 대해 제국주의 침략이라는 관점에서 이해하고 그에 반대·항의했다. 이러한 상호불신과 대립관계는 1945년 이후 일본의 패전과 아시아 민족들의 해방 이후에도 일정한 형태로 지속되었다.

이 주제에 대한 연구는 일본에서 소수의 연구를 제외하고는[5] 거의 찾아볼 수 없다. 선행연구가 거의 없는 상태에서 이들 소수의 선행연구들과 일제의 관변자료를 통해서[6] 아세아민족회의의 구성과 성격 및 회의의 경과와 쟁점, 그리고 이에 대한 식민지 조선을 비롯한 태평양의 여러 민족/국가들의 반응 양상과 비판을 검토해보고자 한다.

1. 회의의 구성과 성격

1926년 7~8월 일본 나가사끼에서 개최된 제1회 아세아민족회의의 주최자는 일본의 전아세아협회(全亞細亞協會)와 중국의 아세아민족동맹의 두 단체였다. 일본 쪽 주최자인 전아세아협회는 1924년 7월 미국에서 배일이민법의 시행을 전후하여 일본에서 대미대결론 혹은 구미·아시아 대결론이 제기된 상황을 배경으로 정우회(政友會) 간사장인 이와사끼 이사오(岩崎勳) 등이 발기하여 귀족, 중의원 양원 의원과 실업가, 학자, 신문기자 등 약 150여명이 참석한 가운데 설립되었다. "지상의 모든 인종은 평등한 지위에서 자유로운 발달을 함으로써 세계의 진운에 기여하고 인류의 존영에 노력"한다는 점에서 "아시아민족 중의 선진국인 일본을 중심으로 아시아인의 각성을 촉구"하며, "장래 오려고 하는 인종적 화란을 미연에 방지"한다는 설립 취지에서

---

5) Goodman 1973; 水野直樹 1996. 전자는 1926년의 제1차 대회를 중심으로 한 것으로, 이 회의를 둘러싼 조선과 중국의 대응에 대해서는 거의 언급하지 않는다. 후자는 양 대회를 둘러싸고 일본과 조선, 중국에서의 반응을 중심으로 아시아 인식의 단면을 검토한 것이다. 後藤乾一 1986의 제3장은 이 회의의 동향을 언급하고 있으며, 최근의 연구(河西晃祐 2010)는 한 장을 할애하여 이 회의에 대한 외무성의 인식과 대응을 검토하고 있다.
6) 제1~2차 아세아민족회의에 대해 일본 내무성 경보국은 상세한 정보 보고를 작성하여 특비(特秘)로 분류, 관리했다. 이 자료는 『외사경찰보(外事警察報)』 제8권과 제9권(東京: 不二出版 1987)에 수록되어 있다.

보듯이 서구에 대한 아시아인의 단결을 주장하는 아시아주의의 흐름에서 조직된 단체였다(水野直樹 1996: 510~11; 河西晃祐 2010: 73).

일본의 보수정당인 정우회에서 발기한 만큼 중국에서는 이 협회가 당시 정우회 총재였던 타나까 기이찌(田中義一)나 아시아주의자로 타이완의 식민지 운영에 깊이 관여한 고또오 신뻬이(後藤新平)[7] 등이 주도한 것으로 보았다.[8] 중국의 『시사신보(時事新報)』가 논평했듯이 협회의 조직이 궁극적으로는 일본정부에 도움이 된다고 할지라도 협회의 결성을 주도한 정당관계자들과 일본정부 사이에는 미묘한 갈등이 있던 것으로 추정된다. 이와 관련해서는 일본 외무성이 회의의 개최에 비협력적 태도를 보였다는 일본 신문의 보도,[9] 혹은 회의에 대한 일본정부의 단속이 엄중했다는 점에서 일본정부가 관여하지 않았다는 러시아의 신문보도[10]가 주목된다.

나아가서 배일이민법으로 표출된 미국의 차별 대우에 분노하는 민간의 여론과 이른바 워싱턴체제 아래에서 영·미에 대한 협조라는 유화노선을 기본으로 한 일본정부의 입장 사이에도 미묘한 갈등관계가 있었다. 일본에서 발간된 몇몇 신문들이 아세아민족대회에 대한 일본정부의 자세가 구미열강과

---

7) 전자는 군인출신으로 1925년에 예편하여 정우회 총재가 되었으며 1927년 수상에 취임하여 중국에 대한 강경 외교를 주도했다. 후자는 1898년 타이완 민정장관을 거쳐 1906년 남만주철도주식회사총재, 1916년 내무대신에서 곧이어 외무대신이 되었다. 동양협회회장으로 이른바 대아시아주의에 기초한 식민정책을 주도했다. 黑龍會 編 1966: 264~66; 555~56 참조.

8) 예컨대 『시사신보』는 「시론」에서 일본 측의 전아세아협회에는 고또오 신뻬이 등이 관여하고 있고 일본의 정부·군벌을 이롭게 함에 지나지 않는다고 주장했으며, 샹하이 각로상계연합회(上海各路商界總聯合會)는 아세아민족회의에 대한 비판에서 이 두사람이 협회를 발기한 것은 명확하다고 단정했다. 水野直樹 1996: 535; 내무성 경보국 1928: 73 참조.

9) 7월 17일의 『코오베 우신일보(神戶又新日報)』는 "아세아민족회의에 외무성의 압박"을 가하는 "상당히 과격한 의론이 있었던 것 같다"고 보도했다. 이에 대해 미즈노 나오끼(水野直樹 1996: 512~13)는 실제로 압박이 있었는지의 여부는 불명확하지만 협조적이지 않은 것은 확실하다고 보았다.

10) 하얼삔에서 발행하는 『노보스타나 지즈니』의 보도로 내무성 경보국 1926: 109 참조.

의 관계가 악화할 것을 우려한 '비상식'적이고 '대인답지 않은 태도' '웃음 거리(噴飯事)'라고 비판한 것은 이러한 맥락에서 이해된다(水野直樹 1996: 521).

이른바 국제협조체제의 이 시기에 미국이민문제를 둘러싼 일본정부(특히 외무성)의 위구심에서 표출된 '배일이민법' 문제에서 나아가 이 대회 개최에 는 또다른 의도가 있었다. 그것은 중국과의 경제 제휴를 통한 중국에 대한 유화정책의 실현이었다. 일찍이 헌정회의 카또오 타까아끼(加藤高明)가 주 도한 21개조 요구안에 대신하여 정우회 계열에서는 중국에 대한 유화적 접 근을 시도했으며, 이 대회는 이러한 정책의 변화를 민간차원에서 실현하고 자 한 것이다.[11] 이 회의의 목적이 전아시아 민족의 융화연맹, 아시아 문명 의 부흥과 함께 "전아시아의 자원을 개발하여 전아시아 민족의 경제적 융화 향상을 꾀한다"고 한 것은 이러한 의도를 반영한 것이다[12]

마치 1930년대의 왕 징웨이(汪精衛)정권이 그러했듯이 중국의 아세아민족 대동맹이 이 대회에 호응한 것은 이 사실과 무관하지 않다. 이와 아울러 중 국의 이 단체가 일본이 주도한 이 회의의 개최에 응한 것은 중국에서 5·30 운동이 전국으로 확산되면서 반영(反英) 기운이 고조된 사실을 배경으로 일 본과 제휴하여 반영운동을 고조하고자 하는 의도도 있었다(같은 책 511~12). 중국의 아세아민족대동맹은 1925년 8월 3일 뻬이징에 거주하는 중국인, 인 도인, 일본인, 조선인 등이 참가하여[13] "아시아의 각민족이 연합하여 세계

---

11) '일지제휴(日支提携)'라는 이 목표는 1930년대 코노에내각에 의한 이른바 동아신질서 선 언에서의 중국에 대한 유화책을 연상하게 하는 것으로 이 시기 강경-유화의 양상이 30년 대에 되풀이되는 것은 흥미롭다.

12) 이는 이 대회를 주도한 이마사또 준따로오(今里準太郎)가 전아세아협회의 기관지인 『ア ジア』 1930년 4월호에 기고한 「全亞細亞民族會議の使命」이라는 논문에서 표명된 것이 다(河西晃祐 2010: 69).

13) 조선인의 참가에 대해 미즈노 나오끼(1996: 511)는 "조선인은 일본인에 대한 불신으로 참가하지 않았기 때문에 중국인이 중심이 되었다"고 하는데, 『동아일보』 1925년 8월 13일 자는 이 회의에 참석한 조선인 김홍선(金弘善)이 "대회 벽두에 그 자리에 참석한 일본사람

의 제국주의에 반항"할 것을 목적으로 조직한 것이라고 한다. 중국에서 배외운동이 일어난 뒤로 아세아 약소민족은 연합하여 대동단결의 기치를 들어야 한다는 각성을 배경으로 조직된 것인데, 더이상의 자세한 내용은 알려져 있지 않다.[14]

마지막으로 이 대회가 성립된 배경으로는 아시아연대를 명분으로 일본의 이해를 관철하고자 하는 일본의 자민족 중심주의에 대한 아시아 내부의 반발과 도전이라는 사실을 고려해야 한다. 맺음말에서 언급하듯이 이 시기 인도 의회에서는 동아시아 국가들의 독립을 추구하고자 하는 아시아연방(Asian federation)이 제안되었으며, 식민지 조선의 언론과 지식인들은 이러한 움직임에 민감하게 반응했다. 『동아일보』는 1923년 이래 사설 형식의 논평들을 통해 인도에서의 이러한 움직임에 대한 지지를 표명했으며, 그 연장에서 해상세력인 일본을 배제한 동아시아 내륙국가들의 연합에 의한 동륙연맹(東陸聯盟)의 결성을 제창했다. 동아시아연대에서 일본을 배제한 새로운 제안들이 대두되는 다른 한편으로는 조선과 중국 등지에서 일본이 주도한 아세아연맹에 대한 격렬한 비판이 제기되었다. 식민지 조선과 아시아 국가들에서의 이러한 비판과 대안조직의 움직임을 배경으로 일본은 선제적 방식으로 아시아연대에 대한 주도권을 과시하면서 그에 대응하고자 했다.

이 시기에 중국을 등에 업고 일본이 주도하여 아세아민족회의 결성을 추진한 것은 이러한 이유와 배경들로 설명될 수 있다. 그러나 일본이 중국으로부터 회의의 개최에 대한 합의를 끌어냈다고는 하더라도 이후의 준비

에게 동회의 종지(宗旨)에 공명 여부를 물어 동감의 뜻을 들은 후 의사를 진행"했다고 보도했다.

14) 일본 경시청의 비밀 보고에 따르면 이마사또 준따로오는 이 대회를 조직하기 위해 그 전해인 1925년 7월에 일본을 떠나 뻬이징, 샹하이 등에서 머물면서 "똰 치루이(段祺瑞), 펑위샹(憑玉祥) 등과 회견하고 또 린 창민(林長民)을 수뇌로 하는 아세아민족연맹과 전아세아민족회의 개최"를 협정한 이후 12월 6일 다시 중국에 가서 따롄 등에서 머물렀다(河西晃祐 2010: 69).

과정이 순조롭게 진행된 것은 아니었다. 일본에서는 이사회 내부의 사정과 더불어 구미제국과의 관계 악화나 조선·타이완의 독립문제가 제기될 것을 우려한 헌정회 계열의 대의사가 참석을 취소함에 따라 회의 규모가 축소되었다(같은 책 512). 이에 따라 준비위원회와 본회의의 일자 또한 연기되었다. 개최 장소도 원래는 샹하이로 잡혀 있었는데 샹하이와 같이 각국이 자유롭게 권력을 행사할 수 있는 장소에서는 어렵게 모인 참가국 사람들이 의외의 압박을 받을 우려가 있다는 점에서 회의 장소를 일본의 나가사끼로 변경했다.15)

이처럼 우여곡절을 거쳐 개최된 제1회 아세아민족회의는 1926년 7월 15일부터 8월 3일까지의 거의 20일에 걸쳐 진행되었다. 회의는 일본의 전아세아협회 이사이자 대의사인 이마사또 준따로오가 주도했다. 회의에는 일본인 14명, 조선인 2명, 중국인 12명, 인도인 7명, 필리핀 1명의 모두 36명이 정식대표라는 이름으로 참가했다.16) 그러나 각국의 대표자들은 해당국가에서 정식으로 추천을 받았다기보다는 단순히 특정단체나 개인 스스로 대표로 칭하는 경우가 많았다. 이에 따라 중국의 경우에도 그러했지만, 후술하듯이 조선의 경우에도 이들 '대표'들에 대한 비판이 제기된 것이다.

제2차 대회는 1927년 11월 중국 샹하이에서 개최되었다.17) 일본에서는

---

15) 특히 인도, 베트남과 같은 아시아의 피압박민족에서 이러한 우려가 컸다. 내무성 경보국 1926: 105 참조.

16) 인도는 아프가니스탄 대표를 포함한 수치이다. 미즈노 나오끼(1996: 514)는 일본인이 이보다 2명이 적은 12명으로 모두 34명이며, 중국인에는 베트남인 1명이 포함되었다고 하는데, 카와니시 코스께(河西晃祐 2010: 70, 74)는 첫날에는 방청객을 포함하여 130여명의 호황을 이루었지만 이튿날에는 "전부 비밀회의로 하여 일반의 방청을 금지하기로 결의"되었기 때문에 20여명에도 미치지 않는 소수가 참가했다고 한다.

17) 대회 장소로 한때 뻬이징이 거론되기도 했지만 중국의 반발로 샹하이로 결정되었다. 미즈노 나오끼(1996: 514)는 대회 장소가 바뀐 이유로 "회의 주최자가 국공합작 붕괴 후의 중국국민당에 어떠한 지원을 바란 것이 아닌가라고 생각"된다고 했지만, 뻬이징이 일본의 영향 아래 있었다는 점이 더 크게 작용한 것으로 보인다. 중국국민당 샹하이 특별시당부의

이마사또 준따로오를 비롯하여 16명이 참석했으며, 중국은 당초 13명이 참석하기로 예정되어 있었는데, 회의 때마다 바뀌가면서 11명이 더하여 연인원 24명이 참가했다. 이밖에 인도에서는 상하이에 체류하고 있었던 5명이, 아프가니스탄에서는 라자 마헨드라 프라탑(Raja Mahendra Pratap)의 1인이 참가했다.[18]

일본 대표의 구성을 보면 1930년대에 아시아협회를 주관하는 나까따니 타께요(中谷武世)[19]와 전아세아협회 및 범아세아청년연맹, 극동연맹협회의

선언에서 "아세아연맹의 소위 최고위원회의 설치 장소는 상하이도 아니고 난징도 아니고 오히려 만악(萬惡)군벌 장 쭤린(張作霖)의 근거지인 뻬이징에 있다. 이는 목하 뻬이징이 완전히 일본제국주의자의 보호 아래 있는 까닭이다. 이와 같이 하면 이들은 일체의 강제 조종의 수단을 자유자재로 운용할 수 있다"고 비판한 것은 이러한 사실을 입증하는 것이다. 내무성 경보국 1928: 72 참조.

18) 아프가니스탄의 대표로 참석했지만 그는 원래 인도인으로 1915년 카불에 독립인도 임시정부를 수립한 인물이다. 인도 독립을 위해 해외에서 활동하면서 제1차 세계대전이 발발할 무렵 유럽에 있었지만 그후 아프가니스탄으로 옮겨 아프가니스탄 국적을 얻었다. 일본이나 동남아시아, 중국, 몽골, 티베트 등지에서 모집한 의용군으로 아시아군을 조직해 그 힘으로 인도를 해방시키기 위해 활동하던 그는 네루로부터 "공중누각을 지으려 하고 있다"는 평가를 받은 몽상가이자 현실을 떠난 이상주의자였다. 내무성 경보국 1926: 43~44; Lebra 1971; Nair 1986: 96~98; 위키피디아의 해당항목(http://en.wikipedia.org/wiki/Mahendra_Pratap, 2011년 1월 5일 접속) 참조. 미즈노 나오끼(1996: 514)는 인도 대표로 라스 비하리 보스(Ras Bihari Bos)가 참석했다고 하는데, 내무성 경보국 자료의 명단에 나와 있는 5명의 인도 대표에는 이름이 보이지 않는다.

19) 토오꾜오대학 출신으로 1924년 4월에 창립된 행지사(行地社)와 키따 카즈떼루(北一輝)의 유존사(猶存社) 등에서 활동하다가 1927년 전일본흥국동지회를 창립하여 기관지로 『일본주의운동』을 발행하면서 특히 노동자·농민운동의 일본주의화에 노력했다. 1930년대에 들어와 그는 대아세아협회를 결성하는 데 주도적 역할을 했으며(후술), 1934~35년에 다른 우익단체들과 함께 국가개조청원운동을 전개했다. 1940년 이후에는 중국에서 민족협화주의에 입각하여 동아연맹의 결성을 주장한 왕 징웨이 등에 반대하는 운동을 전개했다. 동아연맹이 "일본인의 신도오(臣道)를 무시하고 대동아에서 (일본의) 지도적인 입장을 망각하여 황국의 세계사적 입장을 알지 못"한다고 비판하면서, 이에 대항한다는 문제의식에서 대아세아협회는 흥아동맹을 결성하는 등의 활동을 했다. 近代日本社會運動史人物大事典 編輯委員會 1997: 667~68; 橋川文三 1977: 293~94; 山室信一 2005: 66 참조.

관계자들, 언론계 인사들, 해운업자, 승려(日蓮宗蒙古特命開敎師) 등이 참석했다. 자료에 의하면 일본 대표는 서로 잘 아는 사이라기보다는 정치운동이나 호기심, 단순히 연구하려는 마음 등으로 참여의 동기가 다양했다.[20] 회의에서 중심 역할을 한 사람은 주최자인 이마사또와 새로 참석한 나까따니 정도의 2~3명에 그치고 나머지는 이름만 출석했는데, 그나마 나까따니는 본 회의를 성립시키지 않는 것이 좋다고 생각했고, 이에 대해 이마사또는 형식적으로라도 회의를 성립시킬 것을 극력 주장하여 의견이 대립되었다(내무성 경보국 1928: 64).

중국에서는 범아세아민족연맹, 세계학회 관계자들, 언론계, 대학 인사들과 아울러 일본과는 달리 샹하이시나 저장성(浙江省) 관계자들이 다수 참석했다. 위에서 언급한 외무성 보고는 준비 단계에서 이마사또가 중국에서 똰 치 루이, 핑 위샹 등과 협약을 맺었다고 하는데, 내무성 자료에서는 이들의 이름이 보이지 않고 황 꿍쑤(黃攻素)와 아울러 스 잉(石英, 兵工廠主席委員), 우 샨(吳山, 中華全國道路建設協會總幹事) 등이 중심인물로 보고되고 있다. 중국 대표의 내부에서는 일본에 대한 입장이나 이념적 지향에서 차이가 있었는데, 예컨대 연맹 창립부터 대회를 주도했던 황 꿍쑤와 우 샨, 스 잉 등은 같은 국민당원이지만, 일제 자료에 의하면 우 샨은 '유명한 배일가(排日家)'였던 반면에 스 잉은 '비교적 주의 온건'하다는 평가를 받았다(같은 책 44~45, 64). 우 샨은 여운형, 김규식 등이 참가해 1921년 5월 샹하이에서 조직한 중한국민호조사총사(中韓國民互助社總社)의 정이사장으로도 활동했으며,[21] 1932년 11월 14일 중한민중대동맹(中韓民衆大同盟)이 결성될 당시에는 중

---

20) 따라서 회의에 대비하여 미리서부터 연구해온 경우가 적고, 서로 기맥을 통해 회의의 수행에 노력하는 일치단결을 결여하여 의견이 구구했다고 한다. 내무성 경보국 1928: 63.
21) 3·1운동과 5·4운동 이후 일본제국주의에 대항하기 위한 한·중 인민의 연대조직이 중한국민호조사(中韓國民互助社, Sino-Korean Mutual Aid Society)라는 이름으로 중국 각지에서 출현했다. 전국을 총괄하는 조직으로 설립된 샹하이의 이 조직에서 김규식은 부이사장을, 여운형은 교제과(交際科) 책임을 맡았다. 孫安石 1996: 20; 배경한 1996: 83~84 참조

국쪽의 중화민중자위대동맹의 대표자의 한사람으로 참여하기도 했다(한상도 1995: 69).

2. 회의의 경과와 쟁점

아세아민족회의는 준비위원회에서 본 회의 일정과 의사를 결정하고 회의 잠정 규약을 정한 다음 본 회의를 개최하는 방식으로 진행되었다. 그러나 본 회의 이전의 준비위원회 단계에서 중국과 일본 사이의 첨예한 의견 대립은 대회의 난항을 예고했다. 회의의 최대의 문제는 이른바 중국에 대한 일본의 21개조 요구안이었다.[22] 중국 대표단이 21개조 요구안의 철폐에 관한 제의를 승인할 것을 요구하자 일본은 이에 강하게 반발했다. 중국은 자신의 제의가 승인되지 않으면 회의에서 탈퇴하겠다고 언명했으며, 일본 정우본당계의 대의사 13인은 중국이 요구를 취소하지 않으면 회의에 출석하지 않는다고 퇴장했다(내무성 경보국 1926: 106; 水野直樹 1996: 513). 이러한 대립상태에서 인도 대표인 보스가 개입하여 중국과 일본 사이의 "불평등조약은 전아시아 민족단결에 장해가 되므로 상호성의를 가지고 취소하도록 노력한다"는 요지의 결의문을 발표하는 것으로 조정이 되어[23] 본 회의가 열리게 되었다.[24]

---

22) 제1차 세계대전으로 유럽열강이 동아시아에 신경쓸 여유가 없는 기회를 이용하여 일본은 1915년 독일 조차지 자오저우만(膠州灣)을 점령하고 산둥성의 독일 이권을 접수한 뒤, 중국정부에 21개조를 요구했다. 대전이 끝나고 빠리에서 평화회의를 연 전승국들은 형식적으로나마 동맹의 일원이었던 중국을 무시하고 일본의 요구를 승인했으며, 이에 반대하는 뻬이징의 시위는 텐진(天津)·상하이·난징 등 주요 도시로 파급되면서 반일운동을 고조시켰다.

23) 카와니시 코스께(2010: 73~74)는 결국은 일본이 양보하여 "현재 중일간에 존재하는 불평등조약은 모름지기 아세아민족의 공존공영의 목적을 위해 상호성의를 가지고 취소하기에 노력한다"는 결의문을 대회 시작에서 발표하지 않을 수 없었다고 한다.

24) 『동아일보』 1926년 7월 17일자의 보도에 의하면 일본에 대해 중국은 ① 아주(亞洲) 피

8월 1일 기독교청년회관에서 개최된 본 회의에서 각나라/민족 대표는 자국어로 연설을 했다. 이와 아울러 전아세아연맹을 결성할 것을 결정하고 잠정 규약을 발표했다.[25] 연맹의 이사로는 일본에서 이마사또와 오오까와 슈메이(大川周明), 중국에서 황 꿍쑤, 린 껑위(林耕餘), 인도의 보스 등의 8명이 지명·선출되었다.[26] 둘째 날의 회의는 신문기자 및 경찰관을 제외한 일반의 방청을 금지한 상황에서 각국 대표 위원 15명이 참가한 가운데 특별위원회를 개최하고 아래의 안건들을 논의했다.

1) 아시아 통신기관 설치
2) 아시아 횡단철도 건설
3) 아시아회관 건설
4) 금융기관 설치
5) 아시아흥업기관 설치
6) 전아시아 민족공통어 연구
7) 인종평등안 통과 협력
8) 중일친선의 저해는 양국간의 오해에서 오는 사실에 비추어 전아시아연맹에 연구기관의 설치
9) 아시아대학 창설

압박민족을 부조할 일 ② 호상간의 불평등조약을 폐제(廢除)하여 전아주의 영구화평을 유지할 일 ③ 전아주에 각각 흩어져 있는 거류민은 호상평등으로 대우할 일 ④ 일본이 자동적으로 대거의 일체 불평약조를 취소할 일 등의 4조항을 제안했지만, 통과될 희망은 거의 없는 것으로 전망했다고 한다.

25) 연맹의 목적은 "평등의 정의를 기초로 하는 항구적 세계평화를 실현하고 이에 국제적 인종적 및 종교적 차별을 불식하는 동인종의 자유와 행복을 확보"하는 것이었으며(제1조), 이러한 목적을 달성하기 위해 "① 아시아의 정신적 및 물질적 문화의 부흥 ② 국제간에 현존하는 불평등조약의 철폐 및 각민간의 차별대우 철폐 ③ 문화적, 경제적 및 정치적 방면에서 아시아 민족의 제휴 ④ 아시아 생산품의 사용 및 아시아 각국의 산업 장려"를 실현하기에 노력할 것(제2조)을 선언했다. 내무성 경보국 1926: 107 참조

26) 이사의 선출은 회의의 마지막 날인 8월 3일에 있었다.

10) 일본의 지나인 노동자 입국 취체령 취소.
11) 전아시아 민족을 표징(標徵)하는 기 및 마크의 제정[27]

제1항부터 8항까지는 일본이, 9항과 10항은 중국이, 그리고 마지막의 11항은 중국과 일본이 공동으로 제안한 것인데, 일본은 아시아통신기관설치나 횡단철도의 건설, 금융기관과 흥업기관의 설립과 같이 주로 경제적인 측면에 관심을 보였다. 일본의 이러한 제안은 일본제국주의 침략의 공세라는 중국의 의구심을 강화하는 것이었다. 제7항의 인종평등안은 미국의 이른바 배일법안에 대한 아시아 공동의 대응이라는 모양새를 갖추어 이 법안에 대한 일본의 비판을 강화하고자 하는 정치적 의도를 반영한 것이었다. 명분상으로는 인종의 평등을 내걸었다 하더라도 그것은 실제로 백인종에 대한 황인종의 단결을 주장하는 배타성을 내포했다. 이러한 점에서 대회의 3일째에 인도 대표 보스가 긴급동의의 형식으로 "연맹의 목적에 찬성하고 또 그것을 달성하는 데 조력하는 백색인과 제휴"하자는 안건을 제출한 것은 이와는 다른 흐름이라는 점에서 주목된다.[28]

---

27) 이중에서 5항만 유보되고 나머지는 모든 통과·가결되었다고 하는데(내무성 경보국 1926: 108), 미즈노 나오끼(1996: 513)에 따르면 제2항의 아시아횡단철도건설과 4항의 금융기관설치 및 제5항의 아시아흥업기관 설치에 대한 결의안이 유보 내지는 특별위원회로 넘겨졌다고 한다. 카와니시 코스께(2010: 74)도 제5항이 중국의 반대로 결정을 보지 못했다고 지적한다.
28) 내무성 경보국, 제50호, 108쪽 참조. 인도에서 명망 높은 혁명가로서 보스는 간디와 대조적으로 테러행위에 호소한 대중적 폭동의 방식을 선호했다. 그는 '니사카마 카르마', 즉 보수에 대한 집착이나 욕망을 버린 무집착의 업이라는 교의에 입각한 양심에 따른 행동을 주장했다. 1915년 6월 일본에 망명한 그는 당시 수상인 오오꾸마 시게노부(大隈重信)나 현양사(玄洋社)의 토오야마 미찌루(頭山滿) 등과 친교를 유지하면서 인도의 독립을 위해 노력했다. Lebra 1971; Nair 1986: 제8장; 위키피디아의 해당항목(http://en.wikipedia.org/wiki/Rash_Behari_Bose, 2011년 1월 5일 접속) 참조. 내무성 보고와는 달리 카와니시 코스께(2010: 69~70)는 일본정부의 입장을 의식하여 구미에 대한 유화적 태도를 애써 표명한 이마사또와 "구미에 대한 증오와 반항심을 전면으로 내걸고 나아가려는" 보스의 입장을 대조적으로

중국은 대회 시작단계에서 21개조 철폐 요구를 어떠한 형태로든지 반영했을 뿐만 아니라 '경제 협력'과 관련된 위의 안건들의 경과에서 보듯이 일본의 경제적 요구들을 유보 내지는 좌절시켰다. 일본이 마련하고 진행해간 무대라는 점에서 수동적으로 대응할 수밖에 없는 조건에서도 중국은 짚을 것은 짚어 나갔다. 나아가서 중국은 일본의 중국인 노동자 입국에 대한 통제를 철폐할 것을 주장했다. 미국을 포함한 동아시아·태평양 지역에서 인구 이동이라는 시각에서 보면 일본 인구의 미국 이입에 대한 미국의 통제가 배일법안으로 구체화되었다고 한다면 중국 노동력의 일본 이입을 일본이 통제하는 것에 대한 중국 측의 이의 제기라고 할 수 있었다.

중국의 공세는 여기서 끝나지 않았다. 인도 대표로 참석한 보스는 아시아의 해방과 유색인종의 대동단결을 외치는 일본이 중국을 모욕하고 중국을 침략하는 것에 대해 신랄한 비판을 가했다. 보스의 사례에서 보듯이 대회에 참가한 약소민족 대표들은 "각각의 자주성을 가지고 아세아연맹의 의의를 바꿔서 읽"고자 했다. 일본의 필요와 주도라는 사실에 유의한다면, 이 대회가 사실상 식민지 약소민족 대표들에 의해 주도되었다고 할 수 있는 측면이 있다는 언급(河西晃祐 2010: 70~71)이 이러한 점에서 전혀 빗나간 것만은 아니었다.

이러한 대립과 공방에도 불구하고 일본이 제안한 아시아회관이나 아시아 공통어 연구, 혹은 중국이 제기한 아시아대학 창설, 두 나라 공동이 발의한 공동의 기와 마크의 제정 등과 같이 아시아 공동의 언어와 상징 등을 만들고 그것을 뒷받침하기 위한 제도적 장치들에 대한 합의가 이루어졌던 사실은 지적해야 할 것이다.[29] 이리하여 3일째 계속된 제1차 대회는 다음 회의

제시한다.

[29] 회의의 마지막 날 폐회식에서 연맹가를 합창했다는 언급으로 미루어보아 회의 노래도 제정된 것으로 추정된다. 내무성 경보국 1926: 108 참조. 이미 언급했듯이 이들 제안들 중의 일부는 안중근의 동양평화론에서 이미 제시된 바 있다(제2장 참조).

를 중국에서 개최하기로 하고 연맹가가 합창되는 가운데 폐막되었다.

제2차 대회는 1927년 10월 초 상하이에서 열렸다. 이 회의는 중국 대표 황 꿍쑤가 국민당 간부 후 한민(胡漢民)과 개인적으로 알고 지내는 관계를 이용하여 국민당의 원조를 받아 개최했지만 상하이 특별시 국민당부는 말할 것도 없고, 국민당 내부에서조차 이 회의에 반대하는 입장을 보였다.30) 이러한 사정으로 회의의 관계자들은 본회의를 거행할 때까지 모든 내용을 비밀로 할 것과 국민정부에 회의의 내용을 알려 본 회의가 일본정부의 대외정책을 수행하기 위한 기관이 아니라는 사실을 납득시키고자 했다.

그러나 이러한 노력에도 불구하고 전반적으로 보면 회의는 제1차 대회에 이어 또다시 중국과 일본이 날카롭게 대립하는 양상을 보였다. 제1차 대회의 양상과는 달리31) 이 회의에서 중국은 말할 것도 없고 베트남이나 인도 등의 다른 아시아 국가들의 대표는 일본에 대해 노골적이고 또 적극적인 공세를 펼쳤다. 그 첫번째 포문은 우여곡절 끝에 11월 2일 열린 제1회 준비위원회에서 베트남 대표가 열었다. 연맹에 보낸 서간 형식을 통해 회의에서 대독된 베트남혁명당 응우옌 뜨엉 히엔(阮尙玄)의 선언문은 먼저 아세아연맹의 목적이 전아시아의 각민족과 연합하여 구미제국주의의 침략에 저항함으로써 공존공영, 세계평화의 실현을 기하는 데 있다는 점을 환기한다. 이어서 그는 연맹의 근본문제는 "연맹의 구성분자의 건전함의 여부"에 있는바, 현재 아시아의 각민족은 일본을 제외하고는 모두 피압박민족이고, 일본은 다

---

30) 중국은 대표인 황 꿍쑤를 제외하고는 일본 대표들이 "타나까(田中) 수상의 의향을 받들고 있다"고 믿어 회의에 대해 매우 냉담한 반응을 보였다. 일본 대표 이마사또에 대해 "타나까 수상과 양해가 있어, 그쪽에서 비용 보조를 받았으므로 이번 회의에 관한 비용을 부담해야 한다"고 했던 것은 이러한 맥락에서 이해된다. 내무성 경보국 1928: 42~46, 63 참조

31) 제2차 회의 개막 전날의 만찬회에서 중국은 작년 나가사끼에서 열린 제1차 회의에서는 일본인의 우롱을 받았으므로 이번 회의에는 일본 대표를 우롱할 것이라고 언급했다. 내무성 경보국 1928: 43 참조

른 민족의 억압을 받지 않을 뿐만 아니라 오히려 다른 피압박민족을 해방할 수 있는 능력을 가지고 있기 때문에 일본은 마땅히 각피압박민족을 원조하고 노력 분투하여 모든 제국주의의 기반으로부터 탈출시켜야 할 것이라고 주장했다. 이러한 점에서 연맹이 가장 먼저 해결해야 할 근본문제는 아시아 피압박민족의 혁명을 성공시켜 자유·독립하게 함으로써 "연맹의 건전한 분자로 변성시키는 것"이라는 것이다.

이러한 점에서 그는 일본이 제안한 아시아 횡단철도의 건설이나 금융기관의 설립 등의 문제는 "확실하지 않고 우활(迂闊)한 사정을 면치 못한다"고 비판했다.[32] 왜냐하면 그러한 사업은 아시아의 각민족이 우선 정치적·경제적으로 독립한 후 비로소 논의할 수 있기 때문이라는 것이다. 이와 같이 그는 아시아횡단철도나 금융기관의 설립을 제국주의 경제침략의 도구라는 시각에서 이해하면서, 일본이 아세아연맹의 결성을 제창한 것도 일본제국주의를 위한 "일종의 어용사업이 아닌가"라는 의구심을 표명했다.

이러한 비판을 바탕으로 그는 아시아민족이 제국주의의 압박에서 벗어나기 위해 해야 할 일은 아시아 피압박해방 운동에서 중국이 차지하는 위치를 고려해볼 때 중국혁명을 원조하는 것이라고 단언했다. 그런데 중국이 받는 압박의 대부분은 일본으로부터 오기 때문에 중국혁명의 원조에서 가장 유력자는 일본민족이고, 따라서 연맹에 가입한 일본 민중은 한편으로는 일본정부가 암암리에 중국군벌을 도와 국민혁명을 파괴하는 행위를 극력 저지하고 다른 한편으로는 중국의 민중과 악수하여 일본정부가 중국을 침략하는 일체의 행동을 방기할 것을 각성시켜야 한다고 그는 주장했다(내무성 경보국 1928: 52~54).

---

32) 이로 미루어볼 때 정식 제의안에는 보이지 않지만 제1차 대회에서 일본이 제안한 중앙은 행의 설립이나 중앙철도의 부설문제를 일본은 상하이대회에서 다시 제기하려고 한 것으로 보인다. 중국 대표의 1인인 스 잉 역시 이 두 문제를 "자국에 대한 일본제국주의의 일종의 경제침략정책"으로 생각한다고 술회했다(내무성 경보국 1928: 77).

이후의 회의는 각국 대표들이 각각 자국어로 제안 설명을 하고 통역을 하는 방식으로 진행되었다. 일본의 제안은 제1차 대회에서도 제기된 바 있었던 ① 인종차별의 철폐 ② 동양평화를 위해 씽가포르 및 진주만에 해군근거지의 철폐 권고 ③ 강대국의 이익 확보에만 주력하는 국제연맹에 대한 반성의 촉구 등이었다.[33] 중국의 제안은 다음같이 주로 중·일 사이의 현안에 집중되었다.

1. 아시아 주에서 모든 제국주의의 활동에 반항할 것.
2. 일본에 대해 제국주의를 포기하고 전아시아민족을 평등하게 대우할 것을 요구한다. 그 조건으로는
   1) 만몽침략의 적극 정책을 정지할 것.
   2) 중국의 관세자주를 원조할 것.
   3) 작년 결의한 중·일 사이 및 기타 모든 불평등조약 폐지의 건은 속히 실행하고 6개월 이내에 평등의 원칙에 의해 중화국민정부와 새로이 통상조약을 체결할 것.
   4) 중국 각지 주재의 군함·군대를 철수할 것.
   5) 타이완 민중의 자결을 임의로 할 것.
   6) 조선을 여러 압박으로부터 해방할 것.[34]
3. 전아시아 약소민족의 자결을 협력 원조할 것.
4. 영국의 샹하이 영공 침략에 반항할 것.
5. 평소 아시아민족에 찬동원조를 성명하고 있는 백색인종 이외에 미국하원

---

[33] 회의가 폐막된 이후에 샹하이 특별시당부 선전부장인 천 떠징(陳德徵)은 인종불평등대우 철폐안이나 씽가포르 방어 철회안 등은 일본제국주의를 주장하고 일본제국주의에 절대적인 이익을 주는 것으로, 이 결의안이 통과되는 것을 보고 아세아민족회의라는 것이 실로 일본제국주의의 어용기관이라고 믿게 되었다고 서술했다. 내무성 경보국 1928: 76 참조.

[34] 만약 일본이 가장 짧은 시기에 실행하지 않는다면 본 회의가 제창하는 아시아 민족 자유·평등의 주지와 극단으로 배치하므로 내년의 제3차 대회에서는 본회의 취지와 상반하는 민족 대표의 출석을 허용하지 않겠다고 언명했다(내무성 경보국 1928: 48).

의원 포라, 영국대학교수 루쏘, 러시아 전 육군대신 뜨로쯔끼에 본 연맹에서 명예를 수여하여 공정한 태도를 취할 것(같은 책 48).

이에 대해 일본 대표는 이는 중·일 두 나라 사이의 문제이므로 특별위원회를 설치하여 논의하자는 입장을 보였다. 그런데 다음에 등단한 인도 대표 하리 프라싸드 샤스트리(Hari Prasad Shastri) 역시 중국의 입장에 동조하면서 일본에 대한 "도발적인 사안(私案)을 제출"했다.[35] 먼저 그는 일본이 현재 중국에서 가지고 있는 특수권익을 포기하고 6개월 이내에 중·일 평등조약을 체결하기 위해 노력할 것을 주장했다. 만약 일본이 불응한다면 일본은 회의에 열석할 자격이 없는 동시에 인도는 곧 본 회의에서 탈퇴한다고 그는 언명했다. 또한 아세아연맹회의는 아무 곳에서 열려도 무방하므로 회의 장소를 바꿀 필요 없이 영구히 중국에서 개최하자고 제안했다. 이와 아울러 그는 아세아연맹회를 개최하는 목적이 전인류의 복지를 증진하는 데 있는 이상 단순히 아시아뿐만 아니라 동서양을 불문하고 세계 각국을 망라한 연맹회의가 되어야 한다고 주장했다(같은 책 49).

당연히 일본은 샤스트리의 이 제안에 강하게 반발했다. 때문에 위원회는 험악한 분위기에서 아무것도 가결하지 못하고 산회하고 말았다. 이후에도 준비위원회는 11월 3일부터 5일까지 4차례에 걸쳐 열렸지만 중국과 일본의 입장은 평행선을 달렸다. 제3차 준비위원회에서 중국 대표 우 샨이 일본의 "만몽침략 운운의 배일적 언어"로 "아시아 민족해방의 가면을 쓴 제국주의자"라고 일본 대표를 비판하면서 퇴장 직전까지 이른 사실에서 단적으로 보

---

35) 1916년 일본에 와서 2년 정도 체류하면서 토오꾜오대학과 와세다대학 등에서 가르치다가 우연히 알게 된 쑨 원의 초대로 1918년 중국으로 건너가서 11년을 머물렀다. 샹하이 화동사범대의 외국어학과장과 난짱대학 철학과 교수로 재직하면서 그는 동양과 서양의 상호 이해를 촉진하기 위해 *The Asiatic Review*를 발간하는 등의 활동을 했다. 샤스트리에 대한 개괄적 소개로는 http://www.thehardoons.com/TNG/histories/HariPrasadShastri.pdf(2011년 1월 5일 접속) 참조

듯이(같은 책 56~57) 대회는 거의 결렬에 다다른 듯이 보였다.

7일에 열린 본 회의에서는 일종의 절충안으로 공동 제안과 아울러 일본안과 중국안을 각각 원안대로 의결하기로 했다. 공동 제안은 아프가니스탄 대표 프라탑이 발의한 것으로, 아시아 민족 사이의 통상관계를 촉진하기 위해 실업가와의 접촉 연락을 유지하고 이를 권유하여 아시아 무역을 활성화하기 위해 주요 도시에 수출입 무역회사를 개설하며, 아시아 각국의 연락을 촉진하기 위해 전아시아 교육기관을 설립할 것을 주요 내용으로 했다. 그의 제안에서 이채로운 점은 아세아연맹의 기관지를 주간으로 발행하되 가급적 영어를 공용어로 하고, 중국어나 일본어, 인도어, 페르시아어 등을 보완하여 사용하자는 것이었다(같은 책 60).

일본안은 ① 인종차별의 철폐 ② 동양평화를 확보하기 위해 씽가포르 해군군거지의 철폐를 권고하되, 1차 준비위원회에서 제안한 진주만 건은 제외하는 것으로 후퇴했다. 이에 대해 중국은 ① 중국 관세자주를 원조하고 일체의 치외법권을 회수할 것 ② 작년 통과된 중일간 및 전 아시아 일체의 불평등조약의 취소를 실행할 것 ③ 일본의 대중정책으로 중국의 감정을 해치는 것, 그중에서 일본의 만몽정책은 반드시 교정할 것 ④ 아시아 각 약소민족을 여러 압박에서 해방시키기 위해 노력할 것 ⑤ 영국의 중국 영공의 침공에 반항할 것 등을 제안했다.

그러나 실제 본 회의는 중국이 그 대회 전날인 6일부터 12일까지 계엄령을 선포하여 모든 정치집회를 금지하고 중국 군경이 해산을 종용했기 때문에 단순한 간담회 형식을 빌려 진행되었다. 대회에 반대한 국민당 샹하이 특별시당부의 입장을 고려해볼 때, 이 대회를 염두에 두고 계엄령을 선포한 것인지의 여부는 불명확하다. 이와 같이 이름만의 본 회의였기 때문에 아무런 순서도 밟지 않고 담소 중에 결의 및 결정 사항에 위원의 조인을 마치고 회의를 종결했다(같은 책 62).

자세한 경과는 명확하지 않으나 이 과정에서 중국은 일본의 요구를 반영하여 자신의 제안을 수정한 것으로 추정된다. 대회 종료 이후 국민당 샹하이 특별시당부 선전부장의 성명에 따르면 중국이 제안한 만몽침략에 관한 조항이 "일본의 대지(對支)정책은 지나의 감정을 상하게 하는 까닭에 만몽에 대한 일본의 정책은 모름지기 개혁을 가해야 할 것이고 일본도 이를 승인한다"는 것으로 바뀌었다.36) 이에 따라 후술하듯이 아세아민족회의는 중국의 강력한 반발에 부딪혀37) 그 존립근거를 상실하고 말았던 것이다.

어쨌든 본 회의에서는 연맹의 이사를 제1차 대회의 8명에서 25명으로 대폭 늘리기로 결정했으며,38) 다음의 제3차 회의는 1928년 11월 1일부터 아프가니스탄의 수도 카불에서 열기로 했다. 그러나 제3차 대회를 개최한다는 산발적 보도에도 불구하고 회의는 더이상 지속되지 못한 것으로 보인다.39)

3. 아세아민족대회와 대아세아협회

이 대회 이후에 동아시아에서 일본이 주도한 민간차원의 단체나 회의는

---

36) 그것이 완전히 일본의 이익을 대표하여 결정된 결의라는 점에서 "아세아민족회의라는 일막의 골계극(滑稽劇)은 이미 종말을 고했다"고 적었다. 내무성 경보국 1928: 75 참조.

37) 이러한 중국의 반응에 대해 일본 대표는 폐회식에서 "일본국민은 침략정책을 단연코 생각하고 있지 않"으며, 일본을 "침략주의로 이해하는 것은 일본 국민의 신념을 알지 못하는 것"이라고 해명했다(내무성 경보국 1928: 74).

38) 일본은 호오조오 타이요오(北條大洋), 오오까와 슈메이를 비롯한 9명이었으며, 중국은 황 꿍쑤, 우 샨을 비롯한 8명, 인도 2명, 필리핀 1명, 아프가니스탄 3명, 조선 1명, 베트남 1명이었다. 일본과 중국을 제외한 나머지 국가는 구색 맞추기의 성격이 강했는데, 조선 이사는 제1차 대회 때의 이동우(李東雨)였다. 내무성 경보국 1928: 61~62 참조.

39) 제3차 대회 개최를 준비하기 위해 전아세아협회에서 호오조오 타이요오(제2차 대회에서 일본 쪽 이사 9명 중 1인), 나까야(中屋), 미사꾸(美作) 등의 세사람을 대표로 선출하고 아울러 제4차 대회를 따렌에서 열기로 했다는 기사를 찾아볼 수 있다. 『동아일보』 1928년 9월 22일자; 水野直樹 1996: 515 참조.

1934년의 아세아민족대회를 제외하고는 더이상 출현하지 않는다. 1934년 따롄에서 열린 이 대회가 1929년 따롄에서 개최하기로 한 아세아민족회의 제4차 대회와 어느정도의 연속성을 가지는지의 여부는 불확실하다. 명확한 것은 1926년의 아세아민족회의에서 본 회의를 성립시키지 말 것을 주장했던 나까따니가 1934년의 이 대회와 어느정도의 관련성을 가진다는 사실이다. 적어도 형식적으로 이 대회는 앞 시기의 아세아민족회의와는 별개로 성립했다.

그럼에도 불구하고 이 두 대회가 간접적인 방식으로 연결되는 양상을 보이는 점은 흥미롭다. 앞서 말했듯이 1926년의 아세아민족회의에 주도적으로 참여한 나까따니는 1932년 4월에 시모나까 야사부로오(下中弥三郎), 미쯔까와 카메따로오(滿川龜太郎) 등과 인도의 라스 비하리 보스, 베트남의 콘디 등과 함께 아시아문제에 관한 조사연구를 표방하는 범아세아학회를 조직했다. 이어서 그는 1933년에 마쯔이 이와네(松井石根), 코노에 후미마로(近衛文麿) 등을 발기인으로 하는 대아세아협회를 설립하여 이 협회의 이사장으로 활동한다. 육군대장인 마쯔이 이와네가 회장(會頭)으로 실권을 행사한 것에서 보듯이[40] 대아세아협회는 일본 육군의 대륙정책을 수행하기 위한 일종의 외곽단체로서의 성격을 가진 것이었다.

이 협회와 밀접한 관련을 가지고 이듬해인 1934년 3월 3일에 설립된 조직이 조선대아세아협회였다. 타이완에 지부를 두고 중국의 꽝뚱에서도 비슷

---

40) 중지나방면(中支那方面) 군사령관 겸 상하이 파견 군사령관으로 활동하다가 전후 난징대학살의 책임자로 지목되어 A급 전범으로 교수형의 판결을 받았다. 발기인으로 일본의 정·재계, 학계, 군부 등의 상층부 인사 백수십명이 참가했다고 하지만 실제로는 이 단체는 일본 군부(육군)의 영향 아래 있었다. 일찍이 정한론을 주장한 사이고오 타까모리(西鄕隆盛)에서 발원하여 같은 사쯔마번(薩摩藩) 태생의 참모차장으로 조선 등지에 많은 장교를 파견하여 정보를 수집하는 등의 활동을 하고 청일전쟁을 지도한 카와까미 소오로꾸(川上操六)으로 이어지는 일본 육군의 아시아주의적 대륙 정책을 계승한다는 문제의식에서 조직되었기 때문이다(松浦正孝 2008: 626~27).

한 조직운동을 벌이는 등 이 조직은 일본제국의 판도로 조직을 확장하여 갔다. 그 일환으로 조선에도 지부를 설립하고자 했는데, 조선에는 지부 형식이 아닌 '자매단체'로 조선대아세아협회가 있었다(金子定一 1934: 23~24). 조선에서의 이 단체가 실제로는 토오꾜오의 지부와 같은 성격을 가졌으면서도 왜 타이완과는 달리 적어도 외형적으로 독립된 조직으로 운영되었는지는 명확하지 않다.[41]

어쨌든 적어도 이 단체가 1933년 3월 일본의 국제연맹 탈퇴를 계기로 일본에서 조직된 대아세아협회와 동일한 목적에서 조직된 것은 확실하다. 그리고 이와 관련하여 이 조직의 관계자들이 국제연맹은 말할 것도 없고, 미국주도의 태평양회의를 강하게 의식하고 있었던 점도 지적해야 할 것이다.[42] 이러한 점에서 조선대아세아협회는 "조선에서 아시아인식을 깊이 하기 위해 계몽운동에 중점을 두고 그 수단으로서 우선 팸플릿의 발행, 강연회, 좌담회,

---

41) 조선대아세아협회가 주최하여 경성 시내의 역사, 지리 담당 교사들이 참석한 좌담회에서도 이 문제가 제기되었다. 즉 조선의 대아세아협회는 토오꾜오의 아세아협회의 지회와 같은 형식으로 조직하고 연락을 취해야 한다고 생각한다는 한 참석자의 질문에 대해 조선대아세아협회의 담당자는 조선의 '특수한 입장'을 고려하여 토오꾜오의 조직과 "같은 모토를 가지고 직접적으로 운동하는 것은 재고를 요하는 점이 있고 또 많은 식자의 주의나 경고도 있"다고 하면서 궁극적으로 나중에는 지부 형식으로 통합될 것을 시사하고 있다. 동일한 식민지이면서도 타이완과는 다른 조직형태를 택한 것은 상대적으로 강한 조선인의 민족의식 등이 상존하는 조선의 특수 사정을 우선적으로 고려한 것이겠지만, 이밖에도 조직의 운영과 관련된 실무적 고려가 작용했을 가능성도 배제할 수는 없다. 참고로 말하면 일본에서 이 조직의 회비는 10원이었지만, 조선에서는 '일시금(一時金) 2원'이었다. 朝鮮大亞細亞協會 1934: 12~16 참조.

42) 카네자와 연대구(金澤聯隊區) 사령관인 카네꼬 테이이찌(金子定一)는 조선대아세아협회가 주최한 강연에서 "일본을 맹주로 아시아 제국이 구주의 이른바 국제연맹과 같이 공허한 것이 아니라 정신적이고 조직 있는 것을 만들"기 위해서라고 결성 취지를 설명했다(金子定一 1934: 1~2). 이 단체가 주최한 또다른 좌담회에서는 특별한 이유를 밝히지는 않으면서도 "태평양회의의 취지는 우리 생각과 너무 다르다"고 하면서, "아시아에는 10억의 인간이 살고 있지만 이들의 거의 전부는 아시아에 대한 인식이 결핍되어 있다"는 점에서 이 조직의 의의를 설명했다(朝鮮大亞細亞協會 1934: 3~4).

영화회 등을 개최하여 일반 대중에 호소"하는 것을 취지로 했다. 즉 "아시아 인식 계몽운동에 주력을 둠과 동시에 기회 있을 때에 아시아 제국 사이의 친선의 실을 거두어 평화공작 리에 아세아의 재건 결성을 위해 노력"한다는 것이다(朝鮮大亞細亞協會 1934: 1~2). 이처럼 이 조직은 일반 대중에 대한 아시아 인식의 보급과 교육에 중점을 두고 활동했다. 공식적으로는 "아시아의 대세와 시국의 진상을 규명하고 황국 대일본과 아세아 제국과의 친선을 도모하여 전아세아 제국의 자주적 평화를 확보하고 공존공영의 실을 거두어 그 복지를 증진"함이 회의 목적이었다.[43]

이 조직은 "아시아 민족의 행복"에 관심을 가지는 "우국지사, 유식계급, 지도계급"의 참가를 표방하면서 "어디까지나 민간의 규합"이라는 점을 강조했지만, 일본과 비슷하게 실제로는 군부의 주도와 총독부 관료의 지원에 의해 운영되었다[44]. 조선아세아협회의 초대 회장은 당시 조선은행 총재인(이승렬 2007: 340) 카또오 케이자부로오(加藤敬三郎)였으며 45명의 상담역과 10명의 간사를 두고 활동했다.[45] 자료에 의하면 조선대아세아협회는 적어도

---

43) 「조선대아세아협회규약(朝鮮大亞細亞協會規約)」의 제2조. 제5조에서는 "1. 아세아를 중심으로 하는 국제정세 및 아세아 제국의 국정의 조사 및 그 보급, 2. 황도정신의 고취 기타 아세아 제국의 친선단결을 위한 적절한 사업"을 행한다고 했다. 이 규약은 『朝鮮大亞細亞協會パンフレット』第4輯(1934년 10월)의 뒤에 수록되어 있다. 임종국(1996: 109)도 비슷한 내용을 소개하고 있다.

44) 朝鮮大亞細亞協會 1934: 1~2. 이 좌담회에 참석한 강의범(姜義範) 중앙고보 교사는 "관료의 원조를 받지 않고 일반 민중의 손에 의해 아시아운동을 일으키는 것이 근대적인 행동양식"이라는 희망을 내비쳤지만(같은 책 5), 실제는 그와 거리가 멀었다. 이 회의 결성 후 첫번째로 열린 강연회에서 카네자와 연대구 사령관 육군 대좌인 카네꼬 테이이찌가 강사로 나서고, 조선총독부 경무국과 학무국의 관료들이 적극 지원한 사실에 주목해야 할 것이다. 이 단체의 관계자들은 중국인 5명이 회원으로 참석한다는 사실을 강조하고 있다. 위 같은 곳과 金子定一 1934: 25 참조.

45) 그중에서 조선인은 각각 15명과 5명이었다. 조선인 상담역은 윤치호(尹致昊)와 방응모(方應模), 송진우(宋鎭禹), 여운형(呂運亨)을 비롯해 친일파인 박영철(朴榮喆), 한상룡(韓相龍), 박영효(朴泳孝), 박춘금(朴春琴), 조성근(趙性根), 고의준(高義駿), 김명준(金明濬), 민대

1938년도 무렵까지 활동을 계속한 것으로 나오는데,[46) 1934년 따렌에서 개최된 아세아민족대회에 이 단체가 주도적으로 참가한 것이다.

어쨌든 아세아민족대회는 "우리들의 아시아는 우리들의 아시아 민족의 손으로"라는 구호 아래 1934년 2월 11일 따렌에서 개최되었다. 이 대회에는 일본과 만주, 중국, 몽골, 인도, 아프가니스탄, 샴, 베트남, 말레이, 터키, 페르시아, 이집트 등이 참가했다.[47) 세계종교, 대동회, 만주국협화회, 동아산업협회, 조선대아세아협회, 신무회(神武會), 오오사까 생산당지부, 흑룡회, 동방문화연맹 등 민간의 40여 단체 대표가 참석했다고는 하지만 만주국의 일본계(日本系) 간부 다수가 방청자로 참가한 것 등에서 보듯이 관변적 성격이 강했다. 대회의 위원장은 만주국의 대표인 빠오 꽌떵(飽觀登)이 맡았지만, 실제로는 오오까와 슈메이의 동생으로 러시아문제전문가인 오오까와 슈우조오(大川周三)와 만주국에서 오족협화운동을 주도한 나가오 군따(長尾郡太) 등이 주도했으며, 재정지원은 만철이 했다.

이 대회는 1) 전아시아민족의 개방과 행복을 위해 몸을 바쳐 매진함으로써 민족 상극을 청산하고 세계 평화를 실현하고, 2) 전아시아 민족의 단결을 도모하며, 3) 착취 없는 아시아를 건설하자는 3개 항을 선언문으로 채택했

식(閔大植), 원덕상(元悳常), 신석린(申錫麟), 예종석(芮宗錫) 등이었으며, 조선인 간사는 김사연(金思演), 조병상(曺秉相), 황우찬(黃祐贊), 방한복(方漢復), 김형태(金衡泰)였다. 「朝鮮大亞細亞協會會報」, 『朝鮮大亞細亞協會パンフレット』第4輯, 1934 참조 『매일신보』 1934년 2월 27일자는 아세아협회 창립총회를 보도하면서 준비위원 8명의 이름을 소개했는데, 이들 8명 중에서 조성근, 신석린, 김명준, 원덕상은 회의 상담역, 그리고 나머지 4명인 김사연, 조병상, 황우찬, 방한복은 회의 간사가 되었다. 회비 납부명단을 보면 전체회원은 130명으로 그중에서 조선인은 45명이고, 중화민국인이 1명 있었다.

46) 1938년 2월 3일 경성 부민관에서 이 단체가 일지교환(日支交歡)의 대축하회를 개최한다는 안내 기사인 「일지교환(日支交歡)의 축하회도 개최」, 『동아일보』 1938년 2월 1일 참조

47) 카네꼬 테이이찌(1934: 1)에 따르면 "일본과 만주국과 다수의 명사를 포함"하여 인도에서 5명, 중화민국 4명, 아프가니스탄 1명, 샴 1명, 베트남과 말레이에서도 1명씩이 참가했다고 한다. 그런가하면 『동아일보』 1934년 2월 13일자는 9개국 46명의 대표가, 『요미우리신문』 1934년 2월 6일자와 12일자는 50~60명으로 보도했다.

다.[48] 대회의 개최를 즈음해 따롄의 영국과 미국, 독일, 소련 등 구미 각국의 영사관에서 "이 운동의 발흥 경과, 참가 각국민의 동정을 조사하는 한편 그 추이에 심심한 주의를 기울이고 있다"는 보도에서 보듯이[49] 이 대회는 1932년 국제연맹의 리튼 조사단에 대한 반대운동의 일환으로 만주국의 존재를 세계에 널리 알리고 일본이 주도하는 아시아의 단결을 과시하기 위한 목적에서 조직되었다.

그런데 이 대회는 사실상 본 대회를 위한 준비대회로서의 성격을 가진 것이고, 본 대회는 이 해 가을 같은 따롄에서 개최된 것으로 보인다. 이 본 대회에는 아시아 각민족/국가에서 그 대부분이 우익단체의 대표들인 100여명이 참석했다고 한다.[50] 윤치호는 이 대회가 적어도 그 전해인 1932년 무렵부터 일본 군부에 의해 구상되어왔다는 사실을 지적한다. 그에 따르면 조선 대아세아협회의 상담역으로 이 대회의 결성을 주도한 예종석이 자신에게 대회의 참가를 제안해왔다. 그에 대해 윤치호는 "이런 단체의 주요 목표 중 하나는 '아시아인을 위한 아시아'일 겁니다. 그런데 우리 조선인들이 이런 단체를 결성한다면, 세상사람들이 모두 이렇게 말하며 비아냥거릴 겁니다. 자기 나라도 경영하지 못하는 주제에 아시아인에 의한 아시아 경영을 주장할 자격이나 있냐고 말이죠"라고 쏘아주었다는 것이다.[51]

위의 일본이나 조선의 대아세아협회도 그러했지만 1934년의 이 회의 역시 겉으로는 아시아 각지역의 민족·민중들의 참여를 표방했지만, 실제로는 일본의 군부가 주도한 가운데 관료와 아시아주의자들, 언론인 및 학계의 인사들이 참가했다. 국가(이 시기에는 사실상 군부) 주도에 의한 위로부터의

---

48) 『요미우리신문』 1934년 2월 13일자.
49) 『동아일보』 1934년 1월 30일자와 2월 11일자, 『요미우리신문』 1934년 2월 1일자.
50) Nair 1986: 제12장의 언급을 제외하고는 본 대회에 대한 신문보도를 찾을 수 없다는 점에서 본 회의의 개최 자체가 불분명한 점이 있다.
51) 『윤치호일기』 1933년 7월 5일자 참조. 김상태 2001: 315. 일기에는 이 단체가 아세아협회로 표기되어 있다.

동원은 1943년 11월의 대동아회의에서 정점을 이루지만, 이러한 시도들에서 아시아 여러 민족들로 구성된 민간 시민사회 차원의 주도권과 자발성은 찾을 수 없다. "종래 아시아회의가 각지에서 개최"되었지만, "참가국의 대표가 어떠한 언동을 했는가는 발표되지 않았다"는 따끔한 지적은 이러한 맥락에서 나온 것이다.[52]

4. 조선인의 참가와 국내에서의 반응

1926년 아세아민족회의에 대한 조선인의 참가문제를 알기 위해서는 먼저 이 대회의 조직자인 이마사또의 의견이 참고가 된다. 그는 "속령 혹은 식민지 등의 약소민족 대표들"에 의한 "강국의 기반(羈絆) 탈출의 제의"를 '우안(愚案)'으로 단정하면서 "묵살해야 하는 것으로 생각한다"고 하면서 "특히 조선·타이완 등의 대표에 대한 조치에 관해서는 자신이 가장 고려(苦慮)하는 바"라고 언급했다(河西晃祐 2010: 70). 이처럼 조선 대표가 회의에 참석하는 것에 부정적 의견을 가지고 있었다고는 하더라도 일본의 '영토'인 조선 대표의 참가를 부정하면 영국의 식민지 인도 등의 대표도 참가할 수 없다는 점에서(水野直樹 1996: 512), 결국 일본 쪽 주최자는 토오꾜오조선국민협회의 이동우(李東雨)[53] 등 대표적인 친일 조선인들을 대표로 선발했다.[54]

---

52) 조선대아세아협회가 주최한 앞의 좌담회에 참가한 용산중학교 교사인 스즈끼 슌따로오(鈴木駿太郞)는 "이는 델리케트한 문제가 있기 때문이 아닌가라고 생각"한다고 덧붙이고 있다(朝鮮大亞細亞協會 1934: 3).

53) 사립 경성학당을 졸업하고 농상공부 기수를 거쳐 와세다대학에서 공부했으며, 1920년대 이후 『시사신문』을 발행하면서 국민협회에서 지속적으로 활동했다. 1924~34년 사이에 중추원 참의를 역임했으며, 1930년에는 『민중신문』 주간으로 재직하다가 1934년 사망했다. 『경성일보』 1920년 1월 8일자, 1930년 2월 17일자. 『조선총독부관보(朝鮮總督府官報)』 1924년 5월 3일자, 1927년 4월 30일자, 1930년 6월 4일자, 1933년 6월 3일자, 1934년 10

사실을 말하면 이 대회의 개최 사실이나 목적 등은 애초에 식민지 사회에는 거의 알려져 있지 않았다. 일본인 주최 측에서 조선인의 참가 자체를 꺼려했던 만큼 친일 성향의 인사들이 대표로 참가한다는 사실이 알려질 경우 예상되는 반발을 두려워해서였을 것이다. 이러한 상태에서 대회의 본 회의가 개최되기 이전인 7월 하순까지만 하더라도 조선의 신문들은 이 대회에 대해 이중적인 태도를 보였다. 즉 한편으로는 이 회의에 대한 기대를 표명하면서 다른 한편으로는 의구심과 반대의사를 표명한 것이다.[55]

회의에 대한 조선인의 적극적 태도와 관련해 조선총독부 경무국 문서는 『조선일보』의 안재홍, 『동아일보』의 송진우 등은 아세아민족회의에 대한 입장을 협의하고, "조선민족의 대표자를 아무쪼록 출석시켜 이 기회에 조선민족의 불평을 호소하자고 의견의 일치를 본 것 같은데, 특히 『동아일보』의 송진우 일파는 이 의미에서 참가를 열망하고 있다"고 보고했다.[56] 조선의

월 3일자 참조

54) 일본 경시청의 정보에 의하면 "처음에는 조선 대표를 참가시키지 않는다는 방침이었는데 그후 대세가 참가설로 기울었기 때문에 5인의 대표를 추천"하게 되었다고 한다(河西晃祐 2010: 72). 이에 대해 『토오꾜오 일일신문』은 "중국 대표는 강경하게 21개조의 철폐를 주장"한 것과 대조적으로 "다행히 조선의 대표는 국민협회와 같은 온건파만이 출석이 허용되어 극좌파는 회의 바깥에서 반대의 소리를 높일 따름"이라고 보도했는데, 여기서 말하는 극좌파 운운은 아마도 회의에 참가를 요구하는 조선인이 회장에 나타나서 일본 쪽 주최자와 승강이를 하면서 조선독립을 주장한 사건을 말하는 것으로 짐작된다(水野直樹 1996: 514, 522).

55) 비슷한 맥락에서 『동아일보』 1926년 8월 3일자의 논평, RYS생 「아주대회 검토(1)」도 대회에 대한 조선인의 이중적인 심정을 지적했다. 즉 한편으로는 "인도, 터키, 暹羅, 마레. 중국, 비율빈 등지에서 무려 수백의 대표가 동 회의에 참석한다고 하여 (⋯) 점차 국제회의적 성질을 갖게" 되는 반면에 다른 한편에서는 "대회에 참가를 거부하는 민족에게는 일종의 慌惚과 欲訴難訴의 鬱奮한 감을 가지게"했다는 것이다.

56) 이 자료는 특히 『동아일보』 간부가 회의 참가를 강하게 바라고 있다고 한 것과 대조적으로 미즈노 나오끼는 사설에서 보는 한 『동아일보』보다도 『조선일보』가 조선 대표의 회의 참가에 적극적인 자세를 보이고 있다고 언급했다. 『朝保秘』 第742号 1926年 7月 27日字, 조선총독부 경무국장 「全亞細亞民族會議ニ關スル件」(第2報)(水野直樹 1996: 547의 주31

신문은 약소민족에 대한 대등한 지위의 보장과 아시아 내부분쟁 원인의 근본적 해결을 아세아민족회의에 요구하는 한편, 아시아 회의인 이상 중국과 일본만이 아니라 인도, 페르시아, 터키(같은 책 525) 등과 아울러 조선인도 당연히 참가해야 한다고 주장한 것이다. 이러한 맥락에서 『동아일보』는 사설을 통해 아세아민족회의 자체에 대한 기대를 다음같이 표명하면서 그에 대한 일제의 억압을 강하게 비난했다.

일본의 일부 정객들이 미국의 배일법을 반항하는 의미로 이 회의를 역도(力圖)하는 것도 가리지 못할 사실이지마는 그렇다고 하여 그 회의를 처음부터 반대하는 것은 아니다. 미국에서 아세아인을 배척하는 것은 일본에서 조선인 노동자 입국을 제지하려고 하는 것이나 동일한 비리(非理)이니 오인은 그에 대항하는 데에 이의가 없다. 그러나 이러한 미묘(美妙)한 기치를 내세우고 회의를 구성시키는 절차를 보면 그 표방과는 부합하지 아니한 것이 명료한 고로 그에 반대하지 아니할 수가 없다. 정부가 아니라 민간 유지가 모여서 '공동과 정의' '자유와 평등'을 위해 노력한다는 데에 무슨 반대가 있을 것이 있으랴마는 그러한 미명하에 아세아민족대회를 개최한다고 표방은 하면서 조선민족 즉 아세아의 평화와는 절대로 분리하여 생각하지 못할 조선민족에게 대해는 주최자의 지위에 있는 일본경찰이 그 회의에 관하여 의견 교환할 기회까지 금지를 한다는 것은 무엇을 표시하는 행동인가.[57]

이미 언급했듯이 2년 전인 1924년에 『동아일보』는 황인종의 단결이라는 인종주의에 호소하면서도 그에 대해 미온적 태도를 보이는 일본에 대해 '제국주의적 침략주의'로서 '아세아 전민족의 죄인'이라고 강한 어조로 비난한 바 있었다.[58] 그런데 위의 사설은 대회 자체의 의의는 인정하면서 조선인

참조).
57) 『동아일보』 1926년 7월 21일자 사설 「소위 아세아민족회의: 조선경찰의 금지를 보고」.
58) 『동아일보』 1924년 5월 2일자 사설 「사이비적 아세아연맹론」; 정진석 1998: 84~85.

참가에 대한 일제의 부정적 태도를 비난하고 있다. 이 사설의 이러한 입장은 대회 자체에 별다른 기대감을 표명하지 않으면서도 그에 대한 일본인 주최자의 태도를 비난했던 『조선일보』의 입장과 미묘한 대조를 보인다.

만약 인도에서 그에 참가하게 된다면 우리 조선서도 그에 참가할 수 있을 터인데 조선에 대해 참가를 권유함이 있음을 듣지 못했으니 매우 기괴한 일이라 하겠다. 그들이 만일 아세아국제연맹을 조직한다면 별문제이겠지마는 '민족'을 단위로 하는 이상에는 조선민족을 제외할 수 없을 것이다. 우리가 그 회의 자체에 대해 촉망함이 없음으로써 참가·불참가를 문제로 할 필요는 없겠지마는 그들이 조선민족에 대해 초청장을 발(發)하지 아니한 것은 그 주최자의 심사가 극히 비열하다는 것을 입증하는 바이다. 그러므로 우리는 아시아민족대회에 대해 항의를 제출하지 아니할 수 없다.[59]

이와 같이 조선의 신문들은 입장에 따른 차이는 어느정도 있었다 하더라도 조선인의 대회 참가에 대한 일본의 태도를 보면서 점차 실망과 부정적인 의사를 표명하기에 이르렀다. 이에 따라 『조선일보』는 아세아민족회의는 "자가(自家)의 성세(聲勢)를 돕고자 하는 정략적 동기에서 나온 일본의 지도에 의한 것"이며 "강대한 백인국(즉 미국 — 필자)에 대한 일본의 정략적 일회극"에 조선인이 참가하더라도 아무것도 기대할 수 없을 것이라고 주장했다.[60]

다른 한편으로 조선의 각사회단체들은[61] 나가사끼에서 준비회의가 열리

---

59) 『조선일보』 1926년 7월 13일자 사설 「아세아민족대회」.
60) 『조선일보』 1926년 7월 20일자 사설 「아세아민족회의와 조선인」 참조. 아세아민족회의에 대한 조선인의 입장은 백인의 압박을 받고 있는 민족이나 중국인과는 다르다는 논지는 바로 직전의 7월 16일자 사설 「다시 아세아민족대회를 논함」에서도 찾아볼 수 있다. 이 사설은 일본의 식민지배를 받고 있는 조선의 사례를, 백인의 압박을 받고 있는 만큼 친일적 경향이 있는 필리핀이나 인도의 사례나 백인과 아울러 일본의 압박을 받는다는 점에서 의연히 반제국주의적 기운이 강한 중국의 사례와 구분해볼 것을 주장했다.

고 있었던 7월 중순 무렵부터 이에 반대하는 입장을 표명했다. 7월 18일 사상단체 전진회는 집행위원회를 열어 아세아민족대회는 "주최단체와 소집의 근본적 의미로 볼 때 아시아 또는 세계적으로 피압박민족의 해방운동을 방해하는 것으로 인정하여 적극적으로 반대의 태도를 취"하기로 하고 그 방법으로 "아시아 각나라에 있는 각무산운동단체 및 민족운동단체와 협동해서 나아갈 것과 아울러 피압박민족의 단결을 한층 도모하는 의미에서 아시아 피압박민족대회를 적당한 시기에 개최할 것을 제창할 것"을 결의했다.[62] 이어서 경성청년회 역시 다음날인 19일에 긴급위원회를 열어 이 대회를 "제국주의적 착취계급의 국제적 회합"이자 "약소민족을 가일층 진보된 수단정책으로 교묘히 착취하려고 하는 연합회의"로 정의하고 "근본적으로 이를 부인함과 동시에 반대"하기로 결의했다.

같은 날인 19일 서울에 있는 30여 개의 시민단체[63]는 이 문제에 대한 연합토론회를 개최해 ① 아세아민족회의에 참가 여부 ② 참가하는 경우에는 대표의 선출 및 그 파송 방법 여하 ③ 참가치 아니할 경우에 이 회의에 대해 조선인의 태도를 해명할 필요의 여부 ④ 민족 대표를 참칭하고 동 회의에 참석하여 대중의 의사와 배치되는 언동을 하는 자가 있을 경우에 취할 태도 등을 토의코자 했으나 종로경찰서에서 집회 금지를 하고 말았다.[64]

---

61) 당시 사회운동에서 양대 세력을 형성한 화요파와 서울계의 대립이라는 점에서 보면 그에 대한 반대는 주로 후자의 계열에 집중되어 있다. 즉 서울청년회나 전진회 등이 대회에 반대하는 결의를 주도했다.

62) 『조선일보』 및 『중외일보』 1926년 7월 20일자; 정진석 1998: 367~68. 아시아피압박민족대회와 비슷한 구상은 다음 날 열린 청년총동맹의 상무위원회에서도 아세아민족대회에 대한 대항책으로 아세아약소민족총연맹을 제창하자는 형태로 제안되었다.

63) 주요 참가단체는 노총과 청총, 여성동우회와 같은 사회운동 단체들과 천도교, 대종교, 불교청년회 등의 종교단체, 그리고 개벽사, 『시대일보』, 『조선일보』, 『동아일보』 등의 언론기관과 아울러 형평사, 여성동우회, 혁청당, 경성여자청년회, 노동당, 서울청년회, 교육회, 여자교육회 등이었다. 『동아일보』 1926년 7월 21일자 참조.

64) 7월 23일에는 광주에서도 신우회 주최로 광주청년회를 비롯한 각사회단체연합토론회를

이러한 상태에서 이 대회에 대한 중국 국민당과 학생연합회의 반대성명의 내용과 아울러 중국 재류(在留)동포도 협동하여 반대한다는 기사가 보도되는 한편[65] 조선 대표로 참가하게 될 인물들이 친일 경향 일색이라는 사실이 알려지면서,[66] 아세아민족회의에 반대하는 움직임은 급속하게 확산되었다. 회의의 개최가 조선의 민족운동을 자극할 우려가 있다는 일본정부의 우려가 현실화되어 나타난 것이다.[67] 이리하여 각사회단체들은 경찰의 금지에도 불구하고 문서회의를 열어 27일 오후 대회에 반대하는 아래와 같은 결의문 전문을 각민족 대표[68]에게 타전했다.

개최하여 대회에 반대하고자 했으나 역시 경찰에 의해 금지되었다(『동아일보』 1926년 7월 26일자).

65) 국민당과 아울러 샹하이 학생연합회가 대회에 대해 "일본이 아세아의 패자가 되려는 야심하에 개최되는 것으로 일본의 침략정책에 대한 중국의 반대를 완화하기 위한 수단에 불과"하다고 보았다. 따라서 이 회의의 개최는 곧 일본제국주의의 실행이면서 동시에 아세아 민족을 일본에 예속시키는 발단이 될 것이라는 것이다. 『동아일보』 1926년 7월 25일자 참조.

66) 대회 주최자인 아세아협회 이마사또 준따로오에게 조선민족 대표가 누구인지를 전보로 문의한 결과 이기동(李起東), 박춘금(朴春琴), 홍준표(洪俊杓), 이동우(李東雨), 이범승(李範昇, 나중에 알려짐)의 5명을 추천했다는 아세아협회의 회답을 받았다. 『동아일보』 1926년 7월 26일자 참조. 이들 모두는 전형적인 친일 인물들로, 이기동과 박춘금은 일본에서 유명한 친일노동단체로 재일조선인의 노동조합과 대립된 상애회의 중심인물로 조선인 노동자에 대한 폭력과 테러를 일삼았으며, 박춘금은 이를 기반으로 1930년대 일본의회의 중의원으로 활동했다(김대상 1993: 57~65; 정운현 1999: 294~300). 홍준표 역시 토오꾜오에서 조선 유학생들을 감시하는 역할을 한 '직업적 친일분자'였다. 이동우에 대해서는 주53참조. 경성 도서관의 설립과 민립대학설립기성회에 관여한 이범승은 총독부 관료와 양주경찰서장 등을 역임했다.

67) 이러한 점에서 카와니시 코스께(2010: 72~73)는 이 회의에서 아시아 민족운동과 조선인 의 독립문제 사이의 모순이라는 일본제국의 본질적인 문제가 노출되었다고 평가한다.

68) 구체적으로는 중국 대표 쉰 쥔쑤(薰均素), 인도 대표 봇, 터키 대표 룰반가리, 비율빈대표, 섬라 대표, 몽골 대표, 아프가니스탄 대표, 일본 대표 이마사또 준따로오, 아세아민족대회의장, 말레이 대표와 아울러 중국 샹하이의 *North China Daily News*와 일본 코오베의 *Chronicle*의 두 신문사에 타전했다. 『동아일보』 1926년 7월 29일자 참조.

오는 8월 1일 일본 나가사끼에서 개최되는 아세아민족대회에 대해는 우리는 그 주최의 동기로 보든지 또 주최자의 인물로 보든지 항상 의구(疑懼)의 념(念)을 가지고 대해왔던바, 금번 소위 조선민족 대표자의 결정을 봄에 이르러 아세아민족대회의 정체라는 것이 여하한 것을 확실히 알았다. 우리는 단언하노니 아세아민족대회라는 것은 아세아의 피압박 제민족을 ○○(말살—필자)하려는 ○○(일본—필자)의 제국주의적 야심의 산물에 지나지 못하는 것이다. 그러므로 우리는 전조선 2200만 대중의 이름으로 8월 1일 장기에서 열리는 소위 아세아민족대회 그것을 부인하노라.[69]

나아가서 아세아민족대회에 대한 반대의 여론은 전국 각지방으로 확산되었다. 7월 29일 마산에서는 마산 기자단을 비롯하여 청년연합회 등 15단체가, 평남 안주에서는 8개 단체가, 그리고 대구에서는 14개 사회단체가 연합하여 "불순한 동기와 비겁한 술책으로 조선민족을 농락하는 아세아민족대회는 절대로 반대한다"는 결의를 채택하고 전보를 발송했다.[70]

비록 7월 27일의 반대결의문에는 참여하지 않았지만 조선의 신문들 역시 지면을 통해서 대회에 대한 반대여론의 기세를 더했다. 『조선일보』는 조선 대표를 자칭하여 참가하려는 조선인을 '어두귀면(魚頭鬼面)의 무리' '일선융화의 모리배'라고 비난했고,[71] 『동아일보』는 7월 27일부터 29일의 3회에 걸친 사설을 통해 아시아민족의 단결을 내세운 일본의 "천박한 기만술"을 비판했으며,[72] 이어서 대회가 끝난 8월 3일부터 6일까지 네차례에 걸쳐 대

---

69) 19일의 연합토론회에 참가한 단체와 비교해볼 때 앞의 회의에 참가한 천도교, 대종교 등의 종교 단체와 개벽사, 『시대일보』, 『조선일보』, 『동아일보』 등의 언론기관이 빠진 대신에 천도교에서는 천도교청년회와 천도교청년동맹 등의 진보적 성향의 단체들이 새로이 참가했다. 아울러 이전에는 이름을 볼 수 없었던 화요회 계열의 신흥청년동맹과 정우회 등과 아울러 조선물산장려회, 조선변호사협회 등의 민족주의 성향의 단체들이 새로이 참가한 것이 눈에 띈다. 『동아일보』 1926년 7월 29일자 참조.

70) 『동아일보』 1926년 7월 31일자.

71) 『조선일보』 1926년 7월 26일 사설 「果然 참칭代表의 蠢動」.

72) 『동아일보』 1926년 7월 27~29일자 사설 「아시아민족회의와 일인 胸量: 조선 대표선거

회를 근본적으로 부인하는 장문의 논평문을 게재했다.[73] 전반적으로 이 기사의 논조는 앞장에서 언급한 1930년대 초반의 태평양회의에 대한 급진주의자들의 의견과 맞닿아 있다.

먼저 이 논평문은 아세아민족대회가 출현한 이유로서 구러시아 제국의 범슬라브주의, 독일의 범독일주의, 터키의 범터키론, 혹은 미국의 먼로주의 등과 같이 "부르주아지가 민족문제를 이용하는 사례"에 주목했다. 강대국과의 경쟁을 위해 일정한 지리적·인종적 표어로 동맹군을 확보하려는 민족부르주아지의 시도라고 정의한 것이다. 이러한 맥락에서 보자면 1924년 미국의 배일법안에 촉발되어 일본제국의 부르주아지들이 제창한 아시아인의 대동단결은 얼핏 보기에 아시아인의 공존공영을 위한 당연한 주장인 듯하지만 사실은 일본 부르주아지가 민족문제를 이용하는 국외적 발현에 불과하다는 것이다.

일본은 이를 위해 유색인종과 백인종의 대항설을 유포시키면서 '일지친선'이나 '일선융화'를 내세우고 있지만 이는 아시아에서 서세를 구축하고 아시아시장을 독점하려는 제국주의 정책의 발로로서, 인도나 필리핀, 페르시아 민족에게는 "상전의 명의가 변경된다는 말이요, 조선에 대해서는 일본제국의 덕분이 더 많아진다는 의미로 해석"될 수 있다고 이 논평은 주장했다. 이러한 점에서 아세아민족대회는 약소민족의 해방을 위한 민족별 회합이라기보다는 "일 국가의 제국주의 정책으로의 민족적 회합"에 불과하며, 아시아의 진정한 평화와 행복은 "오직 제국주의적 자본 열국하에서 신음하는 각 약소민족 및 ○○○○○(노동자계급 — 필자)이 완전히 해방되는 날에라야 비로소 도래할 것"이라는 것이다. 이러한 점에서 아시아 약소민족은 "오직 각자의 해방과 진정한 평화를 도득(圖得)키 위한 약소민족의 단결로 이에 대

방법(상·중·하)」 참조
73) 이하의 내용은 『동아일보』 1926년 8월 3일~6일자 논평, RYS생 「아주대회 검토(1~4)」 참조

항하는 동시에 자본제국 내의 ○○○○○(노동자계급 — 필자)과 제휴하여 역사적 사명을 다하기에 게을리 말아야 한다"고 주장했다.

주목할 것은 위에서도 잠깐 언급했듯이 아세아민족대회에 반대하는 국내에서의 이러한 움직임은 중국 쪽에서의 움직임과 밀접한 연관을 가지고 전개되었다는 사실이다. 이러한 맥락에서 『조선일보』는 1926년 7월 29일자 시평에서 중국국민당의 반대성명을 소개하면서 아세아민족회의는 결국 일본의 의사에 적합한 자만을 모은 회의라고 비판했으며, 『동아일보』는 중국 상하이에서 조선청년동맹을 중심으로 중국학생연합회가 단결하여 아세아약소민족동맹을 조직하고 아세아민족회의가 열리는 당일에 대규모로 반대선전운동을 한다고 보도했다.[74]

이와 같이 국내에서 강력한 반대운동이 전개됨에 따라 이범승은 대회에 참석하지 않겠다는 의사를 공개적으로 표명하고,[75] 이동우를 제외한 나머지는 참석을 포기하고 말았다. 이리하여 제1회 아세아민족대회에는 조선 대표로 이동우(李東雨)와 강세형(姜世馨)의 두사람이 참석했다. 대회의 실체가 명백해짐에 따라 조선의 지식인들은 대회에 대한 기대를 접었다. 그리고 그 자리에는 대회에 대한 비판과 반대만 남았다. 신문들도 회의가 열리고부터는 대회에 관한 사설은 게재하지 않았다. 『조선일보』만 7월 4일자 석간의 시평 「나가사끼(長崎)의 소인극」에서 냉소적으로 비판했을 따름이다. 회의에 대해 논할 가치도 없다는 것이 신문의 태도였던 것이다(水野直樹 1996: 532).

1927년 상하이에서 열린 제2회 회의에는 조선 대표로 1회 때 참석한 국민협회의 이동우가 출석하기로 되어 있었지만 병을 핑계로 참석하지 않았다. 연맹으로부터 안내장을 받았던 상하이 거주 조선인은 "아시아 민족의 대표자들이 모여 민족해방을 위해 논의하는 것은 좋은 일이지만[76] 이번 회의

---

74) 『동아일보』 1926년 7월 31일자.
75) 『동아일보』 1926년 7월 29일자 참조.
76) 여기에서 보듯이 아시아를 하나의 단위로 서구에 대항하고자 하는 아시아주의적 발상에

186

에서 일본 대표는 모두 일본정부와 관계를 가지고 있기 때문에 한자리에서 함께 논의할 수 없다"는 견해를 표명했다.[77] 따라서 중국국민당과 마찬가지로 절대 출석하지 않을 의사를 보이고 만일 출석한 자 있으면 이를 살해해야 한다는 결의를 했다고 한다.[78]

이밖에 대표 명단에는 나와 있지 않지만 중국 대표의 일원으로 참가한 조선인으로는 권기위(權无爲)와 권희국(權熙(熙)國)의 두사람이 있었다. 권기위에 대해서는 "중국인이라고 자칭하고 있지만 사실은 요시찰 선인으로 (…) 노농 밀정의 혐의가 있다"는 자료의 언급으로 미루어 사회주의 계열의 인물로

대해 한국이나 중국이 전혀 부정적이지는 않았다. 중국 대표의 한사람인 스 잉(石英) 역시 2차 대회에서 이사 및 최고집행위원을 수락했다는 이유로 비판을 받자 이를 해명하는 서간에서 "아시아의 각 약소민족이 확실히 연합하여 함께 해방을 도모함은 거행(擧行)의 가치가 있다"고 생각했기 때문에 이 회의의 요청에 응했다고 술회했다. 내무성 경보국 1928: 77 참조.

77) 그런데 중국 쪽에서 조선 대표의 참가를 일본이 저지했다고 언급한 것으로 미루어보면, 혹시 참가하고자 했던 다른 조선인그룹이 있었는지도 모르겠다. 이와 관련해서는 샹하이 각로상계총연합회가 회의에 대한 비판 성명에서 약소민족회의를 표방하는 아세아민족회의가 조선 대표의 참가를 저지했다고 언급하고 있다(내무성 경보국 1928: 73). 이 문제는 다른 곳에서도 언급되고 있다. 『현대평론』에 기고한 글에서 옌 샤오팅(燕召亭)은 "이번의 아세아민족대동맹에서는 일본 대표가 반대했기 때문에 고려대표가 이 대동맹에 가입하는 것을 거부하고 민족대동맹의 의의를 없게 하고 말았다. 이 점에서 목전의 형세에 관하여 말하면 이미 이 아세아민족대동맹은 일본의 아세아민족대동맹이고 적어도 일본이 조종하는 아세아민족대동맹이라고 할 수 있는 것"이라고 하면서 "일본은 백인종의 멸시를 받아 대아주주의를 제창하고 있지만 중국을 침략하고 고려를 압박하고 오히려 소일본민족주의를 실행하고 있다"고 비난했다. 燕召亭 1927; 水野直樹 1996: 538~39에서 재인용. 후자의 글에서 조선은 '고려'로 일컬어지고 있다.

78) 내무성 경보국 1928: 67. 샹하이 거주 타이완인 역시 이와 비슷한 입장을 표명한 것은 주목할 필요가 있다. 비록 샹하이 거주 타이완인의 다수는 그에 무관심했다고 하더라도 샹하이의 대표적인 타이완인 사상단체인 샹하이타이완학생연합회는 타이완 민중은 대회 참가 안내를 거절한다는 취지의 불참 성명을 중국어 신문에 발표했다. 이에 따르면 아세아민족 동맹에 타이완대표로 꿔 꿔지(郭國基)가 출석한다고 기재되어 있지만 이 동맹의 가면이 이미 탄로된 이상 타이완민족은 대표를 파견하여 참가하는 것을 단연코 거부한다는 것이다. 내무성 경보국 1928: 67~68 참조.

추정된다. 대회에서 그의 역할은 주로 통역을 맡았는데, 위의 자료는 "연맹에 대해 아무런 주의 정견을 가지고 있지 않으며 정보를 얻기 위해 중국에 국적을 가졌다고 하여 교묘히 중국측에 들어가 대표로 되었다"고 언급하고 있다(내무성 경보국 1928: 44, 64~65, 67). 권희국은 1920년대 초반 일본 토오꾜오에서 코스모구락부79)에 참여했던 인물이다. 그는 때때로 토오꾜오에서도 중국인으로 행세하면서 활동했는가 하면 1920년대 중반에는 그의 의부(義父)와 함께 토오꾜오와 조선의 정계에서 만주에 조선인자치지대를 설치하기 위한 운동을 하기도 했다. 이러한 점에서 "일제에 반대하기는커녕 협력"했다는 평가도 있다.80)

이 대회에 대한 조선에서의 반응은 제1차 대회가 개최된 전년과 달랐다. 이미 대회의 성격이 명확해진 이상 그에 대한 어떠한 기대도 가지지 않았기 때문일 것이다. 신문들도 회의의 경과를 전하는 짤막한 기사 이외에 더이상의 관심을 보이지 않았다. 이는 제1차 대회와는 달리 제2차 대회에 대해서는 간략한 보도 기사 정도에 그쳐 사설 등의 논평도 거의 찾아볼 수 없었던 일본 언론의 추세(水野直樹 1996: 516)와 일치한다는 점에서 주목할 만하다. 이러한 가운데에서도 『동아일보』만이 유일하게 사설을 통해서 다음같이 대회를 신랄하게 비판했다.

아세아민족대회라는 자가 진정한 아세아민족해방운동의 선구자가 되지 못할 뿐 아니라 도리어 범아시아주의의 취미(臭味)가 농후하여 모국(某國, 즉 일본—필자) 제국주의의 주구에 불과하다는 것은 진정한 해방운동자들의 일치한 관찰이다. (…) 아시아인이라 황인종이라 하는 동류의식은 사실의 앞에서

---

79) 그다지 알려져 있지 않은 이 단체는 제국주의에 반대하는 사회주의자와 무정부주의자, 피압박민족주의자들이 참여하여 "국민적 증오, 인종적 편견을 버리고 互助友愛의 생활"을 지향하는 "인류애적 결합"을 목표로 1920년 11월 토오꾜오에서 결성되어 1923년 무렵까지 활동했다. 이 단체의 창립대회에서 그는 개회사를 했다. 松尾尊兊 1999: 34~35 참조.
80) 그에 대한 자세한 이력은 松尾尊兊 1999: 24~25; 56~57의 주11 참조.

깨어졌다. 아세아는 이분되었다. 아세아의 제국주의자와 그에 찬동하는 세력은 한편에 진을 치고 있다. 모든 약소민족과 진정한 해방운동자는 또 한편으로 진을 치려고 한다.[81]

국내에서의 냉담한 반응에도 불구하고 회의장소인 중국에서는 어떠한 형태로든지 조선문제가 관심의 초점이 되었다. 예를 들면 중국은 이 회의에서 모든 불평등조약과 규칙 및 아시아민족에 대한 모든 가례(苛例)를 폐지하자는 안을 제출하고 인도와 조선, 베트남, 필리핀, 페르시아 등 피압박민족의 해방을 주장했다. 일본은 이에 대해 전아시아 약소민족의 현상 타파에 노력함과 동시에 조선, 타이완문제에 관하여 신중하게 고려해야 한다는 입장을 표명함으로써(내무성 경보국 1928: 57~58) 쟁점을 피해가고자 했다.

그런가하면 중국국민당 기관지 『민국일보』는 제1회 회의 이래 "일본의 중국에 대한 침략, 한국에 대한 학대"는 전혀 달라지지 않았기 때문에 회의에 반대해야 한다고 주장했다.[82] "지금 한국 민중이 이미 이 허방다리와 같은 아세아민족대회에 대해 단호하게 반대를 성명하고 있다"는 점에서 "마음을 합하여 함께 노력하고 전아주의 각 피압박민족 —— 인도, 조선, 베트남과 같이 가장 친애로운 민족 —— 과 함께 실제로 우선 단결을 표시하고 상호원조를 실행"하여 "어용기관의 아세아민족대회를 개조"하자는 것이다.[83]

---

81) 『동아일보』 1927년 11월 5일자 사설 「소위아세아민족대회」. 이 사설은 아시아주의에 대해 불명확하고 모순적인 인식을 보인다. 한편으로 이 대회가 아시아주의에 입각한 것이라는 점에서 비판하면서도, 다른 한편에서는 아시아나 황인종이라는 동류의식을 강조하고 있기 때문이다.

82) 그밖에 중국신문으로는 『신문보(新聞報)』 1927년 10월 31일자가 간단한 소개를, 『시사신보(時事新報)』 1927년 11월 7일자가 간략한 논평문을 게재하는 데 그쳤다. 내무성 경보국 1928: 68 참조.

83) 인용문에서 보듯이 중국은 조선을 '한국'으로 일컫고 있다. 張源鵬 「아세아민족대회에 반대한다」, 『민국일보』 1927년 11월 4일자; 水野直樹 1996: 542; 내무성 경보국 1928: 68 참조.

『민국일보』가 언급했던 조선 민중의 아세아민중대회에 대한 단호한 반대는 유감스럽게도 제2차 대회 당시가 아닌 그 전 해에 일어난 일이었다. 이 신문의 성명과는 달리 당시 조선에서는 대회와 관련한 논의조차 아예 거의 찾아볼 수 없었던 것이다.[84] 그러나 조선과 중국의 이러한 대조적인 반응에도 불구하고 한가지 사실만은 자명한 것으로 보였다. 즉 서구에 대한 아시아인의 단결이나 아시아인에 의한 아시아의 공존공영에서 일본이 주도권을 발휘할 여지는 없게 되었다는 점이다. 일본에 대한 불신과 아시아의 분열은 당시 일본의 신문이 자명한 전제로 한 '아시아 공통의 감정'(水野直樹 1996: 533)과 극적인 대조를 이루는 것이었다.

5. 동아시아와 태평양 국가들의 반응

아세아민족대회에 대해서 일본의 언론이 보도와 논평을 한 것은 제1회 회의에 대해서뿐이다. 이들 대부분은 구미의 백인종과 아시아 민족을 대조시키면서, 아시아에서 유일한 문명국가로서 일본의 위치를 강조한다. 서구에 대한 아시아의 부흥과 아시아민족의 단결을 주장하면서 여기에서 일본이 지도적 역할을 맡아야 한다는 사실을 강조하는 것이다. 아시아에서 구미 제국과 견줄 수 있는 나라는 일본뿐이라고 인식하기 때문이다(같은 책 517~19).

제1회 아세아민족대회에 대한 일본 국내의 여론을 검토한 미즈노는 회의의 성과에 대한 평가는 전체적으로 높은 것은 아니고 소극적 차원에 머물렀다고 지적했다. 회의의 경과에서 보아 크나큰 성과를 거두었다고는 말하기 어렵기 때문에 그것을 다룬 사설 자체가 적었다는 것이다(같은 책 520). 아시

---

84) 굳이 들자면 같은 해인 1927년 7월 하와이에서 개최된 제2회 태평양회의와 태평양문제 연구회에 대한 비판의 여론은 있었다. 제3장 참조.

아주의의 입장에서 회의의 의의는 기본적으로 인정하면서도 가시적인 성과
는 없었다고 하는 주류 언론의 천편일률적인 보도와는 달리 매우 드물기는
하지만 약소국의 입장에 동조하면서 대회를 비판한 신문도 있었다. 이에 따
르면 아세아민족회의는 '태평의 심심파적의 놀음' '유한계급의 쓸데없는 모
임'에 불과한 것으로, 참가자는 "정의인도, 공존공영이 모토 같은데 아름다
운 꿈을 탐하는 무사상, 무비판, 현실인생 무통감(現實人生 無痛感)의 무리"
라는 비난을 받았다. 대회의 참가자들이 "강대국의 정의·인도는 주장·관
철하여도 약소국의 그것은 묵살되는 국제현세의 비통한 사실을 음미하고 있
지 않다"고 비판한 것이다.[85]

다음에 조선이나 중국에서 회의에 반대하는 움직임에 대해 일본의 여론은
한두 신문을 제외하고는 거의 아무런 관심을 보이지 않았다. 『오오사까 매
일신문』은 조선과 중국에서의 반대 운동을 언급하면서도, 그것을 '괴팍한
독단적 반대론'으로 해석하고 있다. 『토오꾜오 일일신문』은 조선인이나 중
국인으로부터 반대론이 나오는 것은 당연하다고 인정하는 점에서 어느정도
진전된 태도를 보였지만, 이 사설에서도 조선인이나 중국인으로부터의 비판
을 받아들이는 자세를 찾기는 어려웠다(같은 책 519, 522).

중국의 경우를 보면 나가사끼에서 열린 제1차 대회에 대한 일반여론은
매우 냉담하고 부정적이었다. 즉 대회에 대해 "중국사회 각방면에서는 일본
인측의 일종의 이용거리에 지나지 않는 것이라 하여 도외시"했을 뿐 아니
라 불평등조약의 철폐 등 중국의 요구 또한 "경험에 의하여 통과될 희망은
없는 것은 물론이고 그곳에서 통과된다 하여도 실현 가망이 없다"고 보는
의견이 우세했다.[86] 이에 따라 상계(商界)연합회나 학생회 등의 시민단체는
물론이고 상하이특별시 국민당 당부도 다음과 같은 선언서를 통해 대회를

---

85) 蒲生成丸 「アジア民族會議寸評」, 『日本及日本人』 第106号(1926年 9月)(水野直樹
　　 1996: 523에서 재인용).
86) 『동아일보』 1926년 7월 17일자.

반대했으며, 이러한 분위기는 전술했듯이 제2차 대회로 이어졌던 것이다.

일본제국주의자가 구두 친선으로써 아주에서 그 침해정책을 실행한 지가 이미 오래되었다. 유구(오끼나와 — 필자)를 차지하고 조선을 병합한 것이 그 어느 것이 아주의 칭패(稱覇)하자는 것이 아닌 것이 없고 인도와 비율빈(필리핀—필자)과 아프가니스탄에 대해 표면적 호감을 보이는 것은 역시 약소민족을 교사하여 타인의 기반에서 탈리케 한 뒤에 어부지리를 취하자는 것이니 이것도 또한 진정한 친선이라고 말할 수 없다. 그런데 이제 일본제국주의자가 홀연히 아주 민족의 친교를 증진시키느니, 문화, 정치, 재정, 상무에 관한 것을 토의하느니 하여 (…) 형식적 회의를 소집(하는 이유는 — 필자) (…) 근래 아세아 각 약소민족이 반항운동이 거익 맹렬하여 짐을 따라 일본제국주의가 이미 동요되기 시작함으로 그 회유의 정책을 실행하여 약소민족을 편기(騙欺)하고 반항운동으로 완화시키려는 것이 아닌가 한다. (…) 우리 중국인은 중국의 민족의 해방과 자유 독립을 위해 맹세코 일치 반대해 일본제국주의들이 소집하는 아세아민족대회에는 절대로 참가치 아니한다.[87]

이러한 점에서 중국의 신문들은 아세아민족대회가 아시아의 공동선을 표방하는 아시아주의에 입각하고 있지만 실제로는 일본의 이익만을 위한 제국주의적 성격을 가지고 있다고 비판하면서 그에 반대했다. 예를 들면 『상하이 상보(上海商報)』는 대회의 주최단체인 토오꾜오의 전아세아협회와 뻬이징의 아세아민족대동맹은 "일본제국주의에 의한 대아시아주의를 고취"하기 위해 조직된 단체라는 점에서 실제 회의는 일본제국주의가 소집하는 것이라고 비판했다. 이어서 이 신문은 일본은 "'정치를 말하지 않는다'는 언사로써 불평등조약 폐지의 요구를 말살하고 따로 '경제제휴'라는 미명을 고창"하지만 그것은 아시아의 시장이 없으면 생존할 수 없는 일본이 중국의 시장을

---

87) 『동아일보』 상하이특파원 조덕진(趙德津)이 개요를 소개한 것이다. 1926년 8월 2일자 참조.

독점하기 위해 경제침략을 시도하는 것이라고 주장했다.[88]

국민당 기관지이면서도 좌파색이 강한 『꽝저우 민국일보(廣州民國日報)』는 아시아 각민족의 공통이익을 도모하는 회의가 필요하다는 점은 인정하면서도 일본을 제외한 아시아 각민족이 독립·자주하지 못한 상태에서 일본이 아시아의 많은 민족을 압박해왔다는 점을 먼저 지적했다. 이러한 점에서 이 회의가 일본의 이익을 위해 소집된 것은 일본이 제출한 아시아횡단철도 등의 제안을 보더라도 명확하다고 하면서 일본이 회의를 통해 얻는 이익을 다음같이 정리했다.

1) 일본의 아세아주의가 각민족으로부터 승인되고 있는 것을 제국주의 열강에 보일 수 있고, 나아가서 이를 통해 대아시아주의의 확립을 요구할 수 있다.
2) 각민족을 농락하고 무의식중에 이들을 일본의 대아시아주의의 수하(手下)로 만들 수 있다.
3) 중국, 몽골 및 소련의 반제운동에 대항하여 외견상 반제처럼 보이는 회의를 소집함으로써 민중의 반제 목표를 이전하여 일본제국주의에 대한 반감을 줄이고 반제운동이 어느 사이엔가 커다란 정돈(停頓)을 하게 마는 것을 바랄 수 있다.[89]

중국공산당 기관지인 『향도(嚮導)』 역시 이 회의는 다른 어느 아시아 민족보다도 중국을 우선적인 대상으로 하여 일본이 제창한 대아시아주의를 표출한 것이라고 보았다. 따라서 그것은 일본제국주의의 아시아민족에 대한

---

88) 『上海商報』 1926년 7월 27일자 「전아세아민족대회의 인식」(水野直樹 1996: 534에서 재인용).
89) 『廣州民國日報』 1926년 8월 17일자, 啓修 「소위 아세아민족회의는 마각을 노정했다」. 미즈노 나오끼(1996: 536)는 이 사설의 논조가 북벌 개시 직후의 광주에서 국민혁명, 반제국주의의 기운의 고양을 반영한 것이라고 지적했다.

위만책(僞瞞策)으로 회의에서 일본이 제출한 아시아은행, 아시아 철도 등은 전아시아의 경제적 명맥을 지배하려고 하는 일본제국주의 침략정책의 일환이라고 주장했다.[90] 좌우를 막론하고 중국의 신문들은 아세아민족회의와 그것을 뒷받침한 아시아주의에 강한 의구심을 보인 것이다.

동아시아에서 일정한 이해관계를 가진 미국이나 러시아와 같은 구미제국의 신문들 역시 대회에 대해 경계와 회의를 표명하는 기사를 게재했다. 예를 들면 미국의 『뉴욕타임즈』는 사설에서 "대회의 주요 목적은 불만 약소민족의 대표자에 백인 우월에 대한 혁명적 사상을 자극하는 데 있다"고 하면서 이 대회가 "태평양에서 평화 확보의 장래가 영미 양국의 협조에 있다고 자각하는 일본의 이익으로 되지 않는다"고 주장했다.[91] 『동아일보』는 「아주민족대회 미국은 도외시」라는 표제로, 미국정부 내에서는 "회의 목적이 과연 어디에 있는지 또 과연 이 회의가 외견상 예상되는 대로 중국인·인도인 및 세력이 없는 일본인 등의 과격분자만의 회합이 아닌가 하여" 경계심을 늦추지 않으면서도 대회가 "그렇게 크나큰 의의를 가지는 것은 아니라고 관측"하고 있다고 미국의 동정을 전하고 있다.[92]

미국의 언론이 전반적으로 신중한 자세를 보이면서도 한편으로는 그에 대한 경계와 아울러 다른 한편으로는 짐짓 무시하는 태도를 보인 것과 대조적으로 러시아 신문들은 이 대회에서 일본의 의도와 목표를 더 풍자적이고 신랄하게 비판했다. 러시아의 한 신문은 "일본제국주의는 이빨을 드러내어 자기의 식욕을 과시했다. 물론 아시아의 문화, 문명이라든가 기타 그럴싸한 연설이 있었다고 하더라도 전체적으로 회의의 주최자인 대제국주의 제안자의 진실은 은폐되었다"고 지적하면서, 대회의 경과를 다음같이 정리했다.

---

90) 차오 린(超麟)이 『향도』에 기고한 글들로 「亞細亞民族大會」, 第165期, 1926년 7월 28일자; 「亞細亞民族大會之結果」, 第166期, 1926년 8월 6일자 참조(水野直樹 1996: 537에서 재인용).

91) "Again the 'Pan-Asia' Bogy," *New York Times*, July 17(1926); 水野直樹 1996: 512 참조.

92) 『동아일보』 1926년 8월 3일자.

제1차 대회에서 일찍이 혼란이 조성되었다. 중국 대표는 외교적 권모술책이 아니라 솔직하게 자신이 가장 불쾌하게 여긴 바이고, 일본이 전혀 예기하지 않은 바의 21개조의 철폐문제를 제출한 것이다. 일본의 주최자측에서는 회의를 크게 예비 선전하고 있다. 그러나 그들은 구미의 백색제국주의자를 비방하는 것을 잊지 않았다. 왜냐하면 자신이 그 위치를 차지하고 싶기 때문이다. 이로써 그들은 자신의 권리나 특권은 하나라도 양보하지 않았다.[93]

하얼삔에서 발행하는 다른 신문은 회의에 참가한 제국주의 일본의 진의는 "백색인종의 황색인종에 대한 속박을 일본의 그것으로 변경시키려고 하는 것"이라고 하면서, "일찍이 미국은 구주대전에 편승하여 큰돈(大金)으로 전 유럽을 굴복시켰는데, 일본은 이제 미언(美言)을 농하여 조선을 병탄한 수단으로 중국 영토의 일부를 빼앗고 시장을 약탈"하려고 한다고 비난했다.[94] 그런가하면 또다른 신문은 아세아민족회의에서 일본이 말하는 아시아민족의 평등은 한 민족이 다른 민족을 압박했다는 점에서 "평등이 아니고 실로 전횡"이라고 하면서, "결국 회의는 전대표자의 일치 조인을 보기에 이르렀지만 결국 이 회의에서 어부지리를 얻은 것은 일본뿐"이라고 평가했다.[95]

다음에 1927년 상하이에서 열린 제2차 대회에 관해서는 이 지역에서 발행되는 영자신문은 물론이고 중국어 신문 등은 대체로 보아 무시하는 태도를 취했다. 단지 일본어 신문만이 상세하게 회의의 경과를 보도하고 내용을 충실히 전달했을 따름이다. 예를 들면 영국계의 한 영자신문은 사설에서 "회

---

93) 이 신문은 "결국 전아시아민족회의는 비방으로 시작해서 비방으로 끝난 감이 있다"고 대회를 총평했다. 『에에호』 1926년 8월 4일자, 내무성 경보국 1926: 109~10 참조.
94) 『노보스따나 지즈니』 1926년 8월 4일자, 내무성 경보국 1926: 110 참조.
95) 『까뻬이까』, 내무성 경보국 1926: 111 참조. 이미 언급했듯이 대회의 실제 진행과정에서는 반드시 일본이 우세를 보인 것만은 아니었다. 러시아와 마찬가지로 중국에서의 이러한 평가는 주최자나 안건의 제출 등 대회의 형식에 주목한 결과를 반영한다. 회의의 진행을 상대적으로 가까이에서 지켜볼 수 있었던 일본 국내에서의 평가가 소극적이었던 사실을 상기할 필요가 있을 것이다.

의의 목적은 물론 이를 세계에 과대하게 보도하고 선전하는 데 있다 하더라도 모인 사람은 불과 일본, 중국, 인도, 아라비아, 터키, 아프가니스탄에 지나지 않고, 필리핀, 조선, 샴, 서시베리아, 시짱(西藏), 자바 등은 1명의 대표자도 보내지 않음은 계획자의 의도가 아닌가"라고 비판했다. 미국계의 다른 영자신문은 "인종적 편견을 조장하려는 혐의가 있음을 면하기 어렵다. 지금이라도 반성하는 바 없으면 모처럼의 회의도 국제 기아로 되어 유사(幼死)할 수밖에 없을 것"이라고 논평했다.96)

이 대회에 대한 중국 국민당과 샹하이 특별시당부의 냉담한 반응은 이미 앞에서 지적한 바 있지만, 샹하이 특별시당부는 회의에 대한 반대선언에서 아시아 차원의 회의가 아시아 민족들의 환영을 받기 위해서는 회의의 목적이 제국주의 타도에 집중해야 하며, "야심을 품는 국가의 조종"이 아니라 아시아 약소민족들이 자발적으로 공동 조직하는 형태가 되어야 한다고 주장했다.

그러나 "현재 아세아대동맹이라는 것은 표면상 민족회의의 미명을 내걸어도 실제로는 오히려 일본제국주의자를 원조하여 은밀히 침략을 행한다"는 점에서 반대한다는 것이다(내무성 경보국 1928: 71). 샹하이 대회에 대해서는 이와 같이 정부차원에서뿐만 아니라 샹하이를 중심으로 한 학생회와 교육회, 노동단체 등의 시민단체는 말할 것도 없고, 일반 중국인의 경우도 일본이 아시아에서 제국주의적 정책을 추진하기 위해 계획한 것으로 판단하고 "회의의 진행을 반기지 않았다."97)

---

96) 전자는 *North China Daily News*, 11월 5일자, 후자는 『大陸報』, 11월 7일자. 내무성 경보국 1928: 69 참조.

97) 내무성 경보국 1928: 65, 70 참조. 대일외교시민대회(對日外交市民大會)의 아세아민족회의에 반대하는 전문도 이와 관련하여 주목된다. 내무성 경보국 1928: 73~74. 참고로 샹하이에 거주하는 타이완인 사상단체는 아세아연맹이 일본의 한 기관이라고 인정하고 타이완인 민중은 참가하지 않을 것을 결의하고 불참가성명을 중국신문에 발표했지만, 대부분의 샹하이 거주 타이완인들은 거의 이에 무관심했다(내무성 경보국 1928: 67).

특히 샹하이 대회에서는 자칭 중국 대표로 참석한 인물들의 대표성 문제가 쟁점으로 부각되었다. 위에서 언급한 국민당 샹하이 특별시당부의 성명은 "이 회의의 출석대표는 단지 4~5국가뿐이고 더구나 이들 대표가 그 민족의 대표일 수 있느냐는 의문이다. 중국 대표로 자칭하는 황 꿍쑤는 중앙당부의 위임을 받지 않고 또 국내 법단(法團)의 공동추선(共同推選)을 거치지 않았다. 우리는 실제로 그가 과연 무엇을 대표하는가를 알지 못한다"고 대표자격을 강하게 비판했다.[98] 샹하이 각로상계총연합회 역시 중국 대표의 자격문제를 제기했다. 회의에 대한 비판문에서 이 단체는 아세아민족회의의 "대표는 어디에서 산출되는가? 또 어떠한 자격에 근거하는가? 국민정부로부터 위임되는가 아니면 민중에서 공선(公選)되는가?"를 물으면서 "추호도 근거없는 사인(私人)으로써 중국 대표를 모칭"했다고 강하게 비난했다(같은 책 73).

러시아는 이와 다른 시각에서 대표문제를 제기했다. 중국 대표의 자격문제에 매우 비판적인 중국의 여론과는 달리 러시아는 일본이나 중국의 대표는 "본국 정부의 양해"를 얻었다는 사실을 먼저 지적했다. 그러나 중국 대표의 경우에도 각성에서 공인받지 않은 것은 문제라고 보았다. 이와 같이 중국의 경우에 제한적으로 대표성을 인정했지만, 인도를 비롯한 다른 나라의 출석 대표는 자국 정부나 국민의 인정을 받지 않았다고 비난했다. 이러한 점에서 "순연한 민족해방회의의 본질을 잃어 기대할 것이 아무것도 없다"고 하면서 이 회의가 아시아 민족 일반의 요망이 아니고 일본제국주의를 위해 개최되는 것이라고 주장했다(같은 책 66).

사정이 이러했기 때문에 일본 관헌의 보고서조차도 이 회의에 대해 매우

---

98) 회의가 종료된 이후에도 샹하이 특별시당부는 선전부장 천 떠정 명의의 성명을 통해 "다른 것은 그만두고 단순히 중국 대표에 관하여 말하면 황 꿍쑤라는 자는 누가 그를 천거하여 중화민족의 대표로 했는가? 당부의 위임도 받지 않았고 법정단체나 직업단체의 추선(推選)하는 것도 아니다"고 하여 대표성을 문제로 삼았다. 각각 내무성 경보국 1928: 71, 75 참조.

회의적이고 부정적인 의견을 가질 수밖에 없었다. 샹하이회의의 전과정을 보고한 바 있었던 내무성 경보국은 "각각 상이한 사정에 놓인 아시아 여러 민족이 권위가 결핍한 한 민중적 회합을 거듭하면서 전 아시아 공통안건을 논의하고 나아가서 이들 민족을 본 연맹에 포용하고 일본에서 이를 영도하려는 것은 도저히 불가능"하며 "하물며 어느 곳에서 회의를 거듭하더라도 공막(空漠)한 이상론의 논의를 시도할 뿐으로 약소민족은 만족하지 않"는다고 보았다. 나아가서 이 보고서는 특히 아시아의 연합에서 "주된 제휴자여야 할 중국 관민"의 부정적 반응에 주목하면서 "이러한 종류의 회의를 거듭할수록 점점 민중의 반감을 도발하고 쓸데없는 오해를 불러일으킬 따름으로 오히려 중국의 대일감정에 악결과"를 가져오는 것이 아닌가를 고려해야 한다고 권고했다. 이러한 점에서 "국제관계가 더욱 복잡화해가는 오늘날 이런 종류 내정(內情)의 회의를 진전시키는 것은 좋지 않다고 생각한다"는 의견을 표명했다(같은 책 70).

이러한 평가는 기본적으로 서구와의 협조노선을 유지하고자 했던 이 시기 일본정부의 정책을 반영한 것으로, 1930년대 후반 이래 아시아로의 급속한 경사와 극명한 대조를 이루는 것이었다. 이러한 시대 분위기에서 시도된 아세아민족회의는 안으로부터의 균열과 냉소, 그리고 무관심에 의해, 그리고 중국과 조선, 그리고 아시아 약소민족에 의한 밖으로부터의 반발과 저항에 의해 더이상 지속되지 못하고 단명으로 끝나고 말았던 것이다.

제3부

제5장 동아신질서와 동아공동체

　식민지 조선에서 민족문제는 지속적인 관심과 논쟁의 대상이 되어왔다. 시기에 따른 영향력의 차이는 있었다 하더라도 그 범위에서 사회주의와 긴장관계에 있었던 민족주의자들은 물론이고 이른바 사회주의적 국제주의(socialist internationalism)를 표방했던 사회주의자들조차도 식민지 상황에서 민족문제라는 당면 과제에 직면해야 했다. 그러나 민족주의의 점진적인 영향력 상실과 사회주의 운동의 좌절을 배경으로 일제가 대륙침략에 한창 몰두하고 있었던 1930년대 중반 무렵에 이르러 이 두 진영으로부터 민족독립이나 해방에 대한 일정한 형태의 전망을 찾는 것은 매우 어려운 일로 보였다.

　이 시기 민족문제에 대한 이러한 고뇌는 식민지 조선에만 한정된 것은 아니었다. 중국과 일본의 사례는 민족문제가 이 시기 동아시아 차원에서 대두한 공동의 과제였다는 사실을 보인다. 1931년의 만주사변을 계기로 대륙 진출의 교두보를 마련하고 곧이어 1937년에 중일전쟁을 일으켜 자국의 영토 깊숙이 진격해 들어왔던 일본에 맞서 중국은 이념과 지역을 초월한 전민족적 차원의 완강한 저항으로 맞섰다. 이러한 맥락에서 오자끼 호쯔미(尾崎秀實)는 "낮은 경제력과 불완전한 정치체제, 낙후되고 약한 군대를 가지고도 중국이 어찌 되었든 오늘까지 계속 버티고 있는 수수께끼는 실로 이 민족문제에 있다"고 썼다(尾崎秀實 1997(1939): 41).

중국에서 민족주의의 거센 분출은 일본에 영향을 미쳤다. 1938년 11월 3일 일본은 코노에 후미마로(近衞文麿)내각 명의로 널리 알려진 이른바 동아신질서 성명을 발표했다.[1] 그리고 이를 전후하여 그것을 구체화하기 위한 방안의 일환으로 '동아협동체'론이나 '동아연맹'론이라는 이름의 다양한 구상들이 출현했다.[2] "중국의 민족문제에 대한 재인식"을 배경으로 출현한 '동아신질서'의 골자는 일본이 중국에 대한 무력침략을 포기하고 중국과 더불어 "동아의 영원한 안정을 확보"하겠다는 것이었다.

중국 전선에서 일본이 당면한 어려움과 교착상태를 타개하기 위한 방안의 일환으로 제시된 이 새로운 제안은 일본 자신의 민족 정체성에도 영향을 미쳤다. 동아시아에서 중국과 어깨를 나란히 하여 상호공존과 평화를 모색하겠다는 구상은 메이지유신 이래 일본이 근대화과정에서 보여왔던 일본민족의 특수성이나 배타적 일본주의에 대한 강조에 일정한 타협과 변형을 불가피하게 했다. 만일 일본이 동아신질서에 포함되고, 협동체나 연맹의 구성원이 되기 위해서는 중국과 마찬가지로 자기 자신의 민족주의를 고수할 수 없

---

1) 중일전쟁이 2년째로 접어든 이래 병력 투입의 한계에 도달한 일본은 1938년 10월의 한꺼우(漢口), 꽝뚱(廣東) 양작전 이후 침공작전을 계속할 수가 없게 되면서 이른바 '공략공세(攻略攻勢)'로 전환했다. 동아신질서 성명은 실로 이 전환을 상징적으로 보이는 것이었다. 安部博純 1989b: 95 참조.

2) 오자끼 호쯔미(1997(1939): 36)는 "일본제국의 이 성명 이후 '동아신질서'의 내용을 이룬다고 생각되는 '동아협동체'론과 '동아연맹'론은 여러가지 다양성을 가지고 일시에 쏟아져 꽃이 피는 듯한 장관을 보여주었다"고 서술했다. 동아협동체를 예로 들면 이 성명의 영향으로 1938년 가을부터 1939년 여름까지의 사이에 그에 관한 논문은 100편 이상, 단행본은 12권이 출판되었다고 한다(조관자 2007: 177).

다는 것은 자명한 사실이 될 것이다. 이러한 맥락에서 동아협동체의 제안자로 알려진 미끼 키요시(三木淸)는 "편협한 일본주의를 만주와 지나에 강요하는 것은 궁극적으로 성공할 가능성이 없을 뿐만 아니라 동아협동체의 정신에 반하는 것"이라고 지적했다(三木淸 1968(1938c): 548; 함동주 2000: 354).

중국과 일본 사이에서 새로이 조성된 이러한 변화에 대해 조선의 지식인들, 특히 사회주의자들은 민감하게 반응했다. 오자끼 호쯔미(같은 책 51)가 지적한 바와 같이 일본이 중국에 대해 제시한 '동아신질서' 구상이 '진지함과 겸허함'을 갖는다고 한다면, 동아시아의 일원으로서 조선 역시 그 적용의 대상이 되어야 한다고 이들은 생각했다. 서인식(徐寅植)이 동아협동체의 이념은 비단 중국에 대해서 만이 아니라 조선인을 국민으로 포함하는 "일종의 민족협동체로서의 국내 신질서의 이념"으로 되어야 한다고 하면서 "동아 제민족의 정치적 주권과 문화적 독립은 끝까지 서로 시인하고 존중되어야 한다"고 언급한 것은 이러한 맥락에서 이해된다(서인식 1939: 7; 홍종욱 2000: 193).

서인식의 사례에서 보듯이 이 시기 '동아신질서'의 구호에는 사회주의자들, 그중에서도 전향자들이 특히 민감하게 반응했다. 전향에 대한 기존의 연구는 흔히 일제의 강압이나 회유에 의한 개개인의 변절과 배신이라는 점을 강조하면서, 그것을 반민족, 혹은 친일문제와 관련하여 주로 논의해왔다. 일본에서도 그러했지만 최근에 이르러 한국에서도 이들의 전향을 당시의 시대적 맥락 안에서 해석하면서 전통적 평가와는 다른 의미를 부여하려는 연구들이 나오고 있다.[3] 비록 이 글에서 다루는 사회주의자들의 전부가 전향한

---

3) 전향에 관한 일본에서의 연구는 일찍이 1950년대 말부터 시작되었지만, 조선인을 대상으로 한 최근의 연구에서 한 연구자는 "전향자의 내적 논리가 어떠한 정치적 활동으로서 구체화하고, 그것이 당시의 사회상황과 어떻게 결부된 것인가 하는 점에까지 관심을 가진 연구는 적다"는 사실을 지적하고 있다(松田利彦 1997: 132). 한국에서도 홍종욱은 "단순히 회유와 탄압이라는 말만으로 설명되기 어려운 당시의 세계사적 움직임을 고려한다면 모든 문제를 주체의 허약함으로 돌리는 태도는 그야말로 당시 사람들을 속죄양으로 삼아 당시

사례가 아니라고는 하더라도 전향에 관한 이러한 문제의식의 일정 부분을 공유하면서 논지를 전개하게 될 것이다.

전향자를 포함하여 이 시기 사회주의자들 사이에서는 동아신질서에 대한 해석과 의미 부여를 둘러싸고 열띤 논쟁이 벌어졌다. 동아신질서의 문제를 둘러싼 이러한 의견의 상이성과 다양성은 몇가지 요인들을 고려함으로써 설명될 수 있다. 무엇보다도 먼저 동아신질서 자체가 가지는 개념의 모호성이 있었다. 1938년 11월 일본내각에 의해 발표될 당시의 그것은 엄밀하게 말하자면 실체적 내용이 담보되지 않은 일종의 수사와 담론으로서의 선언에 지나지 않았다. 동아협동체론의 이론적 제안자들 중의 한사람으로 알려진 오자끼 호쯔미는 이러한 점에서 코노에내각이 선언한 '신질서'의 형태가 불명확하다고 언급하면서, 동아협동체론의 제안과 설명이 각방면에서 수없이 많이 이루어졌지만 그에 대한 어떠한 비판도 없었다는 점을 지적했다[4].

다음에는 이러한 모호성을 배경으로 동아신질서의 내용에는 다양한 이론적 쟁점들이 개입하고 있었다.[5] 지금까지 말해왔듯이 이들 중에서 민족문제가 가장 큰 비중과 의미를 차지한다는 사실은 자명하다. 동아신질서의 출발 자체가 중국의 민족문제에 대한 재인식에서 출발했다는 언급에서 보듯이[6],

---

상황에 대한 진지한 접근을 포기하는 것"이라고 하면서, "전향정책의 대상 또 전향의 주체가 주로 사회주의자였던 점에 주목하여 전향이 근대 비판적 성격 — 탈식민지화, 반자본주의화라는 의미에서 — 을 가지고 있었던 것에 주목"해야 한다고 주장했다(홍종욱 2000: 205; 2004: 160).

4) 尾崎秀實 1997(1939): 36~38. 최근의 연구에서 함동주(2000: 343) 또한 동아협동체론은 각기 다른 입장을 지닌 논자들에 의해 다양한 형태로 전개되었기 때문에 한마디로 규정할 수는 없다는 사실을 지적하고 있다.

5) 이러한 맥락에서 차재정(車載貞)은 동아신질서를 고찰할 때 논의의 중점은 자본주의와 반자본주의, 민족주의와 국제주의, 일본주의와 동아주의, 동아전체주의와 세계주의 등의 대립항에 의거하여 보아야 한다고 주장했다. 차재정 1939: 66 참조.

6) 尾崎秀實 1997(1939): 40. 함동주는 동아신질서론은 일본제국주의가 민족문제의 중요성을 인식하고 해결하고자 한 시도로 등장했음에도 불구하고 기존의 연구들은 동아신질서론의 민족문제에 대한 입장과 의의에 대해 충분한 관심을 보이지 않고 있다고 지적하고 있다(함

민족문제를 둘러싼 일본과 조선, 제국과 민족의 대립은 한중일의 지식인들 사이에서 뚜렷한 대비를 이루는 것이었다. 조선의 (전향) 사회주의자들 역시 예외가 아니었다. 친일, 혹은 반민족이라는 하나의 범주로 단순화시키기에는 너무나 상이하고 다양한 의견의 차이가 이들 사이에서는 존재했다.

민족문제와 관련되면서도 그에 못지않은 중요한 쟁점으로는 동양과 서양의 대립을 들 수 있다. 동아협동체나 동아연맹 등 동아신질서와 관련한 일련의 제안들은 '동아'라는 접두어를 공통적으로 가지고 있다. 여기서 말하는 '동아'는 두 차원에서 해석될 수 있는 것이었다. 하나는 서구에 대한, 다시 말하면 타자로서 서구를 의식하는 구별로서의 동아이고 다른 하나는 일본을 포함한 동아시아 내부의 국가/민족들과의 동일성이라는 차원에서의 동아였다. 후자의 측면에 주목해본다면 일본은 이 시점에 이르러 메이지유신 이래 하나의 흐름을 이어왔던 아시아주의에 다시 호소하는 전략으로 복귀한 것이라고 할 수도 있었다.[7]

동아신질서에 내포된 두 주요 쟁점, 즉 일본-조선과 동양-서양의 두 대립 변수를 교차시킨 아래의 그림은 이 두 쟁점과 관련하여 이 시기 사회주의자들에게서 나타났던 다양한 의견의 편차를 잘 보이고 있다[8]. 여기서 언급하

동주 2000: 340).

7) 오자끼 호쯔미(1997(1939): 37)는 동아협동체의 이념은 일본의 역사에서 이미 오랜 것으로서 동아연맹의 사상과 함께 '대아시아'론의 흐름을 따르는 것이라고 언급한다. 그러나 후술하듯이 동아협동체의 이론적 기초자인 미끼 키요시는 아시아주의와는 일정한 거리를 두었다는 점에서 동아협동체론자들이 모두 아시아주의를 지지한 것은 아니었다.

8) 현영섭을 논외로 한다면 이 그림의 오른쪽에 위치한 김한경 등은 동아협동체론자로 분류되어왔으며, 왼쪽에 위치한 강영석과 조영주, 양인현은 동아연맹의 지지자들이다. 일반적으로 동아협동체에 대한 연구는 많은 편이지만 동아연맹에 관한 연구는 일본에서 소수의 연구를 제외하고는 거의 이루어지지 않았다. 동아협동체론을 대변하는 사회주의자들이 상대적으로 많이 선택된 것은 이러한 이유에서이다. 이 주제와 관련하여 자신의 의견을 개진한 거의 대부분의 사회주의자들이 여기에는 망라되어 있다. 이와 대조적으로 동아연맹을 대변하는 전향자들의 수는 상대적으로 많지 않은 편이다. 나아가서 사회주의에 대한 이들의 헌신 역시 동아협동체론자들에 비해 상대적으로 약하고 지속적이지 않은 경향을 보인다. 동

는 사회주의자들의 대부분은 1920년대 식민지의 사회운동과 공산주의 운동에 직접 참가하고,[9] 아울러 일본에서 공부하거나 활동한 경력을 가지고 있었다.[10] 이들 대부분은 이러한 활동의 결과 일본 경찰에 체포되어 감옥생활을 했으며, 옥중에서 혹은 출감 이후 전향했다. 전향자로서 이들은 코노에내각의 동아신질서에 일정한 형태로 호응했으며, 1940년 이후 동아신질서가 변질되는 과정에서 이들 중의 일부는 절필을 하고 공공 영역에서 사라지거나 또다른 일부는 적극적인 친일의 길로 나섰다.

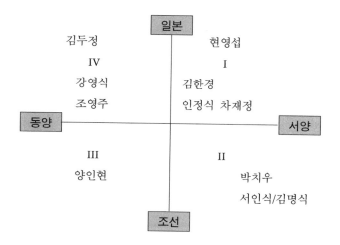

아연맹 지지자들의 글은 동아연맹과 관련된 몇몇 잡지들(예컨대 일본에서 발간된 『동아연맹』이나 『왕도문화』, 조선에서 간행된 『동양지광』)에 흩어져 있다.
9) 유일한 예외로서 양인현을 들 수 있는데, 그는 1936년 일본 쿄오또의 도오시샤(同志社)대학에서 유학을 했기 때문에 사회주의가 퇴조를 보였던 이 시기에 그에 접할 수 있는 기회 자체를 갖지 못했다.
10) 박치우는 조선에서 경성제국대학을 졸업하고 평양 숭실학교 교수로 재직하는 등 일본에서의 경력이 전혀 없었다. 일제 말기 중국으로 건너가 잠시 체류했던 것이 그의 해외 경험의 전부였다.

앞의 그림에서 보듯이 일본-조선을 양극으로 하는 세로축은 민족문제에 기준을 둔 것으로 이에 따르면 가장 위쪽에 위치한 김두정(金斗禎)이나 현영섭(玄永燮)의 경우가 가장 반민족적이었다고 할 수 있고 반면에 아래에 위치한 서인식, 박치우(朴致祐), 김명식(金明植), 양인현(梁麟鉉)의 경우는 상대적으로 민족적 입장을 지녔다고 할 수 있다. 다음에 동양-서양을 양극으로 하는 가로축을 보면 오른쪽에 위치한 서인식, 박치우 등은 합리성과 보편성으로서의 서구적 가치들의 탐구에 몰두했으며, 왼쪽에 위치한 김두정이나 조영주(曺寧柱), 강영석(姜永錫) 등은 동양의 인종이나 문화, 사유체계 등이 가지는 독자성과 고유성에 주목하고자 했다. 서구적 가치의 보편성에 대한 회의는 최근 들어와 점차 증대하고 있지만, 전자의 경우가 보편주의의 대의에 대한 헌신을 보인다고 한다면 후자는 특수주의로서의 동양적 가치들의 탐구에 몰두했다고 할 수 있다.

조선의 사회주의자들에게서 나타난 이러한 위상의 차이는 동시에 동아신질서의 양대 흐름인 동아협동체와 동아연맹에도 투영되었다. 구체적으로 보면 위의 그림에서 철저하게 민족을 부정하는 입장에 섰던 김두정과 현영섭을 논외로 한다면 김한경(金漢卿), 인정식, 차재정, 서인식 등 동아협동체의 옹호자들은[11] 앞의 그림 오른쪽, 즉 I, II분면의 어딘가에 위치한다. 이와 대조적으로 조영주, 강영석, 양인현 등 동아연맹의 지지자들은 위 그림의 왼쪽인 III, IV분면의 어딘가에 위치하는 것이었다. 이는 동양-서양의 대립변수를 고려한 것이지만, 민족문제를 둘러싼 세로축을 고려해본다면, 동아협동체는 II분면보다는 I분면에 가까이 놓일 수 있으며, 동아연맹은 상대적으로 IV

---

11) 인정식과 김한경의 경우 조선에서 동아연맹론의 근거지였던 『동양지광』과도 관계가 있었다. 1939년 1월부터 인정식이 이 잡지의 편집주임을, 김한경은 8월부터 편집부장(동양지광사 1939: 71; 森田芳夫 1940: 55~56)으로 일했던 사실을 보면 이들은 동아연맹과도 일정 정도의 친연성을 가지고 있었던 것으로 보인다. 후술하듯이 이론적으로 보더라도 동아협동체보다는 동아연맹이 민족문제에 대해 상대적으로 유연한 접근을 하고 있었다는 사실도 동아연맹에 대한 이들의 친연성을 설명할 수 있을 것이다.

분면보다는 III분면에 더 가까운 곳에 자리잡을 수 있을 것이다.

1. 동아신질서와 동아협동체, 동아연맹

이러한 지적은 이 두 흐름의 각각이 민족과 동아시아문제에 대해 상이한 인식과 제안들을 가지고 있었다는 사실을 보이는 것이다. 이러한 차이는 '동아신질서' 이론 자체만에 그치지 않았다. 식민지 모국에서 제안된 동아협동체·동아연맹 이론과 식민지의 사회주의자들에 의한 그것의 수용과 해석 사이에는 일정한 거리와 긴장이 늘 있었기 때문이다. 이른바 동아신질서의 일환으로 제기된 동아협동체와 동아연맹 이론에 대해 조선의 사회주의자들이 민감하게 반응한 사실은 이미 지적한 바 있거니와, 이들 이론에 대한 일본에서의 논의와 조선에서의 수용이라는 양자 사이에서 일정한 의견의 차이가 조성되었다는 것이다. 다시 말하자면 동아연맹이나 동아협동체라는 동일 기표(signifiant)에 대한 제국 일본과 식민지 조선에서의 기의(signifié)가 각각 달랐다고 할 수 있다. 일본에서 동아협동체·동아연맹의 이론과 조선에서 사회주의자들의 지향이 늘 일치를 보인 것만은 아니었다는 점에서, 현해탄을 사이에 둔 양자 사이에는 불일치와 갈등, 그리고 상호모순이 존재했다는 사실을 먼저 염두에 두어야 할 것이다.

동아협동체는 코노에 후미마로의 두뇌집단인 쇼오와연구회[12)에 의해 주

---

12) 쇼오와연구회(昭和硏究會)는 코노에의 측근이던 고또오 류우노스께(後藤隆之助)가 토오꾜오대학의 정치학 교수였던 로오야마 마사미찌(蠟山政道)와 함께 1933년 10월에 만든 것으로, 1936년 2·26사건을 거치면서 같은 해 11월에 이르러 설립취의서를 발표하고 사업요강을 결정하는 등 연구회의 개편·정비를 통해 본격적인 활동을 전개했다. 이어서 1937년에는 흔히 '혁신좌파'로 알려져 온 오자끼 호쯔미나 미끼 키요시가 여기에 가담했으며, 곧이어 1938년 11월에 발표한 코노에 성명에 의해 동아협동체론은 일종의 '국책'으로 확립되었다(함동주 1996: 164; 2000: 342; 차승기 2002: 95; 2003: 244; 홍종욱 2004: 169).

도된 것으로 로오야마 마사미찌, 미끼 키요시,[13] 오자끼 호쯔미[14] 등이 이
연구회의 핵심인물이었다. 동아연맹의 중심인물은 1931년 만주사변을 주도
하고 만주국 건설을 주도했던 일본 육군의 이시와라 칸지(石原莞爾)로서,[15]

13) 전전 일본의 대표적인 철학자의 한사람으로 1930년 5월 일본공산당에 자금을 제공한 혐
   의로 검거, 기소되어 11월 중순까지 형무소에 구치되었으며, 이 사건으로 대학을 떠나 자유
   주의 좌파의 재야 사상가로 활동했다. 독일에서 파시즘정권이 성립하자 이를 비판하면서
   학예자유연맹의 결성에 참여하여 시민적 자유를 옹호했고, 일본의 파시즘 정부에 대해 "저
   항을 통한 협력, 협력을 통한 저항"의 자세를 가지면서 자신의 철학적 신념을 방기하지 않
   은 인물로 평가되고 있다. 그는 메이지유신 이래로 일본사회에 뿌리내린 서구교육의 전형
   적 산물이었다. 쿄오또대학에서 수학하면서 니시다 키따로오(西田幾多郎) 철학과 당시 유
   행하던 교양주의의 영향을 받은 후 독일 유학을 통해 신칸트주의의 영향 속에서 개인의 의
   식과 도덕적 자각을 중심으로 하는 철학체계를 구상했다. 동아협동체에 대한 그의 구상은
   중일전쟁 초기부터 형성되었지만, 코노에 선언 이후부터 동아협동체를 직접 언급하기 시작
   했다. 태평양전쟁의 막바지인 1945년 3월 28일 치유법 위반혐의로 구속, 수감된 후 전쟁이
   종결된 9월 26일에 옥중에서 병사했다(함동주 1996: 166~67, 172; 2000: 347; Najita and
   Harootunian 1988: 740).
14) 저널리스트이자 중국연구가로 당시 중국에 대한 이해가 가장 뛰어난 지식인의 한사람으
   로 평가받았다. 타이완에서 태어나 중학 교육을 마치고 토오꾜오에서 제일고와 토오꾜오대
   학 법학부 정치학과를 졸업하고 아사히신문사에서 일하다가 1937년 쇼오와연구회에 참가
   하면서 코노에내각의 촉탁으로 되었다. 코노에내각의 해산 이후 만철조사부 촉탁으로 활동
   하다가 이른바 솔케사건으로 체포되어 사형판결을 받고 1944년 11월에 사형이 집행되었다
   (伊東昭雄 1990: 248~49).
15) 일찍이 중학생 시절에 군인이 되고자 했던 그는 육군중앙유년학교(1907)와 육군사관학교
   (1909)를 거쳐서 1910년 조선의 춘천에서 근무했다. 이후 1915년에 육군대학에 입학하여
   1918년에 졸업한 이후 1922년에는 독일로 유학하여 제1차 세계대전의 전사(戰史)를 연구
   했다. 그의 지론인 '세계최종전쟁'의 발상은 이 시기에 구체화된 것으로, 이는 일련주의(日
   蓮主義)에 기초한 그의 종교관을 반영한 것이었다. 그는 석존의 입멸 후 2500년이 경과한
   2015년 내지 2020년 무렵에 세계 최종전쟁이 일어날 것으로 예측했다. 小林英夫 1996:
   9~10 참조. 만주국 건국에 결정적 역할을 했던 그는 쿄오또 지나학파의 전통을 원용하여
   만몽영유론을 주장했다. 야마무로 신이찌는 이는 칭기스칸의 유라시아 정복이라는 몽골인
   종의 세계사적 위업을 이어받아 같은 인종인 일본인이 아리안인종에 비견될 수 있다는 식
   의 황백인종 투쟁론과 동서문명 경쟁론을 내포한 것으로 아시아주의 담론에 이론적 근거를
   제공한 것이라고 지적한다(山室信一 2005: 73). 이시와라 칸지의 동아연맹론에 대해서는

코노에 성명이 발표된 이후인 1939년 10월에 동아연맹협회가 활동을 시작하고[16] 이와 동시에 기관지 『동아연맹』을 간행했다[17]. 동아연맹의 사상적 대변자는 미야자끼 마사요시(宮崎正義)로 알려져왔으며,[18] 그밖에도 이또오 로꾸주지로오(伊東六十次郎), 나까야마 마사루(中山優) 등이[19] 여기에서 활

쑨 중산(쑨 원)이 대아시아주의에서 제기한 왕도와 인의의 왜곡과 이용이라는 비판도 제기되고 있다. 楊念群 2005: 110 이하 참조.

16) 동아연맹이라는 표현은 1933년에 이시와라에 의해 처음으로 사용되었다. 만주국이 건국된 당시 왕도낙토를 목표로 오족협화를 실현한다는 슬로건 아래 많은 단체들이 출현했는데, 이시와라는 그 일환으로 오족협화를 목표로 하는 정책결정의 중심기관으로 만주국협화당을 조직하고자 했다. 1932년 7월 만주국협화회로 명칭을 변경하여 발족한 이 조직은 1933년 3월 회무요령의 선언에서 '동아연맹'이라는 표현을 처음으로 사용했다. 애초에 동아연맹이란 그의 지론인 세계최종전쟁의 도래에 대비하기 위한 일본, 만주, 화북의 군사적, 경제적인 일체화라는 정도의 의미를 가진 것이었다. 1938년의 코노에 성명을 계기로 그는 이 연맹을 통해 만주국의 통치이념인 민족협화나 왕도 원리를 일중관계에 적용하고 정치의 독립, 국방의 공동, 경제의 일체화 등을 조건으로 일본의 일정한 양보 아래 일중간의 전쟁 정지, 연맹관계의 형성 등을 꾀하고자 했다. 그런데 실제로는 그 이면을 들여다보면 동아연맹을 결성하기 위한 움직임은 코노에 성명이나 중국의 '괴뢰'정권인 왕 징웨이정부 및 일본의 특무기관과의 사이에 극비리에 맺어진 밀약과 깊은 관계를 가지고 진행되었다고 한다(小林英夫 1996: 8~9, 12; 松田利彦 1996: 67).

17) 1939년 11월에 창간호가 나온 이래 1945년 10월까지 발행되었다. 동아연맹협회 자체는 1941년 1월 일본 각의가 결사의 금지를 결정한 이후 활동이 정지된 이후에도 동아연맹동지회로 명칭을 변경하여 활동을 계속했다. 1945년 8월의 종전 이후 매카서사령부의 명령으로 이 단체는 해산되었지만, 『동아연맹』은 1953년 4월에 같은 명칭으로 발간되어 이듬해인 1954년 3월까지 간행된 10책이 현재 전해지고 있다(小林英夫 1996: 16~17).

18) 이시와라가 연하의 그를 '선생'으로 부를 정도로 동아연맹의 중심인물로서 활동했다. 만철조사부 출신으로 일만(日滿)재정경제연구회를 주재하고 일본의 전시경제체제를 만드는데 중요한 역할을 한 것으로 알려져 있다. 1938년 12월 개조사에서 출판한 『동아연맹론』에서 그는 동아의 구미세력을 구축하고 일만지를 일체로 하는 동아신체제를 건설하여 일본 국내에도 신질서를 만들어 일중전쟁의 근본적 해결과 일본의 총력전 체제의 구축을 꾀해야 한다고 주장했다. 그는 일만지를 묶는 끈은 서양이라고 하는 제국주의적 관계가 아니라 동양 고유의 대승적 왕도정신이어야 한다고 주장했다. 지배와 종속이 아닌 "자주적 입장에서 맹약"으로서의 왕도사상을 실현하기 위한 과업을 그는 쇼오와유신으로 일컬었다(小林英夫 1996: 8, 11).

동했다.

동아신질서를 대표하는 이 두 흐름은[20) 코노에내각의 성명이 발표된 이후 1939년부터 1940년에 걸쳐[21) 일본 국내에서 활발하게 논의되었으며 일부는 조선, 혹은 만주를 포함한 '괴뢰'정권 지배하의 중국에도 소개되었다.[22) 그럼에도 불구하고 두 흐름을 비교해볼 때 몇가지 유의미한 차이와 대조를

19) 전자는 토오꾜오제국대학을 졸업한 이후 만주 대동학원 교수를 거쳐 협화회에 가입한 이후 이시와라의 요청으로 동아연맹의 창립에 참가했으며 후자는 동아동문서원 출신으로 이시와라의 추천을 받아 만주 건국대학의 교수로 취임했다(小林英夫 1996: 7).
20) 연구자에 따라 의견이 조금씩 다르지만 하시까와 분조오(橋川文三)는 동아신질서와 관련한 다양한 제안들을 4가지 범주로 구분한다. 동아협동체론과 동아연맹론, 수메라·아지아(すめら(皇)·あじあ)론, (일만지)경제블록론 등이 그것으로 뒤의 두가지는 실제로는 주목을 받지 못했다고 한다. 특별히 좁은 의미에서의 동아신질서론은 3번째의 수메라·아지아론으로 카노꼬기 카즈노부(鹿子木員信) 등이 주창했던 것이다. 이중에서 가장 영향력이 가장 컸던 것은 미끼 키요시, 로오야마 마사미찌 등이 중심이 된 쇼오와연구회의 동아협동체론이고, 이시와라 칸지, 타찌바나 시라끼(橘樸) 등의 동아연맹도 적지 않은 영향을 미쳤다고 그는 지적한다. 그는 동아연맹의 이론이 "협동체이론과 기묘하게 교차"한다고 지적하면서, 후자가 주로 국책수립의 관점에서 쇼오와연구회 계통의 사람들이 주도한 것에 비해 전자는 이와는 별개로 대륙기질을 느낀 사람들에 의해 제창된 것으로 평가했다. 橋川文三 1977: 278, 282 참조
21) 伊東昭雄 1990: 251. 함동주(1996: 163)는 이보다 시기를 좁혀서 동아협동체론이 일본 사회에서 집중적으로 논의된 것은 1938년 후반에서 1939년 전반에 걸친 시기로 중일전쟁의 확대라는 대외사정에 직면하고 있던 상황을 거론한다.
22) 이에 대한 중국에서의 반응은 결코 호의적이지 않았다. 이른바 중경정부로 일컬어졌던 장 제스 정부에게 이 제안은 새로운 점령군을 해방군으로 분식하는 음모에 지나지 않았으며, 동아신질서에 호응하여 '한간(漢奸)'으로 비판받았던 왕 징웨이조차도 "경제침략을 근간으로 하고 군사침략으로 그것을 돕는" 서구 침략주의와 다르지 않다고 경계했다. 조관자 2007: 180. 최근 그것이 지니는 양면적이고 복합적인 성격을 이해하고자 하는 연구들이 나오고 있다고는 하더라도 이에 대한 연구자들의 평가도 긍정적이지는 않았다. 예를 들면 동아협동체에 대해서는 "일본제국주의적 침략을 호도하는 철학적 분식의 언설"(子安宣邦 2003: 36), "제국일본의 자기방위를 위한 세계 전략"(조관자 2007: 181)과 같은 평가들이 나오고 있고 동아연맹에 대해서는 그 이념이 "일본을 포함한 아시아 전역이 구미제국주의의 지배 아래 있다고 하는 허구에 의해 일본의 중국침략을 합리화"했다는 지적이 있다(桂川光正 1984: 374).

찾아볼 수 있었다. 먼저 지적할 것은 동아협동체가 정치가, 학자, 언론인 등 서구 취향의 지식인들에 의해 제안된 것과 대조적으로 동아연맹은 비록 정치인이나 관료가 없었던 것은 아니라고 할지라도 우선적으로는 군부(육군)의 일부와 만주국 관료, 그리고 국가주의자나 아시아주의자에 의해 지지되었다.[23] 이와 관련하여 다음에 지적할 것은 동아협동체의 지지자들이 주로 서구에서 혹은 서구식의 교육을 받았던 데 비해 동아연맹에는 동양적·일본적 문화와 전통의 옹호자들이 많았다.[24] 나아가서 동아협동체의 제안자들은 다양한 의견의 차이를 배경으로 내부에서 복잡한 구성을 보였지만,[25] 동아연맹은 이시와라 칸지를 중심으로 상대적으로 단일하고 일관된 조직 체계를 유지했다.[26] 다음에 시간적으로 보아 동아협동체와 동아연맹의 양자는 모두 1940년대로 들어서면서 대동아공영권으로 흡수되어갔지만, 동아협동체가

---

23) 이들 대부분은 동아동문서원이나 동방회, 범아세아학회, 대아세아협회, 국주회(國柱會), 일본국체학회 등의 국가주의나 아시아주의 계열의 단체들에 관계했다.

24) 현영섭은 동아협동체론은 "서양의 구미연방론자, 특히 웰즈(H. G. Wells)와 같이 자본주의를 비판하고 개인의 자유를 옹호하는" 자유주의자들이 많은 반면에 동아연맹론자 중에는 "불교와 역경, 시경 등의 동양사상에 출발한 사람이 많다"고 지적했다. 天野道夫(현영섭) 1940: 214 참조.

25) 이러한 점에서 오자끼 호쯔미는 "동아협동체의 이론 속에 여러가지 혼란이 있고, 게다가 실제 정치 속에서 제기된 이 이론과 그 적용 사이에는 본질적으로 양립할 수 없는 대립된 이념이 포함되어 있다"고 지적했다(尾崎秀實 1997(1939): 47).

26) 이시와라 없이 동아연맹론을 생각하기는 힘들지만, 그렇다고 하여 동아연맹의 내부에서 다른 흐름이 없었던 것은 아니다. 동아연맹 자체에서도 분파가 있었지만, 마쯔이 이와네(松井石根), 시모나까 야사부로오(下中弥三郎), 토꾸또미 소호오(德富蘇峰), 나까따니 타께요(中谷武世) 등이 중심이 되어 1933년 3월에 조직한 대아세아협회나 그 전신인 범아세아학회, 이시와라의 스승인 타나까 치가꾸(田中智學)를 고문으로 한 일본국체학회 등이 동아연맹과 직간접으로 관련을 맺고 있었다. 伊東昭雄 1990: 251; 松田利彦 1997: 138 참조. 이진경이 쇼오와연구회와 비교하여 동아연맹에는 상대적으로 우익적인 기원을 갖는 사람들이 많았다고 말한 것은 이러한 아시아주의의 분위기를 반영한다. 그는 동아연맹이 지식인만이 아니라 군인과 관료, 종교인, 농민자치운동가 등 다양하고 이질적인 사람들에 의한 대중운동과 결부되어 있었다고 지적한다(이진경 2006: 7).

상대적으로 단기간에 소멸되어버린 것과 대조적으로[27] 동아연맹은 종전 이후에도 일정기간 존속하면서 지속적인 활동 양상을 보였다. 마지막으로 공간의 측면에서 보면 전자의 활동 무대가 일본제국의 중심부인 토오꾜오와 쿄오또의 대도시였다고 한다면 후자는 제국의 변방인 만주[28]를 주된 근거지로 하여 활동했다.

동아협동체와 동아연맹의 비교를 통한 이러한 대조는 민족문제와 아시아관에 대한 양자의 상이한 이해와 접근방식과 밀접한 관련을 가지고 있었다. 이러한 점에서 이제 이 두 흐름에서 나타난 민족문제와 아시아 인식을 구체적으로 검토해보기로 하자.[29]

1) 동아협동체론

(1) 민족관

먼저 동아협동체론자들의 민족문제를 살펴보면, 이들은 민족주의가 지니는 원론적 차원에서의 의의를 인정했다. 예를 들면 로오야마는 근대 서구의 분석적 과학과 아울러 영토적인 민족국가의 이론과 같은 서양 사상은 "동양의 내재적 결함을 보충"하는 사상으로서의 의미를 가지며, 이와 같이 합리화

---

27) 이미 보았듯이 여기에는 주요 이론가인 오자끼 호쯔미나 미끼 키요시의 투옥과 사형, 그리고 옥사 등과 같은 요인이 작용했다.
28) 앞에서 언급한 바 있듯이 하시까와 분조오가 말하는 '대륙기질을 느낀 사람들'이 그것이다.
29) 동아협동체론에서는 철학적인 측면에서 사상적 기반을 제공한 미끼 키요시의 전집이 있으며(전19권, 岩派書店 1966), 오자끼 호쯔미 역시 중국문제 전문가이자 운동자로서 전5권의 저작집이 있지만(勁草書房 1977~79) 여기에서는 동아협동체의 대표 논문만을 분석대상으로 했다(尾崎秀實 1997(1939)). 정치학자인 로오야마 마사미찌에 대해서도 오자끼와 같은 『개조(改造)』에 실린 논문(1938)을 중심으로 검토했다. 동아연맹에 대해서는 동아연맹협회의 기관지인 『동아연맹』에 수록된 여러 논문들과 아울러 최근 간행된 『東亞聯盟期の石原莞爾資料』(野村乙二郎 2007)를 주된 자료로 이용했다.

된 근대 유럽의 민족주의야말로 19세기 중엽 이래 동양민족을 각성시켰다고 주장했다(蠟山政道 1938: 11~12). 로오야마와는 달리 서구 민족주의의 시기를 르네쌍스로 거슬러 올라가서 그 역사적 의의를 설정했다고는 하더라도 미끼 역시 민족주의는 개별 민족의 고유성과 특수성에 대한 깊은 인식을 제공한다는 점에서 서구 근대의 역사적 경험 만에 근거를 둔 자유주의나 개인주의의 추상성을 극복할 수 있다고 보았다(三木淸 1967(1938): 317).

그럼에도 불구하고 이들이 보기에 민족주의는 역사적으로 한정된 특정한 시기에만 의미를 갖는 것이었으며, 자신들의 시대에는 민족주의가 이제 더 이상 유용성을 가지고 있지 않다고 보았다. 중국의 항일투쟁에서 분출된 민족주의의 의의를 인정하면서도, 이들은 새로운 동아신질서의 건설을 위해 그것을 타파해야 한다고 주장했다.30) 이러한 맥락에서 함동주는 민족주의에 대한 미끼의 비판은 일본의 동아신질서 건설에서 가장 문제가 되는 중국 민족주의를 비판하는 근거가 되었다고 지적한다.31) 나아가서 중국의 민족주의에 대한 이러한 비판의식은 일본의 민족주의에 대한 부정으로 이어졌다.32)

---

30) 중국의 민족주의가 근대국가의 발전을 동반한다는 점에서 "역사적 필연성과 진보적 의의"를 가지고 있다고 하면서도, 미끼는 신질서가 표방하는 바로서의 일본과 중국의 제휴를 위해서는 중국의 "항일사상을 절멸하지 않으면 안된"다고 하는 주장에 공감을 표명했다(三木淸 1967(1938): 311; 1968(1937a): 260). 오자끼는 중국의 항일투쟁에 대해 "당연히 제기할 만한 주장"이라고 동의를 하면서도, "당분간은 민족적 항쟁을 시도할 중국에 대해 '코란과 칼'의 형식을 띤 투쟁이 견지"될 것이라고 보았다(尾崎秀實 1997(1939): 44).

31) 함동주 1996: 175. 아울러 중국 민족주의에 대한 미끼의 논의에 관해서는 함동주 2000: 348~52 참조.

32) 이러한 맥락에서 로오야마는 동아협동체론이 "일본인만에 통하는 특수한 이론이어서는 안된다"고 경고했다(蠟山政道 1938: 18). 그런가하면 미끼는 일본의 극단적인 민족주의의 형태로서 일본주의에 대해 비판적 입장을 보였다. 이러한 점에서 일본의 특수성만을 강조하는 일본주의를 독일 파시즘의 변형으로 규정하여 비판했다. 마찬가지 맥락에서 신도오에 근거를 둔 국체명징(國體明徵)과 제정일치를 주 내용으로 하는 일본정신에 대해 그는 "너무나 복고적으로 한정"된 "대내적 입장"만을 반영하는 "독선적인 일본정신론"으로 비판했다. 일본주의의 지나친 특수성에 대한 강조가 보편성의 결여로 이어진다는 사실을 경계한

전반적으로 보면 동아협동체 이론에서 민족주의의 문제는 일관성과 정합성이라는 점에서 심각한 자기모순을 노출했다. 동아협동체의 옹호자들은 서구적인 의미에서 근대 민족주의에 대한 비판을 근거로 중국(과 일본)의 민족주의를 부정함으로써 새로운 동아시아의 비전을 제시하고자 했다. 그럼에도 불구하고 이 새로운 동아시아상이 일본은 물론이고 중국에서도 호소력을 가지기 위해서는 민족주의에 대한 의미 부여가 일정한 형태로 유지되어야 했다. 이 점은 동아협동체의 정치체제에 대한 로오야마의 논의에서 전형적인 형태로 찾아볼 수 있다.[33] 중국이 중앙집권적인 연방정부가 되더라도 동아시아 차원에서의 연합체제는 "그 구성분자가 그 국체 및 정체를 달리 하고 또 그 국가사정을 함께하고자 하는 관계로 당연히 국가연합 이상의 것일 수

것이다(三木淸 1968(1936): 189; 1968(1937b): 208~10). 그럼에도 불구하고 그의 이론이 일본민족주의의 한계를 극복하고 새로운 보편성의 지평을 추구한 것이라고 말할 수는 없다. 함동주는 미끼의 동아협동체론이 일본의 천황지배의 원리에 입각한다는 점에서 민족적 특수성에서 벗어나지 못했다는 사실을 지적한다. 조관자는 미끼의 동아협동체론과 관련하여 "일본중심의 '협동'을 관철한다는 정치적 입장의 불공정함이 보편성의 폭력을 정당화하고 있"다고 언급했다. 함동주 2000: 353~55; 조관자 2007: 180 참조.

33) 동아협동체에 대한 무수한 논의들에도 불구하고 그 구체적인 내용에 대한 검토가 의외로 많지 않다는 점에서 로오야마의 논의는 주목된다. 그에 따르면 동아협동체는 이원적인 방식으로 구성된다. 첫 단계인 중국의 내부구성에 관하여 그는 "일원적 중앙집권국"과 "지방적 자치정부의 연방조직"의 두 가능성을 상정했다. 불투명한 중국의 정국에서 그것이 어느 방향으로 갈지는 모르지만 그는 중국의 연방정부는 장래 "집행기관과 그 대표자를 가지는 바의 가능한 광범위의 권한을 가진 중앙정부"의 형태로 출현할 것이라고 예상했다. 두번째 단계에서는 중국에서 연방정부의 출현을 바탕으로 일본과 만주가 여기에 연합하여 협동체제를 구성한다. 즉 "신동아체제"는 중국에서의 '연방'과 동아(일만지)에서의 '연합'이라는 이중구조를 갖는다는 것이다(蠟山政道 1938: 24~26). 오자끼는 로오야마의 이러한 의견에 대체로 찬동하면서도, 이에 더하여 동아협동체를 구성하는 국가의 대표회의나 공동위원회, 혹은 공동선언이라는 구체적 방식을 제안하고 있다(尾崎秀實 1997(1939): 46). 비록 동기나 결과가 달랐다고는 하더라도 여기서 그가 언급한 대표회의나 공동선언이 5년 후인 1943년 11월 이른바 대동아회의의 개최와 대동아공동선언의 형태로 출현한 사실은 흥미롭다.

없다"는 그의 주장(蠟山政道 1938: 26)은 이러한 딜레마를 잘 드러내는 것이었다. 이와 비슷한 맥락에서 미끼 역시 동아협동체가 "민족을 초월한 전체를 생각한다 하더라도, 그 내부에서는 각각의 민족이나 국가가 각각의 개성과 독립성, 자주성을 가져야만 한다"고 하여 민족주의 자체를 완전히 부정할 수는 없었다(三木淸 1967(1938): 310).

동아협동체의 구상에서 민족주의의 쟁점이 중국과의 관계에서 드러내는 이러한 자기모순은[34] 식민지 조선을 시야에 넣는 경우 더욱 가중된 형태로 심화되었다. 결론부터 말하면 이들은 조선의 민족문제는 강제병합과 함께 이미 해소된 것이라고 보았다. 즉 조선은 이미 일본에 편입된 일본의 일부로서 민족문제라는 말 자체가 성립할 수 없다는 것이다. 전형적인 동화주의의 식민지 인식과 의견을 함께하는 이러한 생각은 후술하듯이 적어도 조선의 민족문제를 중심에 놓고서 고민하고자 했던 동아연맹의 경우와 좋은 대조를 이룬다.

미끼는 중일전쟁 이후 강조되고 있는 동아의 일체성은 내선일체에서의 '일체성'과 그 고유한 의미가 다르다는 사실을 지적했다. 즉 동아의 일체성은 동아협동체를 구성하는 것으로 설정된 일본과 중국, 그리고 만주국에 대해서만 적용되는 것이며(三木淸 1967(1938): 309), 일본에 이미 편입된 조선에 대해서는 일본과의 동화주의를 더 철저하게 추진해야 한다는 것이다.[35] 동

---

34) 미끼의 동아협동체 이론에서 중국의 민족주의에 대한 평가에 관해서는 국내 연구자들의 의견이 다소 엇갈리고 있다. 함동주(2000: 340, 355)는 동아신질서론이 이념상으로는 최소한 중국의 민족적 독자성을 인정했다는 점에서 전통적 동화주의와 차별성을 갖는다는 피터 두스(Peter Duus)의 견해를 인용하면서, 그에 동의하고 있다. 이와 대조적으로 조관자는 "동아의 제민족에 편협한 민족주의의 청산을 요구하는 동아협동체론은 중국 민족주의의 반제, 반봉건의 근대화 운동을 제대로 인식하지 못한 결과 야기된 바로서의 "침략전쟁을 행하면서 스스로 '공동방위'를 의장(擬裝)하는 제국주의의 자가당착"을 지적하고 있다. 조관자 2007: 181~82.

35) 이른바 동아신질서 성명이 발표된 지 5일 후인 1938년 11월 8일에 발표한 글에서 그는 내선일체의 기초로서 "반도인의 지위 향상"과 일본인과의 동등한 대우라는 점에 한정하여

아협동체의 실현을 위해서라도 내선일체가 더 강화되어야 한다는 그의 언급에서 식민지의 민족문제에 대한 인식이 들어설 자리를 찾는 것은 불가능했다.

이 점은 로오야마도 마찬가지였다. 조선에 대해 그는 "조선은 병합되어 전적으로 일본의 영토로 되었다"는 한마디 말로 짧게 언급하는데 그쳤다(蠟山政道 1938: 15). 그가 보기에 타이완이나 만주국과 비슷하게 조선은 "종래 일본인이 무반성적으로 식민지시하고 있던 지역"이었다. 그러나 중일전쟁의 발발을 계기로 그는 이 지역에 "급격하게 일어난 정신적 변화"에 주목할 것을 촉구한다. 즉 이 지역에 거주하는 "대부분의 민중이 일본인이라는 마음에서 명예와 자랑을 느끼게 되"고 "일본인과 정치적으로 운명을 공동으로 하는 것이 자신들의 가야 할 길이라는 것을 자각하"게 되었다는 것이다(같은 책 16~17).

이들 가운데 이념적으로 가장 급진적이라고 생각되는 오자끼의 경우 원론적 입장에서 "동아협동체의 존재 이유의 하나로서 동아시아의 생산력 증대가 반식민지 상태로부터 벗어나려고 시도하고 있는 민족의 해방과 복지에 얼마나 많은 공헌을 할 것인지는 특별히 강조해도 좋을 것"이라고 지적하고 있다(尾崎秀實 1997(1939): 46). 반식민지 상태로서의 중국은 언급하면서도 조선에 대한 관심은 찾아볼 수 없다는 점에서 그에게도 동아협동체의 우선적인 대상은 중국과 일본 그리고 만주라는 범위로 설정되어 있었고, 조선문제에 대한 감수성은 상대적으로 약했다고 볼 수 있다. 이처럼 그 역시 조선(과 타이완)의 민족문제를 "일본 국내의 문제"로 간주하고, 이들 민족이 일본에 동화되고 있는 정도에 주목했다. 그는 조선에서의 민족문제는 "일본민족이 진정으로 위대한 조국(肇國)의 대이상에 충실하고 순진한 한 문제로 되지

논의를 전개했다. 장기전에 대비한 식량생산이라는 점에서 조선에 대한 새로운 인식의 필요성을 언급하면서, 그는 '반도인'에 대한 경제적, 정치적 및 인적 지위의 향상을 강조했다(三木淸 1968(1938b): 355~56).

않"을 것이며, 그러한 상황에서는 "형식적인 동화정책을 강화할 필요도 없게 될 것"으로 전망했다(尾崎秀實 1962(1944): 65). 즉 조선에서 동화가 성공적으로 진행된다면 동화정책이 구태여 필요 없을 정도로 자연스럽게 일본의 일부로 될 것이라고 본 것이다. 그의 이러한 입장은 후술하듯이(제6장 4절) 동남아시아에서 일본의 민족정책에 대한 그의 비판적 입장과는 좋은 대조를 이루는 것이었다.

(2) 아시아관

동아협동체 구상에서 민족문제는 아시아 인식과 밀접한 관련을 갖는다. 무엇보다도 민족주의를 '편협'한 과거의 이론으로 비판한 이들은 그에 대한 대안을 '동아시아'에서 찾았다. 오자끼 호쯔미가 이른바 동아신질서의 발표에 대해 이전과는 근본적으로 다른 일본의 대륙정책으로서 그것을 높이 평가한 것은 이러한 맥락에서였다.

"일본이 바야흐로 구미류의 지나 분할정책의 방향을 밟으려고 하지 않고 일·중 사이에 놓여 있는 근본적 모순을 청산하고 서로 제휴"하려 한다는(尾崎秀實 2004(1940): 278) 낙관어린 전망과 함께 그는 주의를 덧붙이는 것을 잊지 않았다. 동아협동체론이 "당면한 중국문제 처리의 곤란함 때문에 그것으로부터의 일종의 '출로'로서 일부에서는 만병통치약처럼 취급되고 있는" 현상을 지적하면서, 중국에서 인식하는 민족문제와 대비해볼 때 동아협동체론이 "얼마나 비참하게 작은 것인지"를 상기해야 한다는 것이다.

만일 일본에서 그것을 추진할 세력의 결성을 목표로 하는 일본 국민의 재편성이 없다면 중국에서 민족주의가 압도하는 엄연한 현실의 벽을 뛰어넘기 힘들다는 것을 그는 잘 알고 있었다. 중국에서 "민족문제의 심도있는 해결"과 일본에서 민족주의의 재정향이 수반되지 않는다면 동아협동체 이념을 실천하는 것은 지난한 일이 될 것이라고 그는 보았다(尾崎秀實 1997(1939): 44~45, 49~50).

218

미끼 역시 "일본이 그대로 있으면서 동아협동체가 건설된다는 것은 논리적으로 불가능"하다는 점에서 "국내에서의 혁신과 동아협동체의 건설은 불가분의 관계"에 있다고 주장했다(三木淸 1967(1938): 325). 오자끼와 비슷하게 미끼 역시 동아협동체의 건설이 중국만의 문제가 아니라 일본의 문제이기도 하다는 점을 충분히 인식하고 있었으며, 이러한 점에서 일본의 국내개혁을 강조한 것이다. 이 점은 로오야마도 마찬가지였다. 그는 동양의 민족과 지역이 서양으로부터 압박을 받고 있는 현실과 "그 현실을 물들이고 있는 비극적인 민족의 상극"이 오늘날의 동양의 운명이라고 지적했다. 그가 보기에 동아협동체의 이론은 이처럼 "그릇된 민족주의에 의해 양성된 동양의 비극을 초극해 가는 사상적 무기"였다. "지역적 운명협동체의 이론이야말로 동양이 동양으로서의 세계적 사명을 각성하고 그 동양의 통일을 실현할 지도원리"라는 것이다(蠟山政道 1938: 18).

그렇다면 동아협동체의 옹호자들이 생각한 동아시아상은 어떤 것이었는가? 이들의 제안이 '동아'에 대한 것이었음에도 불구하고 민족문제에 대한 빈번한 언급과 비교해볼 때 동아시아 자체에 대한 논의는 정작 많지는 않다는 사실을 먼저 지적해야 할 것이다. 동아협동체의 옹호자들은 무엇보다도 동양을 서양과 대립되는 독자적 단위로 상정했다. 가장 전형적인 사례로 들수 있는 것은 미끼의 협동체 이론이었다. 그의 이론은 동서양을 구분하는 이분법적 세계관에 토대를 둔 것으로 양자를 대립적 개념으로 사용하면서 양자의 차이를 본질적인 것으로 이해하고자 했다(함동주 1996: 177).

비록 서양문화와 같은 정도의 통일성을 찾기 힘들다는 점을 인정하면서도 그는 동양문화와 대립되는 존재로서 동양문화의 동질성을 당연한 것으로 여겼다. 동아시아 사회의 공통된 특성으로 그는 지리와 인종, 경제와 문화와 같은 다양한 요소들을 언급했다.[36] 여기서 그는 동양의 전통에서 자신의 동

---

36) "지연으로 연결된 동아의 여러 민족은 황색인종이라는 점, 농업, 특히 관개 농업을 위주로 생활해온 점 등 다양한 공통된 특징을 가지고 있다. 거기에 또한 독자 문화의 전통이 관

아협동체의 철학적 기반의 핵심을 이루는 협동주의의 원리를 찾아내고자 했다. 동아시아의 공통성으로 그가 마지막으로 언급하고 있는 "독자적 문화의 전통"과 관련해 그는 "우리가 동양에서 발견하여 동양의 사상을 시정하는 데 충분하다고 보는 것은 그 독특한 연대의 사상이며 협동의 사상"이라고 언급했다.

여기서 주목되는 점은 그가 동양의 협동 사상이 가장 전형적인 양상으로 나타나는 근원을 일본의 '국체' 사상에 설정하고 있다는 사실이다[37]. 이와 같이 일본을 중심으로 설정한 동아시아의 통일성을 주장함으로써 그는 "이제까지 세계사라고 하는 것은 실제로는 유럽 문화의 역사에 지나지 않았"다는(三木清 1968(1939a): 508~09) 유럽중심의 세계관에 대한 비판의 근거를 마련했다. 일본제국주의의 중국에 대한 침략이라는 중국의 관점에 대응하여, 중일전쟁을 동양과 서양의 대립으로 이해함으로써 그에 대한 정당성을 주장(함동주 1996: 183)할 수 있었던 근거도 여기에서 나온 것이었다.

동양에 대한 미끼의 이러한 주장들에 근거를 두고 대부분의 논자들은 그를 포함하는 동아협동체론이 이른바 아시아주의의 흐름 안에서 제기된 것이라는 사실을 지적해왔다. 예를 들면 오자끼는 동아협동체의 이념은 오랜 역사를 가지고 있으며, 동아연맹의 사상과 함께 대아시아론의 흐름을 따르는 것이라고 논평했다(尾崎秀実 1997(1939): 37). 이와 같이 동아협동체론이 아시아주의의 한 형태로 등장했다는 것은 전후의 연구들에서도 지적되어왔으며

통하고 있다"고 지적한다(三木清 1968(1939a): 513).

37) 일본 "국체의 근원을 이루는 일국만민, 만민보익의 사상은 진실로 (동아협동체의) 정화"라고 주장했다. 즉 "일군만민의 세계에 유례없는 국체에 기초한 협동주의를 바탕"으로, "포용성과 진취성, 지적 성질, 그리고 생활적이며 실천적 성격"이 일본문화의 특징을 이룬다는 것이다. 동아협동체에서 일본의 지도적 역할은 이러한 일본의 독자적 문화 및 사명과 연결된다(三木清 1968(1939a): 530~32; 1968(1939b): 537). 함동주는 동양의 동질성을 주장하면서도 동양 내부에 일본/아시아(특히 중국)의 차별 구조를 설정한 그의 모순성을 지적하고 있다(함동주 1996: 183~84).

(荒川幾男 1971: 201), 국내의 연구들도 이러한 사실을 지지해왔다.[38] 그러나 정작 미끼 자신은 대아시아주의와 일정한 거리를 두면서, 그에 대한 비판적 의견을 개진했다.[39] 아시아주의에 대한 정의는 매우 다양하지만, 적어도 그가 이해하는 바로서의 아시아주의는 국수적이고 폐쇄적이라는 점에서 자유주의자로서 자신의 입장과는 다른 어떤 것으로 생각했던 것이다.

다음에 로오야마의 경우를 보면 그는 미끼와 비슷하게 '동양의 지역협동체'를 언급하면서도 동양 자체에 대한 정의에서는 상대적으로 소극적이었다. "동양은 하나"라는 오까꾸라 텐신의 『동양의 이상』에 의거하여(제2장 참조) '평화와 조화'와 같은 '직관적 의식'을 언급하면서, 그는 동양을 지역적 협동체로 만드는 동인을 우선적으로는 '정신과 심의(心意)'라는 이 지역 "민족의 지역적 운명(Raumsschicksal)의 의의"에서 찾고자 했다(蠟山政道 1938: 19~20).

그가 보기에 동양의 통일성이란 정신과 의식을 중심으로 하는 단순하고 원초적인 차원에 한정된 것이었다. 그는 "동양은 유사 이래 금일에 이르기까지 정치적으로는 물론 문화적으로조차 그 통일을 자각하지 않았다"고 언급한다(같은 책 9). 이러한 점에서 동양은 서양의 르네쌍스와 같이 통일된 '거대 문화운동'을 경험하지 못했으며, 근대에 들어와서는 서구의 자본주의와 과학·기계 문명의 침입을 받아 "가동적(可動的) 중층적 성질이 그 특징으로 되"었다고(같은 책 20) 그는 보았다. 서구의 자본주의 경제제도나 과학·기술의 침입에 의해 동양이 통일된 문화조차 가질 수 없었다는 설명에 대해 그

---

38) 예컨대 함동주는 미끼의 사상이 제국주의의 침략을 뒷받침하는 전형적인 아시아주의와 다른 면모를 지녔다는 점을 지적하면서도, 그의 동아협동체 구상이 아시아주의 담론의 테두리 안에서 이루어졌다고 주장했다. 함동주 1996: 160~65, 176~77 참조.
39) "오늘날 제창되고 있는 대아세아주의는 일본이라고 하는 하나의 원의 확대로서 아시아를 생각하려고 하는 것으로 더 높은 차원에서 일본을 생각하려고 하"지 않는다고 하면서, "일본으로부터 세계를 보기에 그치지 않고 또한 세계로부터 일본을 보는 것이 필요하다"는 사실을 강조했다(三木淸 1968(1938a): 325).

는 회의적이었다. 오히려 "서구주의의 이론이 보편성을 가진다는 신념"과 아울러 나아가서 "이미 상업적 금융적 제국주의의 단계에 도달"한 영·불이 "동양이 동양으로서 결합하는 것보다도 동양이 민족적으로 분립하는 것을 이익이라고 느꼈"던 사실을 그는 강조했다(같은 책 8).

이러한 점에서 그는 중일전쟁이 가지는 최대의 의의를 동양의 통일과 동양민족의 각성에서 찾았다. 즉 동양의 각성은 "서양에 대해 동양이 동양으로서 세계적으로 각성하는 것"과 아울러 "세계 그 자체가 동양을 동양으로서 인식하지 않을 수 없"는 것을 의미한다(같은 책 7~8). 여기에서 그는 동양의 각성을 가져 온 주동력이 동양의 내재적 문화라기보다는 "일본민족의 군사·정치·경제 등의 능력"이라는 점을 강조한다(같은 책 20~21).

이러한 방식으로 그 역시 미끼와 비슷하게 동아협동체의 중심에 일본을 상정했다. 중일전쟁이라는 대륙에 대한 침략을 그는 "크나큰 지역적 결합의 이익, 공동이해 관념의 발달, 서양적 씨스템이 준 장애의 배제"(같은 책 20)와 같은 문법으로 읽어낸다. 이를 통해 일본은 "처음으로 서구제국의 지도나 간섭에서 떠나 독자의 입장에서 대동세계로의 사명"을 보일 수 있었으며(같은 책 7), "아시아는 동아시아의 일각에서 서서히 또 부분적으로 결합과 연일(連一)을 향하여 온 것"이라고 말할 수 있었던 것이다(같은 책 20).

위의 두사람에 비해 동아에 대한 오자끼의 인식은 상대적으로 나아간 측면을 가지고 있다. 그는 미끼처럼 동양과 서양을 구분하여 이분법적으로 대립시킴으로써 내재적이고 본질적인 차이를 갖는 실체로서 동양을 파악하지도 않았으며, 로오야마가 그랬던 것처럼 동양을 고유한 정신과 심성을 갖는 본질적 단위로 고립화시켜 제시하지도 않았다. 명시적으로 언급되지는 않지만, 그가 생각하는 동아의 상은 개방적이며, 세계(서양)와의 상호작용을 지향하는 잠정적 단위로 설정했던 것으로 추정된다.[40]

---

40) 그는 "'동아협동체'론자가 거의 전부 '동아'를 하나의 봉쇄적 단위로 생각하지 않고 단지 세계적 질서 일반에 대해 선행하는 지역적·인종적·문화적·경제적·공동방위적인 결합

2) 동아연맹론

(1) 민족관

동아협동체의 민족문제에 대한 논의와 비교해볼 때, 동아연맹의 민족관은 상대적으로 실천적이고 정책 지향적 성격을 가지고 있다. 동아협동체의 옹호자들에게서 찾아볼 수 있는 서구 민족주의에 대한 이론적 논의나 아시아 차원에서 민족주의에 대한 관심 등을 이들에게서 찾아보는 것은 쉽지 않다. 일본의 군부와 만주의 지배라는 사실이 동아연맹의 전제로서 짙게 그늘을 드리우고 있는 것을 배경으로 이들은 일본제국의 관점에서 동아의 여러 민족에 대한 효율적 정책을 모색한다는 문제의식의 틀에 사로잡혀 있다. 이러한 점에서 동아협동체 구상과 비교해서는 상대적으로 협소한 시야에 있다는 느낌을 주지만, 그럼에도 불구하고 각민족의 현상에 대한 이해나 정책적 대안이라는 점에서는 동아협동체에서는 찾아볼 수 없는 구체성과 현실성을 보이는 것도 사실일 것이다.

동아연맹은 국가연합의 블록 체제가 강화되어가는 세계사의 추세에서 일본과 중국 및 만주의 삼국가가 국방의 공동, 경제의 일체화, 정치의 독립을 기초로 연맹체를 결성해야 한다고 주장한다.[41] 연맹의 결성에서 동아연맹이 가장 중시한 것이 민족문제였다. 이시와라는 "쇼오와유신의 중핵문제는 동아연맹의 결성이고 동아연맹의 가장 중요한 문제는 민족문제"라고 강조한다(石原莞爾 1941: 44~45).

일본제국이 '복합민족국가'로 되어가고 있고 민족 혼합의 만주국이 건설된 현실에서 "민족문제의 근본적 해결"을 당면의 시급한 문제로 인식한 것이다(東亞聯盟協會 1940: 60~61). 민족문제를 중점에 둔 만큼이나 동아연맹이

이라고 보는 것이 옳을 것"이라는 사실을 강조하고 있다(尾崎秀實 1997(1939): 48).
41) 자세한 내용에 관해서는 東亞聯盟協會 1940의 제2장 「동아연맹의 이념」 및 제3장 「동아연맹의 각국가」 참조

아시아의 여러 민족에 대한 과거 일본의 행태를 신랄하게 비판하면서 그에 대한 반성을 촉구한 점은 주목할 만하다.[42]

일본의 민족정책에 대한 이러한 비판의식의 연장에서 동아연맹은 조선의 민족문제에 대해서도 많은 관심을 가지고 활발한 논의를 전개했다. 1941년 11월 5일 토오꾜오에서 개최된 동아연맹협회중앙참여회원 제2회 전국회의에 고문 자격으로 참석한 이시와라는 「동아연맹협회운동요강(東亞聯盟協會運動要領)」이라는 제목의 강연을 통해서 동아연맹에서 조선문제가 가지는 중요성을 언급했다. 만일 "동아연맹협회가 실제적으로 강한 마찰이 생긴다고 한다면 아마도 이 조선문제로부터 발생할 것"이라고 하면서 그는 일본의 지도계급은 "조선문제는 해결된 문제"라고 생각하지만, 오히려 "여기에서 출발하지 않으면 안되는 중대 문제"라고 강조했다.[43] 같은 맥락에서 동아연

---

42) 메이지유신 이래 일본은 동아시아의 여러 민족에 대해 "값싼 우월감을 자랑"하여 이들에 대한 "민심 파악에는 오히려 실패하고 오늘날에는 단지 한(漢)민족 모두를 항일에 동원시키고 있을 뿐만 아니라 남양, 인도의 민족조차도 공포와 의혹의 눈을 가지고 일본을 지켜보고 있다"고 지적한다(같은 책의 1943년도 판(東亞聯盟同志會 1943: 46)에는 '남양' 이하의 문장이 삭제되어 있다). 근래에 들어와서도 "시세의 조류에 편승하여 극히 경박한 독선적 일본주의를 고창하는 경우가 적지 않"고 "제국주의 사상의 잔재를 청산하지 못하고 외지에 있어서는 특히 타민족으로부터 빈축(顰蹙)받은 것이 많은 오늘날, 전적으로 '황도선포'의 소리만을 높이 하는 것은 각민족으로 하여금 황도도 또한 하나의 침략주의라는 오해를 가져올 수 있는 것을 깊이 반성해야 할 것"이라고 비판하고 있다. 東亞聯盟協會 1940: 33~37 참조. 또한 만주국의 이른바 '민족협화'운동에 대해서도 동아연맹은 비슷한 논조의 비판을 가하고 있다. 예를 들면『동아연맹』은 만주국에서 일본인의 민족적 자존심만이 존중되고, 다른 민족의 그것은 "민족협화라는 이름 아래 압박·유린"되고 있다고 지적한다. "일본인은 과연 동아 제민족, 즉 한인, 조선인, 몽골인, 베트남인 등의 민족적 자존심, 혹은 애국혼을 정당하게 평가하고 존경하고 있는가"라고 자문하면서, 이들 민족의 자존심을 무시 또는 경시하는 것은 "일본민족의 타락도이고 멸망도"라고 비판했다(伊東六十次郎 1940: 37). 민족협화의 심화를 통한 동아연맹의 결성을 촉구한다는 의도에서 작성된 글이라는 점을 감안하더라도 일본의 민족정책에 대한 이러한 신랄한 비판을 동아협동체론자들에게서 찾아보는 것은 쉽지 않다.
43) 石原莞爾 1941: 44~45; 野村乙二郞 2007: 61 참조. "가엾은 반도동포에 미혹을 주는

224

맹의 또다른 논자 역시 "금일의 조선문제는 전일본의 문제이고 전동아의 문제"라고 단언했다. "조선문제의 해결 없이는 동아문제를 해결할 수 없다"는 점에서 "동아신질서 건설과 내선일체 문제는 그만큼 불가분한 관련을 가진다"는 것이다(陶山敏 1940: 26).

동아연맹의 취지와 목적을 가장 잘 드러낸다고 할 수 있는『동아연맹건설요강(東亞聯盟建設要綱)』에서 조선문제에 대한 서술을 보면44) 이 문제의 중요성을 특히 강조하면서 조선민족이 독립을 요망하는 근거로서 두가지를 언급하고 있다.

첫번째는 민족자결의 욕구로서 근대 이래 1민족 1국가는 하나의 이상이었지만, "오늘날과 같은 국가연합의 시대에는 약소민족의 1국가로는 도저히 안전을 확보하기 어렵"다는 점을 이 글은 먼저 지적한다. 따라서 가능한 한 넓은 범위를 1국가로 하고 또한 많은 국가가 연합하는 것이 오늘날의 세계에서 우승자가 될 수 있다는 것이다. 이러한 점에서 "민족자결이라고 칭하여 분리하려는 것은 세계의 대세에 역행"한다는 점에서, '동문동종'의 조선민족과 일본민족이 합하여 '복합민족국가'를 구성하는 것이 바람직하다고 주장한다.

두번째는 이 글이 "일본정치가 조선민족에 준 압박감"에 대해 서술하고 있

것에 대해서는 세심한 주의를 기울여야" 한다거나 조선문제의 해결 없이 동아연맹을 논하는 것은 "가정이 수습되지 않고서 사회에서 설교하는 것과 같"다는 언급에서 보듯이 전반적으로 그의 논조는 다분히 시혜적이고 온정주의적이었다.

44) 東亞聯盟協會 編, 『東亞聯盟建設要綱』(第2改訂版, 1940) 제3장「東亞連盟의 각국가」에서 일본, 만주, 중국의 세 나라를 다루고 있는데, 이중 제1절인 '일본 황국'의 4.「國內における民族問題」에서 조선문제를 언급하고 있다. 원래 이 책은 스기끼 하루오(杉木晴男)에 의해 같은 제목으로 1939년 리쯔메이간출판부(立命館出版部)에서 간행되었는데, 1939년도 판에는 이 항목이 없다. 1943년에 간행된 같은 책(東亞聯盟同志會 편, 聖紀書房 간행)은 1940년도 판과 마찬가지로 이 항목을 수록했다. 동아연맹의 범위를 일·만·지로 한정하고 조선을 일본의 일부로 간주하는 이 기본구도는 이시와라가 1938년 5월에 작성한 각서에서 그 원형을 찾아볼 수 있다. 松田利彦 1996: 71 참조

다. 그에 따르면 일본인은 조선이 중국의 예속 아래 오랜 세월을 지내왔다고
생각하고 일본의 지배를 받는 것을 쉽게 생각하는 경향이 있지만, "조선이 지
나의 종주권을 받든 것은 공물을 진상하는 정도로 내정에 간섭을 받은 것은
거의 없었"다는 점을 지적했다. 따라서 강제병합에 의한 일본의 지배는 "조선
민족으로서는 전혀 경험해보지 못한 강한 압박감"을 주게 되었다는 것이다.[45]

이와 같이 조선에 대한 지배에서 민족문제가 출현하게 된 두가지 이유를
제시한 다음, 이 글은 조선문제에 대한 의견을 피력한다. "민족의 융합과 혼
성(渾成)은 인류 구극의 이상"이 되어야 한다는 전제에서 이 글은 출발한다.
이러한 점에서 "인종적으로 가까운 일선 양민족이 가능한 한 빨리 융합의
실을 거두는 것은 애초부터 기뻐하는 바"로서 이를 "조선민족의 멸망이라고
생각하다면 심히 오해로서 일선 양민족 혼성의 새로운 민족"이 된다는 점에
서 "명칭은 일본민족으로 칭해진다고 해도 단연코 슬퍼해야 할 민족의 멸망
은 아니"라고 강변하고 있다.

이처럼 조선민족의 일본민족으로의 완전한 편입을 가장 바람직한 이상으
로 제시하면서, 이 글은 그를 위한 수단으로 피지배민족 스스로의 자발성을
중시한다.[46] "민족의 혼성(混成)"은 정치문제와는 달리 자연스러운 방식으

---

45) 구체적인 실례로 흥미로운 것은 "일본의 서양류 자유주의 학교의 濫造가 근로에 적합하
지 않은 무수한 실업지식군을 낳아 그 세력이 외지(조선—필자)에 침입하여 필요이상으로
미세한 점까지 그 정치적 지위를 빼앗아버"렸다고 진단하고 있다는 점이다. 즉 서양식 교육
에 대한 비판을 전제로 그것이 식민지에 부정적 영향을 미치게 되었다고 지적하고 있는 것
이다. 이에 따라 조선시대의 "폭정이 인민의 경제적 활동을 봉쇄하고 지도계급이 오로지 정
치방면에 관심을 가지고 있었던 것에서 일본 관리의 다수 진출은 그들을 절망의 심연에 빠
트려 일본의 정치가 반(半)식민지적이라는 인상을 깊게 했던 것은 부정할 수 없다"는 것이
다(東亞聯盟協會 1940: 64~65).
46) 1942년 5월호 『동아연맹』이 조선문제에 관한 의견에서 조선인 "자신의 사상적 비약과
체험적 자각을 촉진하고 그들 자신 마음으로부터 황운부익(皇運扶翼)을 위해 전능력을 바
치"게 하는 것이 정치인의 임무이며, "취체적 견지는 정치의 소극면에 불과하다"고 언급했
던 것도 이러한 맥락에서 이해된다. 東亞聯盟 1942: 35 참조.

로 이루어져야 한다는 주장이다. 즉 "민족이 존재하는 동안은 이 민족감정을 충분히 존중해야" 하며, "여기에 무리가 있으면 자연의 혼성은 오히려 방해"된다는 점에서 민족감정, 그중에서도 특히 언어나 풍속, 종교 등을 "정치의 위력에 의해 급속하게 변혁하려고" 해서는 안된다는 것이다.[47]

이처럼 피지배민족의 의지와 자발성을 강조한 것은 동아연맹의 지지자들이 만주에서 '민족협화'라는 구체적 정책을 실행하면서 체험한 현실적 어려움을 부분적으로 반영하는 것이었다.[48] 이러한 점에서 "아무리 동조동근의 근원을 가지고 있는 민족이라고 해도 과거에 이미 수천년 동안 서로 분리된 언어와 문화, 생활양식을 가지고 온 양민족을 이에 일체화하려고 하는 것은 무어라도 하더라도 곤란한 사업이고 그만큼 엄숙 지대한 것"(같은 책 22)이라는 논평이 나왔던 것이다. 이시와라 자신도 만주의 조선인에 대한 협화정책을 언급하면서 "부지불식간에 동화하여 일본인의 의식을 가지는 것처럼 되면 좋은 것이어서 그것은 오랜 시간을 요"한다고 언급한 바 있다.[49]

---

47) 이러한 점에서 이 글은 조선총독부가 중점적으로 추진하던 내선일체 정책에 대해 비판적 제언을 하고 있다. 첫째로 창씨개명의 기본방침에 대해서는 적극 지지하면서 "그것을 행할 수 있는 길을 열어준 당국의 영단에는 감사해야 할 것"이라고 지적한다. "내선인간의 실질적 차별을 가능한 한 빨리 합리적으로 철폐"함으로써 "일본민족임을 희망하기에 이르른 사람에게는 일본민족으로서 전혀 동일한 대우를 해야" 한다는 것이다. 그러나 그것을 희망하지 않는 경우에 대해서도 "정치적 압력을 가지고 강제"하는 것은 결코 안된다고 비판하고 있다. 다음으로 징병제에 대해서도 조선민족에 국방의 의무를 부과하는 것은 "원래부터 희망하는 바"라고 원칙적인 찬동의 의사를 밝히고 있다. 그러나 "군무(軍務)는 언어 감정 기타 미묘한 것이 있으므로 병역에 복무하게 하려면 원칙적으로 민족군대를 만드는 것이 합리적"이라고 주장하면서, 만일 그에 대해 "불안을 느낀다면 아직 병역을 부과할 시기가 되지 않았다고 생각해야 할 것"이라고 주장했다(東亞聯盟協會 1940: 64~68).

48) 후술하듯이 만주에서 민족협화에 대해 한 실무자는 중국과 일본민족이 동일한 황색인종이라는 이유로 동일시하는 견해에 대해 극도의 회의를 표시하면서, "지나인과의 민족협화는 지금까지 (보는) 한 폐업하기에까지 이르"렀다고 단언했다. 이들 민족 사이의 "거리를 느끼지 않고 민족협화를 흔쾌히 강조해버리는 사고방식"에 근원적인 의문을 제기한 것이다. 伊地知則彦 1943: 11 참조.

49) 만주국에서는 "민족의 차이를 자각하여 조선인으로서의 자각을 가진 자에게 무리하게 일

여기에서 보듯이 동아연맹의 조선에 대한 인식은 근원적 차원에서는 조선 민족의 완전한 소멸과 내선일체 정책을 지지하는 것이지만, 그것을 구현하는 방법에서는 피지배민족의 의견과 자발성을 존중해야 한다는 것이었다. 이러한 점에서 동아연맹의 조선관은 원칙과 수단이라는 두 차원으로 나누어 검토해볼 수 있을 것이다. 전자의 측면에서 보면 동아연맹은 조선총독부나 동아협동체 옹호자들과 별다른 차이가 없는 확고한 원칙을 고수했다. 즉 "원래 조선민족이라는 것은 지금부터 30년 이전에 이미 일한합병이라는 역사적 사실에 의해 우리 일본제국의 가운데로 해소"되었다는 것이다.[50]

동아연맹은 조선의 민족문제에 대한 이 원칙을 되풀이하여 강조했다. 동아연맹이 표방한 기초이념의 하나인 '정치의 독립'과 관련하여 그것은 "독립국가간에 적용되는 것이고 만약 그것을 국내민족인 일본, 조선 양민족간에도 적용하여 따라서 조선의 정치는 독립되어야 한다고 생각하는 것은 심한 곡해"라고 말하는 것이다(東亞聯盟 1941: 10). 민족문제에 대한 의문이 제기될 때마다 동아연맹은 자신의 이론이야말로 "독립론을 해소시키는 것"이라는 사실을 지속적으로 강조해왔다(東亞聯盟 1941: 10; 東亞聯盟 1942: 35).

이처럼 조선의 민족문제에 대한 확고한 원칙에도 불구하고, 그것을 달성하는 방법의 차원에서 동아연맹은 조선총독부나 동아협동체와는 일정한 차별성을 보였다[51]. 동아연맹의 한 관계자가 조선총독부 류의 내선일체론에 비판을 제기한 것은 이 점을 잘 보이는 것이다. 그는 "내선일체를 위해서는 조선의 전통 및 생활양식을 전면적으로 포기해야 한다"는 주장만큼 "소아

본인이 되라고 강요하지 않는다"는 점에서 "만주건국은 조선통치, 타이완통치의 대반성"이라고 하고 있지만(高木淸壽 1954: 153; 松田利彦 1996: 70~71), 민족협화의 실상은 이와는 다른 것이었다.

50) "2천4백만의 조선민족은 일본민족의 가운데로 해소된 것이고 삼천리의 반도산하는 일본의 한 지역으로서 편입된 것이라고 보고 있다"고 지적한다(陶山敏 1940: 20).

51) 조선총독부는 위로부터의 강압적 수단을 통해 단시일에 밀어붙이고자 했으며, 동아협동체는 이 문제에 대한 원칙적 표명에 그치고 구체적인 방법에 대해서는 거의 무관심했다.

병적이고 내선일체운동에 위험한 운동은 없다"고 단언한다. 문화나 전통은 그것을 창조한 한 민족이 독점할 것이 아니라 세계 인류 전체가 공유해야 한다고 그는 주장한다. 조선의 문화와 전통을 부정하는 것은 내선일체운동의 붕괴를 의미할 뿐만 아니라, 그러한 이론에 따라 그것을 실천하는 것은 "반문화사적, 공리적 민족주의를 표명"하는 것이 된다는 점에서, "내선일체 운동의 건전한 발전을 위해서도 조선의 문화전통을 전면적으로 포기하는 것이 아니라 그것을 살아있게 하고 발전시켜야" 한다고 주장한 것이다.[52]

이처럼 동아연맹은 조선문제를 둘러싸고 조선총독부나 일본정부와 갈등을 빚었으며, 이러한 갈등 양상은 조직의 내부에 투영되었다. 동아연맹의 중요 이데올로그인 미야자끼 마사요시가 이시와라 앞으로 보낸 1940년 7월 26일의 편지는 이러한 사정을 잘 보이고 있다. 이 편지에서 미야자끼는 조선총독부나 내무성, 경시청 등이 "(조)선인 문제를 취급하지 않기를 극력 희망하고 있"다는 이유로 동아연맹의 중앙참여회의에서 이 문제를 유보하기로 결정한 것에 대해 이시와라의 양해를 구하고 있다.[53]

동아연맹이 "조선인문제에 대해 총독부의 정치에 비판을 시도하고 독립운동자를 선각자와 같이 취급하고 그 전향자 등과 경합하려는 움직임을 보이는 경우" 동아연맹이 받게 될 타격을 우려하면서 미야자끼는 조선인문제에 대한 논의를 "보류하는 것이 현명하다고 생각"한다고 적었다. "일선 양민족의 융화정책은 이미 작일(昨日)의 정책에 속하고 현재는 내선일여, 일체

---

52) 그는 "조선의 좋은 전통은 조선만의 것일 수 없고 일본의 좋은 전통도 또 일본만의 것일 수 없다"고 덧붙이고 있다. 조선의 전통에 대한 부정이 "황도정신의 금간판 아래에서 공공연하게 논해지고 있다는 것은 성스러운 황도정신에 대한 모독"이라고 하면서, 그는 "조선 재래의 것을 버리고 유까따를 몸에 걸치고 게다를 끌고 다니는 것만이 일본인임의 길은 아"니라는 점에서 일본인에게 '섬나라근성(島國根性)'을 버릴 것을 촉구하고 있다. 陶山敏 1940: 24~25 참조.
53) 동아연맹의 중앙참여회의에서 이시와라의 제안을 유보하기로 한 것에 대해 "각하가 불만인 것은 각원 충분히 자각하고 있"다고 언급하고 있다(野村乙二郎 2007: 12).

의 단계에 있다고 칭해 30년의 통치의 역사성을 강조하고 만주 및 지나에서 새로운 민족문제와 동일시하는 것을 허용할 수 없다"는 조선총독부의 의견과 다소 거리를 두면서도 그는 "세계일국가까지도 꿈꾸려 한다면 일선 양민족 접촉 30년의 역사에서 거둘 수 있는 성과를 과소평가하면서 만주국, 중화민국과 나란히 동일한 스타트에서 민족협화를 다시 해야 할 필요가 있다"는 주장을 용납할 수 없는 '조선 정치당국'의 입장에 공감을 표시했다.[54]

조선문제를 둘러싼 동아연맹과 일본정부의 갈등은 『동아연맹』의 발간 기사에서도 찾아볼 수 있다. 예를 들면 『동아연맹』 1942년 2월호에는 "씽가포르 방위와 인도에 비교하여 조선인에 언급"한 이유로 관련 논문이 삭제되었으며,[55] 다음해 2월에는 몽골에서는 "몽골어를 말하지 않으면 안된다"는 취지의 게재 예정 원고가 "조선어의 박멸을 획책하고 있는 조선총독부의 기휘(忌諱)에 저촉"된다는 이유로 삭제되었다.[56] 이러한 과정을 거치면서 동아연맹은 조선문제와 관련하여 방법의 차원에서 보인 유연성의 거의 대부분을 상실했다. 1941년 1월 일본정부의 각의 결정으로 아시아 관련 단체들을 본격적으로 통제한 것을 계기로 동아연맹은 일본정부나 일부 지식인, 조선총독부 등의 집중적인 비판에 직면했다.[57] 이 시기 이래 이시와라가 동아연맹

---

54) 아울러 그는 조선문제 못지않게 타이완문제에 대해서도 관심을 가져야 한다고 촉구했다. 특히 타이완 본도 750만인이 중국인이라는 점을 고려해볼 때 더욱 그러하다는 것이다(野村乙二郎 2007: 13~14).

55) 1942년 2월 26일 石原莞爾 앞 杉浦晴男 速達 封書. 野村乙二郎 2007: 91.

56) 1943년 3월 9일 小泉菊枝 앞 石原莞爾 封緘 엽서. 野村乙二郎 2007: 210. 이 자료의 편집자는 「해설」에서 "민족문화를 존중하는 것으로 민족의 마음을 사로잡으려는 동아연맹 사상과 내선일여라는 미명 아래 민족고유의 언어를 빼앗아 민족의 독립심을 근절하는 데 안달이었던 코이소(小磯) 조선총독 등의 사상적 격차는 현저하다"고 논평했다. 野村乙二郎 2007: 696 참조.

57) 토오조오(東條)정권은 동아연맹에 대해 '미영의 第5列' '赤' 등의 매도를 퍼부어 탄압했으며(大村益夫 1992: 163), 동아연맹협회장 키무라 타케오(木村武雄)에 의하면 "조선에서는 연맹주의자의 거의가 '붉다'라고 단정되어 동아연맹협회 출판의 책을 가지고 있다는 것만으로 검거되었다." 마쯔다 토시히꼬(1997: 148)는 이와 관련한 다수의 실제 사례들을 소

운동을 정치운동이 아니라 문화운동으로 규정한 배경에는 이러한 비판이 작용한 것으로 한 연구자는 추측하고 있다(松田利彦 1996: 79). 자신에 비우호적인 상황이 조성되어갔던 과정에서 동아연맹은 식민지 지배정책에 대한 비판의지를 상실하고 그것을 용인해야 하는 바라지 않는 선택으로 내몰린 것이다(松田利彦 1996: 80; 1998: 43).

이처럼 식민지 민족정책에 대해 동아연맹이 방법의 측면에서 보인 일정한 비판과 견제는 결국 원리적인 차원으로 수렴되어갔다는 점에서 마쯔다 토시히꼬(松田利彦)는 동아연맹이 "내선일체화 정책의 강압적, 급진적인 추진에 시정을 구하는 것이고 지배정책의 근간에 있는 동화주의에 대해 원리적 비판을 하"지는 않았다고 하면서, 특히 1941년 이래 정치적 압력을 집중적으로 받았다는 점을 고려하더라도 "원리적 비판의 불철저라는 내재적인 약점을 빠뜨릴 수 없다"고 지적했다[58]. 이러한 평가에 공감하면서도 필자는 1930년대 말과 1940년대 초에 동아연맹에 나타났던 방법적 차원에서의 식민지 민족정책에 대한 비판의식은 정치권력이나 동아협동체론자들과는 일정한 차별성을 갖는 것이었으며, 나아가서 그것이 식민지 지식인에게 미친 영향이 적지 않았다는 사실을 지적하고 싶다.

마지막으로 이제 조선문제에 대한 동아연맹의 구체적인 정책적 대안이 무엇이었는가를 검토해보기로 하자. 앞에서도 언급했듯이 동아연맹은 조선을 하나의 구성 민족으로 포괄하는 복합민족국가체제를 염두에 두었다. 즉 "조선의 민족적 발전은 일본 국가를 구성하는 한 민족"으로 살아가는 데 있다

개하고 있다.
58) 松田利彦 1996: 83. 비슷한 맥락에서 오오무라 마스오(大村益夫)는 이시와라가 강압에 의한 대중(對中) 관계에 반대하고 상호의존과 협화를 주장했지만, 그것은 "왕 자오밍(汪兆銘)정권이나 만주국을 통해 더 교묘하게, 아시아의 민에 환상을 주면서 그것을 지배"하기 위한 것이었다고 평가했다. 즉 동아연맹은 "대동아공영권 이념을 적극적으로 실현하기 위한 단체"로서 "아시아의 사람들에게 해방과 독립의 환상을 주었던 것만큼이나 노골적인 침략보다도 악질"이었다 라고도 말할 수 있다는 것이다(大村益夫 1992: 161~63).

는 것이다.59) 구체적으로 이시와라는 "정치상에서 민족적 차별을 철폐하고 또 민족감정, 생활습성을 존중하고 이 범위에 속한 행정은 가능한 널리 조선의 자치에 위임"할 것을 제안했다.60) 여기서 그가 지적한 '자치'가 무엇을 의미하는 지는 명확하지 않다. 이와 관련하여 그는 동아연맹의 선전, 강연 등에서 재일조선인에 대한 처우와 아울러 식민지에서 내선일체정책의 개선을 호소하기도 하고(松田利彦 1996: 74), 그 일환으로 조선에서 일본과 조선민족 사이의 대우에서 '매우 큰 격차'를 지적하기도 했다.61)

이러한 점으로 미루어볼 때 그가 말하는 자치란 조선인의 참정권이라는 정치적 차원이라기보다는 식민지 통치기구에서 조선인의 참여비율을 높인다고 하는 정도의 '행정'의 범위에 한정된 매우 좁은 의미에서 말하는 것으로 짐작된다(같은 책 75, 83). 동아연맹의 한 관계자가 "지리적 환경과 역사적 전통에 적응하여 그 민족적 자존심을 존중할 수 있는 행정의 시행"을 언급한 것(伊東六十次郎 1940: 41)도 이러한 맥락에서 이해된다. 이러한 점에서 동아연맹의 조선 '자치'론은 예컨대 1920년대 식민지 정책학자 야나이하라 타다오(矢內原忠雄) 등이 동화정책 비판으로서 제시한 '자치'론, 즉 '조선의회설치론'과는 다르다는 평가가 나온 것이다.62)

---

59) "충량한 일본국민으로서 사는 것과 조선민족으로서의 긍지를 가지고 사는 것이 소소한 모순도 없이 통일된 것"이라고 언급하고 있다(東亞聯盟 1941: 8~9).

60) 1940년 1월 이시와라가 작성한 「東亞聯盟 ノ 名稱, 範圍, 及結成 ノ 條件」. 1939년 6월의 강연에서 그는 조선에 대한 "행정 고도의 자치"를 언급한 바 있었다. 간접적인 형태이지만 조선통치의 구상으로서 이시와라가 자치라는 말을 쓴 것은 이것이 최초였다. 松田利彦 1996: 73~75 참조.

61) "조선인으로 관리로 된 고등관 대우를 받고 있는 사례는 전조선에서 손을 꼽을 정도의 극소수에 지나지 않"다는 사실을 지적하고 있다(高木淸壽 1954: 153; 松田利彦 1996: 71).

62) 松田利彦 1996: 76. 그는 적어도 동아연맹론이 말하는 조선 '자치'론이 당시 '자치'라는 말에서 흔히 연상되는 조선인의 입법기관에의 참정권이라는 문제를 염두에 둔 것인가를 되묻고 있다.

(2) 아시아관

다음에는 동아연맹의 동아시아 인식을 살펴보기로 하자. 동아협동체와 비슷하게 동아연맹의 지지자들 역시 동서양을 서로 대립하는 이분법의 범주로 이해하고자 했다. 그러나 동아협동체론자들이 서구에 비견될 수 있는 바로서의 동양이 가지는 정합성과 통일성에 대해 다분히 회의적, 소극적이었던 것과 대조적으로 동아연맹의 지지자들은 동양이 서양보다 우월한, 아니면 적어도 최소한 그에 못지않은 내용과 실체를 가졌다고 주장하는 경향이 있었다. 이러한 점에서 이들에게서는 동아협동체의 옹호자들에게서 나타난 바로서의, 타자로서의 우월한 서양과 열등한 동양이라는 자의식 역시 찾아보기 힘들었다. 그 연장선에서 보면 일본의 국내 개혁을 시급한 과제라고 생각한 동아협동체론자들과는 달리 이들에게 동양은 왕도사상이나 황도정신으로 대표되는 자족적 실체였다. 동아협동체론자들과 마찬가지로 이들 역시 이러한 동아시아의 중심에 일본을 상정했지만, 왕도정신으로 충만한 동양, 즉 일본은 이들에게 아시아의 여러 민족은 물론이고 세계의 각민족으로부터 존경받고 성화(sanctify)되는 일정한 실체로 여겨졌다.

이러한 점에서 동아연맹의 사상을 대변하는 대표적 이데올로그인 미야자끼는 일본과 만주, 그리고 중국을 묶는 끈은 서양이라고 하는 제국주의적 관계가 아니라 "동양 고유의 대승적 왕도정신"에서 찾아야 한다고 주장했다. 곧 지배와 종속이 아니라 자주적 입장에서 맹약이어야 한다는 것이다. 『동아연맹론』의 여러 곳에서 이 왕도를 언급하면서, 그는 왕도정신이란 서구문명을 지양하고 동양 문명에 입각한, 동양민족의 자각에 기초한 자주적 결합이라고 강조했다(宮崎正義 1938; 小林英夫 1996: 11). 그가 말하는 이른바 쇼오와유신이란 바로 이러한 왕도정신을 동아시아 차원에서 실현하는 것이었다.

앞에서 언급한 『동아연맹건설요강』은 동아연맹의 이러한 아시아 인식을 집약적으로 표현하고 있다. 그에 따르면 "지역적으로도 근접하고 인종적으로도 근사하고 문화적으로도 유사한 동아 제 민족이 대동단결"하는 것은 당연한 일이었다. 이 책은 지역과 인종, 문화에서 일정한 공통성을 가지고 있는 동아시아가 이 시점에서 단결해야 할 몇가지 이유를 제시한다. 첫째로 동아시아는 메이지 시기 이래 한국과 일본, 중국의 단결론에서 시작하여 쑨 원의 대아시아주의에 이르는 이른바 아시아주의의 전통을 공유해왔다.[63] 다음으로는 유럽이나 소연방, 아메리카대륙이 점차 블록화되어가는 "세계사의 필연적 흐름"에 동아시아도 대응해야 한다는 것이다. 이어서 일본이 "구주 제국주의 세력을 동아로부터 반격할 수 있는 실력을 획득"하게 되었다는 사실을 지적하고 있다. 유럽의 제국주의 세력이 쇠퇴하고 자유주의 사상이 몰락하는 것을 배경으로 "왕도에 기초한 동아의 새로운 세계관"을 발전시켜야 한다는 것이다(東亞聯盟協會 1940: 4~5).

동아연맹의 또다른 옹호자 역시 이와 비슷한 논지를 전개한다. 동양과 서양을 그는 의리·인정과 이익, 정신과 물질과 같이 범주적으로 대립되는 실체로 제시한다. 서구문명은 자신의 이익과 물질만을 중시하는 것으로 간주되며, 그것을 "타도하기 위해 동아 각민족은 대동단결하여 태평양을 중심으로 하는 최후의 세계적 쟁패전에 대비"해야 한다는 것이다.[64] 미야자끼가 왕도정신을 언급한 것과 비슷하게 그는 "팔굉일우 소칙(詔勅)의 참정신을

---

63) 청일, 러일전쟁 당시 일본은 아시아의 여러 민족으로부터 "해방주(解放主)로 숭앙되어 일본도 동아의 재흥을 생각한 것이지만 유감스럽게도 (…) 급속하게 높아가는 구미의 대일압박에 대항하기 위해 일본은 어쩔 수 없이 동아 여러 민족에 대해 서양류의 패권주의적 경향으로 흐르지 않을 수 없었던 사정 때문에 그 제국주의적 형태를 모방하고 특히 구미제국과 타협하여 오히려 우방이어야 할 동아의 여러 민족을 압박한 사실을 인정하지 않을 수 없다"고 서술하고 있다. 東亞聯盟協會 1940: 3~4; 東亞聯盟同志會 1943: 47 참조.

64) 그가 생각하는 동아의 범위는 오늘날의 동아시아와 동남아시아는 물론이고 "인도와 정교 슬라브 지역의 아시아화한 러시아인 및 러시아화한 아시아인"까지를 포괄하는 것이었다. 아울러 그는 이들 지역을 포함하여 일본과 중국, 몽골, 베트남, 그리고 조선을 명시적으로 거명하면서 이들 지역의 민족이 "각각 자기의 민족적 자존심, 혹은 애국혼이 존중되어 서로 제휴 협력하여 구미에 대한 최후의 결전에 임"해야 한다고 주장했다. 이를 통해 동아연맹이 표방하는 "'정치의 독립'의 참된 의의가 명료하게 될 수 있"으며, 동아연맹 결성의 '세계사적 의의'도 여기에 있다는 것이다(伊東六十次郎 1940: 39~40).

실천"할 것을 강조하면서, "태평양을 중심으로 하는 세계문화의 건설에 동양문명이 지도권을 장악하는 것은 동양민족 전체의 희망이고 행복"이라고 서술했다(伊東六十次郎 1940: 35).

그러나 동아연맹의 지지자들 모두가 인종이나 문화의 동일성에 근거를 두고 동아시아연대를 강조한 것은 아니었다. 조선에서 내선일체의 계기를 조선민족과 일본민족이 "퉁구스 계통의 동일한 혈연적 근거를 가졌다는 사실(史實)을 강조"하는 경향(陶山敏 1940: 21)에 대한 비판이 좋은 사례가 될 것이다. 그는 내선일체를 주장하는 근거의 하나로 자주 언급되어온 이른바 '동조동근설'에 그는 강한 회의를 표명한다. 비록 동일한 혈연에서 기원했다 하더라도 두 민족이 "수천년 동안 민족단위, 생활양식을 달리하여 계속하여 온 것은 민족적 결합에서 혈연관계의 비절대성을 시사"한다고 그는 지적한다. 이러한 점에서 그는 과거의 동일 혈연에 대한 강조보다는 현재의 감정과 의욕, 그리고 그것을 가능하게 하는 사회적 요인 등에 주목할 것을 촉구한다. 이러한 사실을 무시하고 혈연의 동질성에 기초하여 두 민족의 일체성을 주장하는 의견을 그는 "편협한 공리적 (…) 억설" "권력적, 불합리적인 것에로의 타락" 등으로 신랄하게 비판한다(같은 책 23).

그런가하면 만주에서 '협화운동'에 종사해온 동아연맹의 한 지지자는 자신의 경험을 바탕으로 인종이나 혈연이라기보다는 역사와 문화의 중요성을 강조한다. 그는 "한(漢)민족과 일본인은 같은 황색인종이라든가 동문동종이라든가 하는데 이 말만큼 애매하고 또 비과학적인 말은 없다"고 단언한다. 대신에 그는 더 본질적인 '숙명적 차이'로서 특정민족에 고유한 문화와 역사를 제시한다. "도대체 4천년, 3천년도 다른 문화생활을 해온 본질적으로는 다른 계통에 속하는 민족의 감정이 그렇게 쉽게 같게 될" 수는 없다고 반문하면서, 그는 이들 사이에는 "적어도 3천년이라든가 4천년의 거리가 있"다고 언급한다(伊地知則彦 1943: 11).

비록 이러한 사례들이 단편적이고 또 일관된 방식으로 제시된 것은 아니라고 하더라도 이들이 현재적 조건이나 사회적 요인, 혹은 역사나 문화의 공유 등을 언급하고 있는 것은 동아연맹 내부의 지지자들 사이에서 동아시아 연대의 조건으로 인종이나 혈연, 그리고 그와 관련하여 일본정신이나 황도 사상 등을 강조하는 주류적 접근에 대한 다른 의견을 보이는 것으로 주목할 만하다. 비록 동아협동체의 경우에서 보는 것처럼 그 내부에 다양한 의견의 편차를 보인 것은 아니라고 하더라도 동아연맹의 옹호자들이 전적으로 일치된 의견을 가진 것만은 아니라는 사실을 지적하고 싶다.

2. 일본제국과 조선민족

동아시아를 구성하는 개별 단위가 각각의 민족과 국가 들이라는 점에서 조선민족이 동아시아 공동체 내부에서 어떠한 지위와 위상을 차지할 것인가 라는 문제는 조선인들에게는 매우 중요한 관심의 대상이었다. 개개 사회주의자들의 입장에서 보자면 일본 자본주의의 혁신을 바탕으로 만약 동아시아 체제가 새롭게 구성될 수 있다면 조선은 기꺼이 국가체제로서의 독립을 포기하고 이 새로운 동아시아 체제의 한 구성부분으로 편입될 수도 있다는 생각이 이 시기에 출현했다. 동아시아 '신질서'에 대한 일본의 제안은 조선의 사회주의자들에게 자신들이 지금까지 헌신해왔던 대의를 포기할 수 있는 명분을 이들에게 제공했으며, 이에 따라 많은 사회주의자들이 대거 전향의 길로 접어들었다.[65] 일본과는 달리 조선의 사회주의자들은 전향을 해도 돌아

---

65) 전향에 관한 기존의 연구자들은 이 점을 지적해왔다. 예를 들면 홍종욱은 '동아신질서' 구상을 통해 전향의 '합리성'에 대한 주장이 힘을 얻었다고 언급했으며(홍종욱 2000: 192), 장용경은 동아협동체론이 전향한 사회주의자들에게 '희망'이나 '명분'을 더해주었다고 지적했다(장용경 2003: 234). 차승기는 '세계사의 철학'과 '동아신질서' 구상이 동아시아에서 자본주의적 근대의 극복을 표명함으로써 조선의 사회주의자들에게 적극적으로 '시국'에 개입할 계기를 마련해주었다고 보았다. 특히 '동아협동체론' 등으로 나타난 '동아신질서' 구상

갈 조국이 없다고 했다지만,[66] 그들은 동아시아의 신질서에서 새로운 '조국' 의 출현을 기약했던 것이다.

이러한 맥락에서 이 시기에 새롭게 의미를 부여받고 사회적인 집중을 받은 말로는 '내선일체'가 있었다. 거슬러 올라가보면 내선일체는 1910년 일본이 한국에 대한 모든 주권의 "완전하고 영구한 양도"를 선언한 이래 식민지 통치방침으로 표방된 '이상'이었다. 그러나 1919년의 3·1운동과 이후 사회주의자들에 의한 민족해방운동의 지속적인 전개는 일본의 이러한 '이상'을 여지없이 깨뜨려버렸다. 이처럼 민족운동과 사회주의운동이 고조된 시기에 사라졌던 것으로 보였던 내선일체는 1937년의 중일전쟁을 계기로 화려하게 부활했다. 1936년 8월 조선의 제9대 총독으로 부임한 미나미 지로오(南次郎)는 1년이 지난 1937년에도 식민지 지배정책의 겉치레로서 흔히 상기되곤 했던 '내선융화'의 구호에 만족했지만, 중일전쟁의 발발은 그의 이러한 태도를 완전히 바꾸어놓았다.[67] 이제 그는 내선일체론은 "다만 이 시국을 넘는다고 하는 그러한 단순하고 짧은 목표가 아니라 영구 계속적"이라고 말하기 시작했다(南次郎 1939: 59).

은 '현실적'으로 완전한 독립이 어렵다고 본 조선의 사회주의자들에게 새로운 차원에서 민족문제를 해결할 수 있는 '희망'으로 받아들여졌으며, 일본과 조선이 '제국주의 - 식민지' 관계를 넘어서 일종의 '동반자'가 될 것으로 기대되기도 했다는 것이다(차승기 2003: 261).

66) 태평양전쟁 시기에 일본의 전향 작가인 하야시 후사오(林房雄)는 「轉向作家論序」에서 '조선의 작가는 전향해도 돌아갈 조국이 없다'고 선언한 바 있다(김윤식 1976: 183).

67) 미나미가 내선일체를 식민통치의 근본 방침으로 내세우기 시작한 것은 중일전쟁이 발발하고(1937. 7. 7) 한달 남짓 이후인 1938년 8월 11일에 열린 국장회의에서였다. 이 회의에서 그는 조선에서는 "내선융화보다 내선일체의 실을 거(擧)하는 것이 근본 방침"이라고 선언했으며, 이듬해 1938년 4월에 열린 전국도지사회의에서도 그는 "내선일체의 대방침에 대해서는 적어도 이심(異心)을 품는 자 있으면 내지인이나 조선인임을 불문하고 단호한 방침으로 임하겠다"는 취지의 훈시를 했다. 『동아일보』 1937년 8월 12일자, 1938년 4월 20일자 참조

내가 항상 역설하는 것은 내선일체는 상호간에 손을 잡는다든가 형(形)이 융합한다던가 하는 그런 미지근한 것이 아니다. 손을 잡은 사람은 떨어지면 또 별개가 되고, 물도 무리하게 흔들어 섞으면 융합된 모습이 되지만 그것으로는 안된다. 형(形)도 심(心)도 혈(血)도 육(肉)도 모두가 일체가 되어야 한다. (…) 내선은 융합이 아니며, 악수도 아니며 심신 모두 정말로 일체가 되지 않으면 안된다(朝鮮總督府 1940: 101; 장용경 2003: 235).

이처럼 조선총독부가 내선일체를 정책의 구호로 내걸어 밀고 나가는 동안 식민지 언론 매체들은 그 실천과 보급을 대중들에게 전파했고, 식민지 지식인과 사회주의자들은 그 내용을 둘러싸고 열띤 토론을 전개했다.[68] 일본 '제국'의 판도 안에서 식민지 조선의 이러한 열띤 반응과 논쟁은 그에 대한 무관심으로 일관한 일본이나[69] 내선일체가 아닌 민족협화가 소리 높이 외쳐졌던 만주국과 대조를 이루면서, 이들 지역에서는 찾아볼 수 없는 감정의 고

---

68) 이러한 변화는 일본에서의 움직임과 밀접한 관련을 가지고 진행되었다. 1939년부터 1940년 사이 일본에서는 사회대중당 소속의 사회민주주의자들과 적지 않은 수의 전향한 사회주의자들이 일본정부의 혁신정책을 추진하는 데 깊이 관여했다. 이 시기의 일본내각은 혁신좌익까지 포함한 '전시 거국일치체제'로 일컬어진다. 이는 육·해군 장교들이 이누까이(犬養) 총리를 살해하고 일본은행에 폭탄을 투척한 1932년 5·15사건 이래의 거국일치 내각기와는 질적으로 다른 것이었다. 이 시기 혁신정책의 중심기관은 기획원이었는데, 이는 기획청과 자원국을 통합하여 1937년 10월에 설치되었다. 일본의 사회주의자들은 국가동원의 총본부 역할을 한 이 기관의 설치가 자신들의 구상이 반영된 것이라고 하여 대체로 환영했다. Totten 1997: 282~83; 米谷匡史 1997: 81~87; 홍종욱 2000: 188 참조.
69) 현영섭은 "내선일체를 부정하는 논자가 있는데 그러한 논자는 내선문제에 관하여 혈루(血淚)를 흘린 적이 없는 피상적 관찰자의 말에 지나지 않는다"고 하면서 "『개조』나 『중앙공론』이 내선일체문제를 무시하는 것은 지금 자유주의적 환상에 사로 잡혀 있기 때문"이라고 언급한다(현영섭 1939a: 28). 윤치호 역시 비슷한 사정을 전하고 있다. 1939년 2월 9일 동양지광사 주최로 경성부민관에서 개최된 강연회에서 그는 "내선일체라 하지만 오늘날 그것은 조선 내의 내선인 만이 말하고 있는 것으로 내지에서는 전혀 문제로 되고 있지 않다"는 견해를 '심한 우론(愚論)'으로 비판하면서, 일본의 내지인이 그것을 충분히 인식하지 않는다고 해서 내선일체의 '진실성'이 조금도 저하되는 것은 아니라고 주장한다(尹致昊 1939: 9).

조와 열정, 막연한 기대와 경계, 그렇지 않으면 냉소와 부정과 같은 복합적이고 때로는 모순되는 다양한 반응들을 야기했다. 서울에 머물던 소련의 한 외교관이 식민지 대중의 의식을 "몽롱하게 하고 헷갈리게 했"던 내선일체 슬로건의 정력적 추진을 지켜보았던 것도,[70] 식민지의 일본인 관료가 중일전쟁 이후 조선에서 일본에 대한 '애국심의 현저한 격앙'과 함께 조선인의 민족의식이 각성되어가는 모순적 현상을 동시에 관찰할 수 있었던 것도[71] 이 시기였다. 급진적 사회주의자들 사이에서 극단적인 경멸과 무시로 대해 왔던 내선일체가 이 시기에 들어와 "진지하게 고려되고 있"다는 인정식의 지적[72] 역시 내선일체를 둘러싼 급격한 의견의 변화를 보이는 것이었다.

그럼에도 불구하고 이 시기 내선일체가 불러일으킨 흥분과 기대는 오래 지속되지는 않았다. 그 조짐은 1940년 하반기부터 나타났으며, 이듬해인 1941년 1월에 일본정부는 '국가연합이론'을 금지하는 조치를 내림으로써 동아연맹이나 동아협동체론은 체제와의 긴장감을 상실하고 점차 대동아공영권 이론으로 흡수되어갔다.[73] 같은 해 말인 1941년 12월에 일본의 진주만 공

---

70) 빠냐 이사악고브나 샤브쉬나는 "조선인들의 의식에 영향력을 행사했던 가장 중요한 좌우명인 '내선일체 사상'은 말 그대로 사람의 의식을 몽롱하게 하고 헷갈리게 했다. 그 좌우명은 상처 입은 민족적 자존심을 어루만지는 향기로운 치료제였다"고 회상했다(샤브쉬나 1994: 190~91; 홍종욱 2000: 191).

71) 구체적으로 "조선인 대다수가 만주사변 특히 일화사변 이래 일본인과의 공동운명체 의식을 농화하는 데 이르렀고 애국심의 현저한 격양이 있었다, 그러나 이는 조선인의 민족의식의 쇠퇴를 의미하는 것은 결코 아니었다. 아니 민족의식은 점점 더 각성되어갔지만 다만 자기민족의 생존과 행복을 위해서는 일본국민으로 사는 것 외에는 다른 길은 없다고 하는 운명공동체적 의식에 도달한 것이다"고 지적하고 있다. 鈴木武雄(2000(1946): 7; 장용경 2003: 243 참조.

72) "내선일체라고 하면 일고의 가치도 갖고 있지 않는 기만정책으로서 극력배제하고 또는 무시해버리는 것을 일상으로 해왔던 일부 극좌익의 사람들 사이에서조차 금일 이 문제는 진지하게 고려되고 있다고 그는 지적한다(印貞植 1939: 19; 홍종욱 2000: 191).

73) 일본에서의 동향을 보면 1940년 가을부터 다음해 봄까지 반년에 걸친 격심한 내부 마찰 끝에 혁신파가 주도한 신체제운동이 패퇴하고 기존 세력이 헤게모니를 잡는 상황이 발생했다. 1941년 봄에는 혁신경제를 주도하던 기획원 간부들이 코민테른 인민전선전술을 지지한

격으로 제2차 세계대전이 발발했으며, 이를 배경으로 내선일체의 '이상'은 1910년대의 그것으로 되돌아갔다. 1942년 5월 미나미의 뒤를 이어 부임한 고이소 쿠니아끼(小磯國昭) 조선총독은 "내선일체의 이념은 내선의 평등 내지는 정신적 연합을 의미하는 것이 아니라 조선인을 황국신민으로서 육성"하는 것을 목표로 한다고 천명함으로써 조선에서의 내선일체 논의를 완전히 부정했다.[74] 따라서 이 시기 이후에 식민지의 언론매체에서 '내선일체'라는 말이 드물게 또 산발적으로 언급되었다고는 하더라도 앞선 3~4년 사이의 시기와는 의미를 전혀 달리했다는 점을 염두에 두어야 한다. 다른 말로 하자면 동아협동체나 동아연맹을 둘러싼 식민지 지식인들의 논의는 동아신질서 성명이 발표된 1938년 11월부터 그것이 실제로 탄압을 받기 시작했던 1941년을 전후한 3~4년의 기간 동안 "불충분하지만 그 나름대로 유지해왔던 긴장감을 상실하고"(홍종욱 2004: 174) 이후에는 전적으로 체제에 영합하는 외길을 밟아갔다.

이후의 경과는 그만두고라도 1930년대 후반부터 1940년대 초반에 이르는 시기에 전향한 사회주의 지식인들은 '동아신질서'와 동아협동체, 그리고 동아연맹과 같은 동아시아에 대한 제안들을 배경으로 일본이 더이상 제국주의가 아닌 것만큼이나 조선도 더이상 식민지가 아니라고 주장했다.[75] 인정

혐의로 검거되면서, 일본은 기존의 국가 관료와 자본, 그리고 군부의 결탁에 의한 보수화의 방향으로 나아갔다(Mitchell 1982: 225; 홍종욱 2000: 201).

[74] 『동양지광』 1942년 10월호, 宮田節子 1997(1985): 191에서 재인용. 홍종욱 2000: 202; 2004: 175.

[75] '동아신질서' 성명이 나오기 이전부터 전향한 일부 사회주의자들은 이러한 취지의 주장을 실행하고자 했다. 1936년 2월 전향자 보호구원단체를 목적으로 출발한 백악회(白岳會)를 전신으로 같은 해인 1936년 9월 120명의 전향자를 정회원으로 하여 결성된 대동민우회는 대아시아주의에 의한 국가통합 체제에서 '제민족의 평등'을 주장했다. 이 단체가 지도이론 확립의 일환으로 발표한 「인민전선과 국민전선」이라는 팸플릿에서는 "장래의 시대에 조선은 완전히 일본의 식민지인 것을 그치고 일본국민으로서의 권리의무의 평등은 모든 생활 분야에서 인정되어 동포적 협력과 상호부조의 협동체로서의 지위로 높여져야 한다"고 선언

식이 동아협동체의 원리가 "민족문제-식민지문제의 해결에 대해서도 새로운 광명을 던진다"고 하면서 "금일의 조선은 이미 식민지가 아니다"고 단언한 것(인정식 1939b: 177)을 적절한 사례로 들 수 있을 것이다. 이와 마찬가지로 현영섭 또한 "조선은 일본의 일부분이며 장차 내지와 같은 입장에 있을 것을 기대"한다고 언급했다.[76] "조선인이 조선을 식민지라고 생각한다면 그것은 잘못된 노예근성이고, 또 내지인도 조선을 식민지라고 생각하면 안된다"고 하면서, 그는 "내선을 포함한 전일본인이 조선을 식민지시하는 것으로부터 완전히 벗어날 필요"가 있다고 강조했다(玄永燮 1939b: 292~23).

이처럼 탈식민지화에 대한 전망에서 의견을 함께했다고는 하더라도 그 방법을 둘러싼 전향 사회주의자들의 의견은 엇갈렸다. 이미 여러 차례 지적되어왔듯이 여기에는 상반된 두 흐름이 있었다. 현영섭은 내선일체의 근본원리에 대한 두가지 대조적 인식을 언급한다. "하나는 내선은 양민족인 까닭에 황도를 생활원리로 하여 즉 이체동심으로 악수 단결하면 그만"이라는 이론으로 "반도 지식계급의 대부분, 동아협동체론자, 동아연맹론자의 대부분"의 지지를 받고 있다고 보았다. 다른 하나는 미나미 총독이 강조한 바와 같이 "혈(血), 형(形), 신혼(身魂)이 하나가 되는" 완전한 내선일체 이론으로, 자신은 이 이론을 지지한다고 했다. 그는 전자를 "협화적 내선일체", 혹은 "우정형, 악수형"으로 명명했으며, 후자를 자발적, 급진적 내선일체론, 혹은 '철저일체론'으로 표현했다(현영섭 1940: 35).

김한경도 비슷한 구분을 했다. 내선일체론의 두 방법론으로 민족동화론과 민족협동론(민족협화론)이 대립하고 있다고 그는 말한다. 전자는 "조선인의 언어, 풍속, 습관을 일체 내지인과 마찬가지로 동화해야 한다는 견해"이며,

---

하고 있다(大東民友會 1937: 71~72; 松田利彦 1997: 154~55; 홍종욱 2000: 192).

76) 그는 내각정보부 발행의 『주보(週報)』에 대장성의 관리가 식민지 조선이라고 썼지만, 척식성이 척무성이 되고 식민지가 외지로 개명된 것, 혹은 미나미 총독이 조선을 식민지로 보는 것을 반대했다는 사실 등을 지적했다(天野道夫 1940: 215).

후자는 "조선인의 언어, 풍속, 습관을 그대로 인정하고 조선민족의 특유한 성능을 온전히 발휘하여 그 최고지도원리로서 국체정신의 보급, 침투를 꾀하자는 견해"로서, 이 두 주장은 "내선일체라는 국부적 문제에만 한정된 것이 아니요 오늘날 제국이 당면한 내외의 제문제에 대해 전면적으로 그 시각을 달리 하"고 있다고 보았다(김한경 1940: 49).

그런가 하면 동아연맹의 일본인 옹호자는 조선에서 내선일체 사상의 체계화와 실행에는 두가지의 이론적 계기가 시도되고 있다고 지적한다. 하나는 내선일체의 계기로서 "일본민족과 조선민족이 퉁구스 계통의 동일한 혈연적 근거를 가졌다는 사실(史實)을 강조"하며, 다른 하나는 "조선인이 황민화하기 위해서는 조선의 문화, 전통 및 생활양식을 전면적으로 포기하고 일본화해야 한다"는 주장이다(陶山敏 1940: 21).

최근의 연구에서 장용경도 두 흐름을 구분하여 제시한다. 그에 따르면 내선일체론은 황민화와 제도적 차별 철폐라는 두가지로 대별할 수 있다. 즉 "내지인 및 소수 일본의 국체와 문화를 이해하는 반도출신자"가 주장하는 내선일체론, 또는 철저일체론과 "반도는 과거에 특수한 역사와 문화를 가졌고 지금도 그것을 보존"한 상태에서 서로 평등하게 제휴해야 한다고 주장하는 '평행제휴론'이 그것이다. 그는 전자에 속하는 인물로 현영섭, 김두정, 박영희, 이광수 등을, 그리고 후자의 사례로 인정식, 김명식, 차재정 등을 언급한다.[77]

지금까지 살펴본 두 흐름, 즉 민족동화론/철저일체론 및 민족협화론/평행제휴론이 서로 상이하고 대조되는 접근방식을 제안했던 것만큼이나 양자는

---

[77] 장용경 2003: 238~39. 그는 인정식 등이 조선의 문화, 언어의 고유성을 옹호한 것은 일본인과는 다른 주체로서 조선인을 상정함으로써 제도적 측면의 차별 철폐를 주장하는 전제가 되었을 뿐만 아니라 정세에 따라 식민지 관계 자체를 벗어날 수 있는 가능성이 있었던 반면, 현영섭 등의 철저일체론은 완전한 일본인이 되어 차별에서 벗어나자고 주장했으나, 결국 차별구조를 온존시킨 채 차별대상을 대체하려고 시도했다고 평가했다(장용경 2003: 232~33).

서로에 대해 열띤 비난과 비판을 전개했다. 비판은 동아협동체나 동아연맹을 지지한 다수파의 민족협화론이 주도했다. 조선민족의 자발적이고 완전한 동화를 주장한 현영섭을 지목하면서 인정식은 이상주의로부터 벗어난 '소아병적 이론'이라고 그를 맹비난했다.[78] 비슷한 맥락에서 김명식은 급진적 일체론자들에 대해 이들을 "시세에 편승함을 초조하는 자"로서 "속학적 언론을 함부로 제창하는" '무분별한 개화주의'자라고 비난했다(김명식 1940c: 40~41).

그렇다고 하여 현영섭과 같은 급진적 일체론자가 침묵을 고수한 것만은 아니었다. "무의미한 로만티시즘의 수음"이라는 인정식의 비판을 받은 바로 다음 달 발간된 글에서 그는 인정식의 제안을 "공상적인 로만틱한 자위"로 맞받아치면서, 인정식이나 김명식 등의 동아협동체론을 '유물론적 편향'의 '경제주의적 내선일체론'으로 규정했다(玄永燮 1940: 34~35). 그의 이러한 비판은 동아연맹의 옹호자들에게도 가해졌다. 동아연맹의 옹호자들에게 자신이 비판의 대상이 되는 것을 다분히 의식하면서도, 그는 동아연맹을 결성하여 일본과 만주, 중국의 연맹을 도모하는 것은 찬성하지만, 그것을 "조선에 적용하여 일선협화, 일선융화를 생각하는 것은 반동에 불과하다고 믿는"다고 서술했다(天野道夫 1940: 215). 동아연맹에 대한 비판은 현영섭과 같은 입장에 섰던 이영근(李泳根, 上田龍男)에게서도 찾아볼 수 있다.[79]

---

78) "씨의 소론이 자신의 말로는 이상주의라고 하지만 사실은 이상주의도 아무것도 아니다. (…) 개인의 감정과 주관적 편견에서 출발하여 무엇이든지 되는대로 객관세계를 일률적으로 규정하려는 것이 과연 하나의 사상이라고 할 수 있을까"라고 반문하면서, 이는 "무의미한 로만티시즘의 수음이 아니면 치인(痴人)의 꿈에 떨어지기가 쉽다"고 지적했다(인정식 1940a: 5~6).

79) 그는 현영섭과 함께 녹기연맹 등에서 활동하면서 철저한 내선일체론을 주장, 실천했다. 그가 보기에 동아연맹운동이란 "조선인을 민족의 뿌리(루트)로서 인정하고 더욱이 조선까지도 동아연맹의 일 구성단위로서 보려는 이론"에 기초하여 총독부의 방침을 "매우 나쁜 것"으로 선전하는 운동이었다. 그러한 운동은 "조선을 병합 이전의 상태로 돌리려는" '혁명운동'이고, "실제에는 부합되지 않는 것을 관념화하여 그것을 어떻게라도 진리와 같이 믿고

이처럼 두 흐름 사이에서 열띤 논쟁과 상호비판이 전개되었지만, 민족문제를 둘러싼 논의의 지형이 이 두 흐름으로 대표될 만큼 간단한 것만은 아니었다. 앞의 그림에서 보듯이 민족문제를 둘러싼 세로축에서 급진적 내선일체론을 주장한 현영섭이나 김두정이 가장 위쪽의 일본에 가까이 위치한다고 한다면 동아연맹이나 동아협동체의 지지자들은 이 세로축의 가운데 부근에 자리잡았다. 위에서 본 두 흐름의 논쟁은 이들 사이에서 벌어진 것이었다. 그러나 세로축의 가장 아래쪽에 위치한 서인식과 김명식 등은 민족문제에서 위의 두 흐름과는 구분되는 생각과 제안들을 가지고 있었다. 민족문제에 대한 진정성(authenticity)이라는 시각에서 볼 때에는, 민족동화와 민족협화라는 위의 구분보다는 오히려 이 두 흐름을 포함한 인물들과 서인식, 김명식 등 사이에 더 유의미한 경계를 설정할 수 있었다. 이러한 점을 염두에 두고 이하에서는 민족문제를 둘러싼 전향 지식인들을 4개의 범주로 구분하여 살펴보기로 하겠다. 즉 김두정, 현영섭을 대표로 하는 철저적, 급진적 내선일체론자들과 아울러 가장 그와 대비되는 주장을 펼쳤던 서인식, 김명식 등의 지식인들, 그리고 그 중간에서 이중적이고 모순적 입장에 섰던 동아연맹과 동아협동체의 옹호자들이 그것이다.

1) 급진적, 자발적 민족동화론

일본민족으로의 철저한 동화를 주장한 대표적인 인물로는 김두정[80]을 들

마는" 지식인의 몽상이라는 점에서 규탄받아 마땅한 것이었다. 上田龍男 1942: 30~31, 60~61; 松田利彦 1997: 143에서 재인용.

80) 1906년 함남 함주에서 태어난 그는 1928년 4월 총독부 관비유학생으로 일본 야마구찌 고등상업학교 중국무역과에 입학하여 3년을 공부하다가 1931년 1월에 퇴학했다. 1931년 일본의 무산자사, 1932년 노동계급사 및 조선공산당재건투쟁협의회 일본출판부 등에서 활동하다가 1933년 2월 일본 경찰에 검거되어 1935년 4월 치안유지법 및 출판법 위반으로 경성지법에서 징역 6년을 선고받았다. 같은 해 12월 옥중에서 전향서를 발표한 그는 1938

수 있다. 민족문제에 대한 그의 이러한 입장은 그의 동아시아 인식과 밀접한 관련을 가진 것이었으며(후술) 이러한 점에서 그에게서 나타난 전형적인 아시아주의의 사고방식이 주목된다. 김두정은 조선과 일본의 두 민족은 "동문동종으로 현실적으로 혈맥(血脈)이 있는 정치적, 경제적, 문화적 생활을 영위"하여 온 "동일 단위로서 동아협동체에 대오를 함께하는 운명공동체"라고 보았다. 이러한 점에서 그는 미끼 키요시와 비슷하게 만주에서의 민족협화나 중국인의 동아협동체에 대한 태도와 엄격하게 분리하여 조선에서 민족문제를 보고자 했다(金斗禎 1940: 70).

조선과 일본 두 민족의 결합을 강화하여 일체가 되어야 한다고 하면서 그는 "2천만의 조선민족이 가져야 할 올바른 정치사상"(金斗禎 1939b: 100)으로서 조선이 일본의 일부이고 연장이라는 이른바 내지연장주의를 주장했다. 그는 조선은 "결코 구미제국주의적인 식민지가 아니라 '내지의 분신'으로서 대일본제국의 한 지방으로서 홋까이도오(北海道)나 큐우슈우(九州), 시고꾸(四國)와 같이 편입될 것"으로 전망했다(金斗禎 1940: 70). "큐우슈우, 홋까이도오와 같이 본국의 한 지방으로 편입되는 것이야말로 조선민족의 궁극적인 정치적 진로"라는 점에서, 일본의 도부현 및 시정촌제를 모방하여 조선에서도 도부읍면의 지방자치를 확충하고 일본과 동일한 수준으로 발전시켜야 한다는 것이다(金斗禎 1939b: 99~100).

그가 말하는 지방자치는 당시 민족개량주의자들이 추구하고자 했던 민족적 자치운동을 의미하는 것은 아니었다. 오히려 그는 이러한 "중간파의 이른바 민족중앙자치론"(金斗禎 1940: 69)을 철저히 배격했다. 이러한 그가 민족독

년 7월 시국대응전선사상보국연맹의 결성식에 축하메씨지를 보냈으며, 이듬해인 1939년 2월 가출옥하여 이 연맹의 경성지회 간사로 일하면서 같은 해 11월에 『방공전선승리의 필연성』을 저술했다. 이후 그는 조선방공협회와 국민총력조선연맹 등에서 활동하면서 『半島皇民生活物語』(1942), 『大東亞開發讀本』(1944) 등의 저술을 남겼다. 강만길·성대경 1996: 63~64 참조.

립과 민족해방운동에 대해 어떠한 입장을 보였는지는 쉽게 가늠 할 수 있다. 대아시아주의의 입장에 서서 그는 조선에서 "민족해방이라는 문구는 완전히 반도 황민의 뇌리에서 소거"되었으며, 조선에서의 "민족해방투쟁은 불가하고 또 불가능"이라고 선언한다. "이는 단순히 경제적 군사적 실력의 유무의 문제가 아니라 비과학적이고 역사의 대차륜(大車輪)의 역전(逆轉)"이라는 것이다(金斗禎 1939b: 98; 1940: 69). 만일 조선민족이 "진실로 과학적 대국적 견지에 서서 자기의 번영을 구하고자 한다면 민족해방과 민족자치를 위해 공비(空費)하는 역량을 자기의 실력 함양과 황민인 소질의 배양에 집중, 주입"해야 한다고 그는 믿었다(金斗禎 1939b: 100; 지승준 1994: 20).

자민족을 완전히 부정한 또다른 사례로는 현영섭을 들 수 있다.[81] 김두정과 대조적으로 전형적인 아시아주의의 편향을 보이지는 않지만, 그 역시 김두정과 마찬가지로 일본민족으로의 완전한 동화와 아울러 일본주의에 대한 과도한 강조를 내세웠다. 만일 조선인이 지금까지 추구해온 민족주의나 공산주의의 "어느 것도 사멸의 길이라고 한다면 남은 유일의 혈로는 일본인으로서 완성되어가는 이외에 방법이 없"다고 그는 보았다. 따라서 "자기포기의 사신(捨身)에 의해 일본인으로서의 일체를 얻으라"고 권유하면서, 그는 조선이 "큐우슈우와 같이 될 때 지나인은 정당하게 일본을 존경하고 동양공동체가 완성하고 세계는 일본에 의해 구해질 것"이라고 주장했다(玄永燮 1939a: 28~29). 그가 보기에 "조선인의 장래는 일체 일본의 장래 여하에 달려

---

81) 1906년 서울에서 태어나 경성제일고등보통학교를 졸업하고 1925년 일본 쿄오또로 가서 조선인 노동조합에 가입하여 활동했다. 1926년 경성제국대학에 입학하여 1931년 졸업한 후 중국 상하이로 가서 남화한인청년연맹에 가입하여 활동하다가 치안유지법 혐의로 검거되어 전향했다. 1935년 11월에는 토오꾜오부(東京府) 학무부(學務部) 사회과에서 잠시 근무하기도 했는데, 1936년 이후에는 조선에서 녹기연맹, 국민정신총동원조선연맹, 내선일체실천사, 황도학회 등에서 활동했다. 『朝鮮人の進むべき道』(1938), 『新生朝鮮の出發』(1939) 등의 저서가 있다(內務省 警保局 保安課, 『特高外事月報』 1935년 12월분, 63; 田村榮章 2004: 181).

있"으며, 이러한 점에서 "조선의 일체는 일본의 일부"였다(玄永燮 1939b: 35). "조선인은 즉 일본인이고 일본 국민"이라는 점에서 그는 조선인을 '신일본인'으로 부르면서(玄永燮 1939a: 27) "이 명백한 사실을 잊는 것은 백치를 의미한다"고 극언한다(玄永燮 1939b: 36).

> 만약 민족주의, 공산주의, 무정부주의의 이상을 구하는 이외에 살 길을 알지 못한다면 일본 국내 내지는 동양에서는 살아서 안된다. 자살하던지 반항하여 형무소에서 살던지, 외국으로 도망가지 않으면 안된다. 결국 자살이다. 참으로 일본 국가를 사랑하지 않고서, 가면을 쓰고 살아가는 약간의 위선자가 되기보다는 자살해달라고 말하고 싶다. 자살을 원하지 않는다면, 일본 국가를 사랑하도록 노력해야 할 것이다(玄永燮 1938: 117~18).

'백치'나 '자살'과 같은 극단적 표현에서 보듯이 그는 일본정신을 극도로 찬양하면서 선과 악의 관점에서 조선과 일본을 극적으로 대비시켰다. 이러한 관점에서 그는 조선과 일본민족의 협동과 평등을 주장하는 민족협화론, 그중에서도 특히 인정식이나 김명식 등의 접근을 경제적이라고 비판하면서(전술), 진정한 내선일체란 이러한 타협적 태도가 아니라 "신을 숭배하는 마음"과 같은 정신적인 면에서 찾아야 한다고 주장했다. 즉 "내선이 무차별 평등으로 되는" 경제운동이라기보다는 "천황을 현인신(現人神)으로 존경"하는 정신운동이자, '훌륭한 종교운동'이어야 한다는 것이다.[82]

현영섭의 주장이 가지는 특징은 민족동화에서 자발성과 완전성(급진성)에 대한 강조였다. 무엇보다도 그는 정책적으로 위로부터 추진하는 내선일체는 일정한 한계가 있다고 보았다[83]. 이러한 점에서 그는 "내선일체를 무의식적

---

82) 이러한 의미에서 그는 "전향은 따라서 개종이고 참회가 되어야 한다"고 보았다(현영섭 1940: 35~36; 天野道夫 1940: 216; 홍종욱 2000: 197).
83) 이와 관련해 장용경(2003: 239)은 현영섭의 내선일체론이 "차별로부터의 탈출을 위한 일본인화"로서, 차별문제를 식민주의나 정책상의 문제로서가 아니라 조선인들의 문제로 돌리

으로 실행하고 있는 엄연한 현실"을 환기시키면서, "일 개인의 자유로운 공상에서 출발한 내선일체론이라면 정치적 조건 여하로 좌우되지만 사실에 입각한 내선일체는 그 존재이유를 절대로 탈취당하지" 않을 것이라고 전망했다. 일반 민중들의 일상생활에서 "매일매일 내선일체의 사실은 격증"해감에 따라 내선일체는 "점점 사실화하고 마"는 것이며, 이에 따라 "내선 양민중이 혼연 일체"하는 현실은 "어떠한 정치적 변동에 의해서도 소멸되지 않"을 것이라고 그는 굳게 믿었다(天野道夫 1940: 216).

조선민족의 완전하고 철저한 동화에 대한 그의 강조는 민족의 정체성을 근저에서 부정하면서, 그것을 일본민족의 그것으로 대체해야 한다는 주장으로 나아갔다. 이미 언급했듯이 조선과 일본을 각기 선과 악으로 대조시킨 바와 같이 그는 조선의 정체성, 예를 들면 그 중심을 이루는 풍습과 언어에 대해 어떠한 애정이나 자부심도 느끼지 않았다. 그는 "생활의 일체에서 조선인적인 형식의 대부분을 양기(揚棄)해야만 우리들은 일본정신을 좀더 잘 이해하고 파악할 수 있을 것"이라고 주장한다(玄永燮 1938: 173). "나에게는 반도인 남자의 의복을 고수할 용기가 없다"고 고백하면서 그는 조선인의 풍습이 "세계적 가치가 있으면 그 보존에 약기(躍起)하게 되겠지만 세계적이라고는 말할 수 없으므로 다수를 점한 내지인의 풍습에 따라야" 한다고 단언했다(현영섭 1940: 33). 조선 전통의 '유교적 가족제도'와 나아가서는 무엇보다도 민족어의 포기를 주장했다는 점에서[84] 그는 민족 정체성의 근원을 부정했다.

현영섭은 조선인이 일본인과 함께 "일본인적 생활을 보내는 경우에 제1의 핸디캡으로 되는 것이 언어"라고 말한다. "조선어를 사용하기 때문에 조선인은 완전하게 국어를 상용하는 것보다도 국어 표현에서 차등이 있고 그

는 것이라고 비판했다.

84) 조선어 폐지문제를 둘러싼 현영섭과 인정식, 김사량, 김명식 등의 상이한 주장과 논쟁에 대해서는 장용경 2003: 246 이하 참조.

때문에 일본문화로부터 멀어질 위험이 있다"는 것이다.[85] 따라서 조선어에 대한 애착은 "보수주의의 쎈티멘털리즘"이며(玄永燮 1938: 157) "민족적 감정을 버리지 않은 자의 행동"(玄永燮 1940: 35)인 반면에, "장래의 세계어가 될 일본어를 일상으로 사용하는 것은 일대 진보"라고 단언했다(같은 책 39). 앞으로 "동양 전체는 일본의 지도를 받고 일본어는 동양의 공통어가 되"기 때문에 "우리들은 우리들의 자손에게 유년부터 일본어를 교수하여 본능적으로 습득시켜놓는 것이 필요하다"(같은 책 38)는 것이다.

이와 같이 그는 민족의 정체성이나 개성에서 언어를 가장 중시하는 일반적 의견을 부정하면서, 한 민족의 개성은 언어나 풍습에서는 '부차적이고 표면적'으로 표현되며, 진정한 개성은 정신과 기술에 있다고 보았다(같은 책 34). 즉 언어·풍습이나 가족 제도보다는 일본인이나 만주인이 하지 못하는 독특한 기술이나 사상이 정체성의 중심요소가 되어야 한다는 것이다(같은 책 39). "언어나 풍습에 반도인이 사수해야 할 개성이 있는 것이 아니라 반도인의 기술이야말로 반도인의 개성"이며, 그것은 "일본인으로 되는 것에 의해 최고도로 살려진다"고 본 것이다(같은 책 33). 이처럼 그는 선과 악에 의거하여 일본과 조선을 극단적으로 대조시킴으로서 후자를 모멸하고 무시하는 만큼이나 전자를 찬양하고 추종했다. 엄밀하게 따져보면 그가 민족 정체성으로 제시한 정신과 기술은 일본에 대해서는 정신을, 그리고 조선에 대해서는 기술을 각기 염두에 둔 것이었다.[86] 그리하여 일본정신에 대한 맹목적 고양을 통해 기술에 대한 물신적 추구를 직접적으로 보상받고자 했

---

85) 이러한 점에서 그는 당시 고등보통학교에서 조선식의 한문과를 폐지한 것을 "당연한 조치로서 조선인의 어학적 부담을 경감시킨다는 의미에서 그 개정에 감사해야 할 것"이라고 평가했다. 이러한 조치가 "조선어를 말살하는 큰일"이라고 비판한 『조선일보』를 비판하면서, "대체 조선어라고 하는 것이 우리나라의 문화에서 차지하는 위치는 어떠한 것인가"를 회의하고 있다. 玄永燮 1938: 153 참조

86) 근대 초기 서세동점의 정세에서 고유한 정신적 전통에 바탕을 두고 서양의 기술을 선택적으로 받아들여야 한다는 동도서기와 유사한 사고방식이라고 할 수 있다.

던 것이다.

2) 민족문제의 옹호자들

여기에서는 서인식과 김명식, 그리고 박치우의 세사람을 중심으로 이들의 민족문제에 대한 인식을 검토하기로 한다. 다음에 논의할 인정식, 차재정 등과 마찬가지로 이들 역시 동아협동체론을 지지했다고는 하더라도 이들은 일본에서 제기된 동아협동체 구상을 조선의 현실에 적합한 방식으로 재해석하여 적용하고자 했다. 서인식, 김명식 등과 인정식, 차재정 등의 두 그룹 사이에서 나타나는 이러한 차이는 다음에 보듯이 아시아에 대한 보편적 인식과 밀접한 관련을 가진 것이었다. 이들의 사상에서 나타나는 아시아 인식과 민족문제에 대한 이해의 양자에서 어느 요인이 더 결정적인가에 대해서는 명확하게 확정하기 힘들다고는 하더라도 대체적으로 보아 후자는 전자를 반영하는 경향이 있었다고 말할 수 있을 것이다. 두 그룹의 이론적 차이는 구체적인 실천의 측면에서도 찾아볼 수 있었다. 김두정이나 현영섭은 말할 것도 없고 인정식, 차재정 등이 전시파시즘체제에 협력하면서 일본제국주의의 몰락과 운명을 함께했던 것과 대조적으로, 이들은 동아협동체 이념의 실현이 불가능하다고 판단한 1940년 중반 이후 공공영역에서 퇴장하여 은둔을 하거나 외로운 죽음을 맞았다.[87]

---

87) 1936년 말 조선총독부의 종용으로 오오사까에서 귀국한 김명식은 1938년부터 본격적으로 '동아신질서' 논의에 개입하기 시작했다. 1940년 3월 '이성의 회복'을 요구했던 그는 현실에 실망하고 그로부터 3개월 후에 붓을 놓았다. 제주도로 돌아온 김명식은 건강이 악화되어 1943년 5월에 죽었다. 또한 서인식은 1940년 10월 이른바 익찬(翼贊)체제의 성립이 공표된 직후에, 박치우는 이듬해인 1941년 4월에 각각 언론활동을 접었다. 1945년의 해방 이후에 친일파로 낙인찍혀 전혀 공공의 활동을 하지 못하거나 일정한 제약을 받았던 현영섭이나 인정식 등과는 달리 서인식이나 박치우는 해방정국에서 조선민족의 '신체제·신문화' 건설에 헌신하게 된다. 조관자 2007: 203; 홍종욱 2004: 166, 175 참조.

서인식[88]은 식민지 지식인의 주체적 입장에 서서 동아협동체에서 표방하는 지역적 운명공동체의 재해석을 시도했다. 그가 보기에 동아협동체는 "동아 제민족의 정치적 주권과 문화적 독립은 끝까지 서로 시인하고 존중하면서 동아 전체의 공존을 위해 유기적 지속적으로 협동한다는 원칙 위에서 구상되는 한개의 새로운 지역적 공동체"여야 했다. 만약 그렇지 못하다면 그에게 그것은 '단순한 정치적 제스처나 레토릭', 혹은 파시즘의 '전체주의'에 지나지 않는 것이었다(서인식 1939: 7).

　여기서 주목할 것은 미끼와 같은 일본의 동아협동체론자들이 '동아 제민족'을 말하는 경우 조선을 염두에 두고 있지 않은 것과는 달리, 서인식은 당연히 조선이 포함되어야 한다고 생각했다는 것이다. "국내에서 폐쇄적인 민족은 다른 민족에 대해 개방적이 될 수 없다"는 점에서 "문제의 국내신질서도 끝까지 국민의 자주와 창의를 기초로 한 일종의 민족협동체가 되지 않을 수 없다"는 것이다(같은 곳). 동아신질서는 중국에 대한 일본정부의 성명이었지만, 서인식은 그것이 내적으로 일관된 논리를 가지고 동아 민족들의 신뢰를 얻기 위해서는 조선을 포함한 동아시아의 민족들에 적용되어야 한다고

---

88) 1906년 함남 함흥 출생으로 1924년 토오꾜오 와세다대학 문학부 철학과에 입학하여 1928년 4월 조선공산당 일본총국, 고려공산청년회 일본총국, 신흥과학연구회, 신간회 토오꾜오지회 등에서 가입하여 활동하다가 같은 해 12월 대학에서 퇴학당했다. 1929년 9월 중국으로 건너가 이른바 ML계 공산주의자들과 함께 조공재건방침을 협의하고 이듬해인 1930년 12월에 귀국하여 1931년 조공재건설동맹, 조선공산주의자협의회 등에서 활동하다가 1932년 3월 검거되어 1933년 4월 대구지법에서 치안유지법 위반으로 징역 5년을 선고받았다. 출옥 후인 1937년부터 1940년에 이르기까지 그는 동아협동체론과 쿄오또학파의 역사철학에 공명하는 일련의 논문들을 발표하면서 활발한 저술 활동을 했다. "동아협동체의 담론 공간과 그 담론의 자장 속에서 현실정치를 리드해간 (일본) 혁신좌파의 활약 및 실각과 정확히 대응"하는 이 기간이 끝난 후 1940년 『조광』에서의 대담을 끝으로 목포로 칩거하여 절필한 후 더이상 공식 지면에 등장하지 않았다. 1939년 평론집 『역사와 문화』를 출간했으며, 이 책을 포함하여 최근 2권의 『서인식 전집』(2006)이 출간되었다. 강만길・성대경 1996: 235; 차승기・정종현 편 2006; 조관자 2007: 206 참조.

주장한 것이다.

김명식[89] 역시 동아협동체에서 조선민족의 주체적 역할을 강조했다. 이러한 관점에서 그는 내선일체에 대해서도 새로운 해석을 제시했다. 그는 내선일체는 팔굉일우라는 말의 조선적 표현으로 보아야 한다고 주장했다. 그것은 "협화만방(協和萬邦)이라는 말과 같이 종적 관련을 의미한 것이요, 횡적 관련을 요구하는 것이 아니"라는 점에서, 문화나 산업행정, 교육방침 등에서 '무분별한 동화정책'을 실행해서는 안된다고 지적했다(김명식 1940b: 64). 즉 내선일체의 의식은 "팔굉일우의 관념으로 어느 개성의 말소(抹消)를 의미하지 않"는다는 점에서, "조선의 언어, 산업, 문화 등은 모두 조선적으로 향상 발전케 하여 공존공영을 꾀"해야 한다는 것이다(김명식 1940c: 42).

여기에서 서인식이 정치와 문화의 측면에 주목했다고 한다면 김명식은 특히 산업과 경제에서 조선의 독자성을 강조했다.[90] 이와 아울러 그는 전시동원의 통제경제에서 조선경제의 독립성을 역설했다.[91] 이처럼 그가 조선 경

---

89) 1892년 제주도에서 태어나 1916년 일본 와세다대학 전문부 정치경제과에 입학하여 공부하면서 조선인유학생학우회장으로 활동했다. 1919년 토오꾜오에서 2·8독립선언에 참가했고 조선으로 돌아와서 조선노동공제회, 조선청년회연합회, 동아일보사 주필 등으로 활동했다. 1921년 서울청년회와 아울러 샹하이파 고려공산당 창립에 참여했으며, 1922년 11월 이른바 신생활사 필화사건으로 검거되어 1923년 1월 경성지법에서 징역 2년을 선고받았다. 이후 사회주의 운동의 선구자이자 평론가로서 활발한 집필 활동을 했으며 1927년에는 신간회 제주지회장이 되었고 1928년부터 1936년까지 오오사까에서 체류하면서 조선인 노동운동을 지도했다. 1943년 감옥생활과 고문으로 인한 후유증으로 제주도에서 사망했다. 강만길·성대경 1996: 68; 박종린 1999; 홍종욱 2004: 161 참조.

90) "일만지의 블록경제가 전면적으로 구체화할 것은 필연한 일이니 이 단계에 있어서 조선의 존재가 무시되지 않도록 힘쓰지 않으면 경제사상(經濟事相)에 있어서 조선의 독자성이 말소되어야 그 특수성을 실현할 계기가 정지되"지 않을까에 대한 의구심을 표명하면서 그는 "조선경제의 독자성문제가 우리의 유일무이한 생명선"이라고 지적했다(김명식 1939b: 28; 김명식 1940a: 200).

91) 그는 안으로는 "조선경제의 독자성을 실현하기 위한 기관"(김명식 1940b: 65)으로 일본의 기획원과 같은 것을 조선에 설치하고, 밖으로는 일만지 경제회의에 대표를 파견해야 한다고 주장했다. 비록 일본 '기획원의 출장소'에 지나지 않았다고는 하더라도 '조선경제의

제의 독립성을 강조한 것은 "조선인이 대륙으로 진출하는 것은 지리적으로나 경제적으로나 이미 결정된 사실이거니와 그 내용에 있어서 한갓 헐가의 노동을 제공함에 그치고 만다면 너무도 아픈 일이 아니겠느냐"(김명식 1939b: 49)는 반문에서 단적으로 드러난다. 이러한 점에서 그는 일본이 조선을 "신동아 건설의 동반자로 기대"한다면 조선인의 정치적 지위와 군사적 의무를 보장해 주어야 한다고 주장한다.[92] 홍종욱이 적절하게 지적하듯이 김명식의 제안은 조선의 경제와 정치의 독자성을 보장하는 것을 통해 일본이나 만주국, 중국과 함께 조선을 동아협동체의 한 주체로서 인정하라는 호소였다(홍종욱 2004: 174).

그러나 김명식이 경제와 정치에서 조선의 독자성을 주장했다고는 하더라도 그에 대한 구상이 구체적으로 어떠한 내용이었는가는 확실하지 않다. 경제적 측면에서 일본의 대륙진출을 기정사실화한 위에서의 언급이나 혹은 일본인 대자본의 전시통제를 강조하면서, 조선인 중소자본의 보호를 요구한 사실에서 보이는 다소의 모호성은 정치의 측면에서도 찾아볼 수 있다. 즉 그는 현실적으로 "조선민족이 발전적으로 해소"될 가능성을 전혀 부정하지 않으면서 만일 그렇게 된다면 조선에도 일본과 같이 부현제가 조직되고 헌법이 시행되어야 한다고 언급한다.[93] 결과적으로 보면 그가 제시한 일만지 경

참모본부'로서 전자는 1939년 12월 총독부 내에 설치된 기획부로 구체화되었다. 후자는 이 회의에 만주국은 자신의 대표를 파견하는 데 비해 조선은 참가자격이 없는 것에 대한 불만에서 나온 것이었다. 홍종욱은 김명식의 이러한 주장은 기획부를 중심으로 독자의 계획 경제를 운영하고 나아가서 일본을 중심으로 하는 동아시아 경제블록에 단위적 참가가 보장되는 '특수(경제)단위'로서 조선의 건설을 의도한 것으로 보았다. 홍종욱 2000: 194~95; 홍종욱 2004: 173~74 참조.

92) 조선인의 최소한의 요구로서 의무교육과 의무병역, 산업조합령의 전면적 실시 및 헌법 정치의 준비시설을 언급하고 있다(김명식 1939b: 49).

93) 부현제도의 실행은 어렵지 않을 것이라고 전망하면서도 제국헌법이 제한 없이 조선에 실시될 가능성에 대해 그는 회의적이었다. 일본의 "중앙정치는 그 내용이 극히 복잡다기한 것이니 조선에 헌법을 시행한다 하더라도 조선 특유의 것이 되지 않을까 한다"는 것이다(김명

제회의에의 참가나 의무병역의 실시, 일본헌법의 조선적 적용 등은 인정식과 같은 이른바 협화적 민족론과 겉보기에 크게 다르지 않은 것처럼 보일 수도 있었다. 그러나 그렇다고 하여 그는 일본제국의 대륙 진출에 편승하여 조선민족의 이익을 도모한다거나 배타적으로 그 실현을 주장하는 쪽에 무게를 두지는 않았다. 서인식에 비해 상대적으로 그의 주장이 타협적인 외관을 띠는 것은 그의 제안들이 현실을 인정한 위에서 구체성을 추구했기 때문이라고 보아야 할 것이다.

마지막으로 박치우[94]는 피나 흙과 같은 비합리주의적 연대에 호소하는 파시즘에 대한 비판을 바탕으로 동아협동체의 연대 원리로서 공동의 운명에 대한 자각을 강조했다. 그가 동아시아연대에서 공동의 운명을 언급한 것은 개인이 민족에 결합되는 직접적인 합일이 민족과 민족 사이의 연대에서는 불가능하다고 생각했기 때문이다. 왜냐하면 "민족이라는 것은 피에 의해 얽매어진 단일자이기는 하나 한편 또 그러니만치 피를 달리하는 타민족에 대

식 1940b: 63). 홍종욱(2004: 174)은 위에서 언급한 '헌법정치의 준비시설'이나 '조선특수'의 헌법의 시행에 대한 그의 요구를 근거로 김명식의 정치적 주장을 특정 종류의 자치론으로 평가했다.

94) 1909년 함북 성진에서 태어나 1928년 4월 경성제대 예과 문과를 거쳐 1930년 법문학부 철학과에서 서양철학을 전공했다. 1933년 대학 졸업 후 이 대학의 조수로서 근무하다가 이 듬해인 1934년 9월 평양 숭의실업전문학교 교수로서 가르쳤다. 이 시기 이후 그는 아카데미즘에서 벗어나 변증법에 입각한 실천 철학을 지향하면서, 현실에 적극 개입했다. 1938년 3월 신사참배문제로 학교가 강제 폐교되자 『조선일보』 학예부와 사회부 기자로 일하다가 1940년 8월 『조선일보』가 폐간되면서 경성제대대학원에 진학했다. 일제 말기에는 중국으로 건너가 활동하다가 창춘에서 해방을 맞았다. 해방 이후 남로당에서 활동한 그는 3차례에 걸쳐 박헌영의 평양 방문을 수행했다. 1946년 3월 좌익 색채의 현대일보 창간 발행인과 주필로 활동하다가 1947년 초에 월북하여 강동정치학원의 정치부원장을 지냈다. 1948년 8월 대한민국정부 수립 이후 남조선인민대표자회의의 서기국원으로 되었다. 1949년 9월 강동정치학원 출신의 대남 유격대의 정치위원으로 남파되어 빨치산활동을 하다가 같은 해 11월 태백산 지구에서 사살되었다. 저작으로는 자신의 논문과 논설을 모아 1946년 11월에 간행한 『사상과 현실』이 있다. 윤대석 2006: 3~10 참조.

해서는 원주(圓周)를 달리하는 타자"이기 때문이다. 따라서 피의 동일성만을 존중하는 혈통지상주의에서 민족의 봉쇄성과 배타성은 피할 수 없는 결론이 된다는 것이다.[95] 동아시아가 당면한 공동의 운명을 근거로 민족주의를 초월한 운명의 사명화라는 그의 제안이 과연 중국이나 조선의 입장을 얼마만큼이나 이해한 것인가라는 문제를 제기할 수 있는바, 그에 대한 회의와 비판에 대해서는 후술하기로 한다.

3) 절충적, 중도적 입장에서의 민족문제

(1) 동아연맹론

동아연맹론과 동아협동체론의 양자는 위에서 살펴본 두 극단 사이에 위치하는 범주로 분류할 수 있다. 그러나 동아연맹론과 동아협동체론을 받아들인 식민지 조선의 사회주의자들 사이에서 아무런 차별성을 찾아볼 수 없는 것은 아니었다. 일본에서 동아연맹과 동아협동체론이 그러했듯이, 조선의 사회주의자들이 양자를 수용하는 과정에서도 일정한 차별성이 존재했다. 특히 1940년대 초반 이후 궁극적으로 양자 모두가 친일의 길을 걸었다고는 하더라도 조선의 동아연맹론자들은 동아협동체론이 서구에 편향된 이론가들이 주도하는 정치적 주장으로, 조선문제에 대해 아무런 언질도 하지 않는다는 의구심을 거두지 않았다.[96]

그렇다고 하여 동아연맹의 지지자들 모두가 민족문제에서 동일한 의견을 가진 것은 아니었다. 예를 들어 만주에서 협화운동을 했던 김방한이 『동아

---

95) 한 민족에만 국한하는 경우에는 '유기체' 내지 '공동체'의 개념을 적용하면서도 신동아건설이라는 더 넓은 범위에서는 '협동체'라는 새로운 용어를 사용하게 되는 것도 이 때문일 것이라고 그는 언급하고 있다(박치우 1940: 19).

96) 양인현은 "당시 일본 국내에 동아협동체론이라는 정치평론 서적이 많이 출현했어도 조선문제에 언급이 없는 일본국 독존주의(獨尊主義)인 구미제국주의적 정치론이었으니 타기할 수밖에 없었"다고 말한다(양인현 1989: 4).

연맹』에 기고한 글은 식민지 지식인의 민족문제에 대한 극적인 인식의 변화를 잘 보이고 있다. 민족자결이 "유일한 절대의 진리"라고 생각했던 그는 이제 그것이 '과거의 세계'에 속하는 것이라고 선언한다. 그가 보기에 세계는 '교통의 발달이나 경제의 진보'에 의해 민족들 사이의 상호의존과 이해를 촉진했다. 이러한 변화의 맥락에서 그는 동양과 서양을 대립시킨다. "사물의 근저에 흐르는 정신을 파악하는 것을 잊은 이래 동양인은 얼마나 오랜 사이 고통받아왔는"지를 반문하면서, 그는 "동양적 사고로 돌아가라"고 외친다. 동양에 대한 재발견은 민족에 대한 부정으로 그를 이끌었다. 그는 "민족의 목표는 그 민족내의 개인 개인으로 하여금 물심양면에 걸쳐 가장 풍부한 생활을 향수하게 하는 데 있다"고 단언한다. 따라서 "민족이라는 추상적 관념을 남용하고 민족문화의 발양이야말로 개인의 생명"이라는 주장은 그에게 결코 용납될 수 없는 것이었다. 이리하여 그는 "민족자결은 저 올바른 동아연맹의 앞에 이제는 청산"되어야 하며, "민족주의는 동아연맹 나아가서는 세계국가건설의 가운데에 그 임무를 끝내야 할 것"이라고 주장하기에 이르렀다(金方漢 1943: 57).

그러나 동아연맹의 추종자들 모두가 민족의 의의를 완전히 부정하는 이러한 입장을 지지하지는 않았다. 식민지 후기로 갈수록 궁극적으로는 위의 김방한과 비슷한 입장으로 수렴되어갔다고는 하더라도 동아연맹의 다른 지지자들은 민족문제에서 복합적이고 모순적인 태도를 보였다. 아마도 '조선동아연맹'97)을 중심으로 활동한 강영석98)이 그 적절한 사례가 될 것이다.

---

97) 강영석의 동지이자 프롤레타리아 시인이었던 김용제의 회고에 기초하여 마쯔다 토시히꼬는 '조선동아연맹본부'가 박희도를 대표로 하여 1939년 중엽 결성되었다고 한다. 그에 따르면 이 조직은 조선총독부가 동아연맹운동을 사실상 금지했던 사정을 배경으로 비합법 조직으로 동아연맹협회로부터 지부로서 인가되지도 않았고 그 존재조차 거의 알려지지 않았다고 한다. 아울러 그는 이 운동의 참가자로서 박희도, 장덕수, 나경석 등 구민족주의 우파와 강영석, 유진희, 김용제 등 전향 사회주의자들 및 일본인 일련교도(日蓮敎徒)인 후지따 겐따로오(藤田玄太郎), 나까지마 메이몬(中島命門) 등의 3개 그룹을 언급했다(松田利彦

1939년 7월부터 『동양지광』에 「황도조선」이라는 제목으로 연재된 강영석의 일련의 논문들은 민족문제에 대한 그의 생각을 잘 드러내고 있다.

그는 "근대의 아세아는 백색인종의 지배 아래 놓여 각민족은 거의 그 지배에 신음하고 있는데, 오직 일본만이 자기의 생존권리를 주장하고 대등하게 동아를 재건하려고 한다"고 지적한다(姜永錫 1939(5): 59). 이러한 문제의식에서 그는 "타민족까지도 동일시"한다는 점에서 '동아신질서'가 표방하는 팔굉일우의 이데올로기를 세계주의의 차원으로 승격시킨다. 이 이데올로기는 개별 민족국가가 "평등한 입장에서 상호존중하고 포용, 협화하여 모든 인류의 종합 문화에 기여할 수 있는 인격적 결합"을 지향한다는 점에서 "결코 민족간 상하라든가 차별이라든가 우열이라든가를 설정하지 않는"다고 그는 보았다(姜永錫 1939(1): 60). 조선민족은 "인종적으로 지정학적으로 (일본과 ─ 필자) 운명"을 함께 한다는 점에서(姜永錫 1939(5): 59), "이 아름다운 이상에 반대하는 것은 조선인이라면 민족적 편견이고 일본인이라면 천황의 정신을 배반하는 미완성 신민"이라고 단언한다.[99] 이러한 신념에서 그는 팔굉일우

1997: 145~47). 동아연맹의 조선지부에 대해서는 쯔보에 센지(坪江汕二 1966: 246)도 '조선동아연맹동지회'로 언급하고 있지만, 이들과 대조적으로 오오무라 마스오(1992: 162~64)는 "(일본) 국내 국외를 통해 조선의 지부는 없"었다고 하면서, 만일 있었다면 "비밀지하조직의 형태로밖에 존재할 수 없"었다고 주장한다.

98) 1906년 전남 광주에서 태어나 1920년대 광주에서 광주청년회 위원장, 사상단체 신우회의 간부 등으로 활동하다가 1929년 광주학생사건으로 경찰에 검거되어 징역 2년 6월을 선고받았다. 조선공산당의 창립 멤버로서 이른바 4차당에서 중앙검사후보위원으로 된 강석봉은 강영석의 형이다. 확실하지는 않지만 중일전쟁 직전에 전향한 그는 일본국체학을 거쳐 동아연맹의 지지자로서 활동했다. 일본국체학은 쇼오와기의 대표적인 국가주의자의 한사람인 사또미 키시오(里見岸雄)가 타나까 치가꾸를 고문으로 1936년에 설립한 것으로 미노베 타쯔끼찌(美濃部達吉)의 헌법기관설에 대한 공격을 주도했다. 1939년 1월 고향인 광주에서 동아협화이념연구소 설립위원회를 결성하여 활동했다. 1939년 카가미가 일본내각 흥아원의 자문기관인 흥아위원회 상임간사로 임명되자 강영석은 동아연맹운동으로 옮겨가서 1939년 8월에는 『동양지광』의 경리부장을 지내기도 했다. 姜永錫 1939(2): 75; 강만길・성대경 1996: 14~15; 松田利彦 1997: 136~43 참조.

의 이데올로기에 기초해 조선과 일본의 양민족의 "일체적 인격적 결합의 실천이론, 즉 팔굉일우의 민족협화이론을 연구"하기 위해(姜永錫 1939(2): 75) 동아협화이념연구소를 설립했다.

팔굉일우의 이데올로기 안에서 조선민족의 평등성을 보장받고자 한 그의 입장은 1940년대 이후 조선민족의 독립에 대한 몇몇 에피쏘드들에서도 찾아볼 수 있다.[100] 비록 강영석과 '조선동아연맹'이 친일의 길을 걸으면서[101] 파시즘의 침략이데올로기로 수렴되어갔다고는 하더라도, 강영석의 사상과 실천은 친일의 틀로는 파악될 수 없는 민족문제에 대한 복합성과 모순성을

---

99) 나아가서 그는 "실재하는 민족을 존중하는 것을 알지 못하고 그것을 무시하려고 하는 경향이 있다고 한다면 그것은 일본의 천황정치를 이해하고 있지 않은 사람이다. 하물며 이 민족을 권력적으로 지배하려고 하는 태도가 있다면 그것은 제국주의의 보조자로는 되어도 "민을 이끄는 本은 교화에 있다"는 신성한 천황정치에 익찬하는 것과는 너무나 거리가 먼 것"이라고 지적한다(姜永錫 1939(1): 61).

100) 여기에는 두가지 사례가 있는데, 하나는 독소개전(1941년 6월)에 호응하여 일본의 대소련참전과 동시에 적군 내의 조선인 병력과 내통해 조선독립을 실현할 계획을 세웠다는 것이고, 다른 하나는 1943년 일본 패전을 예측한 이시와라 칸지로부터 "조선독립이라는 비상시에 이를 진압하는 조선총독부의 경찰력, 정치력을 조선군이 단호하게 제거하여 무혈 점령한다"는 계획을 전해들은 강영석이 조선군사령관인 이따가끼 세이시로오(板垣征四郎) 등과 접촉하는 한편 '건국자금'을 마련하기 위해 샹하이의 자본가인 손창식(孫昌植)과 연락했는데, 이따가끼 세이시로오가 1945년 4월에 제7방면군으로 전출하고 정보의 사전 누출로 실현되지 못했다는 사건이다. 김용제(金龍濟)의 자필원고「「地下灯: 朝鮮東亞連盟の獨立運動と日本東亞連盟の石原莞爾將軍」, 1991년, 복사본, 大湊義博 소장, 일본어)에서 소개된 이 사건에 대해 김용제 자신은 "실로 꿈과 같은 이야기", '기상천외'라고 도외시한 바 있지만, 마쯔다 토시히꼬는 "전혀 무에서 만들어진 픽션이라고 생각되지는 않는다"고 언급한다(松田利彦 1997: 150~51).

101) 마쯔다 토시히꼬는 조선동아연맹 조직이 일본의 패전시까지 지속되었다고 말해지지만, 그 활동양상은 소수의 그룹에 의한 의견교환이라는 수준을 넘어서는 것이 아니었고 그 마저도 유지했는지의 여부에 대해 의문을 표시했다. 오히려 이 조직에 참가한 조선인이 현실에서 더 활발하게 행한 것은 노골적인 대일협력이었다는 점에서 김용제가 회고한 바와 같이 이 조직의 참가자가 민족독립의 방책을 가슴속에 가지고 있다고 하여도 그것은 본인만에 통하는 면죄부에 지나지 않았다고 지적하고 있다. 松田利彦 1997: 150 참조.

내포하고 있었다. 그가 "총독부로부터 위험시된 동아연맹운동과 같은 운동에 이르게 된 것은 그들의 전향운동이 친일파의 어용운동 내지 그 아류라는 틀에 반드시 수렴되지 않았던 것을 의미"한다는 언급[102]은 이러한 맥락에서 나온 것이지만, 해방 이후 그의 경력과도 관련하여[103] 민족문제에 대한 이 중성과 모순을 드러내고 있다.

민족문제에 대한 이러한 복합성은 일본 쿄오또의 조선인 유학생을 중심으로 한 동아연맹운동에서도 찾아볼 수 있다. 이 운동의 중심인물은 쿄오또 유학생으로 사회주의 운동에 종사하다가 '전향'한 조영주[104]이다. 그를 비롯

---

102) 강영석과 같이 정치 활동에 대한 의지를 구체적인 행동으로까지 전화한 전향자는 실제로는 반드시 많지 않았다는 점에서, 그의 삶의 궤적은 조선인 전향자로서는 드물게 이러한 운동에의 의지와 현실의 운동과의 괴리를 명확한 형태로 보인다고 언급하고 있다(松田利彦 1997: 153).

103) 해방 이후 그의 행적은 확실하지 않지만, 매우 상반되는 정보들이 남아 있다. 1945년 조선공산당 광주시당 소속으로서 담양군 인민위원회위원을 지냈다는 언급이 있는 반면에, 위의 『김용제회고』에서는 그가 1948년 A급 전범으로 사형된 전조선군사령관 이따가끼 세이시로오의 유족을 때때로 위문하여 "일찍이 공산주의에 미혹된 경험"을 이야기했다는 일화가 전해지고 있다. 강만길·성대경 1996: 14~15; 松田利彦 1997: 161 참조.

104) 1913년 경북 예천에서 태어난 그는 1925년 서울에서 경성고보에 입학하여 맑스주의에 접하면서 사회주의로 경도되었다. 당시를 회상하면서 그는 "방과후 몰래 프롤레타리아, 이데올로기, 오르그와 같은 낯선 용어를 연발하면서 행해지는 상급생간의 구론(口論)은 영어에 처음으로 접했던 만큼이나 적어도 나에게는 매력의 하나"였다고 적었다. "책방에서 별과 낫이 그려진 책을 구입하여 하숙에서 난독"을 하고 독서회 활동을 주도하면서 그는 "독립과 사회혁명을 위해 한몸을 바칠 각오"를 다졌다(曺寧柱 1949a: 7). 1929년 광주학생운동을 지지하는 동맹휴교를 선동하여 경성고보를 중도 퇴학하고 1932년 4월 일본으로 건너가서 쿄오또제국대학 법학부에 입학했다. 이 시기에 그는 일본공산당의 사실상의 외곽단체인 일본적색구원회에서 활동했다. 1933년 봄 쿄오또대학에서 일어난 이른바 타끼가와(瀧川) 교수 사건을 계기로 학교를 중도 퇴학하고 리쯔메이깐(入命館)대학 예과를 거쳐 이 대학의 법경학부에서 공부했다. 재학 중에 방학으로 조선에 돌아가서는 박상회(朴相熙)나 황태성(黃泰成) 등의 공산주의자들과 교유했다고 한다. 1930년대 중반 이후 공산주의자들의 대량 전향으로 고립감을 느낀 그는 한때 만주로 건너가 활로를 모색하기도 했지만, 1939년 봄 대학 졸업 이후 이시와라와 알게 되면서 동아연맹운동에 관여하게 되었다. 이리하여 1939년 3월 만주국협화회 쿄오또 공작원, 1941년 4월에는 동아연맹협회 관서사무소가 설

하여 조은제(趙恩濟), 양인현 등이 주도한 쿄오또의 조선인학생회는 일반 재일조선인들에 비해 상대적으로 앞선 의식을 가지고 있었다. 이들이 동아연맹운동의 이론체계 전반에 관심을 가진 것은 아니었다. 민족문제와 관련한 민족문화의 '유지'나 조선'자치'론과 같이 조선에 관련된 문제들에 선택적으로 반응을 했다[105]. 일제 관헌의 표현을 빌리면 동아연맹의 강령 중의 하나인 '정치의 독립'에 "비상한 관심을 가지고 이것이야말로 조선민족해방운동의 거체(據体)"라고 생각(明石博隆 외 1975: 237)했다는 것이다. 조영주 자신은 "동아연맹이라고 하는 새로운 광명을 발견한 때의 기쁨의 약동이 두근두근 샘솟아 오는 것이다. 그것은 조선인의 자존심을 손상하지 않고 일본국민으로서 사는 보람이 있는 일이 가능하다고 하는 신념의 발견"이었다고 회상하고 있다(曺寧柱 1942: 56).

일제의 자료에 따르면 이들은 "현재 일본에는 구미제국주의적 기성(氣性)을 가진 것과 정순(正純)한 팔굉일우의 정신을 가지는 것으로 2파"가 있다고 보고, "현재의 조선 통치는 전자에 의하지만 후자의 참된 일본정신, 팔굉일우에 의해 통치할 경우 조선민족의 해방은 반드시 실현될 것"이라고 기대했다. 여기서 전자는 동아협동체를, 후자는 동아연맹을 지칭하는바, 이들은 "동아연맹이 말하는 주권의 존중, 정치의 독립의 실체는 우리들이 희구하는 조선독립과 전혀 동일"하며, 동아연맹이 내건 "조선에 대해는 자치를 준다"는 정책은 "우리들이 희구하는 독립과는 종이 한장의 차이"라고 생각했다. 이리하여 이들은 동아연맹이 말하는 "'정치의 독립' 의욕을 요망하는 여론"을 조선 민중에 환기시키고, 그것이 고조되는 경우 "이를 적극적으로 일본에

치되면서 이 지부의 정식 직원으로 일했다. 구체적인 내용에 관해서는 明石博隆 외 1975: 237~43; 松田利彦 1996: 72; 1998: 32~36 참조

105) 松田利彦 1998: 47~48. 당시 쿄오또의 조선인 유학생 가운데에서 10~20명 정도가 여기에 참가할 정도로 열띤 호응을 받은 이유로서 그는 동아연맹이 설파하는 조선'자치'론이 호소하는 바가 크고 참가자의 상당 부분이 '자치'론에 조선독립의 전망을 가탁(假託)하려고 한 것으로 추측하고 있다.

대해 요구"하고, 만일 그것이 받아들여지지 않으면 "민중봉기도 불사"한다는 운동방침을 세웠다(明石博隆 외 1975: 238~39). 해방 이후에 기고한 양인현의 회고록도 이와 비슷한 내용을 전하고 있다.

동아연맹 이론이 동아에서 전개 진전되어가면 조선은 가까운 장래에 자치의 단계를 넘어서 정치상 독립은 얻게 되리라고 내다보았다. 이시와라 칸지(石原莞爾) 중장도 자기 관사에서 조선 유학생 10명 대표에게 조선에는 '고도의 자치'를 주며, 이왕 전하가 가서 하시게 될 것이라고 단언했으나, 이왕 전하까지 돌아오시면 전민족에게 여론을 일으켜 정치의 독립을 얻도록 이끌고, 그래도 늦으면 민족봉기하여 획득한다는 구국(究局)적 목표까지 우리끼리 세우고 치열하게 독서회 또는 기관지를 배포해서 유학생들에게 희망을 가지게 했다(양인현 1995: 283).

이처럼 고도의 자치와 정치의 독립, 그리고 그것이 실현되지 않은 경우에는 민중봉기를 통해 이를 실천한다는 언급은 이들이 동아연맹으로 이끌린 동기를 잘 설명하고 있는 듯이 보인다. 이에 따라 이들은 1939년 3월 무렵부터 매주 2회 연구회를 개최하는 한편, 조선인 일반 학생을 대상으로 하는 연구회나 학우회 총회 등을 통한 계몽활동과 아울러 기관지 등을 배포하는 등의 활동을 했다(明石博隆 외 1975: 240). 겉으로는 이들이 동아연맹의 선전을 내세웠지만, 실제로는 조선의 민족문제에 대한 관심이 저변에 깔려 있었을 것이다. 예를 들면 1940년 4월 쿄오또의 조선인신입학생환영회에서 조영주, 조은제가 40여명의 유학생 앞에서 동아연맹 이론에 대해 해설하고, 조선민족의 '정치의 독립'의 획득을 역설했는가 하면, 1941년 1월에는 쿄오또 조선인학우회의 졸업생송별회에서 조영주가 동아연맹운동의 '민족협화'론이 조선민족을 포함한다는 "조선민족해방을 시사하는 발언"을 했다.[106]

---

106) 일제의 수사 기록에 의거하여 1940년 4월~1941년 9월 사이에 이들이 주도한 학우회, 신

이처럼 동아연맹을 통한 민족문제의 출로를 모색하는 방식에 대한 비판이 전혀 없지는 않았다. 당사자인 일본과의 '유착'을 통한 접근에 회의적인 의견이 있었으며, 모임에 참석한 회원들 자신도 이러한 의심으로부터 완전히 자유롭지는 없었다. 1940년 6월 무렵 연구회원 10여명이 당시 쿄오또 지구의 사단장인 이시와라의 관사를 방문하여 '동아연맹이론과 조선문제'에 관한 의견을 그에게 요청한 것은 이러한 맥락에서 이해된다.[107] 이 만남을 주도한 조영주는 다음같이 자신의 소감을 술회했다. "(이시와라의 관사에서) 돌아오는 길(歸途)에 친구(友人)들은 (이시와라에 대해) '선각'이라든가 '괴물'이라든가의 표현을 했다. 나에게는 '정치의 자유'가 인상적이었다. 단지 천황이라든가 국체라든가의 확신에 찬 (이시와라의) 말이 귀에 거슬렸다. 마음속 은밀히 의념(疑念)도 생겼다. (…) 그 기발한 논조가 유쾌하기는 했지만 전시중인 것이다. 어쩌면 우리들 비뚤어진 민족성을 길들이기 위한 회유는 아닌가라는 의심이 들기도 했다"는 것이다.[108]

조영주의 회고는 한편으로는 이시와라가 표명한 '정치의 자유'에 고무되면서도, 다른 한편으로는 그에 대한 의심과 회의를 떨칠 수 없었던 이중적이고 모순적인 상황을 적나라하게 보이고 있다. 동아연맹론의 조선 구상에서

입생환영회, 졸업생 송별회, 강습회 등의 현황을 정리한 松田利彦 1998: 46의 표 1에 의함.

107) "조선인 학생이 회의적으로 되어 동아연맹 이론을 솔직하게 채택하지 않기 때문에 연구가 침체하기 쉬"웠던 실정에 비추어 이 방문을 통해 회의감을 완화할 수 있었다고 한다. 다른 말로 하자면 조선인 유학생들이 "일본인과 함께하는 운동이 조선인에게 유리할 수 없다"고 회의적인 태도를 보였기 때문에 이를 '유인'하기 위해 이시와라 칸지를 '이용'했다는 것이다. 明石博隆 외 1975: 239, 242. 방문자의 한사람이었던 양인현은 "조선인 대학생 중에는 회의적인 태도로 반박하는 학생 즉 "일본인과 같이하는 운동에서 우리 조선인에게 무슨 유리한 일이 있겠느냐 결국 그들에 앞잡이 놀이 하는 것밖에 안될 것"이라는 학생들이 우리 운동을 소극화시킴에 (대한) 대책"으로 방문이 이루어졌다고 한다. 방문자는 자신과 조영주, 남궁기석(南宮己石), 조은제, 여운삼(呂運三), 곽재관(郭在寬), 김광현(金光鉉) 외 3명으로 모두 해서 10명이었다고 한다「양인현 공적서」 13).

108) 曹寧柱 1988; 松田利彦 1998: 37. 괄호는 필자가 붙인 것임.

이들이 가장 듣고 싶었던 것은 "정치의 독립인가, 행정의 독립인가"라는 질문에 대한 대답이었다. 이에 대해 이시와라는 당시 조선에서의 내선일체운동을 비판하면서도 '독립'이라는 표현은 결코 쓰지 않았다.[109] 이시와라로부터 기대했던 결정적인 말을 듣지 못한 이들은 이튿날의 모임에서 이시와라가 말하는 '고도의 자치'가 독립을 의미하는지에 관하여 논쟁을 벌였다. 위의 양인현이 회고하듯이 이들은 동아연맹이 성립된 다음 여론의 힘으로 독립을 도모하되, 불가피한 경우에는 민중봉기로 독립을 달성한다는 결론을 내렸다.[110]

덧붙이자면 조영주는 1941년 하반기 이후에는 앞에서 살펴본 조선의 강영석과 함께 동아연맹을 통한 조선 독립의 방안을 논의하기도 했다. 두사람이 언제부터 어떤 방식으로 연결되었는지는 불명확하지만, 일제의 기록에 의하면 1941년 9월 무렵 두사람은 토오꼬오로 올라가는 기차 안에서 "동아연맹적으로 동지 획득의 수단 및 조선독립의 혁신적 지반 결성 등에 관하여 협의"하고 나아가서 돌아오는 길에는 토오꼬오역에서 다시 만나 동아연맹운동을 전개하는 데 서로 정보를 교환하는 것이 필요하므로 앞으로는 서로 "변명(變名)을 이용하는 것으로 하고 운동상의 의사소통을 도모"했다고 한다(明石博隆 외 1975: 244).

이와 같이 활동을 계속하던 이들은 1942년 3월에 "동아연맹운동을 이용하여 조선독립운동을 행한다"는 혐의의 치안유지법 위반으로 검거되었다. 1943년 12월 27일의 판결에서 조영주는 징역 2년 집행유예 2년으로 이듬해

---

109) "고도의 자치로 되면 이왕전하가 조선을 통치하는 것이라고 확실하게 말했지만 독립이라는 말은 나오지 않았다"고 한다. 이에 대해 마쯔다 토시히꼬(1998: 48~49)는 방문자들이 이시와라의 "개성에 압도되어 민족문화의 '유지'나 조선의 '자치'론이 이시와라 자신의 입에서 확인된 것에 강한 인상을 받으면서도 근본의 조선독립론에 대한 동아연맹운동의 입장에는 의념을 불식할 수 없었"을 것이라고 추론하고 있다.

110) 마쯔다 토시히꼬(1998: 49)는 이러한 운동방침을 일제 자료에서 확인하면서 그것이 어느정도 사실에 가까운 것이라고 생각한다고 언급한다.

인 1944년 1월에 석방된 반면에[111] 양인현은 1943년 4월 21일의 판결에서 징역 1년 6월을 선고받아 후꾸오까(福岡) 형무소로 이송되어 1944년 4월에 출옥했다.[112] 이 사건의 중심인물인 조영주가 집행유예로 석방된 것은 한편으로는 조선인으로 동아연맹 쿄오또 지부의 정식직원인 그에 대한 처리문제가 동아연맹운동이 말하는 민족문제에서 매우 중요한 상징적 의미를 지녔기 때문이며,[113] 다른 한편으로는 경찰의 신문에서 조선 독립의 의지를 완전히 부정했기 때문이기도 하다.[114] 반면에 조영주보다 가벼운 형량을 선고받았

---

111) 조영주 자신은 1944년 『왕도문화』에 기고한 글에서 "1941년 2월의 추운 날 많은 조선 청년과 한꺼번에 쿄오또에서 입옥되어" "반년이 되지 않아" "동료들로부터 배반을 당하고 자신만 외롭게 남겨졌"다고 술회하고 있다(曺寧柱 1944: 10). 그가 검거된 1942년 3월과 여기서 말하는 1941년 2월은 1년 정도의 차이가 나는데, 그것이 별개의 사건이었을 가능성도 있고, 아니면 기억의 착오에 의한 것인지도 모르겠다.

112) 또다른 참여자인 조은제는 조영주와 마찬가지로 1년 6월의 집행유예를 받았다. 이 사건은 明石博隆·松浦總三 1975: 294~302에「동아연맹을 이용한 재경조선인민족주의그룹사건」으로 소개되어 있다. 또한 松田利彦 1998: 50~51 참조. 조영주의 공판과 이후 경과에 대한 자세한 보고는 野村乙二郎 2007: 255, 259, 277~80, 297, 737(해설)에 소개되어 있다.

113) 동아연맹동지회 관서사무소가 조영주에 관한 담당 판사와의 회견 결과를 이시와라에게 보고한 1943년 9월 19일자의 편지에는 담당 판사가 조영주를 '인물'이라고 칭찬하면서, "이번 사건은 단순한 형사사건이 아니라 일본재판소와 조선인, 금후의 조선통치에도 크게 관계하므로 자신은 누가 무어라고 하더라도 재판소로서 취해야 할 올바른 방도를 취하겠다"는 대목이 있다(野村乙二郎 2007: 240). 노무라 오또지로오(野村乙二郎)는 그에 대한 해설을 통해 이 사건이 당시 일본내각의 흥아원을 중개로 한 동아시아 관련 단체들의 통합이 별다른 진척을 보이지 않는 가운데, 특고에 의한 탄압 노선이 세력을 얻은 시점에서 일어났다는 점에서, 동아연맹과 다른 흥아 단체들과의 모순을 확대하는 부분에 주목해야 한다고 언급한다. 즉 조영주가 특고에 체포된 것은 동아연맹의 외부는 물론 내부에서도 미묘한 대립점을 형성하는 것이 조선문제라는 것을 간파한 특고의 동아연맹 분단책이었다는 것이다. 따라서 동아연맹이 조영주 구출활동을 계속한 것도 조영주 문제가 단순히 한 개인의 문제가 아니라 조직의 가장 기본적 존립조건과 관련되어 있기 때문이라는 것이다. 바꿔 말하면 이 사건은 동아연맹이 조선민족의 민족의식에 어떻게 반응하는가의 여부에 따라 동아연맹의 존재 의의를 판단하는 일종의 리트머스 시험지가 되었던 것이다. 野村乙二郎 2007: 685 참조.

던 양인현은 독립운동을 계속할 뜻을 밝혔기 때문에(松田利彦 1998: 52) 집행유예로 풀려나지 못하고 형량을 채운 유일한 사람이 되었다.

지금까지의 서술에서 보듯이 민족독립의 길을 선언한 양인현은 말할 것도 없고 민족문제에 대한 조영주의 인식을 단일한 색채로 묘사하는 것은 지나치게 단순한 견해가 될 것이다. 이는 동아연맹운동을 시작한 1939년 초부터 동아시아를 둘러싸고 국면이 크게 바뀌는 1940년 사이에 특히 그러하다. 이러한 점에서 조영주의 사고에서 동아연맹론은 조선인 차별 비판의 근거이자 조선독립론의 부정이라는 상호모순을 가진 두 차원으로 제시되는 것이다.115)

그러나 실제로는 민족문제를 둘러싼 이중적 모순성은 조영주가 집행유예로 풀려난 이후 한쪽으로 기울어갔다.116) 특히 1941년 이래 조영주의 동아

---

114) 경찰의 신문에서 조영주는 "민족감정이 반드시 독립사상으로 이어지지 않는다. 감정적으로는 자기 멋대로인 독립을 하고 싶다고 해도 조금 불만이지만 동아연맹적으로 생각하는 방식이 민족의 행복을 가져오고 또 역사의 흐름에 부응하는 것이라면 민족은 감정을 자제하고 그쪽으로 나아가야 할 것이다"고 하면서, "나는 민족의식만으로 감정적인 독립운동으로 나아갈 만큼의 이성 없는 사람이 아니다"라고 진술했다(松田利彦 1998: 52).

115) 마쯔다 토시히꼬는 조영주가 사회주의운동에 관여하고 좌절한 후 동아연맹운동에 관심을 가지게 된 것은 이시와라를 알게 되었다는 우연의 요소도 있었지만 조영주 자신의 주체적인 의지가 강하게 작용하고 있었던 것도 부정할 수 없다고 언급한다. 민족해방운동의 일환으로 참여한 사회주의운동에 대한 전망을 상실하고 '사상적 공백'을 느낀 그는 자기 내부의 공동을 메우기 위해 동아연맹론에 적극적으로 관심을 보였으며, 그렇기 때문에 과연 동아연맹론이 자신이 지지할 수 있는 이념인가의 여부에 의심을 품고 자신의 민족의식과 상용하지 않는 요소까지도 직감하고 있었을 것이라는 것이다. 이미 언급한 조영주의 만주에서의 행적과 관련해서도 마쯔다 토시히꼬는 일반 일본인과 마찬가지로 만주에 '신천지'를 구한다는 생각과 아울러 만주 지배의 기만성을 찰지(察知)하고 있지 않았던 바는 아니었다는 점에서 만주국의 건국이념인 '왕도'에 근거를 구하는 동아연맹운동에 조영주가 완전하게는 일체화하고 있지 않았다는 사실을 지적하고 있다. 松田利彦 1998: 37~41 참조.

116) 그렇다고 하여 일제 경찰에 체포된 사건이 민족문제에 대한 그의 입장에 결정적인 영향을 미쳤다고 보는 것은 생각해볼 여지를 제공한다. 1940년 『왕도문화』에 기고한 글에서 그는 "일한병합의 역사적 필연성"을 긍정하면서, 독립의 역량이 없으면서도 "서구를 흉내 내

연맹론에 대한 헌신이 심화되면서 조선 독립론을 부인하는 경향은 뚜렷하게 되었다(같은 책 42). 일제 검찰은 "최근의 민족주의 운동의 특질은 소위 동아 연맹 이론의 영향이 심대한 점으로 특히 일부 상층계급 중에는 황도대공영권 확립이 가시화되면 (⋯) 조선민족의 독립도 또한 반드시 올 것이라고 생각하는 자가 적지 않다"고 지적하고 있지만(高等法院檢事局 1943: 81; 松田利彦 1997: 149), 이듬해에 조영주는 일본 경시청의 특고과장에게 "동아연맹이 조선독립을 종용하는 것과 같은 사상이라고는 추호도 생각하지 않"으며, 오히려 그것이 "조선청년에 반성을 촉구하는 가장 위대한 힘"이라고 진술[117]하고 있다. 동아연맹 자체는 "어디까지나 대동아공영권을 실현하기 위한 침략적 기구의 일환을 이룬 단체의 하나였던 것도 부인하기 어려운 역사적 사실"이라는 점에서, 그것이 진정한 의미에서 아시아의 민족독립을 추구한 단체는 아니라는 지적(大村益夫 1992: 164)은 이러한 맥락에서 적합한 것이다.

어 독립, 독립의 말귀를 함부로 떠벌리는 자문자멸(自刎自滅)의 암우(暗愚)는 자중해야 할 것"이라고 주장했다(曺寧柱 1940: 25). 그런가 하면 경찰에 검거되기 직전인 1942년 3월 『동아연맹』에 기고한 글에서도 그는 조선 "동포의 민족의식이 완고한 껍데기에 갇혀서 합방의 취지에 받들고자 하는 비약을 시도하지 않"는다고 하면서 아쉬움을 표명하고 있다(曺寧柱 1942: 56). 이러한 점에서 노무라 오또지로오(2007: 718)는 1944년 12월 중순 조영주가 신일본의 건설요강을 기안한 사실을 지적하면서 전시중부터 전후에 걸친 격변기에 일관하여 동아연맹에 대한 그의 신념은 변하지 않았다고 해설했다.

117) 1944년 2월 28일 경시청의 특고 제2과장을 방문해 동아연맹과 조선문제, 조선청년의 사상 동향, 내선협화문제 등을 주제로 1시간에 걸쳐 면담한 내용의 일부로서 1944년 3월 4일 이시와라에게 조영주가 보낸 편지에서 인용(野村乙二郎 2007: 289). 해방 이후에 그는 일본에서 동아연맹운동에 계속 관여했다. 『왕도문화』에 기고한 글에서 추론해볼 때 이 시기 그는 한편으로는 일련교(日蓮教)에 대한 이론적 천착·옹호와 아울러 다른 한편으로 맑스주의·공산주의에 대한 비판에 중점을 두고 활동했다. 예컨대 전자로서는 曺寧柱 1949a, b, c, 후자로서는 1948a, b, 1949d, 1950, 1952 참조. '맑스 종(宗)'이라는 표현에서 보듯이 그는 맑스주의를 일종의 종교로 간주하여 자신이 신봉하는 일련교와 경쟁관계를 상정하고 비판했다.

(2) 동아협동체론

일본에서의 동아협동체론이 조선을 일본의 일부로 간주하여 더이상의 관심을 가지지 않았던 것과 달리, 조선에서 동아협동체론의 지지자들은 동아협동체의 이념을 식민지에 적용하여 새로운 의미를 읽어내고자 했다. 조선의 동아협동체론자들에 의한 민족문제의 이러한 재해석은 조선인 동아연맹론자들과는 다른 양상을 띠었다고는 하더라도 비슷한 방식으로 민족문제에서의 복합성과 모순을 야기했다. 그리고 이는 후술할 아시아 인식에서 보편주의와 특수주의 사이의 모순을 일정한 형태로 반영한 것이었다. 여기에서는 인정식과 차재정 그리고 김한경의 세사람을 중심으로 각각에 대해 구체적으로 검토해보기로 하겠다.

전향 사회주의자들 일반이 그러하듯이 인정식[118)]은 중일전쟁에서 일본의 승리를 계기로 동아신질서에 관심을 가지고 동아협동체의 지지자가 되었다. "과거 일부 지식층이 몽상하여 오던 민족적 의식이라든가 또는 사회주의적인 기도가 얼마나 동아의 본질적인 운명의 궤도에서 탈선된 허망한 노선이었다는 것을 조선의 민중은 이 사변의 교훈을 통해서 뼈저리게 자각"하게

---

118) 1907년 평남 용강에서 태어나 1925년 일본 호오세이대학 예과에서 공부하면서 재토오꾜오무산청년동맹에서 활동했다. 1927년 9월 고려공산청년회 일본부와 1928년 조선공산당 일본총국 위원 및 공청의 책임비서로 되었으며, 이듬해인 1929년 7월 경기도에서 검거되어 1931년 3월 징역 6년을 선고받아 1934년 11월에 감형으로 가출옥했다. 조선중앙일보 기자 겸 논설위원으로 농업문제에 관심을 가지고 연구하다가 1938년 4월 공화계사건으로 검거되어 체포되었으나 전향을 약속하고 같은 해 10월에 출옥했다. 이후 『동양지광』, 대륙경제연구소, 임전사상보국단, 조선언론보국회 등에서 활동하면서 일제의 식민지배에 동참했다. 해방 이후에는 조선사회과학연구소, 과학자동맹, 민주주의민족전선에 가입하여 활동했으며, 1950년 7월 서울시인민위원회 후보위원 등으로 일하다가 월북했다. 저서로는 『조선의 농업기구분석』(1937), 그 증보판인 『조선의 농업기구』(1940), 『조선의 농업지대』(1940), 『조선농촌재편성의 연구』(1942), 『조선농촌잡기』(1943), 『조선의 토지문제』(1946), 『조선농업경제론』(1949) 등이 있으며, 최근 『인정식전집』(전5권, 1992)이 간행되었다. 강만길·성대경 1996: 394~95 참조

되었다고 그는 말한다. 이러한 점에서 "제국의 신민으로서만 조선인의 존재는 용허되며 또 제국의 신민으로서만 미래의 행복을 얻을 수가 있다는 것을 민중은 실로 이 사변하의 일상생활을 통해서 깨닫게" 되었다는 것이다.119)

이처럼 민중의 이름으로 자신의 변절을 정당화하면서 그는 조선민족의 운명은 장차 새로 건설될 동아협동체의 완성을 전제로 해서만 가능하다고 주장했다. 즉 동아협동체의 이상은 "일본제국의 신민으로서의 충실한 임무를 다할 때에만 조선민중에게 생존과 번영과 행복을 약속"한다는 점에서 "조선인의 운명에 관한 문제에서 넘을 수 없는 한계가 있"다는 것이다. 그가 말하는 '넘을 수 없는 한계'란 바로 내선일체를 말하는 것이다. 동아협동체의 이상과 관련하여 제기되는 내선일체는 "우리들 조선인이 나아갈 유일의 정치적 노선"이라고 그는 단언한다(인정식 1939a: 56). 이리하여 그는 동아협동체에서 일본인과 '동등한 국민적 의무'를 강조하는 만큼이나 그와 '동등한 정치적 자격'을 조선인에게 부여해야 한다고 주장한다. 이러한 점에서 그는 한편으로는 지원병 제도가 아닌 의무병역제도의 확대 강화를 말하면서, 다른 한편으로는 조선인에 대한 참정권의 부여와 보통선거제, 부현제, 의무교육제도의 실시 등을 주장하는 것이다(같은 책 64).

인정식이 현영섭 등의 철저일체론자들과 의견을 함께하는 것은 여기까지였다. 인정식은 일본인과 조선인의 평등, 조선인에 대한 '공민적 권리'의 부여와 선거, 호적, 교육, 관세 등 여러 제도적 영역에서의 차별 철폐와 같이 (이광수 외 1939: 40) 공적 영역에서의 평등을 주장하면서도 조선인과 일본인의 문화적이고 언어적인 차이는 서로 존중되어야 한다고 보았다는 점에서 현영섭 등과 의견을 달리했다.120) 민족에 고유한 언어와 문화전통과 민족정

---

119) 인정식 1940a: 6. 또다른 글에서도 그는 "동아협동체의 이상은 민족주의 또는 막스주의에 입각한 조선의 장래관을 철저히 거부"한다고 말하고 있다(인정식 1939a: 56).
120) 내선일체를 둘러싼 논쟁에서 현영섭과 인정식 사이의 가장 큰 차이는 조선어의 폐지를 둘러싼 문제였다. 1938년 12월 14일 경성부민관 강당에서 개최된 시국 유지원탁회의 석상

신의 유지를 그가 강하게 주장한 것은 공공 영역 차별의 철폐가 일본과 대등하게 교섭하기 위한 전제가 된다는 점에서, 민족의 개성과 고유성을 논외로 한 차별 철폐는 의미가 없다고 보았기 때문이다(장용경 2003: 254~55).

그는 일본제국주의의 동아시아에 대한 침략에서 대륙병참기지로서 조선이 지니는 특수한 지위에 주목하면서, 일본 국내에서 "혁신세력의 대담하고 또 혁신적인 국체에 대한 당연한 기대"(인정식 1939a: 57)를 바탕으로 민족의 고유성을 보존하면서 동아협동체 건설에 협조한다는 "사상 유례가 드문 민족문제의 독특한 해결 방법"(인정식 1940a: 5)을 모색하고자 했다. 이러한 점에서 장용경은 인정식의 내선일체론이 역사적 주체로서의 조선인이라는 관념을 포기하지 않았다는 점에서, 겉으로 보기에는 식민담론의 내부에 위치하고 있는 듯이 보이지만, 그 뿌리가 식민담론에 있다고는 볼 수 없다고 평가했다(장용경 2003: 245).

그럼에도 불구하고 1940년대의 현실은 그의 기대를 배반했다. 1939~40년 혁신좌익까지를 포함한 전시 거국일치체제에서 일본의 사회민주주의자들과 전향 사회주의자들이 참가한 전시변혁노선은(Totten 1997: 282; 米谷匡史 1997: 81~87; 홍종욱 2000: 188) 1940년 가을부터 이듬해 봄의 반년에 걸친 격심한 헤게모니 투쟁에서 좌절되었으며,[121] 이에 따라 1941년 이후 동아협동

에 참석한 인정식은 현영섭의 면전에서 "신일본민족으로 통일된다는 것은 결코 조선인이 그의 민족적인 고유성 전반을 상실해야 한다는 것은 절대로 아니"라고 주장했다. "조선민족의 고유한 언어, 문화전통, 민족정신 등은 새로이 형성되는 신일본민족의 생활의 한 부면으로서 끝까지 보존되고 또 발달"되어야 한다는 점에서 "내선일체라 하면 곧 조선어의 폐지 조선 의복의 금용(禁用) 등을 의미하는 것으로 생각하는 그런 무지한 도배(徒輩)야말로 가이없는 인간들"이라고 비판한 것이다(이광수 외 1939: 41; 장용경 2003: 246~47).

121) 1941년 1월에 일본정부는 국가연합이론을 금지하는 조치를 내림으로써 '동아신질서'는 사실상 막을 내렸으며, 같은 해 봄에는 혁신 경제를 주도하던 기획원 간부들이 코민테른 인민전선전술을 지지한 혐의로 검거되었다. 1941년 6월에는 독일이 소련을 침략했으며, 같은 해 12월에 일본은 미국의 진주만을 공습함으로써 일본제국주의는 본격적인 파시즘체제로 넘어갔다(Mitchell 1982: 225; 홍종욱 2000: 202).

체론은 실질적으로는 대동아공영권으로 포섭되어갔다.[122] 장용경은 이러한 인정식의 상황이 "조선적 입장을 한 발에, 다른 발은 국책의 선에 놓는 것이었는데 국책의 선이 전쟁 상황과 함께 무분별한 동원으로 전환되어 조선인의 입장이 고려될 여지가 없어"져버렸다고 평가한다. 이에 따라 1944년 이후 인정식에게 전향 상황이 요구한 "창조적인 이니셔티브와 문화적인 야심"이라는 긴장감이 사라지고, 소작료를 적정하게 하도록 지주들에게 '도의적으로 요청'하거나 '건전 농촌'과 내지 농촌을 소개하는 일만 남게 되었다는 것이다(장용경 2003: 281~82). 불행히도 그는 동아연맹의 강영석이나 조영주와 마찬가지로 대일협력과 친일이라는 막다른 길에 서게 된 것이다.[123]

중일전쟁의 진전에 주목한 인정식과 마찬가지로 차재정[124] 역시 이 사건

---

122) 이와 관련하여 홍종욱은 중일전쟁 이후 점차 감소하여 최소치를 보였던 치안유지법 위반 수가 1941년을 지나면서 다시 격증하기 시작했다는 흥미로운 지적을 하고 있다. 제한된 범위에서 조선민족의 이익을 대변하고자 했던 전향논리마저 허용되지 않는 엄혹한 분위기에서 거꾸로 일제의 지배에 대한 저항이 살아나기 시작했다는 것이다. 이러한 새로운 움직임은 미소의 참전으로 전세가 일본에 불리해지면서 일제 지배정책과의 타협을 넘어서는 새로운 민족문제 해결의 가능성이 생겨나게 된 데서 원인을 찾을 수 있다고 그는 언급한다. 홍종욱 2000: 203 참조.

123) 친일의 관점에서 나아가서 조관자는 인정식이 중국의 민족문제에 대한 희생을 대가로 조선의 근대화를 추구하려 한 것으로 비판하고 있다. 중국의 "항일정권에 대한 최후의 결정적인 타격"을 운위하는 인정식의 사고에는 "식민지 지식인의 '제국주의적 욕망'이 반영"되어 있으며, 침략전쟁에 대한 식민지 지식인의 협력은 식민지의 해방과 자유, 경제적 개발을 약속하는 '제국주의의 역사적 발전법칙'에 의해 정당화된다는 것이다. 이러한 점에서 그녀는 "인정식의 식민지 근대화론은 일본제국주의의 발전단계론에 합류하는 '자기방위의 지(知)'"라고 평가하고 있다(조관자 2007: 188).

124) 1903년 충남 논산 출생으로 1922년 일본 메이지대학 법과에 입학하여 1년 만에 중퇴하고 귀국하여 1925년 6월 서울청년회에 가입하여 활동했다. 1927년 4월 조선청년총동맹 상무위원, 1929년 4월에 조선학생전위동맹(조선공산청년회) 책임비서 등으로 일했으며 같은 해 12월 경찰에 체포되어 1931년 4월 경성지법에서 징역 2년을 선고받아 1932년 10월에 만기 출옥했다. 1935년 8월 비밀결사 조직혐의로 체포되었다가 전향한 이후 대동민우회 창립회원과 이사, 배영동지회, 조선임전보국단, 조선언론보국회 등에서 활동하면서 일제에 협력했다. 1963년 사망했다. 강만길·성대경 1996: 481~82 참조.

이 가지는 의미를 중시한다. 그러나 인정식이 이 전쟁에서 일본의 승리라는 기득권에 다분히 집착을 보이고 있는 것과 대조적으로 차재정은 이 전쟁에서 일본과 나아가서는 동아의 '혁신'에 강조점을 두고 있다.[125] 그는 중일전쟁이 "전일본의 국력을 걸고 구미의 협위(脅威)와 침략에서 동아를 해방하고 일본 자신의 완전한 해방을 기도하는 결정적 싸움"이라는 점에서 '국내(즉 일본 — 필자) 혁신공작의 중요한 일면'이라고 평가한다. 이러한 점에서 그는 이 전쟁에서 "부와 재의 추구에만 몰두하여 (…) 전쟁의 결과와 그들의 이윤을 저울에 달고 주판알을 굴리"면서, "국가 백년의 대계라든지 민족 영원의 경륜이라든지를 생각지 못하는" 일본 자본가계급의 현상을 비판했다.[126]

중국이나 조선의 혁명운동에서 변혁의 가능성을 찾을 수 없다고 판단한 그는 "극동 제민족의 변혁 이상을 검토해볼 때 현하 진행되어 있는 일본의 대륙 이상 이외의 여하한 우수한 이상도 발견하기 어렵다"고 지적한다. 이러한 점에서 "문화, 전통, 지리, 언어, 족계(族系) 등의 연원을 같이 한 일본과 조선, 만주와 중국(和鮮滿支)의 여러 민족이 그들의 자유와 행복을 향유하면서 동아적 대국가 계통을 수립하여 구미에 병립하여 동아인의 동아를 건설하려는 포부는 일호의 무리도 부자연도 없는 지극히 자연스러운 길"이라는 결론을 내리고 있다(차재정 1938: 114). 그럼에도 그는 동아시아 공동체를 구성하는 여러 민족들이 모두 동등하다고 생각하지는 않은 듯하다. 곧이어 출

---

125) 이는 2·26사건에 대한 의미 부여의 연장에서 제기한 것이다. 주129 참조.
126) 나아가서 그는 소련과의 전쟁이 일본제국의 붕괴에 도움을 줄 것이라는 사회주의자들의 기대를 다분히 의식하면서, "내외의 좌익 제군은 아연할지 모르나 조선의 민중은 대소 일전을 차라리 요망할 것"이라고 주장한다. 이들의 예상을 확실히 뒤엎고자 하는 듯이 그는 여기서 민중이란 조선의 지주나 자본가가 아니라 농민이며 노동자들이라는 사실을 적시한다. 그들에게는 "명확한 생활목표가 쥐여져 있고 그들의 민족적 개성과 전통에 합치되는 국가만이 자기들이 갈 진로라는 것을 과거의 모든 실천에서 배웠기 때문"이라는 것이다(차재정 1938: 118).

현할 대동아공영권에서 민족들 사이의 위계를 설정하는 방식까지는 아니라고 하더라도 그는 동아공동체 내부에서 일본과 조선민족이 "일체가 되어 그 중추핵심을 구성"함으로써 다른 동아시아 민족들에 대해 "지도적 지위를 확보"해야 한다고 주장했다.[127]

이러한 문제의식의 연장에서 그는 내선일체에 대해 두가지의 '정책적 의문'을 제기한다. 첫번째는 내선일체가 조선민족의 멸종, 내지는 절멸을 의미하지 않는가라는 질문이고 다른 하나는 일제 권력과 일본인이 "조선인을 동일 민족으로서 무차별하게 취급할 아량과 용의가 있는가"라는 질문이다. 첫번째 물음에 대해 그는 내선일체는 "조선민족의 절멸이 아니라 조선민족의 발전"이라고 반박한다. "팽창하지 못하는 민족은 멸망"한다고 하면서, 그는 이러한 질문 자체가 "고루 편협한 우문의 일종"이라고 치부했다(같은 책 115). 두번째의 질문에 대해서도 그는 낙관적이었다. 조선의 부인복에 대한 미나미 총독의 의견을 제시하면서 그는 "총독 정치의 저의가 조선 풍속, 습관을 강작(强作)적으로 철폐할 의사가 없는 것은 명확"하다고 단언했다(같은 책 117). 그의 이러한 지적은 동아신질서를 구성하는 여러 민족의 이익이나 개성과 전통, 문화가 존중되어야 한다는 언급(차재정 1939: 67~68)과도 일치하는 것이었다.

마지막으로 김한경[128]은 위의 두사람과 비교해볼 때 상대적으로 절충적

---

127) 차재정 1938: 114~15. 후술하듯이 이는 정복이나 지배가 아닌, 협동과 지도의 차원에서 동아신질서를 이해하는(차재정 1939: 67~68) 그의 인식을 반영한다.

128) 1902년 충북 제천에서 태어난 그는 1923년 보성전문학교 법률과에 입학한 이래 전조선청년당, 조선노농대회, 혁청단 등의 사회단체에서 활동했다. 1926년 보성전문학교 3학년에 다니다가 일본으로 건너간 그는 1927년 4월 조선공산당에 입당하여 일본부 선전부 책임자로서, 이듬해 1928년 2월에는 조선공산당 조직부장 및 일본총국 책임비서가 되었다. 같은 해 10월 경찰에 검거된 그는 1931년 3월 토오꾜오 지방재판소에서 징역 6년을 선고받았지만, 옥중에서 전향했다. 1938년 이후 시국대응전선사상보국연맹과 국민문화연구소 등에서 활동하면서 1939년 8월에는 『동양지광』의 편집부장으로 일했다. 강만길・성대경 1996: 147~48 참조

이고 유보적이라는 점에서 다른 면모를 보인다. 민족문제에 대한 그의 논의는 내선일체를 중심으로 전개된다. 먼저 그는 내선일체가 만주사변과 중일전쟁이 진행하는 도정에서 정치문제로 등장했다고 해서 그것을 "하나의 정치적 표어에 불과"한 것으로 생각하는 것은 '피상적 관찰'에 지나지 않는다고 지적한다. 이에 따라 그는 내선일체가 청일전쟁과 러일전쟁에서 출현하여 1910년의 강제병합과 1919년의 3·1운동 등을 거치면서 형성되었다는 사실을 강조한다(김한경 1940: 48~49).

내선일체론의 방법론으로 민족동화론과 민족협동론의 두가지를 그가 제시한 사실은 앞에서도 지적한 바 있거니와, 이 두가지의 어느 한편에도 서지 않으면서 그는 각각의 입장이 나름대로의 설득력을 가지고 있다는 관점에 서서 이 문제를 검토한다. 먼저 민족협동론에 대해 그는 반만년의 고유 역사와 상이한 언어와 풍습을 가진 민족이 짧은 시간에 쉽게 해소될 수 없다는 점을 지적한다. 이러한 점에서 마치 동아연맹의 지지자들이 그러하듯이 그는 "언어와 풍습의 유산을 정치의 힘으로써 완전히 폐지"하기는 어렵다고 지적한다. 유태인의 사례를 제시하면서 그는 조선과 일본의 두 민족이 "같은 국민으로서 국가와 정치에 대한 권리와 의무를 평등화하여 그 복종과 행사에 충실을 기할 수는 있으나, 민족적으로 동화될 가능성은 전혀 없"다는 점에서 대체로 보아 민족협동설이 대중적 지지를 얻고 있다고 언급했다(같은 책 50).

그럼에도 불구하고 그는 내선동화론 역시 명백한 실재적 근거가 있다고 보았다. 이러한 점에서 그는 민족동화론의 근거로서 동근동조, 동일한 언어와 문화전통, 동일 운명, 그리고 지리적 거리 등의 사실을 열거하면서, 동아협동체의 주장과 내선일체의 관계를 구체적으로 구명할 것을 촉구했다. "일체하면 동화를 의미한다"는 조급한 상식적 판단을 떠나서 현실의 실재 조건을 구체적으로 포착하기에 노력할 필요"가 있다는(같은 책 51) 다분히 원론적인 제안에도 불구하고, "협동은 동화로 발전해가는 도정"이라는 언급에서 단적으로 드러나듯이(같은 책 52) 시간이 지나면서 궁극적으로 조선민족은 일본민족으로 동화, 흡수될 것이라는 것이 그의 생각이었다.

3. 동양과 서양, 특수와 보편

이미 여러 차례에 걸쳐 언급했듯이 위에서 검토한 민족문제는 동아시아에 대한 인식과 밀접한 관련을 갖는다. 이른바 동아신질서의 기치 아래에서 제안된 동아협동체와 동아연맹은 조선에서 전향한 좌파 지식인들에 즉각적인 영향을 미쳤다. 이들 모두가 공통으로 '동아'라고 하는 표상에 이끌렸다고 했을 때 동아의 내용을 이루는 실체가 무엇인가에 대해서는 동아협동체와 동아연맹, 그리고 그 각각의 제안들 내부에서도 유의미한 의견의 차이를 찾아볼 수 있다. 전반적으로 보면 동아협동체의 지지자들은 동아의 내용에서 가장 중요한 것으로 반자본주의적인 혁신을 생각했다. 그들은 동아를 중심으로 한 지역공동체의 핵심가치로 이를 상정했다.

동아시아의 반자본주의적 혁신을 이루기 위해서는 무엇보다도 먼저 일본의 반자본주의적 개혁이 전제가 되어야 했다. 이 문제에 가장 많은 관심을 보인 사람은 동아협동체의 흐름에서 중도의 절충적 입장에 선 차재정이나 인정식 등이었다. 차재정은 동아의 신질서문제를 검토할 때 가장 "근본적인 관찰의 중점은 자본주의적인 여부"에 있다고 단언한다.[129] 일본의 자본주

---

129) 차재정 1939: 66. 그 계기로 그는 이른바 일본 육군의 황도파 청년장교들이 주도한 반란사건으로 흔히 알려져 있는 1936년의 2·26 사건을 언급한다. 비록 "반역죄로서 치죄된 사건"으로 그에 대해서는 여러가지 비난이 있다고 하면서도 그는 이 사건으로 "일본 전민족의 전통의 자랑은 다시 살아났고 일본민족이 가지고 있는 '민족의 피'는 다시금 고동"치기 시작했다는 점에서, "일본의 전민족을 외화(外化)의 타락에서 구했고 고유한 일본정신을 환기"한 것으로 의미를 부여하고 있다. 이러한 점에서 그는 "2·26 사건 이전의 자유주의 정권은 한 계급의 정권이었으나 그후의 정권은 전국민의 정권이며 정부"라고 평가했다(차

의 세력은 중일전쟁을 "영도적으로 전개할 하등의 주체적 실력을 가지지 못"했다는 점에서 이 전쟁의 주체는 일본의 자본주의 세력이 아니라고 그는 지적한다. 이 전쟁이 자본주의적 제국주의 침략으로 귀결되지 않는 근본적 원인이 여기에 있다는 것이다. 이리하여 그는 일본의 자본주의는 "완전 무력해졌다"고 선언한다. 자본주의를 부정한 일본민족이 "국가의 융성을 도모하기 위해서는 그 정치적·경제적·문화적 발전의 필연적 방향으로서 제국주의 아닌 대륙적·문화적 발전이 불가결의 조건"이라는 점에서 그는 일본의 혁신은 동아협동체, 동아신질서의 수립과 밀접한 관련이 있다고 보았다 (차재정 1939: 67).

인정식 역시 일본에서 혁신주의는 "반공산임과 동시에 반자본적, 반착취적"인 것을 특징으로 한다고 주장했다.[130] 일본 혁신세력의 "대담하고 아세아적이고 혁신적인 정치적 태세에 충심으로서의 경의를 표하지 않을 수 없다"고 하면서(인정식 1939a: 63) 그는 동아신질서나 동아협동체 사상이 "반자본가적이고 반식민지적"인 지향을 가질 수 있었던 것은 일본 국내에서 혁신세력의 성장이 있었기 때문이라고 설명했다(인정식 1939: 21).

동아협동체에서 반자본주의적 혁신의 요소는 이들 중도적 입장에서만 찾아볼 수 있는 것은 아니었다. 일본민족으로의 완전한 동화를 주장한 경우이건 혹은 정반대로 조선민족의 고유성을 강조한 입장이건 부분적으로 이러한 주장을 찾아볼 수 있기 때문이다. 예컨대 전자의 입장에서 섰던 현영섭은 중일전쟁은 "세계재건을 의도하는 것이고 동아의 신질서 창성을 목적"으로 한다고 주장한다. 따라서 '고식적인 수단'으로는 이 전쟁을 해결할 수 없다는

재정 1938: 116~17). 그의 이러한 평가는 일본에서의 혁신주 연원을 일본의 천황을 중심으로 한 황도주의와 연결시켜 보기 때문이다.

130) 차재정과 비슷하게 그 역시 혁신주의와 황도주의를 연관시켜 제시한다. 즉 "자본가적 착취와 자본가적 관념을 근절하고 공존공영을 기조로 하는 사회를 황실 중심으로 재건하자는 것이 일본주의의 근본이상"이라는 것이다(이광수 외 1939: 40~41).

점에서 이 전쟁은 "국내혁신과 불가분의 관계에 있다"고 보았다. 중일전쟁에서 고착상태를 타개하기 위해 제안된 동아협동체를 이러한 방식으로 이해하면서, 그는 '국민협동체의 완성'을 전제로 동아협동체를 결성해야 한다고 주장한다.[131] 후자의 경우는 김명식에게서 찾아볼 수 있다. 그는 코노에내각의 강력 정치 즉 '혁신정책'을 자신이 종래 비판하여 온 파시즘과는 다른 것으로 이해했으며, 일본내각 직속으로 '동아사무국'이 신설되는 것에 주목하여 그것이 "국제자본주의의 착취와 안으로는 반봉건성의 질곡 아래 신음하는 (중국) 농민을 해방"하는 데 기여할 것으로 기대했다.[132]

이들과는 달리 동아연맹의 옹호자들은 약간의 예외가 없는 것은 아니지만[133] 대체로 보아 동아의 내용을 이루는 실체를 동아 그 자체에서 찾고자 하는 경향이 있다.[134] 이러한 점에서 이들은 동서양을 서로 고립된 이분법

---

131) 혹은 양자가 병행해야 한다고 생각했다. 현영섭 1939a: 27. "일본은 가족국가이기 때문에 우내(宇內)에 관절(冠絶)하는 국체로서 세계 지도권을 확보하고 있"다는 언급에서 보듯이 차재정이나 인정식과 마찬가지로 그에게서도 황도주의와 혁신주의의 연관을 찾아볼 수 있다.

132) 김명식 1938a: 7; 1938b: 14. 홍종욱(2004: 167)은 이러한 김명식의 태도가 중일전쟁의 발발 직후 돌연 정책을 전환하여 '거국일치'에의 참가를 선언한 일본의 사회대중당이나 전쟁이라는 '소여의 사실'을 이용해야 한다고 하면서 사회대중당의 정책을 지지한 토사까 준(戶坂潤)의 동정과도 궤를 함께한다고 언급하고 있다.

133) 대표사례로 강영석을 들 수 있다. 위에서 언급한 차재정이나 인정식, 현영섭 등과 비슷하게 그는 황도주의의 이상이 완전히 발현되지 않은 이유로 "제국주의시대인 현대"라는 상황적 조건과 아울러 "일본에서 자본주의 모순이 청산 극복되지 않"았다는 사실을 들고 있다. 이러한 점에서 "제국주의적 야심 운운의 의혹이 생기는 것"이지만, 그럼에도 불구하고 일본의 "자본주의적 형태는 물론, 그 잔재까지도 완전하게" 청산될 것으로 낙관했다. 그렇지 않고서는 "일본국체는 명징하게 되지 않음과 동시에 동아의 참된 평화는 건설되지 않을 것"이라는 점에서, "국내 정혁(政革)문제의 완전한 해결과 동시에 그 주의의 실현을 완성할 수 있다"는 것이다(姜永錫 1939(1): 60~62).

134) 위의 강영석이나 동아협동체론의 차재정, 인정식, 현영섭 등이 전향 이전에 열렬한 공산주의자들이라는 사실을 고려해보면 이들의 혁신에 대한 기대는 자신들의 공산주의적 성향과 자본주의에 대한 혐오라는 점에서 설명될 수도 있을 것이다. 이와 대조적으로 강영석과 같은 사례를 제외한다면 동아연맹의 지지자들은 사회주의 운동의 주변에 있었거나 사회민주주의 성향의 인물들이 많았다. 이러한 점에서 본다면 전자의 경우에 동아시아는 혁신

적 범주로 제시하면서 그 차이를 강조하고자 했다. 이에 따라 동양은 서양과 뚜렷하게 구분되는 일정한 특성들을 갖는 것으로 상정되었으며, 이러한 동양의 특성은 많은 경우 일본의 황도정신이나 팔굉일우라는 이데올로기로 수렴하는 과정을 밟았다.

구체적으로 전향 사회주의자들의 동양과 서양, 그리고 이와 관련한 동아시아에 대한 인식은 몇가지 범주로 나누어 살펴볼 수 있다. 앞의 그림에서 보듯이 동양에 가장 근접하는 인식은 가로축의 왼쪽에 위치한 김두정과 강영석, 조영주 등의 동아연맹 지지자들에게서 찾아볼 수 있다. 이와 대조적으로 가장 오른쪽에 자리잡은 서인식과 박치우, 김명식, 그리고 현영섭과 차재정 등은 서구의 보편적 가치에 입각하여 동아시아를 인식하고자 했다. 인정식과 김한경은 이 두 범주의 가운데에서 상대적으로 서양에 쏠리면서도 절충적 입장을 보였다. 동일한 동아협동체론이라고 할 수 있는 인정식, 김한경과 서인식, 김명식 등이 동아시아 인식에서 보인 이러한 차이는 복합적이고 때로는 모순적인 동아협동체론의 성격을 보이는 것이다.

1) 실체로서의 동아시아: 특수주의의 유혹

김두정의 동아시아 인식은 인종에 입각하여 동양과 서양을 상호대립하는 실체로서 파악하고 동양에 더 적극적인 가치를 부여하는 아시아주의의 전형적인 사고방식을 드러낸다. 그는 "19세기는 앵글로쌕슨을 중심으로 하는 백색인종 전성시대였지만, 20세기는 (…) 황색인종 부흥의 시대"라고 말한다. 그러나 이 경우의 아시아 부흥은 아시아 인종이 "백색인종을 인종적으로 배격하려고 하는 봉건적 보수적 관념"에서가 아니라고 그는 부언한다. "과거 수세기 동안 백색인종의 노예로 된 상태에서 하루라도 빨리 정치적으로도

주의의 종속변수라기보다는 매개변수로 보아야 할지도 모르겠다.

경제적으로도 문화적으로도 해방되어 독자적인 발전과 인종적 평등을 전취하는 것"을 목표로 한다는 것이다(金斗禎 1939a: 283; 1940: 75~76). "백색인종의 소발굽(鐵蹄)아래 유린된 거대한 아세아 제인종을 구제하고 나아가 팔굉일우의 대이상의 실현에 매진"함으로써 "아시아를 부흥"하기 위한 이 과정을 그는 마치 동아연맹론자들의 '쇼오와유신'과 비슷하게 '홍아유신'으로 불렀다(김두정 1940: 54~55).

파괴적 물질문명이나 패도(覇道), 경제적 착취와 같이 부정적 속성으로 묘사되는 서양(金斗禎 1940: 66~68)과는 대조적으로 그는 선하고 강한 어떤 것으로 동양에 가치 부여를 했다. 그에 따르면 "현재 세계를 지배하는 일체의 종교의 기원"은 아시아로부터 비롯된 것이며(金斗禎 1940: 73), 이러한 점에서 자원이나 무력 정복, 혹은 문화의 건설에서 "유사 이래의 전통을 가지고 있는" 아시아가 "다시 세계 리더의 지위에 설 것에 틀림이 없다"고 단언한다(金斗禎 1939a: 287). 수십년 전에 오까꾸라 텐신(1963(1902): 103)이 그랬듯이 그에게도 "동양은 동양인의 동양"이었다(金斗禎 1940: 72). 인종에 입각한 아시아인의 단결을 말하면서 그는 인도와 이슬람, 나아가서는 유럽의 헝가리나 핀란드까지를 포괄하는 이른바 대아시아주의를 적극 지지했다.[135]

몽골 및 터키에 의해 세계정복과 세계제패를 이룬 투란인종은 일본을 통해 세번째의 세계제패를 성공하고 있다. 따라서 내선만몽을 중심으로 하는 몽골리안의 결합에 의해 제1단계를 완성하고 이를 기초로 하여 황색인종 전체의 대동단결을 촉진하고 이로서 백인의 철제(鐵蹄) 아래 신음하는 아세아 제민족의 대동단결을 통해 대아세아주의를 실현해야 한다. 따라서 현재의 내선만지

---

[135] 이 맥락에서 그는 유럽의 이들 지역까지를 규합하기 위한 '투란이즘 운동'을 제안한다(金斗禎 1939b: 287). 투란(Turan)이란 루이스 헨리 모건(Lewis Henry Morgan)에 의해 고안된 용어로 그는 자신의 저작인 *Systems of Consanguinity and Affinity of the Human Family* (Washington: Smithsonian Institution Press, 1871)의 제3부에서 투란체계를 언급했다. 이는 인도 남부의 드라비다족에서 중국을 거쳐 일본에 이르는 아시아 민족들을 지칭한다.

(內鮮滿支)블록은 아세아블록으로 발전시켜 19세기 중엽 화란령으로 된 말레이군도, 1858년 영국의 직할령으로 된 인도, 1862년에 불란서의 지배 아래 들어간 베트남 등을 비롯해 미얀마, 시리아, 아라비아, 중앙아시아 제국에 이르기까지의 피압박민족을 중심으로 하여 동양의 맹방인 만주 및 지나, 섬라 등과 함께 일본은 아세아민족연맹 확립을 위해 매진해야 한다. (…) 현재 단순히 문화적 운동으로 시종하는 대아세아연맹 및 대아세아협회의 확대 강화를 통해 아세아인종의 공존공영을 위해 대아세아주의의 이상을 현실의 아세아 제민족의 당면임무로 전화시켜야 한다(金斗禎 1939b: 97~98).

이처럼 아시아의 부흥을 목표로 "동양인에 의한 동아협동체의 창조"를 강조하면서[136] 그는 그 중심역할을 일본에 부여한다. 아시아의 여러 민족은 아시아에서 "일본의 지도적 역할을 올바르게 인식하여 정치적 원조 공작 및 지도를 국제연맹이라든가 코민테른이라든가 백인침략국가에서 구하지 않고 황도 일본을 오로지 맹주로 하여" 지도를 받아야 한다는 것이다.[137] 서구의 코민테른이나 국제연맹과 같은 조직의 '유리성(遊離性)'에 대한 비판을 통해 동양의 입지를 확보한 다음 그는 인도와 같은 아시아의 전통적 정신문명이 지니는 위축, 퇴영의 봉건성을 지적함으로써(金斗禎 1940: 75; 金子斗禎 1943: 77~78), 아시아에서 일본의 지도적 지위에 정통성을 부여했다. 이러한 맥락에서 그는 황도문화나 일본정신의 고양을 바탕으로[138] "전아세아인의 각성

---

136) 동양의 실체를 강조한다는 점에서 동아연맹에 가까운 동양인식을 보이는데도 불구하고 산발적으로 '동아협동체' 혹은 '아시아협동체'라는 표현을 사용한 것에서 보듯이 그는 연맹보다는 협동체라는 말을 선호했다.

137) 金斗禎 1940: 76. 아시아에서 일본의 사명을 그는 네가지로 제시한다. 아시아 피압박민족의 완전한 해방을 위한 정치적 원조 공작과 아시아의 문화적 재건에 대한 지도, 아시아 경제블록의 완성 및 방공 사명의 완수가 그것이다(金斗禎 1939b: 284~85).

138) 그는 일본정신의 특질로서 우주 생성발전의 대원리라는 점과 아울러 오래되어 새로움, 웅대하고 치밀함, 유연하면서 견고함의 네가지를 들었다. 그리고 이를 진흥하기 위한 기관으로 일본정신연구기관 혹은 황도문화연구소의 설립을 제안했다. 金斗禎 1940: 75~79 참조.

과 지지와 가맹에 의해 성립하는 아세아적 조직, 예컨대 아세아부흥동맹, 아세아민족연맹, 대아세아협회, 아세아문화협회, 아세아청년동맹, 아세아학생연맹, 아세아경제동맹 및 아세아부흥정신대(아세아부흥의 전위대)" 등을 결성할 것을 제창했다(金斗禎 1939b: 286).

김두정에게서 찾아볼 수 있는 동양인식, 예컨대 인종에 대한 강조, 동양과 서양의 이분법적 대조, 동양의 실체와 그에 대한 가치 부여, 그리고 동양에서 일본의 지도적 위치 부여 등은 동아연맹의 지지자들에게서도 비슷한 형태로 찾아볼 수 있다. 예를 들면 강영석은 "근대의 아세아는 백색인종의 지배 아래 놓여져 각민족이 거의 그 지배에 신음"해왔다고 지적한다(姜永錫 1939(5): 59). 동양에 대립하는 바로서의 서양을 개인주의와 물질주의, 합리적 이해타산, 정복과 패도(覇道), 혹은 제국주의와 같이 부정적인 속성들로 묘사한 것과 대조적으로 그는 인자(仁慈)나 교화, 지도와 같은 가치들이 지배하는 바람직한 어떤 것으로 동양을 제시하고자 한다.[139]

아시아에서도 "고차의 문화를 가지고 여타의 민종(民種)을 지도하고 교화"해온 '북방계의 퉁구스족'의 전통을 부각시키면서, 그는 퉁구스족에서도 '가장 우수한 부대'로서 일본의 중심적 위치를 강조한다(같은 책 61). 서구열강의 제국주의 침략에서 왜 일본만이 살아남을 수 있었는가라는 고전적 질문에 대한 답변으로 예컨대 일본이 자본주의에 일찍이 눈을 떴다든가, 바쿠후를 타도한 근왕운동이 성공했기 때문이라는 등을 언급하면서도 그는 '가장 근원적이고 본질적인' 이유로 일본의 국체를 들었다(같은 책 59). 독일의 나찌즘이나 이딸리아의 파시즘, 혹은 러시아의 공산주의에 대한 비판을 토대로[140] 그는 이들이 모두 진정한 세계평화를 실현하는 국가 단위의 이상을

---

139) 姜永錫 1939(5): 61, 64. 이와 비슷한 문제의식에서 이미 언급한 만주 동아연맹의 김방한은 동양적 사고로의 복귀를 주장했다.

140) 독일이나 이딸리아의 경우는 "타민족을 구축하는 세계성을 가지지 않는 민족이기주의"로서 그 동기가 어떻든지 "인류가 진화하는 역사성을 무시한 인류의 반대세력"이라고 비판

제시하는 데 실패했다고 평가한다. 세계평화를 실현하기 위한 가장 바람직한 국가이상으로 그는 '민족적 생명체'로서 '세계일가주의'를 지향하는 '대화민족의 결성'을 제안한다. 그 정점에 선 천황은 "대화민족의 천황만이 아니라 장래 인류를 구원할 수 있는 세계의 지도자"이자 '세계 인류의 대표자'로 표상된다. 천황제를 바탕으로 한 이 국가 이상을 그는 "부자관계로서의 혈연 중추, 사제관계로서의 심연(心緣) 중추, 주종관계로서의 치연(治緣) 중추로 구성되는 생명체"로 보았다(姜永錫 1940: 5).

이 세가지 중에서 그는 첫번째의 부자관계를 가장 중요한 것으로 보았다. 일본국체학의 신봉자답게 가족이라는 유비관계를 통해 아시아에서 일본의 지도적 지위를 정당화하고자 한 것이다. 그에 따르면 서구의 개인주의 가족과는 대조적으로 일본에서의 부(父)는 가족의 지도자이자 스승이고, 장(長)이자 주(主)이다. 이러한 가족과 가장의 관계는 "합리적으로 설정된 것이 아니라 절대적, 선험적, 운명적으로 결합된 비합리적 생활관계"로서, 가장은 가족성원에 대해 "차별이라든가 상하라든가 우열이라든가를 설정하지 않는 것이 그 본질"이다. 이러한 점에서 가족원들은 "모두 평등하고 동등한 (가장의) 애자(愛子)"이며, "자가족(自家族)에 대한 무차별 평등의 정신은 마찬가지로 다른 가족까지도 존중 승인하는 것"으로 확장된다(姜永錫 1939(5): 63~64). 즉 국가를 가족에, 천황을 가장에 비유하는 전형적인 가족제 국가관을 통해 일본 파시즘을 이해한 것이다. 이러한 점에서 그는 일본의 국체는 "가족을 확대한 것과 같은 까닭에 횡으로 집중되어 있을 뿐만 아니라 종으로 입체적으로 결합되어 있다"고 언급한다(같은 책 65).

동아연맹에서 포괄하는 각민족의 구성원들을 상하나 차별, 우열이 없는 평등한 것으로 인식한 사실은 이미 지적한 바 있거니와 이에 따라 강영석은

한다. 러시아는 "다른 민족과의 균형을 도모"한다는 점에서 이들보다는 낫지만, "자본주의의 물질적 관계 위에서 발생 성장한 부정의만을 극복"하려는 시대적 제약성을 갖는다는 점에서 본질적 이상을 제공하지 못한다고 보았다(姜永錫 1940: 4).

각민족은 그 "평화이념으로서의 만방협화에 적극적으로 참가하고 그 원동력을 배육·강화시킬 의무가 있고 그것을 실천"해야 한다고 주장한다(姜永錫 1940: 7). 각민족의 특장을 가지면서 상호문화를 존중하고 평등한 입장에서 협력하여 평화를 유지하고 문화를 향상시켜 새로운 낙토를 건설"하는 것이 '동아의 이상'이라고 그는 생각했다(같은 책 9). 여기서 각민족의 평등에 대한 그의 생각은 일본의 국체에서 '대화민족'에 우월한 지위를 부여하는 것과 논리적으로 모순된다. 동아시아의 민족들 중에서 그는 일본민족을 가장 우위에 두고, 조선민족을 그에 버금가는 것으로 제시한다. 즉 동아 이상의 근원은 '동종(同種)'인 일본과 조선의 '협화적 일체'에 있다는 점에서 특히 조선민족은 "진검(眞儉)하게 협력하여 그 실현을 도모"해야 한다는 것이다(같은 책 7~9). 이러한 모순된 인식은 비록 명시화된 형태가 아니라고 하더라도 동아의 중핵에 배타적 지위를 부여하면서 구성원들의 평등을 설파하는 대동아공영권의 논리와도 상통하는 것이다.

2) 보편의 일환으로서의 동아시아

김두정이나 동아연맹론자들과 대극을 이루는 동아에 대한 인식은 서인식이나 김명식과 같은 사회주의자들에게서 찾아볼 수 있다. 비록 이들 각각의 관심이나 전공분야는 각각 달랐다고 하더라도 이들은 동양과 서양을 대립시켜 각각을 고립화하거나 아시아에 인식론적 특권을 부여하거나, 아시아의 특수성을 일방적으로 강조하는 경향에서 벗어나 세계성과 보편주의의 시각에서 동양을 이해하고자 했다. 아시아연대에서 인종에 대한 강조나 아시아에서 일본의 위치에 대한 평가에서도 이들은 김두정이나 동아연맹론자들과는 다른 의견을 제시했다.

역사철학자인 서인식에게 동양은 서양과 대립되는 이분법적 범주로서 이해될 수 있는 것도 아니고, 주관적 가치를 투영하는 일정한 실체를 가진 것도 아니었다. 이러한 점에서 오까꾸라 텐신 류에게서 나타나는 "아시아는 하나"라거나 "동양은 동양인의 것"이라는 전형적인 아시아주의의 언설은 그에게서 찾아볼 수 없다. 동양의 각국은 "서로 깊은 내면적 연관 없이 고립하여 살아왔다"는 점에서 "동양에는 엄밀한 의미에 있어 동양문화사라는 것이 있을 수 없"으며, 있다면 인도문화사이며 지나문화사"라고 그는 말한다(서인식 1997(1940): 231; 차승기 2003: 256). 이러한 점에서 그는 동양이라는 범주 안에서 '운명의 동일성'이나 '초월적인 전체성'의 필연을 강조하는 경향을 비판하면서[141] 개별의 해방과 보편적 정의가 양립하는 '다중심의 세계'를 구상한다(조관자 2007: 227).

현대 자본주의 생산의 발전에 따라 민족에서 계층으로의 분화와 아울러 민족경제가 세계경제로 외연화해가는 과정을 주시하면서, 그는 지구적 차원에서의 '자본의 현실운동'에 주목할 것을 촉구한다(서인식 2006(1937): 65). 동양의 본질을 일본정신이나 황도주의에서 찾고자 하는 동아연맹론자들과 대조적으로 그에게 동양은 '인간 노동의 사회화'라는 보편적 추세의 일부분이었다. 이처럼 그는 민족문화/동양문화론의 문화 본질주의를 거부하고 자본의 이동과 지식·문화의 변동을 연관시켜 이해할 것을 제안한다(조관자 2007: 193).

> 새로운 세계구조의 창조문제는 이른바 캐피탈리즘의 문제로서 세계 여러 민족 앞에 현대의 세계사적 과제로서 제기된 지 오래이다. (…) 그리고 그들도 한결같이 현대 일본의 세계사적 사명을 봉건적인 동양적 세계와 근대적인 서양적 세계를 다함께 초월한 제3의 '세계성의 세계'를 건설하는 데 있다 한다.

---

141) 여기에는 동아신질서의 행태에 대한 서인식의 일정한 비판의식이 반영되어 있다. 조관자는 서인식의 표현을 빌려, '동아협동체'를 전망하는 이 시대의 언설이 역사발전의 합리성을 추구하는 '능산적(能産的) 지성'을 의도했지만 '일본'이라는 '전체의 원리'의 가운데에서 '지성'을 잃고 지배권력의 승인을 얻어 소비되는 정치적 슬로건으로 되어버렸다고 평가했다(조관자 2007: 224).

세계성의 세계가 창조될 물질적 조건만은 현대사회의 내부에서 이미 성숙했다. 그 기본적인 여러 조건을 정식화한다면 역사의 물질적 토대를 이루는 인간노동이 이미 사회화되는 단계에 도달한 것이다. (…) 토테미즘의 직접적 전체노동 즉 원시공동노동에의 분화과정을 밟아서 시민사회의 최후 단계에까지 이른 인간노동은 지금 다시 매개적 전체 노동, 즉 사회화된 노동에 회귀할 역사적 전기에 도달했다. 직접적 전체성의 원리와 직접적 개성의 원리를 부정적으로 종합한 제3의 매개적 전체성의 원리가 역사의 내일의 계제(階梯)원리로서 등장할 물질적 조건을 우리는 이곳에서 찾는다(서인식 1939: 15).

"현대의 세계사적 과제"나 "세계성의 세계"를 강조하는 위의 글에서 보듯이 그는 동양적 특수주의나 본질주의를 거부하고 보편주의의 이념에 주목함으로써 동아협동체에서 표방하는 바로서의 지역적 운명공동체를 부정하고 오히려 동양과 서양, 중국과 일본, 파시즘과 자유가 대립하는 구조를 문제시할 수 있었다(조관자 2007: 226). 이러한 점에서 차승기는 '보편성'을 이념의 본질로 여긴 서인식에게 현실적인 이념으로 제시된 동양주의는 새로운 원리나 문화이념으로서 아무런 의미를 갖지 못했다는 사실을 지적하고 있다.[142] 조관자 역시 서인식이 비록 '힘의 정치'를 전복시키는 혁신론을 제시한 것은 아니라고 하더라도, 제국주의의 군사력이나 지배에 협력하는 식민지 내셔널리즘을 비판하면서 파시즘에 대항하는 다중심의 세계와 "세계성의 세계"를 찾아내는 역사적인 상상력을 추구한 것으로 평가했다.[143]

서인식과 비슷하게 김명식도 동서양을 상호대립적인 고립적 범주로 이해하지 않으며, 동양이 그 자체에 내재적인 고유한 가치를 가진다고 보지도 않

---

142) 차승기 2002: 118. 또다른 논문에서 차승기는 서인식의 담론 실천은 특수주의가 새로운 보편을 참칭하고 나타나는 시기에 그 특수주의를 비판하고 세계의 '세계성'을 망각하지 않고자 했던 노력으로 평가했다(차승기 2003: 263).
143) 조관자는 서인식의 역사인식을 인정식의 그것(전술)과 대조되는 것으로 평가하고 있다(조관자 2007: 188).

았다. 이러한 점에서 그는 서인식과 마찬가지로 동양을 그 역사적 맥락에서 떼어내 본질화하는 동양주의의 유혹에 넘어가거나 아시아주의의 함정에 빠지지 않았다. 동양문화의 후진성을 언급하면서도 그는 지역으로서 서구를 기피하는 것이라기보다는 시대의식에서 그것이 지니는 초시대성을 부정한다고 언급하고 있다. 즉 동서양을 구별하기보다는 지역을 초월하는 시대성에 중점을 두어 "초지역적인 시대의식"의 수립을 지향한 것이다(홍종욱 2004: 170). 이를 통해 그는 "세계성의 세계"로서 보편주의를 추구한 서인식과 비슷하게 "세계성을 가진 신건설"의 방안을 모색하고자 한다.

> 신건설의식은 동방적인 것이 되어도 아니될 것이요, 서구적인 것이 되어도 아니될 것은 세계성을 가진 신건설의 본질로 보아 단언할 수 있다. 그러므로 그것은 동방적인 동시에 서구적이요, 그리하여 세계적이 되지 아니하면 아니될 것이다. (…) 지역적으로 동방적인 것과 서구적인 것과를 분별하는 것보다 시대적으로 초지역적인 의식을 발견치 아니하면 아니될 것이다. 그리고 서구적인 것을 동방화한다고 서구의식이 양기(揚棄)되지 아니할 것은 무엇보다도 동방문화의 후진성이 입증하는 바이어니와 지역적으로 서구적인 것을 기피하는 것이 아니오 시대의식으로 해서 그의 초시대성을 부정하는 것이니 말하자면 그것은 초지역적인 시대의식을 천명하기 위한 노력이 아니면 아니될 것이다(김명식 1939a: 51~52).

이러한 문제의식에서 김명식은 이른바 동아신질서에 대한 구체적인 대안을 모색한다. 서인식과 마찬가지로 동아신질서에 대한 일정한 기대와 바람을 투영하면서[144], 그는 "신건설의 지침이 되고 도안이 될 만한 의식의 확

---

144) "영국 식민지 경우에는 호상협동의 자주성은 전혀 거부되"던 반면에 "제국정부에서는 지나에 대한 영토적 야심이 없는 것을 몇번이나 성명"한 사실에서 보듯이, 일본의 중국에 대한 정책은 지난 세기 이집트에 대한 영국의 정책과 "근본적으로 다른 것이 사실로 판명될 것"이라고 언급하고 있다(김명식 1939a: 49).

립"이 '신동아 건설'에서 가장 중요한 문제라고 보았다.145) 일본과 중국 사이에서 "조선 민중이 조화역으로 나타나야" 한다는 문제의식에서 그는 '동아신질서'의 구체적인 내용을 모색한다. 그가 보기에 파시즘은 "국가적 독재사상과 민족배타관념"이라는 점에서 "신건설의 도안(圖案)이 될 수 없"다. 많은 정치가와 학자 등의 이론적 논의에도 불구하고 일본정부의 선언은 "현장을 수습하는 편법"에 지나지 않는다는 점에서 한계가 있다고 그는 생각했다. 이리하여 그는 민주주의(democracy)와 집산체(collective), 그리고 인문주의(humanism)의 세가지를 "결집 조합하여 단일관념으로 조직"할 것을 제안한다.146)

서인식이나 김명식에게서 찾아볼 수 있는 보편주의에 대한 추구는 동아협동체를 주체적으로 해석하고자 한 박치우에게서도 일정한 형태로 나타난다. 근대의 이성과 합리주의에 대한 강한 신뢰를 바탕으로(박치우 1940: 15, 22) 그는 피나 흙에 근거하여 연대와 단결을 호소하는 파시즘을 현대의 '비합리주의'로 비판한다. 이른바 동아신질서의 일환으로 제기된 '동아협동체'에 대한 그의 태도는 이중적이다. 한편으로 그는 그것이 일본민족이나 아시아 인종과 같은 '봉쇄적이고 배타적인' 범주들에 근거한 파시즘의 이데올로기로 귀

---

145) "그것이 확립되지 아니하면 쑨 원의 삼민주의를 양기할 수 없고, 또 그것이 양기되지 않는 한은 신동아건설은 중도반단이 될 염려"가 있기 때문이라는 것이다(김명식 1939a: 49).
146) "정치적으로 데모구라시를 실현하여 밖으로 獨裁意識을 排斥함과 함께 안으로 孫文의 民族主義와 民權主義를 揚棄하고 또 경제적으로 고렉띄브를 실현하여 民主主義의 조잡한 견해를 指彈하는 동시에 資本主義의 식욕을 견제하고 共産主義의 공상을 수정할 것"이며, "사회적으로 휴머니즘을 실현함으로써 人文의 발전을 기도하야 萬邦이 協和하는 端緒를 자을 것"이라는 것이다(김명식 1939a: 51). '근대의 초극'을 주제로 열린 좌담회에서 쿄오또학파의 스즈끼 시게따까(鈴木成高)는 근대를 대표하는 사조로 데모크라시(정치)와 자본주의(경제), 리버럴리즘(사상)의 3가지를 지적하는데(河上徹太郎 외 1995: 219) 김명식은 여기에서 자본주의와 리버럴리즘을 대신한 집산주의와 인문주의를 제안한다. 민주주의에 대해서는 이른바 근대적 의미라기보다는 이를 지양하는 형태를 상정한 것으로 보이지만, 자세한 내용은 밝히고 있지 않다.

286

결될 수 있는 가능성을 배제하지 않는다. 다른 한편으로 그렇기 때문에 그는 "현대 비합리주의의 유기체설적인 결합논리"에 동아협동체의 기초를 두는 것은 '결정적인 한계'를 가진다고 경고한다(같은 책 21). 다시 말하자면 독일이나 이딸리아와 같은 서양과는 달리 동양에서는 '동양의 여러 사정'을 고려한 일정한 '수정과 단서'가 필요하다는 것이다(같은 책 18).

이러한 맥락에서 그는 동아협동체의 연대 원리로서 '피의 직접성'에 의한 '단순한 직접적 결합'이 아니라 "운명에의 자각을 매개로 한 간접적 합일"이라는 대안을 제시한다(같은 책 20). 여기서 그가 말하는 '운명의 동일성'은 "구미제국주의로부터의 공동 방호"를 지향하는 동아협동체의 논리를 그대로 받아들인 것으로 사실상 일본의 이해관계를 일방적으로 반영한다. 식민지 조선이나 중국의 입장을 고려하지 않은 이러한 인식은 동아연맹에서 말하는 자국 중심의 일본맹주론과도 상통하는 점이 있었다. '운명의 동일성'에서 그가 고민하는 것은 어떻게 연대할 수 있느냐의 문제였으며,[147] 이러한 점에서 무엇을 위한 연대인가에 대한 질문은 정작 소홀히 되고 말았다(같은 곳). 동양이라는 범주 안에서 '운명의 동일성'을 강조하는 경향을 비판한 서인식이나 동아협동체의 내용을 주체적으로 규정하고자 한 김명식과 대조적으로, 그는 연대의 내용과 실체에 대한 추구보다는 그것의 방법을 제시하는 데 몰두하면서, "운명의 사명화, 윤리화"를 과제로 제시한 것이다.[148]

---

147) 조선과 중국을 각각 의식하면서, 그는 "운명을 함께하고 살아가는 한 국내에서의 피의 이질성의 문제 같은 것은 그다지 개의할 것이 못될 것이며, 동일한 운명에 놓여 있는 한 국경의 상이 같은 것도 그다지 중요한 장벽은 아닐 것"이라고 말한다(박치우 1940: 19).

148) 조관자(2007: 225~26)는 이러한 운명의 윤리화는 이미 일본의 동아협동체론자가 중국의 내셔널리즘을 비판하여 동양 공통의 목적을 강요할 때의 문법으로 되고 있다고 하면서, 지역적 운명 동일성이 제국의 침략적 경쟁을 정당화하고 지역적 패권의 방위망을 통합하려고 한다는 점에서 박치우의 운명의식이 협동체의 안에 있는 타자의 목소리를 듣고 있는 것은 아니라고 비판했다.

3) 절충적, 중도적 입장에서 본 동아시아

지금까지 언급한 두 범주, 즉 아시아주의의 입장과 보편주의적 접근의 양자 사이에는 절충적이고 복합적인 여러 제안들이 있다. 이들 중간 범주에 속하는 사회주의자들로는 인정식, 김한경, 차재정, 현영섭 등을 들 수 있다. 정도의 차이는 있다 하더라도 이들 각각은 동아시아의 보편적 인식에 대한 추구에서 일본의 특수성을 보편주의로 치환, 전도시키는 모순적이고 복합적인 제안들을 제시했다.

먼저 인정식의 동양인식에서는 서인식이나 김명식에게서 찾아볼 수 있는 보편주의에 대한 언급을 찾아볼 수 없다. 그는 동양을 서양과 대립되는 실체로서 제시한다. 동아협동체가 "백인의 제국주의에 의한 동아의 침략을 근본적으로 배제"하는 것이며, 문화의 측면에서 그것은 "구라파 문명에 대해 전(全)전통과 전(全)성장을 달리하는 동아민족공통의 문화를 확보하며 또 발전성장케 하려는 데 있다"는 언급(인정식 1939a: 55)은 이 점을 잘 보이고 있다. 그렇다고 하여 그는 김두정이나 동아연맹의 지지자들처럼 서양 그 자체에 부정적인 가치들을 부여하지는 않는다. 오히려 그는 배타적이고 폐쇄적인 동/서양의 인식을 적극 경계한다. 즉 자신이 구상하는 동아협동체는 "백인의 제국주의적 침략을 배제하는 것이며 백인 그 자체를 배제하는 것은 절대로 아"니고, 반대로 그것을 "동아고립주의 동아먼로주의 지방적 폐쇄주의 지방적 편의주의에 봉쇄해버"려서도 안된다는 것이다(같은 곳).

그러나 동서양에 대한 개방적 인식에도 불구하고 그는 인종을 통해 동양의 정체성을 이해하고자 한다. 강영석과 비슷하게 그는 아시아의 '고유한 연원'과 '피의 순수성'(인정식 1938: 65), 혹은 '동양적인 순수성'(인정식 1940b: 76)을 지닌 퉁구스족의 원초적 형태를 가정한다. 아시아에서 "보다 광대한 더 자연적인 역사적 지역적 분열 이전의 상태"로서 퉁구스족이 이후의 역사 진화과정을 통해 지역으로 분열되어갔다는 것이다. 나아가서 그는 이러한

"퉁구스 정신의 가장 특수화된 또 가장 순수화된 형태"로서 "멀리 상고시대에 연원되는 일본정신"을 제시한다(인정식 1938: 64). 그리고 이를 근거로 하여 그는 "퉁구스적인 역사적 대통일 운동의 중심이 되는 핵심세력"으로서 '대화민족'을 설정한다. 이에 따라 인종적 동질성에 대한 강조는 동아협동체에서 일본의 지도적 지위와 자연스럽게 연결되는 것이다.[149]

동아시아에서 일본의 지도적 지위를 인정하는 또다른 이유로서 그는 동양의 후진성과 낙후성을 지목한다. 중국의 왕 징웨이에게 보내는 공개서간에서 그는 중국의 정체성은 봉건제와 제국주의의 결합이라는 조건에서 야기되었다고 서술했다. '동양적 무지' '아세아적 농민'으로 상징되는 '아세아적 정체성의 문제'는 중국은 말할 것도 없고 "조선 농촌의 본질과 혼과 모랄"이라는 것이다(인정식 1940b: 76; 장용경 2003: 262). 이러한 점에서 그는 '동아의 수호자'이자 "동아의 맹주로서의 제국의 권력"이 중국은 말할 것도 없고 아시아 전민중의 영원한 행복과 번영을 약속한다고 주장한다(인정식 1938: 54). "구미의 세력을 전중국으로부터 구축하고 동양을 동양인의 손으로 지키려는 것은 일본의 최고 사명이며 또 숙망"이라고 본 것이다(인정식 1940b: 75).

인정식과 비슷한 아시아 인식은 김한경에게서도 찾아볼 수 있다. 김한경은 1920년대 후반 이래 일본에서 인정식과 함께 조선공산당 일본총국에서 활동하면서 그와 절친한 관계를 유지했다.[150] 검거 이후 전향한 이후인

---

149) 퉁구스족의 원초적 형태를 상정함으로써 그는 내선일체가 조선과 일본의 두 민족 모두 그것을 지향하여 가는 과정으로 제시하고자 한다. 이에 따라 조선인이 자신의 "민족적 속성의 전부를 포기"하고 일본민족으로 편입되는 것은 아니며, 일본민족도 "당연히 지양하지 않으면 안될 허다한 도국적 개성을 가지고 있다"는 점에서 자신의 "고유성 전반을 조금도 지양함이 없이 그것을 그대로 퉁구스 계통의 각민족에게 외부적으로 강요"하는 것은 아니라고 말한다. 이러한 맥락에서 그는 "동아의 재편성문제는 조선인에게 있어서만 민족문제인 것이 아니라 내지인에게 있어서도 또한 민족문제"라고 주장하면서 '국민적인 재조직'을 요청한다(인정식 1938: 63; 1940b: 75).

1930년대 후반에는 인정식처럼 적극적인 활동을 하지 않았기 때문에 그의 생각을 정확히 아는 것은 불가능하지만 단편적인 글에 의거해볼 때 그 역시 인정식과 마찬가지로 조선과 일본이 "알타이종족의 혈통을 이어받은 동일한 퉁구스족"임을 강조하고 있다. 이와 아울러 조선 전통사회의 낙후성과 정체성에 대한 생각에서도 인정식과 의견을 함께했다(김한경 1940: 51~52).

다음에 차재정의 경우에도 인정식과 마찬가지로 동아시아에 대한 보편적 인식이라는 문제의식은 뚜렷하게 찾아볼 수 없다. 그럼에도 불구하고 그는 종종 근대적이고 합리적이며, 보편적인 가치에 대한 지향을 표명하고 있다. 민족문제에 대한 그의 인식을 반영하는 것이지만, 동아시아와 관련하여 그는 동양적 전통의 복고적 부활이라든가 서양에 대한 무조건적인 배격을 경계하고 있다는 점에서 주목된다.[151] 그러나 "동아사상이란 이제야 형성 도정에 있는 신흥 이데올로기"라고 하면서도 그것은 "어디까지나 진보적이며, 창조적이어야" 한다는 당위적인 주장만을 한다는 점에서(차재정 1939: 68) 다분히 형식적이고 따라서 공허한 논의에 그치고 있다.

다른 전향 사회주의자들과 비슷하게 그는 이른바 동아의 신질서가 '정복질서'나 '지배질서'가 아니라 "여러 민족의 공존공영에 의한 협동질서이며 지도질서"라는 사실을 강조한다. 따라서 그것이 자본주의와 제국주의 그리고 정복의 질서가 될 수 없다는 점에서 '동아신질서' 내에 포괄되는 여러 민족사회의 자주적 이익이나, 개성, 전통, 문화는 존중되어야 한다고 주장한다.

---

150) 인정식이 1927년 9월 고려공산청년회 일본지부에 가입하여 이후 조선공산당 일본총국 위원과 고려공청 일본총국 책임비서를 하면서 활동할 당시 김한경은 1928년 2월의 조선공산당 제3차 대회에서 중앙집행위원 겸 일본총국 책임비서를 역임했다. 강만길·성대경 1996: 147~48, 394~95 참조.

151) "동아사상이나 동아문화나 그 전통이란 것은 모두가 과거 또는 현재의 제민족생활의 소재에 흩어져 있는 묵은 지나적 만주적 몽고적 일본적 등등의 문화적 잔재를 복고적으로 긁어모으는 것은 아니며 동시에 서양적인 것을 무조건으로 배척하는 것으로써 동아적 문화, 사상의 창조의 조건을 삼아서는 안된다"고 언급하고 있다(차재정 1939: 68).

그러나 그는 여기에 단서를 달았다. 즉 이 경우의 자주성은 "새로이 형성되는 동아사상, 동아전통, 동아문화에 발전적으로 통일된다는 한계 안에서만 인정"된다는 것이다(같은 책 67~68).

이를 통해 그는 인정식과 비슷하게 동아사상과 동아전통의 주체로서 일본에 지도적 지위를 부여하는 근거를 마련했다. 아시아의 다른 어느 민족보다도 일본 문화에는 아시아의 전통이 풍부하고 합리적, 근대적으로 잘 보존되어 있다는 점에서 "필연으로 신동아문화의 태반(胎盤)이 되리라는 것을 예상"할 수 있다는 것이다(같은 책 68). 일본정신의 한계를 지적하면서 일본의 혁신을 언급한다고는 하더라도152) 동아시아 인식에서의 형식성과 공허성에 의해 야기된 공간을 그는 일본주의라는 특수주의로 채우고자 했다. 그리고 이는 "구미에 병립하여 동아인의 동아를 건설하려는 동아사 창조의 큰 임무"를 강조하는 것에서 보듯이(차재정 1938: 114) 동양과 서양을 대립시키고 동양에 실체적 가치를 부여하고자 하는 시도로 이어졌다.

마지막으로 현영섭의 동아시아에 대한 인식을 보면, 그 역시 동양과 서양을 각기 분리하여 대립적으로 제시한다거나, 혹은 서양문화에 대해 적대적인 태도를 보이지는 않는다. 예를 들면 그는 동양과 "서구의 세계가 불이(不二)의 것"이라고 보았으며, 일본의 신도와 서양문화의 종합을 강조하는 만큼이나 조선인에게는 "동서양의 문화 일체를 흡취할 의무"가 있다고 주장한다153). 그러나 문제는 이러한 인식이 일본정신과 일본에 대한 과도한 찬양을 바탕으로154) 조선민족의 완전한 일본민족으로의 동화를 강조하는 방향으

---

152) "일본민족 이외의 민족으로서는 지성을 통해 그것을 섭취, 이해하기는 불가능할 만치 전통적이고 감정적이고 혈액적"이라는 점에서 "금일의 일본정신 또는 일본주의는 좀더 근대화한 보편적 체계"를 갖춰야 한다고 지적하면서, 그는 이러한 일본의 혁신이 "동아협동체, 동아신질서의 수립과 상관불가분의 관계에 놓였다"고 말한다(차재정 1939: 67~68).

153) "유교의 부흥보담도 기계문명에 정통함이 현단계에 가장 필요"하며, "신도적 체험과 동시에 물질제어의 방법기술을 연마해야 한다"는 언급에서 보듯이 근대의 물질주의와 기계문명의 필요성을 강조한다(현영섭 1940: 39~40).

로 이끌리는 데 있다. 김두정과 마찬가지로 조선인이 완전한 일본민족으로 되고, 이러한 과정이 중국이나 아시아를 거쳐 점차 확장되는 것을 통해서 그는 '세계 일가의 국가'가 출현하는 것을 꿈꾸었다. 동서양의 세계가 둘이 아니고 하나라는 그의 언급은 이러한 맥락에서 나온 것이다. "각민족이 협화할 뿐만 아니라 완전히 일심동체가 되어버린다면 그것이야말로 인류가 바라고 바라는 것"이라고 하면서, 그는 '팔굉일우의 신칙(神勅)'에 기초한 '일대 가족으로서의 인류'(genus humanum)을 공상했다(현영섭 1940: 38). 동아시아 인식과 민족문제가 상호관련하여 작용하는 양상은 차재정에서도 찾아볼 수 있었거니와, 이처럼 그는 민족과 동아시아를 매우 추상화된 세계주의의 형태로 대치하는 것을 통해 일본주의를 찬양하면서 일본제국주의 침략을 공공연하고 노골적인 방식으로 정당화했다.

---

154) 그는 일본정신이란 "(일본의) 민족주의가 아니라 기독교와 동일 계통인 신중심의 신앙"이라고 단언한다. 또다른 글에서 그는 "일본의 행동은 동양인을 침략하여 착취하는 것이 아니라 동양에서 백인의 부당한 압박을 제절(制切)하고 스딸린의 폭악을 동양이나 세계로부터 방위 배격하기 위해 존재하는 데 일본의 영원성이 있"다고 하면서, "정의와 사랑에 입각하는 것은 이기적 야심에서 출발하는 것보다 생명이 길"다고 언급한다. 제국주의의 야심이 '정의와 사랑'으로 호도된 것이다. 현영섭 1940: 38; 玄永燮 1939a: 25~26 참조

제6장 대동아공영권과 아시아의 정체성

동아시아의 민족과 국가 들이 근대화의 길을 걷기 시작한 19세기 후반 이래 이 지역을 단위로 하는 최초의 지역질서 구상은 일본제국이 주도한 '대동아공영권'으로 흔히 알려져왔다. 타이완과 조선 및 만주로 팽창해나가던 초기에 일본은 인종적 동질성과 문화적 전통의 공유라는 사실을 강조했다 (이른바 동문동종론). 대동아공영권은 일본의 군사적 침략이 동남아시아와 태평양 지역으로 확장된 사실을 배경으로 일본이 내놓은 새로운 지역질서의 구상이다. 근대에 들어와 이 지역의 국제질서에 대한 최초의 구상이라고 할 수 있는 것이다. 일본의 입장에서 볼 때 대동아공영권은 『대일본팽창론』(德富蘇峰)의 극한형태로서, 대동아공영권 구상을 해명하는 것은 근대 일본의 해명, 특히 그 대외정책을 해명하는 데에 불가결의 작업이라고 말할 수 있지만(安部博純 1989a: 122), 동아시아의 시각에서 볼 때 이는 지역 내 국가가 주도하여 국가와 민족들의 결속과 '연대'를 지향한 최초의 시도라는 점에서 역사적 의의를 설정할 수 있을 것이다.

이러한 점에서 볼 때 대동아공영권의 문제는 일본제국이 팽창해 갔던 바로서의 일본 근대사의 일부이지만, 동시에 그것은 일본제국이 점령한 지역의 영토와 주민 들을 포함하는 동아시아 역사의 긴밀한 일부라고 할 수 있다. 이른바 태평양전쟁으로 일컬어지는 일본 군정의 기간은 아시아 각국에 대해 역사의 공백기이기도 하여 그것을 메우는 의미에서 일본군정의 연구에 관심을 가진 나라도 적지 않다는 언급(丸山靜雄 1965: 113)은 일본제국에 대한 개별 국가와 민족 들의 선호와 평가를 떠나서 이 시기 일본사와 동아시아사가 필수불가결하게 서로 밀접하게 연관되어 있다는 사실을 잘 보이고 있다.

　　대동아공영권을 둘러싼 역사적 평가는 단순한 과거의 문제라기보다는 오늘날 동아시아가 당면한 현재적 상황과 쟁점 들로 이어지고 있다. 우선 이 문제를 둘러싸고 동아시아 국가들과 일본 사이에는 일정한 의견의 대립과 긴장이 존재한다. 이러한 갈등은 이 두 전선뿐만 아니라 각각의 내부에도 존재한다. 예컨대 일본 내부에서도 대동아공영권에 대한 평가가 극단적으로 대립되어 있고, 동아시아의 개별 국가에서도 의견의 상위를 찾아볼 수 있다. 이러한 차이는 식민지 경험의 역사와 서구제국주의 국가들과의 관계, 일본제국의 점령을 받게 된 시기, 지역 내에서 민족 지도층의 형성과 지향 등에 따라 상이한 반응양상들과 대응방식들을 반영하는 것이다. 오늘날 이 지역에 존재하는 일정한 대립과 반목이 흔히 일본과 동아시아의 다른 지역들이라는 이분법적 도식으로 이해되는 경향이 있음에도 불구하고, 그러한 사고방식이 지니는 단순성과 피상성은 자명한 것이다.

　　1945년의 종전 직후 일본사회에서 대동아공영권은 심한 비판과 자책에 직면했다. 그 자신이 대동아공영권의 실현을 위해 적극적으로 활동한 히라노 요시따로오(平野義太郎)는 종전 직후인 1946년에 "일본이 지도자로 되고 맹주로 되는 한 그 제국주의적 사실과 민족친화라고 하는 이념의 모순이 생긴 것은 당연하고, 대동아공영권 구상은 일본의 군사적 제국주의에 의하여 주도된 피의 신질서"였다고 비판했다.[1] 곧이어 이와 비슷한 맥락에서 또 다른 연구자는 대동아공영권의 이념이 "실제로는 유럽열강과 나란히 제국주의 침략을 강행하면서 이상으로서는 유럽제국주의로부터 아시아의 해방을 제창한다고 하는 모순, 명목적으로는 공영의 이데올로기이지만, 실질적으로는 침략의 이데올로기라고 하는 모순"(吉田光 1956: 698)을 지적한다. 패전의 분위기에서 일본의 군국주의에 대한 비판과 서구의 민주주의에 대한 긍정적 인식이 상호작용하는 가운데 이러한 비판들이 나온 것이다.

한편 다른 아시아 지역으로 눈을 돌려보면 일본이 기록한 경제적 성공담과 그로부터 형성된 막대한 부를 기반으로 오늘날 이 지역에서 차지한 주도적·독점적 지위에 대한 이 지역 국가들의 불안과 우려는 대동아공영권이 실제로 소멸된 1945년 이후에도 특정한 계기들을 통해 지속적으로 표명되어왔다. 이러한 과정에서 정형화된 하나의 유형이 조건반사적으로 성립되었다. 특정 국면들에서 지역에 대한 일본의 영향력이 느껴질 때마다 동아시아의 다른 국가들은 대동아공영권의 '악몽'을 떠올리거나 혹은 개별 국가는 그에 대한 경험을 국민들에게 환기하고자 했다. 일본의 행위와 동기에 대한 설명은 쉽게 '대동아공영권'으로 귀속되어 강력한, 그러나 일방적인, 질책과 비난을 받았다.

1945년 이후 동아시아 지역에 대한 일본의 영향은 특히 두 시기에 강하게 느껴졌다. 첫번째는 1960년대 중반을 전후한 시기이다. 1951년의 쌘프란씨스코 강화조약 이래 미국은 태평양지역에서 일본을 동맹파트너로 재설정했으며, 이는 1954년의 미일상호방위조약과 1960년의 미일상호협력 및 안전보장조약(신안보조약)의 체결로 이어졌다. 이 시기를 전후하여 일본은 특

---

1) 平野義太郎 1946: 1; 鈴木凧雄 1998: 258에서 재인용. 스즈끼 아사오(鈴木凧雄)는 일본에서 아시아에 관한 연구나 인식이 부족했던 1940년대에 대동아공영권 구상이 제창되면서 아시아 전체의 이익과 일본의 에고이즘을 병렬적으로 주장하는 의론이 전성을 이룬 전형적인 사례로 히라노의 경우를 제시하고 있다. 즉 히라노의 경우를 통해 보듯이 아시아의 해방이라고 하는 유토피아론을 제시하면서도 일본의 경제력 충실이나 군사력의 행사, 일본에 의한 아시아제국의 지도를 역설하는 전체주의적 색채를 표출했다는 것이다(鈴木凧雄 1998: 259~60).

히 동남아시아 지역에 대한 영향력을 강화했으며, 미국의 주도 아래 한국과는 1965년에 한일협정을 체결했다. 이 시기를 전후하여 일본에서 대동아공영권에 대한 관심이 부활하고 그에 대한 논의가 전개된 사실은 흥미롭다.[2] 1920년대에 신인회와 프로문학에 참가하다가 태평양전쟁기에 전향한 하야시 후사오(林房雄)는 『중앙공론』 1963년 9월호에 「대동아전쟁긍정론」을 연재하기 시작했다.[3] 미국의 『워싱턴포스트』가 1966년 4월 6일자의 기사에서 "대동아공영권이 희망찬 형태로 새롭게 재생하고 있다"고 언급한 것도 이 시기였다(高澤寅男 1967: 22).

그러나 이 시기 아시아에 대한 일본의 입장은 상대적으로 수동적이고 소극적이었다. 1950년의 한국전쟁 특수와 이후 동남아시아에 대한 경제적 진출이라는 내재적 계기가 있었다고 하더라도 미국이 주도한 태평양 지역에서 군사·안보체제의 하위 파트너라는 지위에서 결코 벗어나지 않았던 것이다. 이를 계기로 언론과 지식인 사회에서 대동아공영권이 논의되는 단초를 마련했다고는 하더라도 그에 대한 관심이나 그것이 미치는 영향력은 제한적인 범위에 머물렀다.

두번째는 동구권이 붕괴하고 쏘비에뜨 연방이 해체된 1989년 이후 1990년대에 들어선 시기이다. 1990년대 이후 일본의 대표적 우파 잡지 『제군(諸君)!』이나 『정론(正論)』 등은 태평양전쟁기의 대동아공영권 구상이나 1943년의 대동아공동선언에 대한 재조명과 재평가를 적극적으로 시도했다.[4] 이

---

2) 대표적인 사례를 들면 『사상의 과학(思想の科學)』 제21호(1963년)는 타께우찌 요시미와 하시까와 분조오(橋川文三) 등이 참가한 가운데, 「대동아공영권의 이념과 현실」이라는 좌담회를 개최함과 동시에 그에 대한 특집 논문을 수록했다. 이어서 『중앙공론(中央公論)』 1965년 4월호에는 마루야마 시즈오(丸山靜雄)가 「대동아공영권의 교훈」이라는 글을 기고했다.

3) 堀幸雄 1990: 521 참조. 이는 1970년에 같은 제목의 책으로 출간되었으며, 최근 2001년에 나쯔메서점(夏目書店)에서 재출간되었다.

4) 예를 들면 코보리 케이이찌로오(小堀桂一郎) 토오꾜오대학 교수는 1991년 8월호 『제군!』과 1991년 8~9월호 『정론』에서 대동아공영권을 옹호하면서 그것을 일본의 국가이념으로

러한 추세는 2000년대로 이어져서 방위청 정무차관은 『주간플레이보이』 2000년 11월 2일호의 인터뷰에서 대동아공영권론과 나란히 일본의 핵무장 문제를 제기하면서 '대동아공영권' 문제를 언급하고 있다(原田勝正 2000: 12). 이시와라 신따로오(石原愼太郎)가 '신대동아공영권'이라는 말을 공공연히 사용하기 시작한 것도 이 시기부터이다.

아시아와 대동아공영권에 대한 이 시기의 관심은 1960년대의 전·중반과 달리 더 적극적이고 또 공세적인 측면이 있었다. 따라서 앞 시기와는 달리 미국의 주도에 수동적으로 끌려간다기보다는 미국의 요청에 답하여 일본이 이 지역 헤게모니의 행사에 일정 부분 참여하고자 하는 의도가 더 강했다.[5] 미국의 아시아 전략의 틀 안에서이기는 하지만, 이 '신대동아공영권론'은 일

해야 한다고 주장했다. 즉 "가까운 장래, 어떠한 말로 일본의 국가이념이 말해질 것인가를 생각하는 경우 오히려 대동아공영권이라는 말을 적극적으로 부활시켜 그것이 본래 무엇을 의미하고 있던 것인가를 재음미하는 것이 생산적"이라거나, "대동아전쟁은 구미열강에 지배되어 있는 동남아시아의 식민지를 해방하는 것이 목적이었는데, 전쟁이 끝나고 결과적으로는 그것이 실현되고 말았다. 그렇다면 일본은 전쟁에는 졌어도 전쟁의 목적은 달성했다"는 것이다. 衛藤瀋吉·小堀桂一郎 1991: 27, 44; 小野賢一 1992: 268 참조. 또한 후까다 유우스께(深田祐介)는 미우라 슈몬(三浦朱門)과의 대담기사(「『侵略』の逆說: 大東亞會議 1943年」, 『諸君!』 1992年 2月號)에서, "대동아공동선언을 읽어보면 이념으로서는 확실히 긍정적인 바가 있다. 따라서 저 전쟁에 관련된 침략적 측면, 예컨대 중국대륙에서의 권익추구, 남방에서의 기름 등 자원 확보의 측면은 부정할 수 없다고 생각하지만 그 한편 아시아 각국의 해방에 진력한 긍정적 측면도 있"다고 주장했다. 小野賢一 1992: 270 참조.

5) 일본공산당은 1991년 10월의 이전협(二全協) 결정을 통해 아시아·태평양에 경제적 블록권을 만들려는 일본 지배층의 시도가 "다소의 근대적 외피를 가장"한 전시 중의 대동아공영권 구상과 같은 방향이라고 신랄하게 비판했다. 즉 그것은 "자민당을 중심으로 일본공산당을 제외한 야당의 대부분과 『연합』 등 노동운동의 우익적 조류를 결집한 새로운 정치세력의 구축을 겨냥"한 것으로, "'소련의 위험'론이 통용하지 않게 된 뒤 동아시아의 안정을 꾀하기 위해 미국의 요청에 응답하여 강력한 반동적 지도성을 발휘한 것"이라는 것이다. 그 배경에는 "유럽 경제권의 통합을 겨누는 EC의 동향에 대응하여 강력, 강대한 블록경제권을 아시아태평양권에도 만들고 일본이 사실상의 맹주가 되고자 하는 충동"이 잠재해 있다고 지적한다. 『전위(前衛)』 이전협 특집호 41면 참조.

본이 "부관(副官)으로서의 맹주로 되고 아시아를 일본의 세력권에 편입해야 할 것이라는 주장과 통"한다는 것이다(小野賢一 1992: 269). 전반적인 일본사회의 보수화를 배경으로 언론이나 지식인 사회에 그것이 미친 반향도 상대적으로 확산되는 듯이 보였다. 앞 시기와의 차이는 또 있었다. 마치 1940년대 소리 높이 외쳐진 "근대의 초극"을 연상시키는 방식으로, 이 시기 대동아공영권에 대한 관심은 이 지역에서 상대적으로 강화된 일본의 영향력을 배경으로 미국의 지속적인 헤게모니에 대한 일본의 점증하는 회의와 비판의식을 깔고 있었다.

그러나 보수적 공세가 거셌던 만큼이나 그에 대한 경계와 비판의 목소리가 동시에 있었던 사실도 지적해야 할 것이다. 예를 들면 대동아공영권의 전사를 이루는 동아협동체론에 대해서는 "'현대 일본 국민에 부과된 광영 있는 책무'인 동아신질서의 건설이나 '국제정의' '도의'라고 하는 전향적인, 그러나 독선적인 슬로건에 귀가 막혀, 그것을 거절하는 중국의 소리는 이윽고 일본의 국민에 전달되지 않았던 것"으로 비판받았다(伊藤のぞみ 1998: 232). 그 연장에서 "피지배민족의 생활을 최저한도로 억누르면서 그 부담의 범위에서 중요 물자를 대량으로 착취하고 현지 점령군의 자급자활을 꾀하는 것이 대동아공영권 구상의 가식 없는 속셈"이라는 지적이 나왔다(山本有造 1996: 568). 또다른 논자는 "아시아의 해방이라고 하면서도 일본을 위한 물자취득을 제일목적으로 하는 자국의 에고이즘을 표출한 구상"이 대동아공영권으로, 그것은 "일본인측에서만 제창된 구상이고, 아시아 제국의 진정한 이익에 대한 시점이나 배려를 결여"한 것으로 비판받았다(鈴木麻雄 1998: 254~55). 일본사회의 보수화가 전반적으로 진행되고 있는 가운데에서도 대동아공영권이 아시아 여러 나라와 민중들에 대한 이해와 인식을 깊게 한다기보다는 오히려 일본의 이해를 일방적으로 실현하기 위해 동원된 수사에 지나지 않았다는 비판이 제기된 것이다.

이처럼 아시아에 대한 일본의 관심이 표명되어온 주요 계기들에서 대동아

298

공영권은 빠지지 않고 등장하는 주요 개념이 되어왔다. 1960년대의 아시아에 대한 관심이 1990년대의 신대동아공영권 주장으로 이어지는 사이에도 1945년 이전의 만주와 중국, 나아가서 '남방'에서 일본제국이 경험한 기록과 기억들을 수집하고 정리하는 작업은 끊임없이 이어졌다. 아시아 관련의 민간 및 관변 단체와 전몰자와 퇴역 군인 및 관료들과 가족들, 이 지역에 '진출'했던 기업과 상사 들, 그리고 관련 언론인과 문화인, 연구자 들의 참여에 의해 잃어버린 과거의 화려했던 '영광'의 흔적들—— 일본의 군정통치에 대한 주민들의 호의적인 반응과 구술 들을 포함한—— 이 꾸준히 수집되고 기록되었다. 지배와 수탈과 학살의 역사적 경험들에 관한 이야기가 해당 지역 내에서의 국지적 편찬·유통에 머무는 대신에[6] 제2차 세계대전기 동남아시아에 대한 일본의 점령정책이나 현지사정 등에 대한 연구가 최근 일본과 미국에서 활발하게 나오고 있는 현상[7]에도 주목해야 할 것이다.

아마도 일본의 입장에서 보면 이러한 작업들은 "전후 미국에 의해 지배된 정보공간의 가운데에서만" 일본 근대사를 보려는 현상[8]을 타파하여 자국민

---

6) 동아시아는 물론이고 서구 학계에서 예외적으로 공통의 주제가 될 수 있었던 주제로는 이른바 정신대문제를 들 수 있을 것이다.

7) 한 필자는 "일본에 의한 (미얀마) 점령의 이야기는 환멸과 의혹과 고통의 이야기"라고 하면서 "영국으로부터 분리하여 자유롭게 될 수 있다고 믿던 사람들은 이번에는 아시아의 동포에 의하여 지배되는 것으로 되고 심한 낙담을 경험했다. 많은 사람들은 일본의 병사를 해방자로서 환영했지만, 그 정체는 평판이 나빴던 영국 이상으로 악질적인 압정자(壓政者)였다"고 평가(松本建一 1994: 227)하고 있다. 이 지역에 관한 미국에서의 연구들로는 예컨대 Kratoska 1997; Ooi 1998; Young 1998 등 참조.

8) 코보리 케이이찌로오는 1945년 12월 15일 GHQ의「신도지령(神道指令)」에 의해 "공문서에서 대동아전쟁, 팔굉일우(八紘一宇)라는 용어 내지 기타의 일본어 용어로서, 국가 신도오, 군국주의, 과격한 국가주의와 분리될 수 없는 의미 연상의 용어" 사용을 금지함으로써 공문서에서 대동아전쟁, 팔굉일우라는 말을 사용할 수 없게 되었다고 한다. 그리하여 일본인이 "몸에 배어 지금에 이르고 있는, 말하자면 자주규제벽에 의해 공문서는커녕 교과서나 보통의 회화에서도 사실상 (이 말들을) 사용하지 않게 되고 말았다"고 주장한다. 대동아공영권의 이념으로 표방된 팔굉일우가 토오꾜오 재판에서도 이념으로서의 보편적 원리를 인정받

과 동아시아의 주민들에 대동아공영권의 역사적 정당성을 설파하고자 하는 시도의 일환이었을지도 모르겠다. 그러나 동아시아 다른 지역의 시각에서 보면 이러한 시도들은 이 지역에서 일본이 주도한 과거 군국주의의 지역질 서를 재창출하고자 하는 의도가 재현될지 모른다는 의구심을 강화하는 것이 다. 분명한 것은 일본사회 내부에서의 다양한 의견과 반응 들, 그리고 다른 동아시아 국가 국민들의 이견이 민족주의라는 거대 장벽을 넘지 못하고 일 본을 포함한 개개 국가의 틀 안으로 해소되어버리는 가운데, 서로에 대한 신 뢰와 소통의 가능성은 더욱 멀어지게 되었다는 사실이다.

대동아공영권이 일본 근대사의 일부일 뿐만 아니라 그 영향 아래 있었던 동아시아 역사의 일부분이라는 사실은 동아시아의 시각에 근거하여 그에 대 한 평가가 이루어져야 한다는 주장에 정당성을 부여한다. 이러한 점에서 보 자면 식민지 상태에 있었던 조선·타이완이나 반식민지 상태에 있었던 중국 의 평가가 다르고, 같은 동남아시아라고 해도 명목상의 독립이 허용된 미얀 마·필리핀과 군정통치를 받았던 인도네시아의 평가가 엇갈리는 것은 당연 한지도 모른다. 혹은 같은 지역과 국가들에서도 시기에 따라 상이한 평가가 나오고 있다. 동아시아의 시각에서 대동아공영권을 본다는 것은 일본과 다 른 동아시아 국가들의 평가를 아우른 전지역적이고 다차원적인 접근 방식을 채택하는 것과 연관되어 있다. 그것은 한편에서는 일본에서의 주류적 해석 과 더불어 그에 대립되는 주장뿐만 아니라 동아시아 지역들에서 주류를 이 루는 비판적 의견과 아울러 한정된 범위에서 표출되는 소수자의 주장에도 귀 기울이는 것을 의미한다.

전반적으로 보면 일본이 제창한 대동아공영권은 영·미의 헤게모니 블록 과 독·이의 후발자본주의 국가, 그리고 쏘비에뜨 러시아와 중국공산당과

있다고 하면서 그는 "일본의 최고의 지식인이라는 사람이 공소한 관념으로 그것을 부정하 는 것은 냉정한 판단에 기초한 것이라고 생각되지 않는다"고 강변했다(衛藤藩吉·小堀桂 一郎 1991: 28~30).

같은 공산주의 블록 사이의 국제역학을 통해 형성된 것이다. 대동아공영권 형성에서 미국과의 관계 악화와 유럽에서 독일의 승리라는 상황적 조건에 주목해본다면 그것은 1940년 8월 이래의 불과 몇달 사이에 출현한 급작스럽고 준비되지 않은 일본제국주의의 시도로 볼 수도 있다.9) 만약 우리가 이 측면에 주목한다면 대동아공영권에 고유한 이념이나 이론적 체계를 찾는 것은 쉽지 않을 것이다. 이러한 점에서 많은 연구자들은 대동아공영권의 사상적 무내용성과 이념적 허구를 지적해왔다.

이와 대조적으로 대동아공영권의 옹호자들은 그에 고유한 사상체계를 설정하고자 한다. 아시아 전역을 시야에 넣고 보았을 때 대동아공영권의 사상적 기반은 인도의 불교나 중국의 유교와 같은 거대 전통들에서 찾을 수도 있지만, 이 경우 일본은 자신에 고유한 독자성과 정체성의 상실을 두려워했다. 이리하여 마치 메이지유신 이래 근대국가의 형성에서와 마찬가지로 아시아 차원으로 확장된 전통적인 가족 원리와 천황제 이데올로기를 대동아공영권 구상에 적용하고자 했다. 이에 따라 대동아공영권은 자신에 고유한 독자성을 고수하면서 동시에 그것의 보편적 성격을 확보해야 하는 모순에 처하게 되었으며, 유감스럽게도 이는 결코 해소될 수 없는 것이었다. 상호대화나 상호작용이 없이 일본 자신의 필요와 요구에 따라 아시아 다른 국가/민족들에 일방적으로 부과되었기 때문이다.

아시아 다른 지역들과의 수평적 상호대화가 없었던 것은 일본에 의한 아시아 정체성 형성의 중요한 한 부분을 이룬다. 메이지유신 이후 일본이 근대화를 추구한 100여년 이상의 오랫동안 오늘날에 이르기까지 일본은 자신의 위상을 아시아의 바깥에 두었다. 일본의 아시아에 대한 정체성의 형성에서

---

9) 그러나 그것의 사상적 원류는 이 책에서 지금까지 살펴본 내용에서 보듯이 19세기 중반 이래 근대로 넘어오는 과정에서의 아시아주의나 아시아 '연대'에 대한 다양한 제안들을 통해서 제공, 형성되어왔으며, 다른 한편으로 그 이론적인 자원은 일본 역사의 오랜 시기를 거슬러 올라가 사후적으로 동원되기도 했다.

는 아시아라는 내재적 동인보다는 서구라는 외부적 요인에 의한 영향력이 더 결정적이었다. 이는 "근대의 초극"이 소리높이 외쳐진 1930년대 후반 이후에도 아시아에 대한 정체성의 기조에는 여전히 서구라는 타자에 대한 자의식이 작용하고 있었다는 것을 의미한다. 일본의 자기의식은 강하고 앞선 서구의 이미지와 스스로를 동일시하고 동시에 아시아를 타자화하는 과정을 통해 형성되었다. 태평양전쟁 시기 대동아성의 설치와 대동아회의의 주최를 통한 일본의 아시아 정책은 일본이 근대 이래 만들어온 아시아에 대한 정체성의 한 단면을 반영하는 것이다.

동아시아에서 일본이 주도한 대동아공영권의 경험은 비록 그것이 1940년대 전반기의 불과 3~5년의 짧은 시기의 일임에도 불구하고 아시아의 상호 공존과 연대의 형성에 지속적인 영향을 미쳤다. 전쟁의 종결이 연합국에 의한 것이지 아시아의 민중들에 의한 것이 아니라는 일본의 주류 여론은 패전의 경험에도 불구하고 대동아공영권론의 주요한 특징인 일본의 독자성에 대한 강조와 타자로서의 아시아 인식이 지속되게 했다. 일본을 지도자로 하는 대동아공영권의 위계구조는 종전 이후 세계적 차원에서 조성된 냉전체제 아래에서 정치적 독립의 과제가 경제적 자립의 목표에 의해 대치된 채로 미국·일본을 정점에 둔 수직적인 위계체계로 재현되었다.

1. 대동아공영권 형성의 국제적 맥락

세계체제론의 시각에서는 제1차 세계대전과 제2차 세계대전 사이의 1920~40년대 사이의 시기는 세계체제에서 영국의 헤게모니가 지속하는 가운데 1945년의 종전 이후 미국으로 주도권이 넘어간 것으로 파악한다. 이 시기 영국의 헤게모니에 도전했던 주요 국가로는 흔히 독일이 거론되고 있다. 미국과 유럽 중심의 세계체제론에서 일본을 비롯한 동아시아가 관심의 대상으로 부상한 것은 1960년대 이후 이 지역에서의 주목할 만한 경제성장이 있고나서부터 이지만, 시기를 거슬러 올라가 제2차 세계대전을 전후한 시기 일본이 추진한 대동아공영권의 문제를 세계체제의 국제적 시각에서 조망해볼 수 있다.

1940년 이후 일본이 대동아공영권을 슬로건으로 내걸고 동남아시아를 침략한 전후의 맥락을 이해하기 위해서는 이 시기 세계체제의 헤게모니 국가였던 영국(과 나아가서는 미국)의 동향에 대한 검토가 필요하다. 이와 아울러 그에 도전한 독일(과 이딸리아)을 비롯한 유럽이라는 변수를 함께 고려해야 한다. 흔히 간과되고 있지만 세계체제론의 바깥에 위치하는 쏘비에뜨 러시아 또한 어떤 형태로든지 대동아공영권의 형성에 일정한 영향을 미쳤다. 이러한 점에서 이 절에서는 1) 영국과 미국을 비롯한 헤게모니 국가 2) 독일로 대표되는 헤게모니 도전 국가 3) 쏘비에뜨 러시아를 중심으로 하는 사회주의 체제의 세 블록을 염두에 두고 대동아공영권이 각각의 국가/지역과의 밀접한 상호작용을 통해 형성되어가는 과정을 검토해보고자 한다.

1854년 미국에 의해 개항된 이래 일본은 특히 영국과 미국과의 밀접한 관련을 통해 근대화를 추진해나갔다. 일본이 급격한 서구문물의 도입을 통해 세계체제에서 반주변부 상태를 벗어나 중심부국가로 진입할 수 있었다고 한다면 영국과 미국은 일본의 이러한 서구화의 주요 모델을 제공했다. 비록 수십년 후 일본에 의해 '서구제국주의'로 비난을 받았지만, 일본이 조선을 군사적으로 침략하는 과정에서도 영국과 미국은 각각 영일동맹(1902)과 카쓰라태프트조약(1905)으로 일본제국주의적 행태에 화답했다. 이후 중국문제를 둘러싸고 일본과 영국/미국 사이에 미묘한 갈등과 조성되었다고는 하더라도 적어도 1930년대 말에 이르기까지 일본은 영국과 미국의 헤게모니를 배경으로 한 베르싸유/워싱턴체제에 충실하게 따랐다.

이제 막 중심부 국가군에 진입했을 뿐인 일본은 제1차 대전 중의 한 시기를 제외하고 만성적인 국제수지 적자에 시달렸다. 심지어는 역설적이게도 영국/미국과 대립으로 나아가는 도화선이 된 '만주 경영'의 비용 등도 대부분을 영미에 의존했다(北岡伸一 1992: 13). 일본의 가장 중요한 무역상대국은 미국이었으며, 특히 일본은 석유와 고철의 수요를 거의 전적으로 미국으로부터 충당했다. 1930년대에 석유가 주 연료로 전화되기 시작한 상황에서 석유의 66퍼센트, 정부의 직접구입분을 가산하면 80퍼센트 이상을 미국에 의존했으며, 기타 공장기계, 면화 등을 수입했다(竹內好 外 1963: 6).

경제적 측면에서의 이러한 의존관계는 정치적 측면에서 두 나라 사이에 조성되어갔던 일련의 긴장관계와 기묘한 대조와 부조화를 보였다. 일본은 1917년의 이시이(石井)-랜싱 협정 이래 중국에서 일본이 가지는 '특수이익'에 입각하여 만주침략의 정당성을 용인받아왔지만, 1937년 중일전쟁을 계기로 한 일본의 대륙침략은 강요에 가까운 미국의 관용에 대한 실험대이자, 19세기 후반 이래 지속된 양국관계의 파국을 알리는 서곡이었다. 중일전쟁이 발발하고 1년 남짓 지난 1938년 10월 미국은 일본의 문호개방 위반에 대해 항의를 보냈다. 문호개방원칙을 정면으로 부정당한 미국은 강경한 자세로 돌아섰으며, 중립의 입장을 사실상 버리고 중국에 대한 원조를 시작했다. 이로부터 반년 남짓 지난 1939년 7월 미국은 일본의 도발적인 중국정책에 대한 보복으로 일미통상항해조약을 파기한다고 선언했다(Berger 1974: 208; 北岡伸一 1992: 14).

일본이 영·미 헤게모니 국가와 돌이킬 수 없는 파국으로 치달아 가는 것은 누구의 눈에도 명확한 것으로 보였다. 이제 일본은 서구제국주의를 '구질서'로 비난하면서, 이들과는 다른 차별화의 방식을 모색했다. "서양에 의존하지 않는 안전보장의 새로운 방법, 서양에 대한 굴종 없이 일본의 지위를 승인시키는 방법, 일본 자신의 이익과 일본 자신의 정의 관념을 일치시키는 국제적인 권력행사의 정당한 방식에 관한 새로운 규정을 탐색하기 시작"(Berger 1974: 197)했다고 할 때 여기서 말하는 서양은 구체적으로는 영·미의 헤게모니 국가를 의미하는 것이었다.

그러나 헤게모니 국가와의 대립과 갈등만으로는 동남아시아에 대한 일본의 침략과 대동아공영권의 등장을 완전히 설명할 수 없다. 일미통상조약의 폐기와 미국의 대일 경제제재가 가시화하면서 일본이 동남아시아의 자원 그 중에서도 특히 원유의 확보에 눈을 돌린 것은 1939년 9월 유럽에서 제2차 세계대전이 발발하고 영국과 독일이 적대상태로 들어가면서 조성된 세계정세와 밀접한 관련을 갖는다. 독일과의 접근은 1940년 4월 이후 이른바 독일이 서부전선에서 전개한 전격전(Blitzkrieg)에 의한 유럽정세의 변화를 계기로 급속하게 진전되었다. 전광석화처럼 덴마크, 노르웨이를 급습하고 베네룩스 삼국을 공략한 독일은 이어서 5월에는 네덜란드와 6월에는 프랑스를 공격했으며, 35만명에 이르는 영불군은 독일군에 쫓겨서 철수했다.10)

유럽에서 제2차 세계대전의 발발과 독일의 승리를 지켜보면서 일본은 영국이 태평양에서 힘을 유지할 수 있는가에 강한 의구심을 가짐과 동시에,11) 동남아시아에서 식민지를 경영하던 네덜란드와 프랑스에 도전하고자 하는 유혹에 사로잡혔다. 유럽정세의 변화로 동남아시아에서 발생한 힘의 공백을 배경으로 1940년 7월 제2차 코노에내각은 남방진출의 방침을 결정하여 프랑스령 인도차이나까지는 무력을 행사할 것을 결의함으로써 2년 전의 동아 신질서 성명과 같은 방식으로 동남아시아에 적극적으로 개입하기 시작했다.12) 유럽에서 독일이 주도한 '신질서'는 동아시아에 대한 일본의 야심이

---

10) 丸山靜雄 1965: 115; 安部博純 1989a: 132~33. 어느 역사가의 말에 따르면 프랑스 정복은 영국내각에 충격을 준 것보다도 훨씬 거대한 충격을 일본정부 및 일본육군에 주었다고 한다. 이때부터 일종의 심리적 흥분상태라고밖에 할 수 없는 분위기가 특히 육군에서 확산되었다는 것이다. 竹內好 外 1963: 3~4 참조.

11) 오자끼 호쯔미(尾崎秀實 1940a)와 요네따니 마사후미(米谷匡史 2004: 273)는 이러한 맥락에서 "최근 남방문제의 특징은 다시 세계대전이 발발한다고 하는 것 이외에 이 대영제국의 지위가 동요하고 있다고 하는 하나의 이변이 관련되어 잇"다고 지적한다.

12) 일찍이 1936년 8월 이래 일본정부는 영국, 프랑스, 네덜란드의 아시아 식민지로 남진하는 것이 바람직하다는 의견을 공식적으로 인정했다. 군사력의 열세에 대한 불안에서 오랫동안 구미열강과 직접 충돌을 피하면서 남방정책의 실행을 계속 연기해온 일본은 이러한

지역블록에 입각한 세계신질서의 창설이라는 세계적 동향과 결부될 수 있는 기회를 부여한 것이다(같은 책 209).

일본의 공세에 대해 서구열강은 동남아시아에서 식민지 권익을 보호하거나 혹은 자국의 방위를 위해 적극적으로 대응하고자 했다. 이러한 맥락에서 이른바 "ABCD(미국, 영국, 중국, 네덜란드) 포위진"이 거론되었는가 하면(內海愛子·田辺壽夫 1983: 236), 미국, 영국, 캐나다, 뉴질랜드, 네덜란드 등은 일본자산동결, 통상조약의 폐기, 석유협정의 정지, 석유나 설철(屑鐵)의 수출금지 등의 보복조치를 취했다(安部博純 1989b: 106). 무엇보다도 유럽에서 독일의 승리에 고무되어 동남아시아에 대한 군사적 침략을 성급하게 단행했다고는 하더라도 일본이 미국에 군사적으로 대항할 수 있는가라는 회의는 여전히 강하게 존재했다. '대동아공영권'이라는 표현의 의도적이고 선별적인 사용과 아울러 그것과 동남아시아를 연계시키면서 '대동아공영권'을 공식화시켜 나가는 복합적이고 기만적 방식은[13] 일본이 처한 이러한 딜레마를 잘 드러내고 있다.

아시아에서 미국의 군사적 간섭에 대한 보험정책으로 일본정부는 독일, 이딸리아와의 군사동맹조약에 조인했다. 1938~39년에 시도된 반소동맹과

필요성과 성공의 가능성에 이끌려 결정적인 행동에 나서게 되었다(Berger 1974: 208).

13) 1940년 8월 1일 제2차 코노에내각의 『기본국책요강(基本國策要綱)』이 발표된 날 외상인 마쯔오까 요오스께(松岡洋右)는 신문기자와의 회견에서 대동아공영권을 처음으로 언급했다. 그런데 회견에서 그가 언급한 '대동아공영권'이라는 표현은 『기본국책요강』에서는 찾을 수 없고 대신에 '대동아의 신질서'라는 말이 보인다. 또한 "일만지의 강고한 결합을 근간으로 하는 대동아의 신질서"라는 『기본국책요강』의 구절에서 보듯이, 일본과 만주 및 중국을 언급하면서도 '남방 제지역'은 거론하고 있지 않다. 외상의 회견에서는 단순히 '우선 일만지를 그 일환으로 하는 대동아공영권의 확립'만 언급하면서도, 해설에는 "대동아공영권에 불인(佛印)이나 난인(蘭印)이 포함되는 것은 물론이다"라는 문구가 들어 있다. 이를 두고 아베 히로즈미(安部博純 1989a: 125~26)는 "범위에서는 종래의 동아신질서와 다르지 않음에도 불구하고 호칭은 '대동아의 신질서'로 되어 있는 것은 그의 속셈(혼네) 부분을 말하는 것"이라고 지적하고 있다.

달리 1940년 9월 27일 베를린에서 조인된 일·독·이 삼국조약은 미국의 군사행동에 대항하는 상호원조를 통해 독일과 일본의 팽창에 대한 미국의 개입을 저지하는 것을 목표로 했다. 이 동맹은 또 유럽과 아프리카에서 독·이의 우월성을 확인하는 대가로 독·이의 두나라는 동아시아에서 일본의 우월성을 인정했다(Berger 1974: 210; 安部博純 1989b: 85~86). 일본은 일·독·이 삼국의 '제휴강화'를 통해 동남아시아에서 프랑스, 네덜란드 및 영국의 식민지를 손에 넣어 자급체제를 확립함으로써 미·영에 대한 의존경제에서 탈각하여 '자주적 국방력'을 실현하고자 했다(安部博純 1989a: 133).

이와 같이 약간의 주저와 의혹이 여전히 해소되지는 않았다 하더라도 일본에서 대동아공영권 이론은 대략 1940년 8월 무렵에 시작하여 이 해 가을에 걸쳐 구체적인 윤곽을 드러냈다. 불과 2개월 전에는 중일전쟁의 처리에 전념하여 1941년부터 점차 철군까지 고려한 대본영이 유럽에서 독일의 전격전 승리를 배경으로 급속하게 남진론으로 전환한 현상만을 본다면 대동아공영권의 상징이 불과 2~3개월의 단기간에 급속하게 형성되었다고 볼 수도 있다(山本有造 1996: 550~51; 鈴木麻雄: 1998: 249~50). 아시아에 대한 일본의 오랜 전통을 일정 형태로 계승하는 사실을 은폐하지 않는 한 이러한 정황적 설명은 타당성을 갖는다고 할 수 있는데, 타께우찌는 이듬해 1941년 그것이 저널리즘의 잡지에도 등장할 정도로 익숙하게 되었다는 사실을 여기에 덧붙인다(竹內好 外 1963: 3, 5).

마지막으로 대동아공영권의 문제에서 쏘비에뜨 블록을 중심으로 한 사회주의 체제의 역할을 검토해보기로 하자. 흔히 대동아공영권이 우선적으로는 미·영의 헤게모니 국가를 주된 공격대상으로 설정한 사정을 반영하여 사회주의 체제와의 관계에 대해서는 거의 언급되지 않아 왔다. 그에 대신하여 이른바 대동아공영권의 제창과 더불어 진행된 독일, 이딸리아의 파시스트 제국과의 군사동맹과 동남아시아에의 군사적 침략이 중일전쟁의 교착상태를 타개하려는 동기에서 이루어졌다는 사실은 흔히 지적되어왔다.[14] 이러한 점에서 일본의 대동아공영권을 미국의 월슨주의에 못지않게 중국의 민족주의와 대립되는 것으로 설명하려는 의견도 있다.[15] 중국에서 민족주의의 실체로는 흔히 아시아주의를 표방한 난징의 왕 징웨이정권과 대립되는 충칭의 장 제스정부를 거론하면서도 옌안의 중국공산당 정권에 대해서는 거의 언급하지 않고 있다.

이처럼 대동아공영권의 논의에서 중국(아시아) 민족주의의 한축을 이루는 중국공산당에 대한 지적이 없는 것과 대조적으로, 대동아공영권을 소련과의 관계에서 설명하려는 시도는 비록 미·영이나 독일보다는 훨씬 드물다고는 하더라도 산발적으로 제기되어왔다. 예컨대 1938년 이후 일본이 이른바 '동아신질서'를 제창하게 된 배경으로 만주에서 점차 증대된 소련의 위협을 지적하는 견해도 있다.[16] 그 연장선에서 대동아공영권이 표방한 아시아주의는 영미의 자본주의(자유주의)와 더불어 중소의 공산주의라는 두 전선과의 대립에서 설명되기도 했다.[17] 소련과의 대립은 일본정부가 1941년 4월 모스

---

14) 예컨대 内海愛子·田辺壽夫 1983: 236; 安部博純 1989a: 133 등 참조. 아베 히로즈미 (1989a: 138)는 1940년 7월 말 『기본국책요강』이 발표된 지 며칠 후에 "지나사변의 불성공에 의한 국민의 불만을 남방으로 돌리려고 생각하고 있는 것 같다"는 천황의 언급을 소개하고 있다. 그에 따르면 이 말은 "스스로 점화하여 확대한 전쟁을 스스로의 손으로 해결할 수 없어 타국의 군사적 성공에 기대어 그것을 이용하여 해결을 도모하려는 타력본원적인 대외정책을 적확하게 표현"한 것이다.

15) 버거(Berger 1974: 199)는 이 시기에 일본의 이익은 월슨적 이상과도 중국 민족주의와도 양립하기 어려운 것으로 생각되었다고 지적한다.

16) 버거(1974: 202~03)는 일본의 안전에 대한 강한 불안감은 만주에서 소련의 위협이 차츰 차츰 증대하고 있는 때에 중국과의 교전에 대한 의문을 낳았으며 특히 육군참모본부에서 그러한 분위기가 강했다고 지적한다. 그리하여 일본의 참된 적은 모스끄바와 런던, 워싱턴에 있다고 판단한 일본인은 중국인과 화해하여 백색인종의 강국에 직접 대비하는 쪽이 현명하다고 생각하기에 이르렀다는 것이다. 그러나 그는 중국에 대한 일본의 접근을 이른바 '왕 자오밍(汪兆銘) 공작'(北岡伸一 1992: 14)으로 일컬어지는 친일정권의 수립으로 구체화하지는 않고 중국(나아가서는 아시아) 일반의 차원에서 서술하고 있다.

17) 두스(Duus 1992(1991): 114)는 대동아공영권이 주장한 범아시아적 사명에는 영미제국주의에 더하여 볼셰비즘이라는 새로운 적이 더해졌다고 지적한다. 또한 Berger 1974:

꾸바에서 소련과 불가침조약에 조인함으로써 공식적이고 정책적 차원에서는 해소되는 듯이 보였다.

그렇다고 해서 공산주의와 쏘비에뜨체제에 대한 일본의 적의가 완전히 사라진 것은 아니었다. 대동아공영권이 표방한 '국민일체의 공동체'를 바탕으로 한 '국제적 공동체의 실현'이라는 구상에는 "계급투쟁에 의해 '가지지 못한 나라'가 '가진 나라'를 지배, 착취하는 상태를 만들어내는 것이 아니라 그러한 대립관계 자체를 해소"한다는 생각이 강하게 자리잡고 있었다(源川眞希 2000: 117). 쏘비에뜨체제에 대한 비판의식은 1941년 미·영이 발표한 대서양헌장에 대한 일본의 반응에서도 찾아볼 수 있다. 대서양헌장에 맞서 '태평양헌장'의 구상을 모색했던 1943년 5월 무렵 당시 외상이었던 시게미쯔 마모루(重光葵)는 「대서양헌장과 태평양헌장」이라는 제목의 메모에서 대서양헌장은 "소수민족의 보호자를 자임하고 그 자유의 회복을 표방하지만 발트 제국 등을 합병한 소련을 전쟁에 가담시킴으로써 공수표로 되었다"고 지적했다(岡崎久彦 2000: 255).

그러나 대동아공영권의 구상에서 쏘비에뜨 체제에 대한 평가에는 일방적인 비판과 적의만이 있었던 것은 아니다. 이시와라 칸지나 코이소 쿠니아끼(小磯國昭)가 만주국에서 통제경제 모델을 시험한 기저에는 최신의 쏘비에뜨식 계획경제과 관리방법의 위탁을 통한 국가개조라는 사고방식이 있었기 때문이다. 그 궁극적인 의도가 비록 혁명이 아니라 복고였다고는 하더라도 "계획 선호에 대한 성벽이 그들에 좌익적 색채를 부여"했다고 볼 수도 있다(Pelz 1974: 170~71). 무엇보다도 앞장에서 논의한 바 있었던 오자끼 호쯔미의 동아협동체론과 이른바 솔게 사건은 쏘비에뜨체제의 이념과 대동아공영권의 연관관계를 가늠할 수 있는 단적인 사례라고 할 수 있다. 이와 같이 보자면 대동아공영권에서 쏘비에뜨체제의 문제는 단일한 일차원적인 차원이라기보

204~05 참조.

다는 비판과 적의, 모방과 동경이 뒤섞인 복합적이고 모순적인 성격으로 이해할 수 있을 것이다.

2. 대동아공영권의 정의와 이념

대동아공영권은 제2차 세계대전 시기 일본제국주의의 아시아와 태평양 지역에 대한 침략 지배를 정당화하기 위한 이데올로기 내지는 슬로건으로 공식적으로 정의된다.[18] 그러나 그 개념과 성격에 대해서는 기존의 연구들에서 다양한 견해와 주장들이 제기되어왔다. 위의 정의에서 대동아공영권을 '이데올로기 내지 슬로건'으로 언급하고 있는 것에서 보듯이 그 개념은 여전히 모호하고 확정되지 않은 상태로 남아 있다. 이러한 점에서 대동아공영권이 명확한 개념적 실체를 가지는 이념인가의 여부에 대해서는 일본의 연구자들 사이에서도 의견이 엇갈리고 있다.

예컨대 전후의 한 좌담회에서 하시까와 분조오는 대동아공영권 '사상'에는 일본 역사에서 "다양한 신화적 내지 전통적인 심정이 전부 여기에 유입"되었다는 사실을 지적한다.[19] 이러한 통시적 이해 방식에서 대동아공영권은 고대 이래 아시아에 대한 일본의 다양한 신화와 이미지 등이 궁극적으로 수렴해가는 어떤 것으로 설정된다. 그렇다고 하여 이 좌담회의 참석자들이 대동아공영권의 일정한 사상적 형태를 인정한 것은 아니었다. 하시까와 분조

---

18) 이에 대해서는 『日本近現代史辭典』 1978, 『日本外交史辭典』 1992, 『政治學辭典』 1965 등 참조.

19) "가장 먼 것이 진무(神武)천황의 팔굉일우, 조금 가까운 것이 아쯔따네(篤胤), 노리나가(宣長)의 세계상과 같은 것, 더 가까이는 메이지시대에 배태된 남진의 꿈, 막말부터 메이지시대에 걸친 남진의 꿈이 여기에 겹쳐진다. 동시에 메이지 말년 부근의 인종전쟁, 태평양전쟁이라는 이미지, 캘리포니아는 일본의 것이어야 한다는 류의 메이지시대의 서민적 이미지, 이러한 여러 요소가 광범하게 혼입해왔다"는 것이다. 竹內好 外 1963: 8 참조.

오는 위에서 언급한 신화와 이미지들이 문학자들 만에 의해 노래되고 전해졌다는 점에서 학술적, 사상적인 내용을 찾아보기 어렵다고 지적한다(竹內好 外 1963: 8). 즉 그 사상적 성격은 "낭만적인 신화적인 활달함"과 "무언가 신비로운 철학, 국학적인 심정주의 같은 것의 분출"로 기억되는바, "사상적인 내용이 없기 때문에 그러한 신화적인 요소들이 매우 범람할 가능성을 가지고 나타나왔던 것처럼 느껴"진다는 것이다.[20] 타께우찌 요시미 역시 아시아주의에 대한 편서의 해설(竹內好 1963: 13~14)에서 대동아공영권은 "아시아주의를 포함한 모든 '사상'을 압살한 위에 성립한 의사(擬似)사상"이고 "아시아주의의 무사상화의 극한상황"이라고 서술했다.

대동아공영권의 사상적 무내용성과 이념적 허구에 대한 주장은 이후의 연구자들에 의해서 이어져왔다. 이러한 점에서 야노 토오루(矢野暢)는 '대동아공영권'은 "비유적으로 말하면 마치 보자기와 같이 알맹이는 아무것도 없는 공허한 개념으로 아시아의 다른 나라들과의 대화에서 생긴 발상은 아니었다"고 지적한다(矢野暢 1975b: 157). 대동아공영권은 "체계적인 사상이나 이론에 기초하여 생출된 구상이 아니"라 "일본제국주의의 아시아 침략을 정당화하기 위해 안출된 일련의 이데올로기의 극한형태"라고 보면서, 이는 "그 전신인 동아신질서가 중국 침략을 사후에 정당화하기 위한 고육책이고, 즉흥적인 슬로건에 지나지 않는 것"과 마찬가지로 "그 후신인 대동아공영권이나 그 전신인 만몽생명선(滿蒙生命線)" 역시 사상적 실체를 인정할 수 없다는 주장(安部博純 1989a: 123)도 같은 맥락에서 제기된 것이었다. 피터 두스

---

20) 竹內好 外 1963: 6 참조. '대동아공영권'을 특집으로 다룬 『사상의 과학』 1963년 12월
호(제21호)의 편집후기에서 대동아공영권은 "그 사상적 무내용 때문에 그것을 받아들이는
사람들의 마음속에 자유로운 발상을 허락"한다고 지적한 것도 같은 맥락에서 이해된다. 이
와 비슷하게 아베 히로즈미(1989c: 118)는 인도네시아에서 "대동아공영권의 파쇼적 본질"
을 폭로한 혁명적 민족주의자나 공산주의자의 호소에도 불구하고 일반민중 사이에서 일본
을 '구세주'로 생각하여 인도네시아 진출을 기대하는 풍조를 낳았던 사실(谷川榮彦 1969:
293)을 '대동아공영권 사상'의 '개방적인 반향'과 관련하여 설명하고 있다.

(1992(1991): 111) 역시 대동아공영권은 '단순한 씨니시즘' 내지는 '임기응변주의'에 지나지 않는 것으로 해석했다.

1940년대를 중심으로 한 앞뒤의 시기에 초점을 맞춰볼 때 대동아공영권의 '이념'문제는 1938년의 이른바 동아신질서 선언과 1940년의 대동아공영권 구상 사이의 연속과 단절이라는 쟁점과 관련된다. 앞장에서 보았듯이 동아신질서 선언은 1937년 일본에 의해 도발된 중일전쟁의 교착상태를 타개하기 위해 꽝뚱(廣東) 및 우한(武漢)의 점령을 계기로 1938년 11월 3일 제1차 코노에내각이 발표한 성명에서 비롯되었다[21]. 나아가서 1940년 7월에 성립한 이른바 제2차 코노에 후미마로(近衛文麿)내각은 곧이어 8월에 『기본국책요강』을 통해 대동아공영권 구상을 공식적으로 제기했다.[22] 1938년의 동아신질서 구상은 일본과 만주, 중국을 주된 대상으로 했지만, 1940년의 요강은 "네덜란드와 프랑스의 인도차이나 등의 남방 여러 지역을 포함"하는 것으로 지리적 범위를 확장했다. 1938년 11월의 코노에 성명과 1940년 8월 제2차 코노에내각의 대동아공영권 선언은 흔히 동일 성격의 것으로 전자의 연장선에서 후자를 이해하는 것이 통설이었다.

그러나 양자 사이에는 커다란 단절이 있다는 주장도 있다. 예컨대 전자가 아시아에 대한 "역사주의적이고 도의주의적인 발상"에 기원을 둔 것과 대조적으로 후자는 "권력주의적 합리주의의 사상"에 기초를 두고 있다는 주장이

---

21) 이어서 12월에는 "日滿支 삼국은 동아신질서의 건설을 공동의 목표로 결합하여 상호선린우호, 공동방위, 경제제휴의 실을 거두려고 한다"는 이른바 제3차 코노에 성명이 발표되었다.

22) 대동아공영권 구상은 당시의 외상인 마쯔오까 요오스께의 외교방침에서 제시된 것이지만, 실제 입안자는 육군성 군무국의 이와꾸로 히데오(岩畔豪雄) 중좌와 참모본부의 호리바 카즈오(堀場一雄) 소좌였다고 한다. 대동아공영권 구상은 1938년 무렵에 작성된 '국방국책안'을 출발점으로 하는데, 여기서 처음으로 '동아공영권'이라는 표현이 사용되었으며, 1940년에 이르러 육군성이 주도하여 '종합국책10년계획'을 작성했다. 곧이어 이는 '종합국책기본요강'으로 발전되면서 이 문서가 기본국책요강의 원형을 제공했다는 것이다. 자세한 경과는 鈴木麻雄 1998: 249 이하 참조

대표적이다.23) 구체적인 현실은 연속설과 단절설이 양자택일적이라기보다는 이 두 측면이 동시에 병존한다는 것을 보이고 있다. 먼저 1938년의 동아신질서론과 1940년 대동아공영권 구상을 구분하여 보는 입장은 일정한 설득력을 가진다. 그러나 단절설에 동의하더라도 그에 따른 몇가지 제한점들을 고려할 필요가 있다. 예컨대 단절설의 대표론자인 미와 키미따다(三輪公忠)의 주장에는 몇가지 오해의 소지가 있다. 첫번째는 1940년 이후의 이행이 쇼오와연구회(昭和硏究會)를 중심으로 한 동아협동체론만을 중심에 놓고 설명하기가 힘들다는 점이다. 주지하듯이 대동아공영권의 구상에는 다양한 사조와 단체 들이 직간접으로 영향을 미쳤다. 나아가서 대동아공영권의 주류와 동아협동체론·동아연맹론 사이에도 일정한 거리가 있으며, 후자는 전자에 의해 비판되거나 억압을 받기도 했다.

이 사실은 이미 언급한 『사상의 과학』 좌담회의 참석자들에 의해 일찍이 지적되었다. 즉 1938년의 동아신질서를 이론화하기 위한 동아협동체론이나 동아연맹론은 "공식으로 채택되지 않았"을 뿐만 아니라 일본 "정부에서는 오히려 억압하려는 자세가 있었다"(竹内好 外 1963: 7). 그리하여 "쇼오와연구회라든가 동아공동체론자라든가 일본이 우로 우로 가는 것을 어떻게든 저지해보려는 합리주의자들의 생각이 전부 분쇄된 후에 군부 그 자체의 이데올로기가 대동아공영권이라는 형태로" 나왔다는 것이다(같은 책 9).

당시의 자료들은 이들의 주장에 설득력을 더하고 있다. 예를 들면 해군성 조사과는 이미 1940년 6월 26일 당면한 시국의 연구과제로 '동아신질서의 지도정신'을 설정하고 "동아협동체론, 동아연맹론, 동아블록론의 비판과 신지도정신"을 언급한다(源川眞希 2000: 118). 동아협동체론자를 대표하는 오자

---

23) 이에 따라 그것을 지지하는 사상집단도 나까야마 마사루(中山優)로 대표되는 대아세아협회에서 로오야마 마사미찌(蠟山政道)로 대표되는 쇼오와연구회로 이행했으며, 아시아에 대한 사상도 '보다 전통주의적 동문동종론적인 아세아연합론'에서 '보다 과학주의적인 동아협동체론으로' 전환했다고 본다. 三輪公忠 1981: 197~98; 安部博純 1989b: 91~92 참조

끼 호쯔미는 제1차 코노에내각의 '근사한 동아신질서라는 표어'가 미처 그 초석을 다지기도 전에 제2차 코노에내각의 '동아공영권'으로 대체되어가는 현실에 강한 불만과 비판을 토로했다.

고난에 찬 민족자각에서 태어나 새로운 이상으로까지 높여진 표어가 그 목표를 전혀 달성하지 못하고 포기된 것에 불만을 느끼는 것이다. 더욱이 '공영'의 관념은 현재 동아의 역사적 현실과 지나치게 떨어져 있다. 그것은 약간의 안이함의 흉계조차 품고 있는 것처럼도 보인다. 사정이 변한 것은 단지 구주(歐洲) 정국의 이상한 발전의 사실뿐이다. 일본의 주체적 역량에는 체감은 있을지언정 체증은 없었던 것은 물리적으로 명확하다(尾崎秀實 2004(1940a): 269).

그러나 사태는 오자끼가 우려하는 방향으로 나아갔다. 1941년 1월 14일 일본정부는 "조국(肇國)의 정신에 반하여 황국의 주권을 회명(晦冥)할 우려가 있는 국가연합이론(동아연맹론, 동아협동체론 등)을 금알(禁遏)"하기 위해 동아신질서 건설의 사상운동은 대정익찬회에서 통일적으로 지도할 것을 결정하고, 이 결정에 기초하여 '흥아지도의 이념' 아래 대정익찬회가 흥아(興亞) 단체들의 통합에 나서게 되었다.[24] 총력전연구소 또한 동아연맹에 대한 비판을 제기했다. 대동아공영권의 이념을 논하면서 이 연구소는 동아연맹의 사상에는 "다분히 일본 해소의 사상이 있"다고 비판했다. 이들이 보기에 동아연맹 등의 이론은 아시아 각국을 독립·평등으로 하면 "일본의 지도

24) 흥아지도의 이념으로는 대동아공영권 건설을 통해 전환기의 세계사적 사명을 수행하려는 일본민족의 본능적 요청에 응하여 ① 힘의 분산은 외모(外侮)를 초래하는 것 ② 기계적 민족평등을 배격할 것 ③ 흥아 이념은 조국(肇國) 정신 그 자체로 되는 것 ④ 일본문화를 지도력으로 할 것 등이 거론되었다. 아베 히로즈미(1989c: 122~23)는 동아신질서의 단계에서는 적어도 겉치레(타떼마에)로 작용하고 있던 일본의 독선에 대한 자기억제나 보편적 사상으로 대아시아주의나 왕도사상과 특수원리로서의 일본 이데올로기를 어떻게 조화시킬 것인가라는 사상적 갈등은 소실하고 전적으로 배타적 독선도취의 황도주의를 주장하고 특수원리로써 보편원리를 강변하는 오만함만이 남았다고 평한다.

권이 위태롭고 그렇다고 하여 전부를 일본의 영토 혹은 보호국으로 하면 제국주의라는 오해를 받"는 딜레마를 해결하기 위해 나온 것이었다. 즉 "일단 평등의 입장에 서서 연맹 혹은 연방을 조직하여 형식적으로는 그 일원으로 하면서 실제로는 지도권을 장악"한다는 점에서 "'명분을 버리고 실리를 얻는다'는 묘안"이라는 것이다(總力戰硏究所 1943: 293). 그러나 그렇다고 하여 실리를 희생하고 일본을 발전적으로 해소시키는 '위험'한 발상은 결코 용납될 수 없는 것이었다.

대동아공영권에서 아국은 아국 고유의 세계관을 가지고 그것을 지속시키기 위해서는 아국의 존재가 절대적 요청이다. 아국의 세계관은 구미의 그것과 다를 뿐만 아니라 지나의 그것, 태국의 그것, 미얀마의 그것과도 다르다. 아국의 세계관은 일면 보편적이고, 보편적인 까닭에 대동아공영권은 물론 세계의 통일원리로 될 수 있는 것인데, 그것이 보편적이기 위해서는 그것을 끊임없이 배양하는 확실한 토양을 가져야 한다. 일본의 일본으로서의 존재는 일본을 위해서도 대동아를 위해서도 세계를 위해서도 절대로 필요한 것이다. 이와 같이 보면 우리들은 가령 형식적으로도 아국의 독자성을 약화시키는 '연맹론'이나 '연방론'에 의견을 함께 할 수 없다. 그것은 "명분을 버리고 실리를 얻는 것"이 아니라 명분을 버림으로써 실리를 잃는 것을 의미한다(같은 책 295).

일본의 '역사적 사명'에 대한 이러한 강조는 대동아공영권이 지배·복종의 수직적 상하관계에 의한 계층적 질서의 원리에 기초하고 있다는 사실을 잘 보이고 있다. 즉 "아국 있고서의 공영권이고 일본 있고서의 대동아"라는 점에서 "일본이야말로 대동아의 존립과 발전의 책임과 실력을 담당하는 것이고 그 범위에서 일본의 요구는 대동아의 요구라고 해도 과언이 아니고 각 지역은 자진해서 그 지도에 복종"해야 하며, 그에 포함된 여러 지역은 그 자체로는 전혀 "독립된 존재일 수 없"다는 것이다.[25] 이러한 점에서 '팔굉일우'나 '조국의 정신(肇國の精神)'이라는 황도주의 이데올로기는 1938년 동

아신질서 시기부터 나온 것이지만, "대동아의 각국가 및 민족의 적재적소론을 체득시켜 제국을 핵심으로 하는 도의에 기초한 공존공영의 질서를 확립"[26]한다는 논리는 대동아공영권에 고유한 것이다.[27]

시기적으로 보면 미와 키미따다(三輪公忠)의 주장은 1938년에 공표된 동아신질서가 1940년 무렵까지 지속되다가 대동아공영권에 의해 대체된 것으로 오해될 소지가 있다. 그러나 이는 다분히 도식적인 적용으로 사실을 말하면 1938년의 동아신질서는 불과 반년 정도의 사이에 껍데기의 내용으로 되고 말았다. 거꾸로 쇼오와연구회가 코노에 브레인으로부터 떨어져나온 것이 1940년 무렵이었지만(竹內好 外 1963: 7), 이 연구회나 동아연맹 등의 주장은 대동아공영권 시기에도 일정 부분 계승되었다. 이러한 점에서 1938년과 1940년을 경계로 하여 동아신질서와 대동아공영권론을 각각 여기에 조응하는 것으로 이해하는 것은 지나치게 도식적이라고 할 수 있을 것이다.

이와 같이 단절설이 일정한 타당성을 가지는 것과 비슷하게 연속설 또한 부분적인 설명력을 가지고 있다. 위에서 논의했듯이 대동아공영권에 고유한 사상체계를 부정하는 입장에서는 연속설 자체가 성립하기 힘들 것이다. 이러한 점에서 연속설은 당시 대동아공영권 건설을 추진하면서 동남아시아 지역과 관계를 맺었던 고위 정치인이나 군인, 관료, 학자, 문학가, 언론인 등이 지지하는 경향이 있었다는 점을 염두에 두어야 한다. 연속설의 입장에 섰을 때

---

25) 이러한 주장에는 나찌 풍의 지도자 원리적 색채가 농후하게 나타난다. 企劃院硏究會 1943: 123~24; 安部博純 1989b: 92 참조
26) 1942년 1월 21일 일본 제79의회 개회에서 수상 토오조오 히데끼가 「대동아전쟁지도의 요체(大東亞戰爭指導の要諦)」라는 제목으로 행한 시정방침 연설의 일부다(山本有造 1996: 558).
27) 단절론의 입장에서 아베 히로즈미(1989c: 121~22)는 동아신질서의 단계에서는 적어도 명목상으로는 '일지평등의 원칙'이나, '도의적 기초에 선 자주적 연대의 신조직' 혹은 '지나의 주권을 존중한다'는 언사가 보이는데 대동아공영권에는 그러한 겉치레(타떼마에)조차도 없다는 사실을 지적하고 있다. 그의 견해에 따르면 대동아공영권 구상은 "군부를 중심으로 하는 사상외적 강제에 의해 모든 사상이 압살되어 황도철학파가 사상계를 장악하게 된 '사상의 폐허' 위에 나온" 것이다.

316

는 동아신질서와 대동아공영권을 관류하는 일관된 사상 체계의 내용이 무엇 인가라는 질문이 가장 먼저 제기될 수 있다.

그렇다면 대동아공영권은 일관된 이념 체계를 가지고 있는가? 이미 언급 했듯이 대동아공영권의 '이념'에는 다양한 사상적 조류들이 영향을 미쳤다. 만약 대동아공영권이 아시아를 시야에 포괄하는 사상이라면 그 사상적 연원 으로는 인도문명권에서 발원한 불교나 중화문명권의 유교 등을 가장 먼저 떠올릴 수 있을 것이다. 이러한 점에서 보자면 동일한 동아연맹론 안에서도 예컨대 이시와라는 자신이 30대 후반에 귀의한 일련종(日蓮宗)을 통해 불교 에 경도했으며,28) 타찌바나 시라끼(橘樸)는 중국의 전통적인 향촌 자치의 전 통에 기반을 둔 왕도사상을 선호했다(橋川文三 1977: 284; 伊東昭雄 1990: 204~20). 후자의 유교와의 관련에서는 도의주의나 가족에 대한 강조 등을 언 급할 수 있을 것이다.

전전 일본의 천황제국가를 가족국가로 명명하는 사실에서 단적으로 보듯 이, 아마도 대동아공영권에서 일본적 특성을 잘 드러내는 주제로는 '가족'을 들 수 있다. 가족으로서의 유비는 이미 '동아신질서' 시기에 혈연적 부자관 계를 강조한 강영석이나 가족으로서의 인류를 주창한 현영섭의 논의에서도 찾아볼 수 있다(제5장 참조). 가족주의와 관련하여 버거(1974: 212)는 대동아 공영권의 '이념'으로 흔히 언급되는 팔굉일우의 '이상'은 "대동아에서 일본 과 그 가부장적 황제에 의해 지배된 의사가족(quasi-family)적인 국제관계의 창설을 의미"한다고 적었다. 가족 유비의 사고방식은 메이지유신 이래 근대 국가의 성립, 제국의 출현, 그리고 일본형 파시즘에 기반을 둔 제국의 확장

---

28) Pelz 1974: 174 참조. 히라오까 마사아끼(平岡正明 1989)는 "우익의 이론가, 많은 군인 들이 그 이론적 영감을 타나까 치가꾸(田中智學) 국주회(國柱會)의 쇼오와 일련교(昭和日蓮 敎)운동에서 얻으려"고 했는데, "식민지를 영유하고 세계전쟁을 구상하기 위해서는 일국적 인 천황제로 머물지 않고 세계종교인 불교를 본보기로 하는 수밖에 없었다"고 지적하면서, 타나까 치가꾸 국주회 계열의 법화교와 이시와라 칸지를 연관시켜 논의했다(櫻井進 1995: 215).

에 이르기까지 그 기저를 관류하는 조류로서 특히 주목할 만하다.29)

　민족을 가족의 외연으로 파악한 위에, 그것을 배타적이고 폐쇄적으로 인식하는 사고는 "대동아건설에 수반한 인구 및 민족정책"을 의제로 한 대동아건설심의회에서 "개인을 본위로 하는 외래의 세계관을 일소하고 고대 신대(神代)부터 전통의 우리 가와 민족을 기초로 하는 우리 민족 재래의 사상 및 체제를 더욱 유지·육성"해야 한다는 결의에서 잘 드러난다.30) 국책연구회에서 1945년에 간행한 대동아공영권의 기술체제에 대한 자료 역시 민족과 가를 일치시킨 위에 그것을 팔굉일우의 이념과 연결시키고 있다.31)

　나아가서 이러한 논리는 새로이 점령한 동남아시아 지역으로까지 확장되어 적용되었다. 1943년 11월 토오꾜오에서 개최된 대동아회의에 자유인도가(假)정부의 대표 자격으로 참석한 찬드라 보스가 전야제 파티 석상에서 수상인 토오조오 히데에게 "이것은 하나의 가족의 파티"라고 했다는 일화에서 보듯이, 대동아회의는 실로 '대일본제국'을 가장으로 하는 가(家)에 편입된 6개국의 가족회의를 지향했다.32) 저항시인인 카네꼬 미쯔하루(金子光晴)

---

29) '대동아 가족'이라는 담론에서 보듯이 권명아는 일본의 대동아공영권 구상을 가족 국가주의로 파악한다. 즉 그것은 일본을 동아시아 가족들의 수장으로, 아시아 각국을 '제국의 아이들'로 재배치하는 인종적 위계화에 토대를 둔 것으로, 이러한 위계화는 '가족'이라는 젠더화된 범주에 의해 정당화되고 재생산된다는 것이다(권명아 2004: 751~53).

30) 企劃院·大東亞建設審議會 編 1995(1942, 제1권): 70 참조. 이에 근거하여 대동아건설심의회가 1942년 5월에 결정한 「大東亞建設ニ伴フ人口及民族政策答申」은 "대화민족의 증강" 방안으로 "家와 민족과를 기초로 하는 대화민족 본래의 사상 및 체제의 유지·육성을 더욱 강화"해야 한다고 서술한다(企劃院 1942: 13~14).

31) "민족전통의 정신문화는 민족의 피의 이해에 기초한 일사보국(一死報國)의 불고심(不顧心)을 생명"으로 하며, 이 "불고심(不顧心)은 국(國)과 가(家)의 생성화육에 근거한 소위 종족보존의 자연적인 또 종교적인 신앙에 가까운 민족의 신조를 기초"로 한다는 점에서 "이 신조는 조국(肇國)의 정신인 팔굉일우의 세계정의의 관념을 그 내용으로 한다"고 주장한다(國策研究會 1945b: 53).

32) 內海愛子·田辺壽夫 1983: 244. 출석한 사람들은 모두 일본군의 비호 아래 대동아공영권의 쇼윈도의 장식과 같이 만들어진 정부의 대표자들이었다고 이 책은 적고 있다.

가 미얀마 독립에 즈음해 지었다는 「미얀마 독립을 노래한다(ビルマ獨立を
うたう)」는 다음의 시도 미얀마를 타인(서구)의 집에서 "오랫동안 헤어져 괴
롭고 슬픈 날을 보낸 누이"에 비유하면서 아시아를 하나의 가족으로 노래
했다.[33)

> 아시아는 하나의 가족
> 애처로운 누이 미얀마는
> 오랜 동안 헤어져 타인의 집에서
> 괴롭고 슬픈 날을 보냈다.
>
> 손꼽아 기다리던 청명한 날
> 독립의 날이 미얀마에도 왔다.
> 찬란한 공작의 기가
> 유리의 하늘을 비상하는 날인가.

일본적 가(家)에 대한 강조에서 보듯이 자신의 고유한 전통에 대한 일본
의 집착은 동양과 서양과 일본 자신의 전통에 대한 근대 일본의 애매한 관
계에 대한 오랜 시간에 걸친 딜레마를 반영한 것이었다. 그것은 서양은 말할
것도 없고 아시아(주요하게는 중국)로부터 차츰차츰 소외되는 것을 느낀 일
본이 일본의 우월성은 일본 자신에 고유한 '국체'에 기반을 둔 것이지 아시
아나 서구부터의 차용물이 아니라는 것을 고립적 자국민(과 나아가서는 아
시아)에 납득시키려는 시도였다. 이에 따라 일본의 국제적인 우월성에 대한
주장을 정당화하기 위해 자신의 전통을 발굴하고 재정의하려는 노력의 일환
으로 많은 토착개념들이 동원된 것이다(Berger 1974: 191).
그러나 자국에 고유한 전통에 대한 배타적 강조와 타자와의 소통을 통한

---

33) 櫻本富雄, 『日の丸は見ていた』(内海愛子·田辺壽夫 1983: 244~45에서 재인용).

보편성의 확보 사이에는 늘 일정한 긴장과 모순이 뒤따랐다. 그리고 이러한 긴장은 일본과 서구 혹은 일본과 아시아 사이에는 말할 것도 없고, 심지어는 '전통의 재창조'를 주도한 지배층 내부에서도 찾아볼 수 있었다. 이와 관련해서는 주목할 만한 사례가 있다. 1942년 5월에 개최된 대동아건설심의회 제2회 총회에서 "개인주의적 자유경제의 사상 기타 반일본적 사상을 엄격히 경계"한다는 대목을 설명하는 과정에서 "기타 반일적 사상"의 의미를 묻는 질문이 나왔다. 이에 대해 간사장은 "황국의 팔굉일우의 대이념 및 거기에서 발생하여 오는 바의 사상형태에 반하는 것, 예컨대 극단으로 말하면 공산주의 혹은 사회주의"와 같이 다양한 사조를 지적하면서, "일본사상이라는 것에 비추어 이를 방알(防遏)하려는 생각으로 이와 같이 표현"한 것이라고 답변하고 있다(企劃院・大東亞建設審議會 編 1995(1942, 제1권): 19~20).

이에 대해 위원의 한사람인 코이소 쿠니아끼가 비판의견을 개진한 사실은 흥미롭다. 즉 그는 "근래 사람들이 개인주의라든가 자유주의라고 하는 것을 말하면 금방 국적(國賊)처럼 취급하기 때문에 요즘은 누구나 독・이의 흉내를 내어 전체주의 혹은 계획경제와 같은 것을 즐겨 말하고 있는데,[34]

---

34) 여기에서 보듯이 대동아공영권은 특히 1940년 이후 독일 나찌 이데올로기의 영향을 받았다. 예컨대 이 시기 이후 일본정부의 문서에서 자주 쓰이는 말로는 생존권(生存圈, 생활공간)이나 광역경제권(Grossraum)이라는 개념이 있다. 전자는 나찌 이데올로기의 키워드의 하나인 생활권(Lebensraum)을 번역한 말이다. 생존권은 국가가 생존하기 위해 필요한 범위・영역이라는 의미로, 무력과 군비, 즉 무력에 의한 세계재분할의 정당화로 귀착된다(安部博純 1989b: 100). 원래 이 말은 20세기의 새로운 권리개념인 생존권(生存權)을 응용한 개념이었다. 즉 개인이 천부인권으로 생존권(生存權)을 가지고 있는 것과 마찬가지로 민족역시 생존권(生存權)을 가지고 있다는 것으로, 이 생존권(生存權)을 향수하기 위한 공간이 이른바 생존권(生存圈)이었다. 광역경제권 이론은 다수의 민족국가가 병립・길항하는 시대는 끝나고 초국가시대로 들었다고 하는 국제인식을 전제로 했다(安部博純 1989c: 119). 광역권과 생존권을 묶는 것이 지배민족(Herrenvolk)의 개념이었다. 즉 우수한 민족은 그에 어울리는 광역의 생존권(生存圈)을 가질 권리가 있다는 이유로 광역권과 지배민족의 생존권(生存圈)은 일치한다는 것이다. 이로써 약소민족, 열등민족은 지배민족의 생존권(生存圈)에서만 생존을 유지할 수 있다는 점에서 그 지도에 대한 복속은 당연한 것으로 간주된다. 이

황국 일본의 이념, 국체 관념의 훈련이라는 것은 그러한 대립적 소승적인 것이 아니라고 생각"한다는 것이다. 따라서 "그러한 대립적 색채가 있는 문구는 청년학도가 잡지나 신문 등에 쓴다면 크게 문제삼을 필요가 없지만, 정부의 국책, 일본의 방책으로서 내거는 문장에는 피하는 것이 마땅하다"는 것이다.[35]

일본의 고유한 전통에 기반을 둔 사상이 과연 보편주의적인 성격을 가질 수 있는가에 대한 의문은 지식인들 사이에서는 더욱 폭넓게 존재했다. "근대의 초극"론에 보이는 바와 같이 이 시기 일본의 지식인들은 태평양전쟁은 서구적 가치를 극복하고 새로운 이념을 대치하는 이념 전쟁이라고 생각했으며, '팔굉일우' 등의 이데올로기는 대외적으로는 통용할 수 없다는 의견을 가지고 있었다(源川眞希 2000: 107). 1941년 10월 해군성에서 개최한 외교간담회에서 국제법학자인 마쯔시따 마사또시(松下正壽)는 "동아공영권과 같은 슬로건은 진부, 관념적이어서 성공하지 못했다"고 비판하고 타무라 코오사꾸(田村幸策)도 "대동아공영권이라는 것의 내용은 모순투성이"라고 지적했다(같은 책 126~27).

이듬해 열린 해군성 간담회에서도 비슷한 의견이 제기되었다. 1942년 9월 26일에 행해진 해군성 조사과의 외교간담회에서 국제정치학자 카미까와 히꼬마쯔(神川彦松)는 "만주사변 이래 사상전의 중요성과 신이데올로기 확립이 급무로 되었다"고 언급했다. 나아가서 그는 "나름의 이론적 체계성을 가지고 있는 나찌 독일의 지도적 이데올로기인 '나의 투쟁'(Mein Kampf), '생활권'(Lebensraum)조차 독일 민족 이외에는 통용되지 않는"데 하물며 "일

리하여 광역경제권은 지배권(명령권Befehlsraum)으로 된다(安部博純 1989c: 120). 아베 히로즈미(1989b: 87)는 이러한 점에서 대동아공영권은 결국 파시즘 이데올로기의 소산인 생존권이나 명령권(Befehlsraum)의 일본판에 지나지 않는다고 보았다.

35) 企劃院・大東亞建設審議會 編 1995(1942, 제1권): 22~23. 이와 관련 있는지의 여부는 명확하지 않지만, 두달쯤 후인 7월에 열린 제4회 총회에서는 그가 위원직을 사임한 사실이 보고되고 있다. 같은 자료 85면 참조.

본의 황도정신, 팔굉일우, 신유(神惟)의 길, 국체라는 제목은 그 '신자' 이외에는 이해될 수 없다"고 극언했다. 따라서 그는 일본에도 "동아지역에 타당할 뿐만 아니라 세계전쟁을 지도하고 근대 지식인에 호소할 수 있는 보편성"을 갖춘 이데올로기가 필요하다고 주장했다(같은 책 127~28).

이 시기를 전후하여 해군성이 주도하여 니시다 키따로오(西田幾太郞), 타까야마 이와오(高山岩男) 등의 쿄오또학파에 '세계사의 개정' 작업을 의뢰한 것도 전쟁 이념의 애매성을 타파하고 미국, 영국에 대항할 수 있는 보편적 이념을 구축하기 위한 시도였다. 그러나 대동아공영권의 이념을 둘러싸고 일본이 처한 이러한 의문과 모순은 단순히 이념의 차원 자체로 해소될 수 있는 것은 아니었다. 동남아시아와 아시아에 대한, 나아가서는 서구와의 상호관계를 통한 구체적인 정책들과 실행들을 통해 이념의 내용이 담보되는 것이지, 순전한 이념의 차원에서 보편성이 확보되는 것은 결코 아니었기 때문이다. 아시아 다른 나라들과의 대화와 상호작용을 거치지 않고서 일본의 필요와 판단에 의해 일방적으로 부과되었다는 점에서 그것의 이념적 제약성은 이미 예정되어 있었다.

3. 대동아공영권의 목표와 일본주의

대동아공영권의 '이념'에 대한 논의는 그것이 달성하고자 하는 목표와 밀접하게 연관되어 있다. 대동아공영권은 경제와 군사, 정치, 문화 등의 여러 차원에 걸치는 목표들을 제시했다.[36] 대동아공영권 '이념'의 일본화와 비슷

---

36) 예컨대 국책연구회 사무국에서 간행한 연도미상의 『대동아공영권건설대책』(4~7)에서와 같이 ① 공영권 공동방위체제의 확립 ② 동아적 자주자립 경제의 확립 ③ 공영권적 자주자립적 문화의 건설 ④ 세계 신질서 건설에 대한 지도적 위치의 확보 등을 드는 경우가 대표적이다.

한 방식으로 여기에도 일본적 성격의 부여가 시도되었다. 이중에서 가장 중요시된 것은 경제적 동기였다. 대동아공영권 구상을 처음으로 발표한 마쯔오까 요오스께 외상은 이 구상의 목적으로 서구 경제 블록 형성에 대항하여 일본의 생존을 위한 물자취득과 아울러 아시아 여러 민족을 구식민세력의 질곡으로부터 해방한다는 두가지를 든 바 있다(鈴木廠雄 1998: 253~54). 이 구상에서 그가 강조한 것은 사실상 경제적 측면이었다. 왜냐하면 두번째로 말한 서구로부터 아시아 민족의 해방은 전자를 확보하기 위한 방편으로 제시한 것이기 때문이다.[37] 마쯔오까 성명에서 보듯이 대동아공영권 구상은 아시아를 일본의 자원공급지역으로 설정한 것에서 출발했으며, 1942년 설치된 '대동아건설심의회'도 경제문제에 가장 많은 비중을 두고 활동했다(山本有造 1996: 563 이하).

서구와는 구별되는 일본적인 성격의 추구는 경제적인 목표에서 잘 드러난다. 1940년 12월에 발표된 '경제신체제확립요강'에서 보듯이 그것은 예컨대 자본주의의 자유주의 경제나 사회주의의 통제 경제, 또는 나찌의 전체주의에 입각한 지도자 경제 등을 지양한 "보다 높은 종합적 경제협동체로서의 일본적 통제경제 내지는 계획경제"의 방향을 제시하고자 했다.[38] 대동아공영권의 확립은 일본의 경제력에 의한 경제적 기초의 근대화를 도모하는 것으로 서구의 근대자본주의체제처럼 '착취적이고 독선적'인 것이 아니라 공영권 확립을 위해 계획적으로 확대재생산을 실현하는 신경제체제로 정의된다(住谷悅二 1942: 136). 마치 동아협동체론자들이 경제문제에 초점을 맞춘 이른바 '일만지(日滿支) 블록론'과 자신들의 이론이 동일시되는 것을

---

37) 이러한 맥락에서 한 연구자는 "대동아공영권 구상에는 아시아의 해방을 내걸면서도 항상 일본의 이익을 제일목적으로 하는 모순"을 내포한다는 사실을 지적한다(鈴木廠雄 1998: 259).
38) 구체적으로는 ① 사유의 원리 ② 공익 우선의 원리 ③ 직능의 원리 ④ 생산과 노동의 새로운 원리 등을 들고 있다(住谷悅二 1942: 37~39).

무척 꺼려했던 것과 비슷하게 일본은 대동아공영권이 단순히 '엔 블록권'의 건설이라는 차원으로 이해된다든지 또는 서구의 블록경제와 동일시되는 것을 바라지 않았으며, 이에 따라 그와는 구분되는 일본적인 속성을 강조하고자 했다.39)

군사적·무력적 목표는 경제적 동기에 못지않게 대동아공영권에서 강조되어온 주제이다. 일본의 수상인 토오조오 히데끼는 시정방침 연설을 통해 대동아전쟁의 근본이념으로서 "대동아에서 전략거점을 확보하고 중요 자원지역을 통제 아래 두어 전력(戰力)을 확충"(같은 책 246)할 것을 강조했다. 한편으로는 "일지재전(日支再戰)을 방지"하여 '전중국의 갱생'을 도모하고 다른 한편으로는 "구미의 동아침략 세력을 배제"하기 위해 이들 제국과의 전쟁에 대비하는 것에 주안점을 둔 사실에서 보듯이 무력의 행사는 '공영권 건설의 골간'으로 인식되었다.40) 그리고 이를 위해 근대의 과학기술과 그

---

39) 1920년대 말 세계공황에 대한 대응으로 유럽과 미국에서 진행된 블록경제에 대해 "식민 본국이 스스로의 강대한 정치, 경제의 실력에 의해 스스로의 경제권을 독점적으로 확립하고 자국 번영 본위로 배타적으로 유지하려고 하는데 지나지 않는다"고 평가하면서 양자의 차이를 부각시키는 시도는 이러한 점에서 주목된다. 대동아공영권의 이념과 비교하여 블록경제는 ① 자연적, 지리적 관계가 전혀 무시된 분산적이어서 지역적, 문화적, 역사적, 운명적인 유대에 의하여 결합되어 있지 않다. 따라서 ② 공존공영이라든가 일시동인(一視同仁)이라든가 하는 중요한 정신적 기초에 의하여 경영되지 않으며 ③ 강대국과 식민지와의 권력적 지배·피지배 관계의 강화적 지속이고 ④ 경제적 착취·피착취의 관계와 정치적 지배·피지배의 강화이며 강대국 본국의 번영만이 주요문제이고, 식민지·반식민지는 그것을 위한 단순한 수단에 지나지 않으며, 따라서 ⑤ 도미니온이라든가 자치령과 같은 명목적 독립이 주어진다 하더라도 거기에 선린우호라든가 문화의 융합과 같은 친화적이고 고도의 문화적 이념은 존재하지 않는다. ⑥ 구미의 경제 정책은 본국의 영리적, 독점적, 배타적 본질을 기조로 하고 전체의 번영을 위한 과학적 계획성을 가지는 것이 아니라 특정 본국의 이익으로 되는 한에서 경제개발이 시도된다. 따라서 그것은 경제적, 문화적 상호호혜의 의도에서 계획되지 않는다는 점에서 과학과 경제와 윤리와의 결합이 시도되고 있지 않다는 것이다(住谷悅二 1942: 173~76).

40) 일본 군부는 서구와의 전쟁이 미국이나 영국뿐만 아니라 대소(蘇)전까지도 포함한 형태가 될 것이라는 점을 예상하고 전쟁기, 전쟁 경영기, 차기 전쟁준비기 등의 여러 단계를 상

군사적 응용이 강조되었다. "공영권체제의 발달을 필연화시킨 적극적 근축(根軸)을 이루는 것은 최근 년에 이른 과학기술의 혁명적 발달"로서 "비행기 및 전차, 장갑자동차의 발달로 상징되는 근대과학기술의 혁명적 발달"(國策研究會 연대미상: 18)을 언급하는 데서 이러한 사실을 잘 드러난다.

아마도 군사적 측면에서 일본적인 것을 추구한 대표적인 인물로는 동아연맹론의 제창자인 이시와라 칸지를 들 수 있을 것이다. 일찍이 1928년의 한 강연에서 러일전쟁 이후 일본은 미국과 반목하면서도 서로 멀리 떨어져 있기 때문에 싸우지 않았지만, 과학기술이 발달한 결과 두 나라가 직접 대결할 수 있는 가능성이 커지고 있다고 그는 전망했다.[41] 그에 따르면 이러한 전쟁은 신의(神意)이며 미중유의 대전쟁 이후에는 "세계 인류의 문명은 최후의 통일을 하여 비로소 인류공통의 이상인 황금세계건설의 제일보를 밟게 될 것"이라고 주장했다.[42] 흔히 '세계최종전쟁'으로 일컬어지는 그의 전쟁론은 "유라시아 대륙의 반도에 지나지 않은 유럽이 르네쌍스 이래의 탈종교, 국민국가, 산업혁명 등의 과정에 의해 산출한 유럽문명의 위기를 회피하는 구극적인 상태"로 평가된다. 서양과 동양의 문명충돌 이후 법화경에 의한 세계통일이 도래한다고 보는 그의 전쟁론은 "서양근대의 역사적인 과정을 초극하고 19세기 이래의 국민국가를 중심으로 한 '세계씨스템'을 아시아적 원리에 의해 지양하려는 또 하나의 '세계사의 철학'"이라는 것이다.[43] 이처럼

정하여 그에 대비하고자 했다. 總力戰硏究所 1942: 83, 88~89 참조.

[41] 스티븐 펠츠(Stephen Pelz)는 이시와라를 비롯한 일본의 군부지도자가 정서적인 반서구의 천황주의에 휩쓸려 아시아 침략에 나섰다는 식의 단순한 전통주의자로 볼 수는 없다고 지적한다. 이들은 일본을 군사력에서 세계 최첨단을 걷는 국가로 만들고자 한 근대주의자이기도 했기 때문이다. 1890년부터 1920년 사이에 카또오 칸지(加藤寬治), 스에쯔구 노부마사(末次信正)를 비롯한 군부 지도자들은 서구제국을 여러 차례에 걸쳐 방문하여 최신의 군사기술과 전략사상을 가지고 돌아왔으며, 1930년대 중반까지 일본은 군사면에서 서구의 리더십에서 벗어나서 자립을 주장하기 시작했다고 그는 언급한다(Pelz 1974: 168~69).

[42] 이 강의는 「현재 및 장래의 일본의 국방」이라는 제목으로 육대(陸大)에서 행한 것이다. 平石直昭 1998: 205~06 참조.

무력과 전쟁에 대한 이시와라 사상의 근저에는 법화경과 일련종(日蓮宗)이라는 일본 불교의 전통이 있었다. 그가 이 종교에 귀의한 것은 30대가 지나서라고 하는데, 이를 통해 그는 병사로서의 의무 관념과 일본인으로서의 자부심에 기초하여 동양의 도덕을 위한 사명감을 가지게 되었다.[44]

무력과 힘의 행사를 통한 '유토피아'의 이상은 아시아주의자로 유명한 오오까와 슈메이(大川周明)에게서도 찾아볼 수 있다. 일찍이 그는 자유란 나가서 획득하는 것이지 주어지는 것이 아니라는 점에서, "아시아에서 자유를 빼앗는 민족(즉 서구─필자)은 절륜(絶倫)한 의력(意力)의 소유자이므로 이보다 나은 강대한 힘"을 실현할 수 있는 일본이야말로 아시아의 자유를 획득할 수 있는 자격을 갖추고 있다고 주장했다(大川周明 1922: 253). 1940년대 이후 대동아공영권 시기에 그는 서구에 대한 더 공격적인 의견을 피력했다. 즉 "동서의 전쟁은 실로 운명적"이며, 따라서 "동서양 강국의 생명을 건 전쟁이 신세계 출현을 위한 피하기 어려운 운명"이라는 것이다. "천국은 항상 검영리(劍影裡)에 있다"는 표현은 여기에서 나온 것이다(大川周明 1943: 205, 211).

비록 이시와라보다는 종말론인 색채가 덜 하다고는 하더라도 오오까와 역시 이시와라와 비슷하게 무력과 전쟁의 사용을 통한 '유토피아'의 궁극적 이상을 제시하면서, 그것을 일본주의에 기초한 아시아주의로 발전시켰다.[45]

---

43) 이시와라는 『세계최종전쟁론』에서 산업혁명의 파괴적 결과로서 세계는 최종 전쟁으로 향하고 그 필연적인 요청으로 "자유로이 성층권에도 행동할 수 있는 훌륭한 항공기"나 "일거에 적을 섬멸하여 타격을 줄 수 있는 결전병기"의 창조를 제시한다. 사꾸라이 스스무(櫻井進 1995: 222~23)는 그의 『세계최종전쟁론』이 결과적으로는 대동아공영권을 이데올로기적으로 정당화하는 것은 틀림이 없지만, 나뽈레옹 이래의 근대국민국가화와 산업혁명이라고 하는 2가지 사회편성의 거시적 변화를 전쟁형태의 변화라는 점에서 역사적으로 파악한 사실은 주목할 만하다고 말한다.

44) Pelz 1974: 174~75. 그의 이러한 종말관을 일련신앙(日蓮信仰)과 관련하여 소개하고 있는 글로는 平石直昭 1998: 205~06 참조.

45) 그는 일본정신의 부활을 제창하면서 일본의 대표적 국학자들인 사또오 노부히로(佐藤信淵)• 미나모또 요리또모(源賴朝)• 우에스기 켄신(上杉謙信)• 요꼬이 쇼오난(橫井小楠) 등

이러한 사례들에서 보듯이 대동아공영권에서 표방한 공존공영과 세계평화를 완성하기 위한 수단으로 무력과 힘의 사용에 대한 공공연한 용인과 주장이 서로 기묘한 대조를 이루면서 일본적으로 일컬을 수 있는 특질을 형성한 것이다.

지금까지 대동아공영권이 가지는 일본적 특성을 경제와 정치, 군사적 측면의 각각에서 살펴보았거니와 그것이 가장 두드러지게 나타난 분야로는 정신적, 도덕적 측면을 들어야 할 것이다. 일반적으로 경제나 정치, 군사 등은 즉각적이고 수단적인 성격을 갖는 것에 비해 문화나 정신은 아무래도 본질적이며 우회적이며, 상대적으로 장기적인 지향을 갖는다고 할 수 있다. 대동아공영권에서 전자는 관료나 군부 세력에 의해 강조되는 경향이 있었던 반면에 후자는 학자나 언론 등이 주도했다고 말할 수 있지만, 종전기로 접근할수록 후자의 정신적, 도덕적 측면이 중요시되는 경향을 보인다. 후기로 갈수록 군부나 관료가 전시체제의 주도권을 가지게 되면서 정신적 요소들이 강조되지만, 실제로 그것은 단순한 수사 이상의 차원을 벗어나는 것이 아니다. 비록 그것이 대동아공영권 사상으로 환원시켜버릴 수만은 없다 하더라도 정신적 요소에 대한 강조는 메이지유신을 전후하여 일본의 전통에 내재한 연속성을 계승한 것이다.

대동아공영권에서 정신과 도덕에 대한 강조는 이러한 점에서 되풀이되어 반복되는 주제이다. 예컨대 "대동아건설의 본령은 동아에 도의를 부흥하는 데 있으며, 경제적 결합의 원칙 또한 이 취지에 기초"해야 된다거나(總力戰研究所 1942: 71), "대동아전은 단순히 자원을 위한 전쟁도 아니고 경제적 이익을 위한 전쟁도 아니고 실로 동양의 최고인 정신적 가치 및 문화적 가치를 위한 전쟁"이라는 언급46)이 전형적이다. 그렇다면 그것의 구체적 내용은 무

의 평전을 모아 『일본정신연구(日本精神研究)』(行地社 1927)를 출간했다. 만주국 건설을 지지하고 아시아주의를 고창하다가 종전 이후 민간인으로서는 유일하게 A급 전범으로 기소되어 토오꾜오 재판에 회부되었다.

엇일까? 원칙적으로 "웅혼(雄渾), 정치(精緻)한 동아 도의문화의 창조를 기"
하기 위해서는 "전통적 동양문화의 정수를 발전시킴과 함께 (…) 서양문화의
장점까지도 섭취"한다고 말해지지만(總力戰硏究所 1942: 28), 실제로 그것은
선택적이고 배제적인 방식으로 진행된다.

　선택과 배제의 원칙은 서양에 대해 가장 두드러지게 나타난다. 그리고 이
에 따라 서양과 동양은 상호배타적인 이분법적 정의를 통해 정형화된다. 이
분법적 도식은 때로는 중립적 성격을 띠기도 하지만,[47] 대개의 경우 여기에
는 가치판단이 개입한다. 그리하여 동양적인 것은 선하고 긍정적이며 바람
직한 것으로 평가되는 반면에 서양은 악하고 부정적인 것으로 묘사된다. 예
컨대 서구가 '강권지배와 복종'에 의해 국제질서를 구축해왔다면, 대동아공
영권은 "책임과 사랑을 수단으로 하는 지도에 대한 신뢰와 협력"을 바탕으
로 한다는 점에서 "동양적인 것을 서양적인 것으로 용해하려는 시도는 배
격"되어야 한다(住谷悅二 1942: 139, 235). 공영권의 성격은 "지리적, 운명적인
공동체 연대를 기초로 하면서도 새로운 도의적 원리에 의하여 결합된 특수
적 세계"로서 "국가를 넘은 국가 이상의 것"으로 정의되는 반면, 근대 유럽
국가의 원리는 '계약적 결합체'로서 부정되어야 할 대상이 된다.[48] 비슷한
맥락에서 "구세계체제는 전인류의 세계체제라기보다는 오히려 앵글로쌕슨
적 세계체제"(國策硏究會 연대미상: 24)로서 그것이 지니는 보편타당성은 부정

---

46) 大川周明 1942: 160. 이러한 점에서 대동아공영권의 이념은 지나사변 이후에 발안된 군
　사적 표어라기보다는 근대 일본이 국민적 통일을 위해 일어선 때부터 추구되어온 것이라고
　그는 주장한다.

47) 예컨대 오오까와는 아시아와 구라파는 "세계에서 최대지고(至高)의 대항 개체로서 오늘
　에 이르"렀다고 하면서, 아시아는 "인류혼의 도량(道場)이고 구라파는 인류지식을 연마하는
　학당"으로 각각을 구분한다(大川周明 1943: 206~07). 또는 세계광역권체제의 건설이 서구
　에서는 '개조'를 의미하는 반면, 동양에서는 '부흥과 혁명'을 의미한다는 주장(國策硏究會
　연대미상: 3, 23)도 같은 맥락에서 제기된 것이다.

48) 역사철학자인 타까야마 이와오가 『세계사의 철학(世界史の哲學)』(岩波書店 1942)에서
　주장한 것이다. 子安宣邦 1994: 147 참조

되는 반면에, 대동아공영권은 이와는 달리 '침략적, 인종적, 배타적, 폐쇄적'인 속성을 가지지 않는 것으로 제시된다(같은 책 72).

서양이 "물질지상, 이기 제일의 인생관"이 지배하는 곳으로 상정되는 대극에는 "구화(歐化)한 아시아로 변질"한 동양의 이미지가 놓여 있는가 하면, 개인주의, 자유주의, 전체주의, 공산주의 사상이 서구의 것으로 비난되는 이면에는 "구미사상에 심취한 지식계급"을 타파하자는 주장이 자리잡고 있다(總力戰研究所 1942: 6, 101, 137; 國策研究會 연대미상: 4~30). 그런가하면 심지어는 대의제(住谷悅二 1942: 25)나 다수결 원칙(國策研究會 연대미상: 4~28), 또는 주식회사제도(總力戰研究所 1942: 206) 등도 서구적인 것으로 부정된다.

서양에 대한 이러한 원칙이 동양에 대해 작동하지 않는 것은 아니다. 물론 양자의 차이가 전혀 없다고 할 수는 없겠지만,[49] "대륙(인도 및 중국)문화에 내재한 소극성, 퇴영성을 극복"해야 한다는 언급(같은 책 28)에서 보듯이 동양에 대해서도 선택과 배제는 예외가 아니었다. "동양의 도의문화를 창조하기 위해서는 동양도덕의 재흥(再興)을 필요로 한다"는 점에서, 유교의 부활에 의해 오륜을 확립해야 할 필요성은 인정하면서도, 예컨대 "역성혁명의 사상이나 이를 근거로 하는 유교적 비판주의"(같은 책 104)는 불온한 것으로 간주되어 배격된 것이다.

이러한 논의구조는 서양과 동양을 이분법적으로 인식하고 전자에 대한 후자의 우월성을 강조한다는 특징을 보인다. 정신과 물질을 분리하여 사고하고 전자에만 배타적인 가치를 부여하는 것은 전형적인 사례가 될 것이다. 서양을 법치주의, 동양을 덕치주의로 단순화한 다음, 동양에만 덕치주의를 배타적으로 귀속시키는 사고방식[50] 또한 같은 논리의 연장에서 이해될 수 있

---

49) 비유적으로 말한다면 서양에 대해는 선택을 통한 배제의 원칙이 작용했다고 한다면, 동양에 대해는 배제를 통한 선택이 이루어졌다고 할 수 있다.
50) 비슷한 맥락에서 '기구'의 전제인 '人'의 문제가 중요하다는 사실을 강조한다. 總力戰研究所 1943: 283 참조

다. 이 점은 위에서 언급한 이시와라의 사상에서도 찾아볼 수 있다. 동아연맹의 모델이 된 만주국은 오족협화, 왕도낙토, 만방협화와 같은 동양적 이념을 구호로 내세웠으며(Pelz 1974: 177), 일본은 서양의 제국주의에 대해 동양의 정신적 가치를 옹호, 확충한다는 사명을 띠고 있다고 그는 믿었다(같은 책 174). 이시와라에게 유럽은 "유라시아대륙의 반도에 지나지 않은" 것이며, 자신의 시대는 "유럽이 르네쌍스 이래의 탈종교·국민국가·산업혁명 등의 과정을 통해 생출한 유럽문명의 위기를 회피하는 궁극적인 상태"에 있다고 믿었다. 이러한 점에서 '서구문명'과 '동양문명' 사이의 '문명의 충돌'은 불가피하며, 이러한 '세계최종전쟁'을 통해 법화경에 의거한 세계통일이 될 것이라고 생각한 것이다(櫻井進 1995: 223).

서양과 동양을 상호배제적인 이분법적 개념으로 설정하고, 이 중의 어느 하나에 배타적이고 특권적인 지위를 부여하고자 하는 시도에서 서양의 시각을 반영한 인식이 오리엔탈리즘이라고 한다면, 동양의 그것은 역오리엔탈리즘, 혹은 옥시덴탈리즘(Occidentalism)으로 일컬을 수 있다. 오리엔탈리즘이 동양에 대한 진정한 인식을 방해하듯이, 비록 그것이 오리엔탈리즘에 대한 일정한 비판에서 성립되었다고는 하더라도 역오리엔탈리즘 또한 서양에 대한 왜곡된 인식에 기초한 것이었다. 대동아공영권의 이데올로그로 지적되어 온 니시다 키따로오 등의 쿄오또학파나 와쯔지 데쯔로오(和辻哲郞)가 제창한 "근대의 초극" '세계사의 철학'이나 '국민문화(도덕)론' 등이 이러한 한계를 가진 것이다.

한 논자는 1930년대 이후 일본에서 이러한 사조들의 발흥을 다음같이 설명한다. 1930년대 유럽이라는 정치, 경제, 문화적 질서가 붕괴함에 따라 다른 한편에서는 오히려 유럽적 전통을 확신하는 사상 경향을 강화했다고 그는 지적한다. 동시에 그것이 유럽정신의 위기인 한 유럽문명을 대치하는 새로운 문명권 구상으로 비유럽권에서 이들 사조들이 발생했다는 것이다(櫻井進 2001: 116). 그리고 그것이 어떠한 성격을 가진 것인가는 와쯔지 데쯔로오의 『풍토(風土)』에 대해 사까이 나오끼(酒井直樹)가 쓴 아래의 논평이 좋은 참고가 된다.

> 내가 읽은 와쯔지의 문장은 1930년대에 최초로 쓰여 진 것인데, 유럽의 사상계가 서양절대화를 강화함에 따라 그의 의론도 동양절대화를 강화해가는 것 같이 생각된다. 유럽 중심주의의 서양회귀의 경향이 강해짐에 따라 그는 마찬가지로 자민족 중심적인 운동을 동양으로 향하여 추진한다. 하이데거와 서양철학을 모방하려고 하는 욕망은 서양에 반발하려고 하는 욕망으로 자태를 바꾸어 서양과 동양의 동등성을 주장하는 것으로 귀착한다(酒井直樹 1997; 櫻井 進 2001: 117).

사까이 나오끼가 언급한 자민족 중심주의의 문제는 지금까지 논의해온 '동양'이 사실은 '일본'을 표상하기 위한 기표라는 점을 고려할 때 더욱 적합성을 갖는 것으로 보인다. 위의 이시와라의 경우에도 서구제국주의에 대한 동양적 가치의 옹호자로서 일본을 상정했으며, 도의주의나 가족주의와 같이 얼핏 보기에 유교적 담론을 동원한 경우에도 그 내용은 실제로는 일본을 의미했다. 이는 1943년 5월 국책연구회에서의 연설 내용을 정리한 「세계신질서의 원리(世界新秩序の原理)」에서 '동아공영권'에 관하여 썼던 니시다가 영미적 사상, 제국주의, 공산적 세계주의, 국제연맹의 민족자결주의, 그리스도교의 박애주의와 함께 중국 고대의 '왕도'를 배격한 사실(西田幾太郎 1944; 小野賢一 1992: 267)을 보더라도 명확한 것이다.

이처럼 동서양의 이분법적 인식과 동양에 대한 배타적 가치 부여는 궁극적으로 일본적인 것, 또는 일본정신이라고 부를 수 있는 어떤 것을 위한 것이었다. 즉 그것은 "황국의 전통의 부활을 핵심으로 하는 도의 일본의 건설"로 수렴된 것이다.[51] 이와 같이 본다면 이른바 대동아질서 건설이 "아시아

---

51) 이에 따라 "천황 절대 유일 신앙의 확립"에 입각하여 "천인(天人)일체, 신인(神人)일치의

적 규모에서 행해지는 제2의 유신"이라는 주장(大川周明 1943: 75)의 의미를 이해할 수 있을 것이다. '가족적 결합체'로서의 대동아공영권이 '지리적, 역사적, 문화적, 인종적 연대성'을 가져야 하며, 이러한 점에서 "동아민족 상호의 친밀과 이해가 생성하고 동아 민족으로서의 공통감정이 스스로 발달"(國策研究會 연대미상: 3, 28, 32)해야 할 필요성에서 그것을 주도하고, 거기에 의미를 부여하는 것은 오직 항상 일본이어야 했다. 대동아공영권을 바탕으로한 동아신질서의 건설은 일본민족 안에 잠재한 '삼국혼', 즉 "중국정신과 인도정신을 총합한 일본정신을 객관화한 하나의 질서"를 지향해야 한다거나(大川周明 1942: 160), 또는 대동아공영권은 "동아 제민족 해방의 역사적 형태인 성격"을 가지고 있지만, 그것은 항상 "일본의 발흥을 추축으로 하여 전개"(國策研究會 연대미상: 21)되어야 한다는 언급은 이러한 인식을 단적으로 드러내는 것이다. 공영권 내에서 일본의 독자성과 우월성에 대한 이러한 주장은 앞에서 논의한 지도자 원리와 밀접한 관련을 갖는다.

4. 대동아공영권에서의 민족문제

동아시아에서 지역연대와 민족문제와의 밀접한 관련은 대동공영권에서도 예외가 아니다. 대동아공영권에서 민족문제가 가지는 의미는 이 점에 있다고 할 수 있다. 구체적으로 말하면 근대 일본이 군사적 침략을 통해 일본제국으로 확장하는 과정에서 점령지의 식민지·반식민지 민족에 대해 어떠한 정치적 지위를 부여할 것인가라는 문제는 매우 중요한 쟁점이었다. "일본의 해외 제국의 50년 전 역사를 통해서 일본의 질서 안에서 식민지 민족의 적

세계관을 근본 신조"로 "敬神崇祖, 忠義孝行, 義勇尙武, 節義廉恥, 慈愛報恩, 分義正名, 生成繁昌을 근간으로 하는 정신을 復活更張"할 것이라고 주장한다(總力戰研究所 1942: 192).

합한 위치에 대한 논쟁만큼 더 중요하고 민감한 문제는 없"다는 언급에서 보듯이(Peattie 1988: 103) 일본의 조선, 중국 침략과 동남아시아로의 팽창에서 가장 중요한 쟁점은 민족문제였다고 할 수 있는 것이다.

대동아공영권에서의 민족문제는 두가지 근본적으로 상반되는 입장으로 요약할 수 있다. 하나는 일본민족의 배타성과 우월성에 대한 독단적인 주장이며, 다른 하나는 다른 아시아 민족들과의 동등성과 평등성에 대한 배려이다. 서구와의 관계를 염두에 둘 때 두 주장은 다음과 같은 질문으로 확장될 수 있다(같은 곳). 아시아의 단결과 해방을 주장한 대동아공영권 구상은 어느정도까지 인종주의로부터 자유로웠는가? 즉 그것은 아시아 인종에 한정된 배타적인 원리를 대변했는가 아니면 인종적 범위를 넘어선 보편주의의 원리를 구현했는가라는 문제이다. 식민지에 초점을 맞추면 이 문제는 다음과 같은 질문으로 바꿀 수 있다. 즉 식민지 민족은 영구적으로 분리해야 하는 종속적인 운명에 처한 인종인가, 그렇지 않으면 일본문명의 자비로운 세례를 통해 통합된 민족적, 정신적, 지리적 실체의 성원이 될 수 있는 것인가?

대동아공영권 시기에 제안된 다양한 입장들의 차이는 일본제국주의가 처한 민족문제의 이러한 이중적 모순을 잘 반영한다. 대동아정책의 수립자들은 일본민족의 배타성에 대한 가장 열렬한 옹호자였다. 이들은 대동아건설에서 가장 중요한 것은 다른 민족에 대한 일본민족의 근본 관념을 확립하는 것이라고 보았다. "대동아건설의 중핵인 우리 대화민족은 어디까지나 다른 민족의 상위에 위치하고 지도인 존엄을 엄격하게 유지할 필요가 있으므로 구체적인 정책에서는 우리 민족을 타민족과 같은 위상에 두어 무차별하게 취급하는 것은 단연코 이를 피할 것이며, 또 민심 파악을 고려한 나머지 단호한 조치가 필요함에도 불구하고 소홀히 하는 일은 없도록" 해야 한다는 것이다(企劃院·大東亞建設審議會 제1권 1995(1942): 66). 그리고 이를 위해서는 일본민족의 인구 및 자질을 비약적으로 증강시키는 것이 필요하며, 이것이야말로 대동아 건설의 근간이 된다고 보았다. 민족의 자질을 증강하기 위한 방안으로는 결혼연령을 빨리 하고 출생아의 증가를 장려할 것, 모성과 유아에 대한 대책을 확립하는 것, 나아가서 개인을 본위로 하는 서구의 세계관을 일소하고 전통적인 일본의 가(家)를 기초로 하는 민족증강사상을 배양할 필요 등이 제안되었다(같은 책 70~73).

민족정책으로 이들은 특히 두가지를 중시했다. 하나는 피의 순수성에 대한 강조이고 다른 하나는 일본어 교육의 중시였다. 일본어의 보급은 대동아공영권 내의 공용어로 특히 지역 내에서 영토로 편입될 지역의 공통언어가 되어야 한다는 점에서 중시되었다. 남방지역에서 미국과 영국이 지배력을 유지한 이유를 영어가 잘 보급하고 있기 때문이라고 설명하면서 이들은 "영어의 보급에 대신하여 일본어의 보급을 철저히" 할 것을 강조했다. "공영권 내 각민족으로 하여금 진실로 우리 국체 및 대동아공영권 건설의 참 의의를 이해시키기 위해서는 토착어로써는 불충분"하다는 점에서 일본어를 철저하게 보급해야 한다는 것이다(企劃院 1942(1995): 17; 企劃院・大東亞建設審議會 제1권 1995(1942): 78, 82).

피의 순수성과 관련해서는 자민족의 총력을 결집하고 우월한 지위를 유지하기 위해 다른 지역으로 이주한 일본민족은 집단거주를 원칙으로 하되 다른 민족의 잡거는 되도록 피하고 다른 민족과의 혼혈을 억제한다는 방침을 제시했다. 만일 다른 민족과의 잡혼을 방치하면 "일본민족에 고유한 우수성"을 저하할 우려가 있으므로 민족의 순일성(純一性)을 유지하기 위해서 이주자에게는 되도록 배우자를 동반시키는 것을 장려해야 한다는 것이다(企劃院・大東亞建設審議會 제1권 1995(1942): 77; 企劃院 1942: 15~16).

언어와는 달리 혈통의 순수성에 관한 문제는 약간의 논란을 야기했다. 예를 들면 민족의 피의 순결을 유지하는 것은 실질적으로 어렵거나 불가능에 가깝다는 점에서 혼혈을 금지함으로써 파생될 부정적 효과들이 의문시되기도 하고, 따라서 오히려 혼혈을 인정하고 혼혈아에 대해서는 "참된

334

일본민족이 되도록 조치하는 것이야말로 팔굉일우의 정신에 부응"한다는 의견도 나왔다. 그런가 하면, 일본제국의 영토에서는 "오히려 우수 민족인 일본인의 피를 적극적으로 혼입(섞어서 받아들이는)시키는 정책"을 주장하기도 했다(企劃院·大東亞建設審議會 제1권 1995(1942): 77~78; 제2권 1995(1942): 148~50).

조선과 관련해서는 "일본의 순영토"로 되어야 할 지역이라는 점에서 오히려 "우수한 일본민족의 혈액"을 적극적으로 섞어야 한다는 의견이 주목된다. 즉 조선과 같이 일본제국으로의 동화가 진전된 지역에서는 "상당한 신분의 여자를 특정기관에 수용·연성(鍊成)하고 거기에 하나의 기숙적(寄宿的) 조직을 마련하여 혼혈아의 조장을 오히려 조장하고, 혼혈아를 처음부터 특수취급을 하여 태어난 아이에게 우수한 교육을 베푸는" 안을 제시하고 있다(企劃院·大東亞建設審議會 제2권 1995(1942): 148~49).

결국 혈통의 순수성에 대해서는 "단지 혼혈을 억지한다는 소극적인 추상론에 빠지지 않고 일정한 정책을 수립하는 것이 필요하다"는 원칙적 언명에도 불구하고(같은 책 149) 전반적으로 보아 일제는 피의 순수성을 유지하기 위한 혼혈의 금지라는 원칙을 준수했다.[52] 나아가서 배타적 인종주의의 원칙이 일본 대 아시아는 말할 것도 없고 서구 대 아시아의 관계에도 적용된 사실은 주목할 만하다. 공영권 내의 각민족은 "동아민족으로서의 피의 순수성을 보존"하기 위해 "백인종과의 잡혼을 극력 금지하는 조치를 강구"해야 한다는 주장은(國策研究會 연대미상: 3~4, 7~12) 이러한 맥락에서 나온 것이다.

민족의 우월성에 대한 이러한 입장은 이미 언급한 오자끼 호쯔미의 경우

---

52) 미크로네시아를 사례로 한 연구에서 피티(Peattie 1988: 219)는 일본인 남성과 남방 여성이 결혼함에 따라 성립된 가정이 그 성격에서 남방적이라기보다는 일본적이었다는 점에서 식민당국이 인종간의 결혼에 호의적인 경향이 있었다고 지적하고 있다. 군사 점령지나 자치지역에서는 이처럼 다소 느슨하게 적용되었을지도 몰라도 이는 대동아권 내에서 원칙적인 방침은 아니었다.

와 대조를 보인다. 일본정부의 대동아공영권 건설구상을 비판하면서, 그는 종전의 일본·만주·중국에 남양을 더한 대동아공영권에 대해 "동아신질서 건설의 중심 목표의 완성에 전력을 경도하지 않고 새로운 목표를 좇아 이동하려는 것과 같은 근년의 일본인에 나타난 모종의 경박한 경향에 위험성을 느끼고 있"다고 비판한다(尾崎秀實 2004(1940): 273~74). 마치 동아신질서론에서 중국문제가 그렇듯이 그가 보기에 대동아공영권에서 남방문제는 동아시아에서 영미의 전략적 지위의 확보와 이 지역 민족들의 자기 해방의 문제가 경합되어 나타난 것이었다. 즉 "남방문제가 가지는 최대의 의의는 이들 영역이 가지는 민족문제에 있"으며, 이러한 점에서 동남아시아에서 민족운동의 앙양은 중국에서 민족운동의 대두와 밀접한 관련을 갖는다. 따라서 구미의 식민지 억압 아래 있는 동아 민족들의 자기 해방과 자립, 협동이야말로 동아공영권 확립의 불가결한 요소를 이룬다고 그는 주장했다.[53]

오자끼는 동아시아에서 신질서를 창건하기 위해서는 남방지역에서 "민족운동을 정략, 전략적 의도에서 환영하는 것이 아니라 올바른 이해자로서 그것과 협조해야 한다"고 주장했다(같은 책 283~84). 동남아시아를 "일본의 경제적 자원의 획득지 혹은 군사적 거점"으로만 인식해서는 안되며, 이러한 점에서 '동아공영권의 확립'을 내걸고 남진(南進)을 설파하는 일부 논자들에 그는 매우 비판적이었다(尾崎秀實 2004(1941): 329). 그가 보기에 동아공영권 확립의 전제는 "동양에서 영미 자본세력을 구축할 뿐만 아니라 그 민족지배의 구질서 방식까지도 근절"하는 데 있었다. 서구의 식민지배에 신음해온 이 지역 민족의 자기해방은 영미를 비롯한 구질서 유지자의 기반을 동양에서 완전히 와해시키는 것을 의미하며, 이것이 동아신질서의 불가결한 요소라고

---

53) 이러한 점에서 그는 종래 흔히 양자택일적으로 논의되어왔던 중국문제와 남방문제는 대립되는 것이 아니라고 주장한다. 동아공영권의 문제는 동아 여러 민족의 고차원의 결합 법칙을 전제로 한다는 점에서 동일한 지도정신과 동일 방식을 가지고 다뤄져야 할 통일된 하나의 문제라는 것이다. 尾崎秀實 2004(1940): 282~83 참조.

그는 주장했다(같은 책 330).

비록 소수자에 불과했지만 일본공산당의 일부도 중국과 동남아시아에서 일본제국의 침략 전쟁에 반대하고 이들 지역 민족의 해방을 주장했다. 일본 제국의 기획자들에 맞서서 이들은 동남아시아에서 민족 정책의 허구성을 지적했다. 말레이나 자바, 수마뜨라, 보르네오와 같이 "풍부한 자원을 가진 방대한 토지에 대해서는 미얀마나 필리핀에 준 것과 같은 거짓 독립조차도 주지 않고 그것들이 완전한 일본영토, 곧 일본의 공연한 식민지라는 것을 성명"하고 있다고 비판한 것이다(野坂參三 1943; 小野賢一 1992: 267).

그렇다면 대동아공영권의 원리와 실행에서 민족문제는 어떠한 방식으로 기능하는가? 대동아공영권 이념이나 목적에서 일본화의 추구와 비슷하게 일본은 중일전쟁 이후의 국제관계에서 서구의 '주권'이나 '식민지' '민족자결'과 같은 개념들을 대신하는 일본적 원리를 모색하고자 했다. '가진 나라'와 '가지지 않은 나라'라는 이론으로 침략전쟁을 정당화할 수 없다는 점에서, '민족자결'의 원리를 재검토하고 그에 대한 대안을 마련하고자 시도한 것이다.[54]

이러한 문제의식에서 서구제국주의와의 차별화를 위한 극적인 조치로 내놓은 것이 식민지의 부정이다. 대동아공영권은 근대적 의미의 지배·착취 관계에 입각한 전통적 식민지를 폐지하고 식민지라는 실체 자체를 인정하지 않는다고 공공연하게 표방하기 시작한 것이다. 대동아공영권이라는 새로운 생활권의 창조를 통해 "세계 역사상 아직 경험해보지 않은 지도와 협력의 관계"를 수립한다는 것이다(住谷悅二 1942: 169, 178, 208, 222). 비슷한 맥락에서 또다른 자료는 대동아공영권에서 "식민지로서의 구성분자는 원칙적으로 부정"할 수밖에 없다고 하면서 "식민지 내지 군사거점의 영유는 세계 인류의 복지증진을 위해 인정하지 않는다"고 주장했다(國策硏究會 연대미상:

---

54) 이러한 시도의 한계에 대한 논의로는 源川眞希 2000: 110~11 참조.

3~5, 10).

그러나 주지하듯이 이는 현실과는 매우 다른 공허한 주장에 지나지 않는다. 대동아공영권에는 조선과 타이완의 사례에서 보듯이 일찍이 일본제국의 '영토'로 편입되어버린 것으로 간주된 부분이 있는가 하면, 동남아시아로 '진출'한 이후에도 전쟁 수행을 위한 자원 조달을 이유로 인도네시아와 말레이 등의 독립은 종전에 이르기까지 허용하지 않았다. 여기에서 보듯이 대동아공영권이라는 '신질서'에서 아시아의 민족들은 중층적이고 위계적인 방식으로 연계된다. 대동아공영권에서 각민족은 "가치와 능력, 민도, 공적에 상응하는 지위"에 따라 '지도국' '독립국' '독립보호국' '직할령' 등으로 분류된다(源川眞希 2000: 122). 그리고 그것은 '일본(혹은 동양)의 전통적 가치'인 겸양과 조화로부터 유추한 바로서의 전체로서의 유기적 조화를 이룬다고 주되었다.

이미 언급했듯이 대동아공영권은 각각의 국민·민족의 적재적소론과 아울러 일·만·지를 일환으로 점차 이를 확대시켜나가는 구상을 제시한다. 이 말은 암묵리에 중국과 만주국은 대동아 위계질서의 가운데에서 일본에 다음가는 위치가 주어져 있는 것에 반하여 동남아시아 제국은 이 위계의 최하위에 위치하고 있다는 것을 의미한다(Berger 1974: 213). 만일 시야를 만주국으로 좁혀보면 그것의 내용과 실제가 어떠하든간에 조선인은 이른바 '이등 국민'으로 일본인 다음 가는 위치를 부여받았으며, 중국인은 이 위계의 가장 아래에 있었다(윤휘탁 2001).

대동아공영권에서 민족들의 이러한 위계는 각민족들의 우월감과 차별, 편견, 경멸, 무시, 혹은 은근한 무관심이나 일상에서의 무의식적 취급 형태를 띤 차별(Peattie 1988: 217) 등을 의도적으로, 혹은 결과적으로 조장했다. 예를 들면 조선에서 군인을 동원하고 징병제를 정당화하기 위해 일본제국은 조선인에게는 "대동아공영권 건설의 중핵적 지도자로서 활동하는 지위의 부여가 보증"된 것이고, 조선민족은 "인도네시아 민족과는 근본적으로 다르다"는 사실을 강조한다.[55] 징병제에 응모한 조선인에 대해 "천황이 친히 이끄는 (親率의) 신병(神兵)"이라고 유난스럽게 선전하는 한편 그것에 의하여 남방의 민족들을 지도하는 지위에 있다는 사실을 강조하여 다른 민족에 대한 우월감을 자극한 것이다.

비슷한 방식으로 일본 점령기 싸이판을 비롯한 남방 미크로네시아 지역의 원주민들에게는 '삼등 국민' '토인' '토민'이라는 말이 늘 따라다녔다(內海愛子·田辺壽夫 1983: 100). '삼등 국민'은 단순한 멸칭(蔑稱)이 아니고 이 지역의 차모로인(the Chamorro)이나 카나까인(Kanaka)이 놓여 있는 상황 자체를 표현한 것이다. 예컨대 이들이 일본인 경영의 유곽, 공중목욕탕, 일본요리점에 손님으로 들어가는 것은 원칙적으로 금지된다(같은 책 100~01). 커피숍 등에서 일본인과 남양인은 따로 앉아야 했다(Peattie 1988: 217). 팔굉일우의 표방에도 불구하고 남양인들은 모든 종속민족에서 가장 밑자리에 배정되었다. 일본식민제국에서 인종적 위계의 맨 위에는 일본인들이 위치한다. 그 아래에 남양에 농부나 어부와 노동자로 이민 온 조선인과 오끼나와인들이 있다. 남양인들은 일본정부에 의해 제국 신민과는 지위가 다른 항상 열등한 민족으로 간주되었다.[56] 피티가 적절히 지적했듯이 사실상 남양인들을 일본과 묶는 연대는 철이라기보다는 조그만 시험에도 금방 무너져내리는 지푸라기와 같은 것이었다. 이 관계는 너무나 불평등하고 정당하지 않은 것이어서 더

---

55) 朝鮮軍報道部監修, 『朝鮮徵兵準備讀本』에 있는 구절로 內海愛子·田辺壽夫 1983: 51 참조. 남양이 문자 그대로 남태평양의 어느 곳에서나 찾을 수 있는 벌거벗고 무식하며 육감적이고 까만 피부의 야만인과 크게 다르지 않은 원시 종족이 살고 있는 머나먼 낙원으로 상상된다면(Peattie 1988: 216), 인도네시아에 대한 일본인들의 인식도 여기에서 크게 벗어나지 않았다.

56) 나아가서 이 삼등국민의 범주 내부에 세분화된 인종적 구분이 있었다. 예를 들면 마리아나제도의 차모로인이 가장 발전된 종족으로 우대받으며, 그 아래에 카롤리나와 마셜 열도의 카나까인이 위치한다. 카나까는 이 섬들의 원주민을 일반적으로 지칭한 것으로 오늘날 완전히 경멸적인 의미로 사용되는 명칭이다. Peattie 1988: 112 참조.

강력한 연계의 유지를 기대할 수 없었다(같은 책 111~12).

지역 내 민족 사이의 불신과 적의를 조장하는 이러한 분할통치체제에서 서열을 결정하는 요소가 일본제국의 영토에 편입된 순서라는 것은 전형적인 군대조직을 연상시킨다. 만주에서 조선인이 일본인 다음가는 대우를 받고, 중국인이 조선인 아래 위치한 사실이 그것을 단적으로 보이는 것이다. 제국으로 편입된 시기가 같은 지역에서는 당연한 말이지만 영향력이 가장 큰 민족이 정책적으로 중요시되었다. 동남아시아에서 화교(overseas Chinese)가 적절한 예이다.57) 전반적으로 일제는 아시아 여러 민족의 특성과 능력을 적절히 활용하여 각각의 지역에서 대동아의 건설에 동원했으며, 필요한 경우에는 특정 민족의 일시적 또는 항구적 이동까지도 고려했다(企劃院 · 大東亞建設審議會 제1권 1995(1942): 79~80).

그러나 동아시아에서 일본과 다른 민족들의 관계가 전적으로 적의나 오해로 얼룩졌다고 한다면 그것은 사실을 지나치게 단순화하는 것이 될 것이다. 양자 사이의 관계는 지역과 계급에 따라 복합적인 양상을 띤다는 점에서 일반화하기가 어렵다고는 하더라도 적어도 일반 민중들 차원에서 다른 양상을 찾아볼 수 없는 것은 아니었다. 예를 들면 인도네시아에서 일반의 민중감정은 일본인에 대해 나쁘지 않았다. 약종상이나 잡화상 등 영세한 상인이 많던 인도네시아 거주의 일본인들도 만주나 중국의 일본인과는 달리 아무런 특권

---

57) 화교문제는 대동아건설심의회에서 가장 중요한 문제의 하나로 활발하게 논의된 주제들 중의 하나이다. 규모와 경제력에 비추어볼 때 무시할 수 없을 뿐만 아니라 일본인의 상업적 발전의 가장 강력한 경쟁상대임과 동시에 일본 상인의 중요한 고객이기도 했기 때문이다. 또한 오랜 시간 동안 강한 연계망과 단결심을 유지해왔으며, 일본에 대한 반발이나 본토의 중경(충칭) 정권과의 관계 등을 고려할 때 일본으로서는 매우 상대하기 까다로운 존재이기도 했다. 대동아건설심의회는 각각의 지역에 따라 화교의 사정이 다르다는 점에서 일괄하여 동일하게 취급하는 것은 타당하지 않으며, 특히 재력이 있는 화교들에 대해서는 방임보다는 적극적 통제나 이용이 필요하다는 의견을 제시했다. 企劃院 · 大東亞建設審議會 제1권 1995(1942): 80~81 참조.

이나 이익도 없이 원주민과 협조하며 살았다(桶谷秀昭 1991: 254). 동남아시아 점령 초기에 일본군이 현지에 처음으로 들어갈 때 식민지 민중의 반응은 호의적이고 환영하는 분위기였던 사실도 지적해야 할 것이다. 특히 미얀마와 인도네시아, 필리핀에서 열렬한 자발적인 환영을 찾아볼 수 있다(竹內好 外 1963: 11~12). 점령 이후에도 일본이 본격적으로 인도네시아를 통치하는 것이 확실해지면서 마치 조선의 친일파들이 그러했듯이 일본에 의지하여 자신들의 미래를 거는 경우가 늘어났던 것도 사실이다. 일본어를 배우려는 붐이 매우 왕성하게 일어나는가 하면 특히 상류층에서 그러했지만 네덜란드인과 결혼하고자 하는 욕구는 이제 새로운 지배자로 등장한 일본인과 결혼하는 것이 명예라는 생각으로 바뀌었다(企劃院 1942: 39~40; Peattie 1988: 219).

그럼에도 불구하고 여기에는 생각해볼 점이 있었다. 전쟁의 뉴스영화를 비롯한 일본 본토의 대중매체들은 일본 국민에게 동남아시아의 민중들이 일본군을 환영한다는 사실만을 보여줄 따름이다. 그후의 경과나 민중들의 다른 반응은 전혀 알려지지 않았다. 필리핀인이 얼마나 일본인을 증오하고 있는가라는 것은 전후에 비로소 알려졌으며, 서구의 식민지로부터의 해방이 진정한 해방이 아니라는 것 역시 나중에 알게 되었다(竹內好 外 1963: 11). 그런가하면 미얀마의 아웅 산은 일찍이 동아시아에서 공동의 방위정책이라는 비전에서 대동아공영권을 지지했지만, 나중에는 새로운 아시아질서는 군국주의 일본의 대동아공영권처럼 되지도 않을 것이고 되어서도 안된다고 주장했다(Silverstein 1972: 21, 101; Acharya 2010: 1004). 일본정부와 군부의 엄격한 보도관제와 언론통제에 의해 아시아의 일반 민중들 사이의 상호관계의 차단은 말할 것도 없고 현지 지배층에 대한 회유와 기만과 통제가 공공연하게 시도되었다.

그렇다고 하여 만일 민중들의 교류가 가능했다면 오늘날의 비정부기구들의 연대와 같은 시민운동이 가능했을 것이라고 생각하는 것 역시 지나치게 단순한 견해일지 모른다. 마치 인도네시아에서 일본어 열풍이 개인적인 이해타산을 고려한 것이듯이 일본의 일반 민중들에게도 전쟁은 무엇인가를 가져다주어야 했다. 대동아공영권이 일본의 민중을 직접 포착한 것은 사탕의 특별 배급이었으며,[58] 조선의 식민지 학생들은 씽가포르 함락 당시 나눠준 고무공을 지금도 기억하고 있다. 조선과 같이 "제국의 영토로 새로 편입된 제국 신민"까지도 포함하여 일반 민중은 소수의 경우를 제외한다면[59] 점령지 민중의 생활이나 감정, 혹은 정치의식과 같은 것에 대해서는 거의 아무런 관심이 없었다.

이와 같이 보면 민중은 냉정하고 무심한 존재였다. 대동아공영권 건설의 대의명분으로 '동아의 해방'이라는 슬로건을 내건 일본정부와 군부의 대중 동원에 만약 민중이 적극적으로 참여했다고 한다면[60], 그것은 전시라는 비상 시기가 가져다주는 흥분의 효과도 있었지만, 전쟁의 승리와 '제국'의 확장이 가져다줄 막연한 이익을 기대했기 때문이다. 무대를 (반)식민지로 옮겨 보면 사정은 한층 복잡했던 것으로 보인다. 중국에서는 "열광적인 민족주의와 그에 대한 반발, 앵글로쌕슨 배격사상과 할리우드영화의 국제성에 대한 동경, 문화적 다원주의와 초민족적인 보편주의"와 같이 상반되는 요청이 쉽게 해소되기 어려운 갈등을 연출했다(Gerow 2002: 141).

일제의 전쟁 선전 영화인 '대동아영화'의 상영관에서 "자기의 심중을 말

---

58) 자바 점령 당시 일본정부는 사탕을 특별히 배급함으로써 자바를 취하면 사탕은 얼마라도 얻을 수 있다는 인상을 일반에게 주었다. 석유스토브가 드물던 시기에 석유는 일상생활과는 관계없는 전쟁도구였으며, 따라서 일상생활에 가장 반가운 것은 사탕이었다. 竹內好 外 1963: 10 참조.

59) 미얀마나 인도네시아, 인도의 경우 보통의 일본 시민들 중에는 이들의 독립을 돕고, 아시아의 해방을 위해 싸운다고 진지하게 생각한 사람들이 있었다. 이러한 맥락에서 우쯔미 아이꼬(內海愛子)・타나베 히사오(田辺壽夫 1983: 242~43)는 "이제 금방이다. 간디 분발하라 내가 간다"는, 전쟁 당시 미얀마에 파견된 자동차회사 사원이 만든 구호를 소개하고 있다.

60) 우쯔미 아이꼬・타나베 히사오(1983: 230)는 당시 일반 민중의 수준에서는 기행렬, 제등행렬의 파도에 휩쓸려 라디오, 신문의 전쟁뉴스에 가슴이 설레었을 것이라는 것은 상상하기 어렵지 않다고 적고 있다.

하지 않는" 만주인의 얼굴은 강제하려고 하는 의미가 제대로 수용되었는지의 여부를 말하지 않을 뿐만 아니라 오히려 정반대의 저항적인 의미조차 만들고 말았는지 알 수 없다는 두려움을 환기하고 있다. 특히 관객의 '쓴웃음(苦笑)'은 아마도 일본영화의 저급성뿐만 아니라 미국과 싸우면서 미국영화를 '번안(翻案)'하고 있다는 세계체제에서 일본이라는 민족의 모순의 인식을 암시하는지도 모른다(같은 책 145). 조선의 경우 징병으로 전장에 끌려가는 것은 개죽음이고 침략전쟁에 동승하는 것이라는 비판적 여론이 있던 것은 당연하지만, 일본 본토와 마찬가지로 전승과 동아 해방의 캠페인에 열광적으로 호응하는 분위기가 없는 것도 아니었다. 그리고 무관심하고 소극적인 태도로 하루하루를 보내는 일상의 생활이 있었다.

이와 같이 대동아공영권의 각민족과 지역, 그리고 계급이 일본제국에 의해 분열되어 있다고 하더라도 이들을 하나의 단위로 묶는 것이 있었다. 이들의 공동목표는 서구, 특히 미국이었다. 서구에 대한 반대라는 점에서 이들은 하나로 묶였고, 그에 대한 반대는 일본정부와 군부에 의한 반미 캠페인을 통해 증폭되어갔다. 필리핀의 사례를 보면 1942년 2월 17일 제국 육군사령관은 '교육에 관한 6항목'을 명령으로 발포해 "미국, 영국에 의존한다는 낡은 생각을 일소하고 신필리핀 문화를 육성할 것" "일본어의 보급에 노력하여 영어의 사용을 금지"했다. 이와 아울러 교과서를 검열하기 위한 검정위원회가 필리핀인과 일본인 전문가로 구성되었다. 위원회의 주도권을 잡은 일본인들은 부적당하다고 생각되는 곳을 삭제했는데, 그 대부분이 미국과 관련된 주제 들이었다.[61] 사정은 말레이반도에서도 비슷했다. 모든 영어계의 학교는 국립소학교로 되고 일본어가 영어의 자리를 대신했다(內海愛子・田辺壽夫 1983: 180).

1943년 5월 이래 일본 점령지역에 대한 미군의 상륙과 연합군의 공습에

---

[61] 예를 들면 '필리핀, 미국의 기' '필리핀의 미연방(commonwealth)정부' '워싱턴의 탄생일' '미국의 통화, 도량형' 등이었다. 內海愛子・田辺壽夫 1983: 138~40 참조.

따라 전황이 불리해지면서 일본의 전쟁 선전에서도 "아시아의 빛 닛본"과 같이[62] 일본제국의 능력이나 '위용'에 대한 자신감이 없어져갔다. 대신에 그에 비례하여 인종주의적 대립과 갈등은 한층 더 조장된다.[63] 인도네시아의 도시나 마을에서는 수카르노가 만든, 어조 있는 슬로건 "미국을 밟아 부수고 영국을 분쇄하자"(Amerika Kita Setrika Ingelis Kita Linggis)나 "일하자! 일하자! 일하자! 마음과 힘을 하나로 하여 연합군을 쳐부수자!"는 노래가 사거리에 세워진 라디오를 통해 날마다 흘러나왔다. 영미를 맹비난하고 전쟁을 부추기는 각종 슬로건으로 넘치던 일본의 동원사회가 자바에 그대로 재현된 것이다(같은 책 220~21).

대동아공영권에서 식민지 민족문제의 이론과 모순은 당시 일본이 식민지로 영유하던 조선과 타이완의 사례를 통해 가장 극명한 형태로 찾아볼 수 있다고 말할 수 있다. 이 시험의 땅에서 일본은 식민지를 영유하면서 식민지

---

62) 1942년 3월까지 자바를 비롯한 인도네시아 각지를 점령한 일본군은 군정 실시와 아울러 일본의 주요 문화인을 포함한 군선전부가 주도하여 이른바 3A운동을 전개했다. 3A란 "아시아의 빛 닛본, 아시아의 지킴이 닛본, 아시아의 지도자 닛본"이라는 슬로건에서 '아시아'의 머리글자 3자를 취한 데서 유래한다. 처음에는 화교와 소수의 인도네시아인이 군정감부로부터의 원조 없이 시작한 것인데, 3월 17일에 결성식을 마치고 기관지 『아시아 라야』을 간행하는 등 운동이 자바 전역으로 확산되고 각지에 지방지부가 생겨나 대동아공영권의 이데올로기를 선전했다. 이 운동은 네덜란드 식민지시기 식민지 관료에 의해 일본군에 빌붙는 수단으로 이용되었다. 이들의 참가 강요는 주민들의 반감을 샀으며, 민족주의자도 군정협력을 강제하는 이 운동에 냉담한 태도를 보였다. 게다가 일본군 군정감부나 헌병대에서는 이 운동이 독립운동으로 발전할지 모른다는 의구심을 가지고 있었다. 이러한 이유로 "인도네시아인을 배우로 한 일막의 희극"으로 혹평받은 이 운동은 자연 소멸하고 말았다. 橋川文三 1977: 306; 内海愛子・田辺壽夫 1983: 219~20 참조.

63) 인종주의는 일본이 미국과의 전쟁을 수행하는 데 중요한 구성 요소이다. 그러나 대외적으로 일본은 이 전쟁에서 인종주의의 인상을 주지 않으려고 고심한 흔적이 보인다. 공영권 내에서는 "동아의 해방전인 성격을 가지고 있기 때문에 인종전을 유발할 위험성을 다분히 내포"한다고 하면서도, 독일・이탈리아 동맹국과의 관계, 또는 영국・미국에 대한 전략적 고려에서 '대동아전쟁'이 인종전쟁으로 해석될 수 있는 여지를 경계(住谷悅二 1942: 200; 總力戰研究所 1942: 134)했기 때문이다.

를 부정해야 하는 자기모순에 처했다. 이러한 사정을 반영하여 종전 이후 일본의 대동아공영권에 대한 연구에서도 이 문제가 거의 논의되지 않은 사실은 그렇다 치더라도, 대동아공영권 시기에서조차 조선(과 타이완)문제에 대한 논의는 찾아보기 어렵다.

일련의 자료들은 이 문제가 가지는 민감성을 잘 보이고 있다. 1942년 2월 10일 일본 각료회의에서 결정된 대동아건설심의회에 관한 안건을 보면, "조선총독 및 타이완 총독은 회의에 출석하여 의견을 개진할 수 있다"는 조항이 있다. 그러나 곧이어 1942년 2월 21일에 제정, 공포된 관제에는 이 부분이 빠지고 전혀 기술되어 있지 않다(明石陽至・石井均 1995: 2). 이에 따라 설립된 대동아건설심의회는 제3부회에서 "대동아건설에 수반한 인구 및 민족정책"을 의제로 상정한다. 여기에서 "대화민족의 증강방책 및 그 배치방책"과 관련하여 조선인의 문제는 매우 중요한 문제라는 의견이 제기된다. 회의에 참석한 다수의 위원들은 "이 문제는 별도로 신중하게 취급할 필요가 있다"는 의견을 내었기 때문에 답신안의 작성에서는 이를 다루지 않기로 했다. 이에 따라 조선인(및 타이완인)의 문제는 답신안에서 다루지 않게 된 것이다(企劃院・大東亞建設審議會 제1권 1995(1942): 68).

그렇다면 대동아공영권에서 조선이나 타이완의 지위는 어떠한 방식으로 설정되는가? 이에 대해서는 두가지 방안이 제시된다. 하나는 식민지 영유의 현실을 인정하면서 점진적인 해결방안을 모색한다는 것이다. 즉 "공영권 내에서의 보호국 및 이에 준하는 경우의 대외관계는 일본이 이를 처리한다"고 하면서도 "권내 여러 민족의 독립의 요망은 이를 존중하여 가급적 그 실현을 기하여도, 동아 결합을 위해 필요로 하는 군사적, 경제적 요청 및 각지역의 역사적, 정치적, 문화적 제요소를 고려하여 적정한 정치형태를 결정"해야 한다는 것이다(總力戰研究所 1942: 16, 80). 1943년 4월 외상에 취임한 시게미쯔 마모루는 동남아에서 일본의 전황이 불리하게 됨에 따라 인도네시아에 독립을 부여할 준비를 하면서, 조선과 타이완에도 정치참여와 자치를 고려했다고 한다(岡崎久彦 2000: 254). 그러나 종전에 이르기까지도 말레이반도와 인도네시아를 '제국 영토'로 이용했으며 식민지 조선과 타이완 역시 패전까지 절대로 놓아주지 않았다(小野賢一 1992: 272).

원칙과 현실과의 점진적 타협에 대한 모색과는 달리 또다른 방안은 원칙 자체를 엄격하게 정의함으로써 모순을 해소하려고 했다. 그것은 국가가 아닌 민족은 직접적으로 공영권의 구성원이 될 수 없으며 따라서 단지 국가의 구성원에 지나지 않는다는 원칙의 표명이다. 즉 "대동아공영권을 구성하는 정식 단위는 민족 각각이 아니고 독립국가"이기 때문에 만일 "보호국 등이 존재하는 경우에는 공영권의 단위로서는 그 종주국에 포섭된다"는 것이다(國策研究會 연대미상: 4~22, 41).

이 문제는 대동아건설심의회 제3부회의 민족정책에서 의제로 논의되었다. 의장인 후생대신은 중국민족, 화교의 문제와 "가장 관계가 깊은 조선인"은 '황국민'이지만 동시에 "반도의 문제도 관계가 있다"고 하면서 그에 대한 의견을 구했다. 이에 대해 한 위원은 "조선민족과 같이 제국 영토 내에 살고 있는 경우는 제국신민으로 생각해야" 한다는 원론적 발언을 했다. 나아가서 그는 조선인은 형식적으로는 '제국신민'이지만, 일본민족과는 구분해야 한다는 단서를 달았다. 또한 그는 만주나 쏘비에뜨에 거주하는 조선인은 조선반도의 조선민족과는 "전혀 달리 생각해야 한다"고 언급했다(企劃院・大東亞建設審議會 제2권 1995(1942): 109~10). 즉 조선반도에 거주하는 조선인은 형식적으로는 일본인과 같은 '제국신민'이지만, 양자는 실제로 구분되어야 하며, 나아가서 이들은 만주나 소련에 거주하는 조선인과도 다르다는 것이다.[64]

조선인문제는 이 회의의 산업 입지에 대한 논의에서도 제기되었다. 회의에 참석한 한 위원은 '황국'의 하나에 포함되는 조선에서 앞으로 어떠한 산

---

64) 이 문제에 대한 더 자세한 논의로는 김경일 2003: 355; Caprio 2009 참조.

업을 건설할 예정인가라는 질문을 던졌다. 이에 대해 의장(상공대신)은 "조선, 타이완은 황국의 가운데 넣어서 생각하고 있다"고 대답했다. 따라서 일본 내지와 조선, 타이완을 한묶음으로 하고, 그에 대응하여 만주국과 중국을 또다른 묶음으로 하는 지역의 각각의 특성을 활성화하여 중화학 공업을 발전시켜야 한다는 것이다(企劃院·大東亞建設審議會 제1권 1995(1942): 203). 조선은 타이완과 함께 '황국'의 일부이며, 이러한 이유로 1942년 11월에 설치된 대동아성도 관할 지역으로 일본 본토(내지)와 타이완, 사할린 등과 함께 조선을 제외한 것이다(明石陽至·石井均 1995(1942): 2). 이미 언급했듯이 오자끼 호쯔미 역시 조선에서 일본의 동화정책이 성공적으로 진행된다면 조선은 자연스럽게 일본의 일부가 될 것으로 전망했다. 이는 앞에서 살펴본 동남아시아에서 일본의 민족정책에 대한 그의 비판적 태도와 대조되는 것으로, 동일한 일본제국의 식민지인 조선과 동남아시아를 각각 분리하여 보는 이중적 태도는 일본의 비판적 지식인이 가지는 식민지 인식의 한계를 드러내는 것이다.

이와 같이 대동아공영권에서 식민지 조선의 정치적 지위에 대해서는 여러 가지 논의가 있었다 하더라도 결국 '제국의 영토'의 일부로서 '식민지'가 아니라는 논리를 강변했다. 그러나 근대 식민지의 역사를 볼 때 아시아, 아프리카 지역의 식민지들이 국가 형태라기보다는 부족이나 민족의 상태에서 식민지배를 받았다는 사실을 고려해보면 서구의 식민경영과 일본의 그것의 차별성을 인정하기는 힘들 것이다. 아시아와의 관련에서 보면 서구의 식민지배를 받지 않고 곧바로 자신의 식민지로 편입한 조선이나 타이완에 대해 일본이 철저한 동화정책을 추진해야 할 논리적 근거를 설정할 수 있겠지만, 유감스럽게도 그것은 자원의 수탈이나 병력의 동원과 같은 의무에 집중되어 있었지,[65] 생존이나 번영을 위한 권리의 차원은 결코 아니었다.

---

65) 전시기의 물자동원계획에 입각해보면 만주와 조선 등은 '황국 일본의 보족씨스템'으로 설정되어, 조선은 말할 것도 없고 예컨대 야심적으로 기획된 '만주국산업개발5개년계획'과

5. 대동아공영권과 아시아주의

일본의 아시아주의는 제1차 대전이 끝나고 러시아혁명이 발발하여 짜르
체제가 붕괴되고 윌슨의 민족자결주의가 제창되는 1910년대 이후 상대적으
로 점차 지지기반을 잃어갔다. 세계의 약소민족 사이에서는 민족주의에 바
탕을 둔 민족 독립의 기운이 고조되어갔으며, 제국주의 일본 내부에서도 민
주화의 움직임이 고양되고 공산주의나 무정부주의적인 진보적 사상이 크게
전파되는 가운데 이른바 타이쇼오 데모크라시 시대를 맞이했다.66) 전체주의
를 본질로 하는 아시아주의는 이러한 사상적 흐름 속에서 설 자리를 잃고
'반동의 사상'으로서 낙인찍히면서 우익의 전유사상이 되어갔다. 1920년대
에는 아시아문제가 별로 쟁점화하지 않고 우익세력은 주로 국내문제에 눈을
돌리게 된다. 일본적 아이덴티티의 위기 상황이라는 판단에서 국수주의적인
우익사상이 반동으로서 제기되는 것이다. 단 아시아에 대한 관심은 경제적
분야에서 크게 일어나 특히 동남아 지역을 중심으로 무성한 논의와 아울러
현지에의 진출이 늘어났다.

일본에서 아시아에 대한 관심과 아시아주의의 고양은 1930년대에 들어와
다시 강화되는 경향을 보인다. 워싱턴회의를 거쳐 만주사변에 이르는 이른
바 베르싸유체제에서는 상대적으로 소홀히 되어왔던 아시아에 대한 관심이

같은 만주공업화 방침은 포기되었다(山本有造 1996: 570). 또한 "동아권내의 타민족 및 국
가는 방위를 위해 이용한다"는 원칙에서 "조선 및 타이완 민족을 일본군으로 혼입 편성한
다"는 방침 아래 조선과 타이완에서 병역의무제의 시행을 필요로 한다고 하면서 그 인원수
를 전체 인구의 5퍼센트로 추산하여 각각 조선 150만, 타이완 50만으로 계상하고 있다(總
力戰硏究所 1942: 15, 196). 이에 따라 1942년 5월 일본정부가 조선에서 징병제도를 실시
하기로 결정한 이후 이듬해인 1943년 3월에 총독부에서 징병제 시행을 공포한 것이다(8월
1일 시행).

66) 제1장에서 언급했듯이 그밖에도 일본사회에서 좌우대립의 심화와 유럽에서 황화론에 대
한 반발, 미국에서 일본인 이민배척 등의 여러 요인이 복합적으로 작용했다.

만주사변을 거쳐 중일전쟁으로 치달으면서 이제 관심의 초점으로 부상된 것이다. 말하자면 일본의 입장에서는 "보다 글로벌한 구상"(伊藤のぞみ 1998: 228)에 대한 필요성이 제기된 것이며, 이 구상의 중심에 아시아가 놓여 있다고 할 수 있다.[67] 이러한 맥락에서 군부와 관료, 정치인들이 주도하여 다수의 정책연구단체들을 조직한 것에서 보듯이[68] 중일전쟁 이후 아시아에 대한 본격적인 공세적 조치들이 모색된 것이다.

그렇다면 대동아공영권과 아시아주의의 관계는 어떻게 평가되어왔는가? 한편으로 일련의 논자들은 아시아주의와 대동아공영권과의 연관관계를 부정하지는 않는다 하더라도 양자를 직접적으로 연관시키는 것에 대해는 부정적인 입장을 보인다. 타께우찌 요시미는 이러한 의미에서 "대동아공영권 사상은 어떤 의미에서는 아시아주의의 귀결점이지만, 또다른 의미에서는 아시아주의로부터의 일탈, 또는 편향"이라고 단정한다. 아시아 여러 나라의 연대가

---

67) 구체적으로 말하면 아시아에서도 중국문제가 가장 중시되었다는 사실에 주목해야 한다. 중국문제는 1910년대 이래 아시아주의에서 핵심적 위치를 차지해왔으며(小寺謙吉 1916: 1271), 1940년대에 남방문제가 제기된 이후에도 아시아주의자들의 주된 관심의 대상이 되어왔다. 이러한 맥락에서 오오까와 슈메이는 "지나사변이 처리되지 않는 한 미국과 영국의 항전력이 아무리 약하고 아무리 낮다고 하더라도 대동아전쟁은 결코 유종의 미를 거둘 수 없을 것"이라고 지적했으며(大川周明 1943: 70), 스미야 에쯔지(住谷悅二)는 "지나사변을 해결하는 것은 동아공영권을 확립하는 것에 의하여 가능하고, 동아공영권의 확립은 동시에 지나사변의 철저한 처리를 의미한다고 하는 함수관계로 되었다"고 주장했다(住谷悅二 1942: 15). 최근의 한 논자가 적절히 지적했듯이, 대동아공영권 사상에서 숨겨진 의론의 주제는 "지나이고 지나사변"이었으며, 여기서 "'지나'란 근대국가 일본에 자기의 입장을 동정(同定)한 지식인의 치부이고 그들의 언설의 위장을 폭로하고 마는 현실"이었던 것이다(子安宣邦 1994: 146).

68) 이미 언급했듯이 1933년 3월 마쯔이 이와네(松井石根)는 대아세아협회(大亞細亞協會, 전신은 범아세아학회(汎亞細亞學會))의 결성을 주도했고, 1936년 코노에 후미마루가 조직한 쇼오와연구회는 이른바 동아협동체론을 기조로 하는 동아신질서론을 제창했으며, 이시와라 칸지는 만주사변 직후부터 '동아연맹'의 구상을 가지고 있다가 이른바 코노에 성명 이후 '동아연맹협회'를 조직하여 활동을 개시했다(伊東昭雄 1990: 251~52; 趙軍: 1997: 294; 伊藤のぞみ 1998: 227 이하).

아시아주의의 최소한의 속성이라고 한다면 대동아공영권도 아시아주의의 한 형태라고 할 수 있겠지만, 실제로 그것은 아시아주의를 포함한 모든 사상을 압살한 위에 성립한 의사(擬似)사상이라는 것이다. 이러한 점에서 그는 "일본 파시즘의 완성과정을 그대로 아시아주의의 자연유출과정으로 파악하는 것은 본말을 전도"한 것이라고 주장한다(竹內好 1963: 13~15). 비슷한 맥락에서 조군(趙軍)은 아시아주의가 아시아 여러 나라의 제휴연합과 구미세력 구축의 두가지를 중심으로 하는 주장이라고 한다면, 1938년에 발표된 동아신질서 성명은 전자를 '선린우호'로 바꾸고, 후자에 관하여는 전혀 이질적인 '공동방위'로 바꿔치기 하면서 그때까지는 거의 언급하지 않던 경제제휴라는 항목을 새로 제기했다는 점에서 그것은 "대아시아주의 주장의 일종 또는 그 전개라고 하기보다는 구래의 대아시아주의 사상에 대한 커다란 개조"로 보아야 한다고 주장한다(趙軍 1997: 299).

이들의 논의가 가지는 장점은 아시아주의가 궁극적으로 1930년대 후반 이후 일본 파시즘의 대동아공영권 사상으로 수렴되었다고 보는 일종의 정통주의사관69)에 대한 대안적 설명을 제공한다는 점이다. 그것은 메이지 시기이래 아시아주의의 모든 흐름이 궁극적으로 대동아공영권으로 수렴되어 갔다는 목적론적 설명을 피하면서, 각시기의 아시아주의를 그것이 배태되고 주장된 상황과 맥락 안에서 평가할 수 있게 한다. 나아가서 이를 통해 우리는 대동아공영권과 아시아에 대한 침략이라는 일종의 거대서사(grand narrative) 안에서 자칫 매몰될 수 있는 아시아주의가 지니는 다양한 지향과 스펙트럼을 그 자체로 이해할 수도 있을 것이다.70) 이와 아울러 그것을 통

---

69) 대표적인 논자로는 히라이시 나오아끼(平石直昭 1998: 204~08) 등을 들 수 있다. 다소 논란의 여지가 있지만 이또오 아끼오(伊東昭雄 1990: 310~12)의 경우도 여기에 포함시킬 수 있을 것이다. 아시아주의를 청일전쟁 시기까지로 한정하고 있다는 점에서 그는 정통주의의 입장에서 벗어나고 있다.

70) 위에서 필자가 정통주의자로 지목한 이또오 아끼오(1990: 312)의 경우에도 1930년대 이후 중국에 대한 침략적 아시아주의자들과는 별개로 일련의 아시아주의자들을 구분하고자

해 우리는 아시아는 다양하다는 사실, 또한 아시아 여러 민족이 처한 상황이나 이해관계에는 상당한 차이가 존재할 수 있다는 사실을 적절히 인식할 수 있다.[71]

그럼에도 불구하고 이들 일종의 수정주의자들의 논의가 제공하는 장점에 주목한 나머지 그것이 내포하는 한계와 단편적 인식에 눈감아서도 안될 것이다. 예컨대 타께우찌 요시미의 경우 "아시아 여러 나라의 연대의 지향을 내포"하는 공통성을 아시아주의에 대한 최소한의 정의로 제시하면서, 1930년대 이후 범람했던 아시아주의에 관한 수많은 서적들과 논문들의 대부분이 "아시아주의는 소멸되고 아시아주의를 칭하는 의론이 횡행"한 결과로 평가한다(竹內好 1963: 15). 이러한 관점에서 보면 왜 그가 아시아주의에 관한 자신의 편서에서 선택적으로 논자들을 소개하고 있는지를 이해할 수 있다.

이 책에서 그는 아시아주의의 원형으로 오까꾸라 텐신과 타루이 토오끼찌의 두사람을 소개한다. 암묵적으로 그는 이들에게서 보이는 아시아연대의 지향에 감정이입을 하면서 상당한 공감을 표시한다. 이러한 점에서 그는 타루이 토오끼찌의 경우 한국과 일본의 '대등합병'에 대한 주장에 주목하여, '양학자들'에게는 찾아볼 수 없는 신선함과 독창성만을 강조한다. 타루이의 대등 합병설은 '공전절후의 창견(創見)'이라고 평가하면서도, 그것에 대한 비판은 1910년의 강제병합보다는 1930년대의 만주국 건설로 건너뜀으로

한다. 예컨대 만주사변 이후의 타찌바나 시라끼, 쇼오와연구회 이후의 미끼 키요시, 태평양 전쟁의 한가운데에서 「세계신질서의 원리」(1943년 5월 무렵)를 썼던 니시다 키따로오, 그리고 「대동아전쟁과 우리들의 결의」를 발표한 타께우찌 요시미 등이 그들로, 이들은 대동아공영권의 이념과 침략정책의 모순을 지적하면서 그것을 조금이라도 수정하려고 노력했다는 것이다. 그러나 그러한 노력이 얼마만큼 유효했는지는 의문이며, 경우에 따라서는 그들의 행동이 결과적으로는 침략전쟁에 대한 협력으로 귀결되는 위험성을 내포하고 있음에도 불구하고 그들의 역사적 역할을 달리 평가할 수 있는 가능성에 주목하는 것이다.

71) 이러한 맥락에서 동일한 아시아주의자가 중국인의 눈으로 보면 "틀림없는 제국주의자이고 침략 전쟁의 고취자"이지만, 일본군과 손을 잡고 영국군과 싸운 인도인 혁명가의 입장에서 보자면 의연한 '부흥 아시아의 전사(戰士)'로 평가될 수 있다(岡本幸治 1998: 222).

써72) 그는 아시아에 대한 타루이의 '진정한 연대와 선의'를 구하고자 한다. 이러한 방식을 통해서 아시아주의의 원형이 하나의 전형으로 구성되면서 모든 객관적 사실들은 이에 따라 선택적으로 부각되고 강조되는 것이다. 이에 대한 비판으로 필자는 제2장에서 타루이나 오까꾸라에서 나타나는 아시아주의의 또다른 측면들을 부각시키고자 했다.

또다른 한편에서 타께우찌의 입장은 1930년대 이후 대동아공영권 구상에 가담한 아시아주의자들을 이해하는 데에도 일정한 한계를 제공한다. 이에 대한 전형적인 사례로는 앞에서 언급한 오오까와 슈메이를 들 수 있다. 타께우찌에 따르면 오오까와는 "심정과 논리가 분열하여 논리가 일방적으로 침략의 논리에 몸을 맡기고 말았"던 '전투적인 제국주의자'(같은 책 50~51)로 평가되고 있지만, 오오까와의 이론에는 그처럼 단순하게 평가할 수만은 없는 측면이 있다.

오오까와가 보기에 대동아공영권을 뒷받침한 '동아신질서의 이념'은 단순한 군사적 표어가 아니라 메이지유신 이후 일본의 대륙정책의 기조가 되어온 것이었다. 그것은 마치 "근대 일본의 국민적 통일의 가장 중요한 기초 이념의 하나"였던 국학과 마찬가지로 근대 일본의 성립 당시부터 면면히 추구되어온 것이다(大川周明 1943: 13~14). "아시아는 하나"라는 오까꾸라의 주장을 상기하면서 그는 1904년 러일전쟁에서 일본의 승리가 "굴욕과 분열과 비참과 무감각의 아시아를 오랜 잠에서 깨웠던 것"이라고 본다.

아시아는 서구의 지배에서 벗어나 자주독립을 이루려는 정치적 각성에서 동일성을 가진 것이며, 이러한 점에서 정치적 운명의 공동과 정신적 세계관

---

72) 타루이의 대등합병 이념은 심정으로는 계승되어 만주국 건설로 이어졌지만, 그것은 "전체로서는 불순한 동기와 기만에 찬" 것이며, 이러한 점에서 괴뢰국 건설에 가담한 "소박한 아시아주의자들은 대등합병이 냉혹한 일방적 병합으로 끝날 수밖에 없었던 역사적 현실로부터 배우는 것에 소홀한 책임으로부터 면제될 수는 없을 것"이라고 타께우찌는 비판하고 있다(竹內好 1963: 37).

에서 근본적 일치를 이루고 있다는 것이다(같은 책 133~34). 이처럼 그는 '아시아의 부흥'이 단순히 정치적 독립만으로는 충분하지 않으며, 오히려 '정신적 세계관'으로서의 '아시아 공동의 문화와 이상'이 중요하다고 생각한다. 즉 아시아의 부흥은 서구로부터의 정치적 독립을 의미하는 것만은 아니며, 아시아의 '혼과 정신'에 기반을 둔 '고대의 광영'을 부활하는 것을 요구한다는 것이다(大川周明 1922: 251~52; 1943: 140~42).

이처럼 아시아 부흥운동이 "아시아 혼의 요구에 그 기원을 두고 있다"고 한다고 할 때, 그것을 주도하는 것은 당연히 일본이 되어야 한다고 오오까와는 주장한다. 그의 표현대로 하면 "중국은 일본을 거의 안중에 두지 않고, 인도는 아마도 일본의 존재를 알지 못했"으며, "단지 일본만이 자신의 안에서 중국과 인도를 섭취하고 이들을 의식"하고 있다는 점에서 아시아에 대한 위대한 사명과 책임을 짊어지고 있는 것은 일본이 될 수밖에 없다는 것이다73). 그리고 이에 따라 대동아공영권은 "결코 단순한 영토적 야심의 추구가 아니라" 바로 이러한 아시아 혼이 객관화 또는 구체화된 것으로 보아야 한다는 것이 그의 주장이다(大川周明 1943: 15, 140~42, 199).

지금까지 살펴본 것에서 알 수 있듯이 오오까와의 아시아주의는 메이지 초기의 아시아주의의 논리를 계승하면서 아시아 공동의 연대와 동일성을 여전히 강조하고 있다. 이러한 연대와 공동의 의식에서 아시아에 대한 침략을 옹호하고 정당화했다는 사실을 염두에 둔다면, 우리는 대동아공영권의 문제를 단순히 경제적이고 군사적 차원에서 단기적으로 파악하는 인식이 가지는 한계를 명확히 깨닫게 될 것이다. 그럼에도 불구하고 대동아공영권에 대한 이러한 일면적 파악을 전제로 타께우찌가 그러했던 것처럼 오오까와의 사상에서 침략의 측면만을 강조하는 것은 사실의 전모에 다가가는 것이 아니다. 이에 따라 연대와 평등의 심성은 다시 아시아주의에 여전히 유효한 것으로

---

73) 아시아 공동의 정체성에 대한 강조와 아울러 그것을 일본의 독자성과 우월성으로 연결시키는 이러한 논리는 오까꾸라 텐신을 통해 앞에서 살펴본 바 있다.

인정되면서, 앞의 타루이나 오까꾸라에 대한 논의와는 반대의 과정을 통해 동일한 이론효과를 거두는 것이다.

6. 일본의 아시아 정책과 아시아의 정체성

근대 이후 아시아에 대한 일본의 인식은 이중적이고 자기모순을 가진 것이다. 한편으로 일본은 이미 서구 침략에 의해 지배되어온 아시아에서 자신만이 근대문명을 받아들이면서 동시에 고유한 전통을 지속적으로 유지해왔다는 자부심을 가지고 있다. 다른 한편으로 아시아에 대한 일본의 이러한 인식은 서구에 대한 그것과 밀접하게 관련되어 있다. 근대문명을 받아들인다는 점에서는 서구에 대한 인정과 동경이 있지만, 자신에 고유한 전통을 유지한다는 측면에서는 서구에 대한 견제와 불안이라는 복합적 반응을 수반한다. 그리고 이는 다시 아시아에 대한 일본의 반응으로 되돌아온다. 아시아에서 가장 먼저 근대문명을 받아들인 일본은 거의 대부분이 서구의 식민지로 전락한 다른 아시아 국가·민족들에 무시와 경멸을 보냈지만, 서구에 대한 불안과 반감이 고조된 상황에서는 아시아가 동일한 문명과 종족에 속한다는 사실을 상기하고자 했다.

근대 이후 일본의 이러한 복합적이고 모순적인 반응양상은 대동아공영권이 출현한 1930년대 후반 이후로 초점을 좁히면 더 단순화되는 듯이 보인다. 이러한 변화는 서구에 대한 일본의 태도가 비판과 부정이라는 비교적 단일한 반응으로 응축된 사실에서 야기된다. 이에 따라 적어도 공식적 차원에서는 아시아에 대한 상호우호와 연대를 지향하는 것처럼 보였다. 그러나 지리나 인종, 문명의 요소에서 공동의 정체성을 찾아온 일본의 전통적 아시아 인식은 이 시기에 상이한 인종과 문명과의 조우를 통해 재조정되는 과정을 밟는다. 문화적, 역사적, 인종적으로 타이완이나 조선, 중국과는 다른 동남아시아 지역으로 대동아공영권이 확장되면서 일본은 새로운 정체성의 기반을 찾아야 했다. 이러한 점에서 피터 두스는 대동아공영권이 전통적으로 강조해왔던 인종 대신에 '공동의 이익'이라는 기반에 주목했다고 지적한다(Duus 2008: 146~47).

이 공동의 이해관계와 관련해서는 동남아시아에서 일본의 역할이 서구로부터의 해방이라는 차원보다는 서구제국주의에 대신하여 자원의 약탈을 의도했다는 사실에 주목해야 한다. "일본의 아시아와의 일체감은 일본의 서양에 대한 열등감과 의존성을 극복하기 위해 동아시아의 자원과 노동력이 불가결하다는 형태를 띠기 시작했다"는 언급(Berger 1974: 198)은 이러한 맥락에서 나온 것이다. 이와 비슷하게 아베 히로즈미(安部博純)는 대동아공영권은 '자주적 국방력'이라는 군부의 숙원을 달성하기 위한 구상에 불과하며, 이러한 인식에서 남방 여러 지역은 '획득'해야 할 '자원의 보고'에 지나지 않을 따름이라고 지적한다. 아시아주의 이데올로기에 의해 분식되어 있는 대동아공영권 구상은 '아시아주의적'이라고는 할 수 있어도 아시아주의 그 자체는 아니라는 점에서, 사상이라기보다는 '국가의 논리' 특히 '군사의 논리'에서 나온 구상으로 아시아 여러 민족과의 연대나 아시아의 해방이라는 이상주의적 발상에 기초하지 않았다는 것이다(安部博純 1989a: 139). 하라다 카쯔마사(原田勝正 2000: 21) 또한 일본의 동남아시아 침략은 처음부터 영토를 확장하고 현지 주민을 억압한다는 전략적 구상 아래 진행되었다고 본다. 아시아주의와 같은 해방·연대의 방향은 원래부터 정착할 수 없었다는 점에서 대동아공영권은 외형만의 해방이론으로 허구화하면서 실질적인 의미를 전혀 상실했다고 그는 주장한다.

이들의 논의는 서구의 규정으로부터 상대적으로 벗어나는 것처럼 보인 1930년대 후반 이후에도 일본의 아시아에 대한 정체성의 기조에는 여전히 서구라는 타자에 대한 자의식이 작용하고 있다는 사실을 보이고 있다. 아시아의 시각에서 보자면 이는 근대 이후 100여년 이상의 오랜 동안에 걸쳐 오늘날에 이르기까지 일본이 아시아의 바깥에 자신을 놓고 생각해온 것을 의미한다(같은 책 13). 이러한 점에서 이 시기 일본의 아시아주의는 아시아라는 내재적 동인보다는 서구와 같은 외부적 요인에 의해 추동된 측면이 강했다.74) 키따오까 신이찌(北岡伸一)는 일본제국주의 팽창의 기저에 있던 생각을 "과잉한 취약성 의식"으로 개념화한다. "일본은 자원이 없고 시장이 없고 유색인종이어서 차별되기 쉽다는 점에서 이에 대한 과민한 반응이 일본을 팽창으로 내몰았으며, 이를 정당화한 것이 아시아 심벌"이다. 따라서 "일본은 아시아이고 아시아의 대표라고 하는 의식은 구미에 대한 반감이나 불안을 투영한 것일 따름"이라는 것이다.75)

이와 같이 일본에 의한 아시아의 정체성은 아시아의 바깥에서, 바꾸어 말하면 타자인 서구를 의식하면서 아시아를 바라본다는 특징을 갖는다. 근대 이후의 일본은 약하고 후진적인 아시아보다는 그 반대의 속성들을 갖는 서양과 자신을 동일시해왔다. 이러한 이분법적 인식에서 아시아는 대개의 경우 여성적이거나 악한 정체성을 갖는 어떤 것으로 묘사되어왔다. 이러한 이항대립이 아시아로 옮겨 오는 경우, 서양은 이제 중국이나 인도와 같이 오랜 전통을 가진 강대한 나라들에 의해 대체되었다. 오늘날 동아시아의 주변국들이 더 예민하게 느낄 수 있는 강대국 중심 의식의 역사적 사례는 아시아주의자로 유명한 오오까와 슈메이에게서 찾아볼 수 있다. 그는 대동아정신의 중심에 '삼국혼'을 설정한다. 즉 "오래된 동양전통의 사상만으로는 원래

---

74) 이러한 점에서 키따오까 신이찌(1992: 14)는 "독일에의 접근과 왕 자오밍(汪兆銘) 공작이라는 두가지가 병행한 바에 일본의 아시아주의의 기저의 천박함이 나타난다"고 지적하고 있다.

75) 이러한 점에서 그는 "일본이 아시아해방을 위해 싸웠다는 것은 신화에 지나지 않"으며, "전쟁에 이르는 일본의 정책 결정의 가운데 아시아의 요소가 진지하게 고려된 것은 전혀 없다"고 단언한다. 일본의 동남아시아 '진출'로 이 지역이 서구의 식민지배로부터 해방되었다는 점을 인정하면서도, 그는 "일본은 결코 아시아를 위해 싸운 것이 아니"라는 사실을 되풀이하여 강조한다 北岡伸一 1992: 14~16 참조

부터 불충분하고 마찬가지로 현재의 일본정신을 그대로 동아의 여러 민족에 준봉(遵奉)시키는 것도 불가능하다"는 점에서 "지나와 인도를 종합하여 일본적으로 키워온" 삼국혼이 대동아정신의 기본이 되어야 한다는 것이다(大川 周明 1943: 7). 이러한 점에서 그는 대동아공영권을 바탕으로 한 동아신질서의 건설은 일본민족 안에 잠재한 '삼국혼' 즉 "중국정신과 인도정신을 총합한 일본정신을 객관화한 하나의 질서"를 지향해야 한다(大川周明 1942: 160)고 주장한다. 오오까와에게 아시아는 인도와 중국과 같이 영향력 있는 지역에 의해 표상되는 어떤 것이다.

일련의 연쇄적인 오리엔탈리즘의 작용은 일본이 아시아의 거대 전통들을 종합하는 주도적 역할을 해야 한다는 주장으로 귀결된다. 당연하게도 이러한 생각의 기저에는 "메이지 이래 일본인의 아시아 경시"가 깔려 있다. 그리고 이는 태평양전쟁에서 일본이 "대국 미국과 싸웠던 것은 확실히 대단한 일이었다고 해도, 아시아의, 특히 식민지였던 조그만 나라들과 싸웠던 것은 그만큼 내세울 것이 없다고 생각하는 사람들이 대세"를 이루는 일본의 현실로 이어진다. 이러한 점에서 대동아공영권을 서구 즉 "연합국과의 대비에서만 문제로 하여 보는 한 침략의 사실을 보기 어려"우며, "일본의 지배 아래에서 가장 고통을 받았던 아시아 사람들의 모습이 보이는 것도 아니"라는 지적이 나왔다.[76] 대동아공영권 구상에서 아시아 정책이 구체화한 두개의 사건, 즉 대동아성과 대동아회의에 대한 검토는 일본의 아시아에 대한 정체

---

76) 内海愛子·田辺壽夫 1983: 238, 248 참조. 나아가서 이들은 필리핀과 중국을 제외하고 종전 이후 재침략을 의도한 구미제국주의와의 전쟁에 골몰하고 있던 아시아인이 일본을 재단할 기회를 갖지 못했다는 점에 주목한다. 토오꾜오재판에 한정되지 않고 BC급 전범을 재판한 아시아 각지의 전범재판에서도 연합국에 의한 재판이 이루어진 것에서 보듯이, 재판은 "승자에 의한 재단"이라는 원념(怨念) 까닭에 "우리는 잘못하지 않았다"라는 자기정당화의 생각을 강하게 남기고 말았으며, 또한 일본인이 스스로의 손으로 전쟁지도자를 재단하지 않은 것이 이 원념과 정당화의 논리를 지배자와 공유하는 결과를 낳았다고 이들은 주장한다. 대동아전쟁을 완전히 부정할 수 없는 심정을 남기고 말았다는 것이다.

성의 성격을 더 적나라하게 드러낼 것이다.

1) 대동아성의 설립

1942년 11월에 일본내각의 한 부서로 설치된 대동아성은 전쟁의 원활한 수행을 일차적인 목적으로 했다. 이 조직의 설립을 둘러싼 논쟁은 일본의 아시아에 대한 인식의 단면을 잘 드러내는 동시에 나아가서는 동아시아에 대한 '특권적' 지위의 부여와 서구의 보편적 원리 사이의 대립을 반영한다. 대동아성의 설치에 관한 논쟁은 1942년에 본격적으로 전개되지만, 논의의 시초는 일찍이 1940년의 이른바 동아신질서 선언으로까지 거슬러 올라간다. 이른바 신체제에서 조직 대강의 시안을 보면 사무국 아래 11개의 부문이 있는데, 이 부문의 하나가 '동아부'였다. 이 안에 대해 오자끼 호쯔미(2004(1940a): 266)는 '세계부' 혹은 '구미부'가 아닌 '동아부'의 제안은 "신정치체제의 하나의 성격을 말하는 것"으로 "충분히 특필할 만"하다고 논평했다.

오자끼가 보기에 이른바 동아신질서체제는 국내외에 걸친 이중의 과제를 갖는다. 즉 "세계자본주의의 근본적 곤경과 그 비약적 전환의 필요"를 배경으로 한 동아시아의 문제이자 동시에 "일본의 사회경제 재편의 문제와 깊은 연관을 가지는" 일본 국내정치의 변혁이 그것이다. 그러나 외부의 동아시아 문제는 "직접 구체적인 형태로 파악하기 어렵기 때문에 (동아부의 설치는 ─ 필자) 국내정치기구의 일익으로서 조직면에서 기계적으로 결부되는 것에 그칠 느낌"이 있다고 그는 지적한다. 나아가서 그는 동아부의 설치는 중일전쟁을 "처리하기 위한 직접 목적만을 생각하여 그것을 중심으로 하여 기구화하려는 시도"라고 보았다. 이러한 점에서 그는 외무성 일부에서 논의되고 있던 동아성안, 나아가서 1938년 코노에내각이 설치한 흥아원이 동일한 사고방식에서 나온 것으로 이해했다(같은 책 267~68). 이와 같이 오자끼는 동아부의 설치는 중일전쟁의 처리라는 목전의 이익을 위한 호도책이면서 동시에 동아시아문제를 국내정치에 편의적으로 이용하고자 하는 의도를 지닌 것이라고 판단한다. 따라서 이러한 발상에서는 일본이 당면한 국내정치의 혁신은 말할 것도 없고 동아시아에 대한 본질적인 접근방법이 나올 수 없다고 본다.

이 문제는 1942년 대동아성문제가 제기됨으로써[77] 다른 형태로 재연된다. 대동아성 설치문제를 둘러싸고 당시 수상인 토오조오 히데끼와의 의견차이로 1942년 9월에 외상직을 사임한 토오고오 시게노리(東鄕茂德)는 이 시기 일본의 동아시아 정책에는 두갈래의 흐름이 있었다고 회고한다. 하나는 토오조오를 중심으로 한 '동아신질서론자'들과 다른 하나는 "동아 지역에 대한 국가들의 주권존중, 경제협력 등을 기초로 선린우호 관계를 수립"하고자 한 자신이다.[78] 일본정부조직에서 보면 이는 신질서론자들의 영향력을 배제하여 동아정책을 외무성에서 관할하고자 한 토오고오와 이에 맞서 기획원을 중심으로 대동아성을 신설하려는 토오조오의 대립 양상을 띠었다. 결국 이는 1942년 9월 1일 대동아성 설치에 관한 안이 결정되고 같은 해 11월 1일 대동아성 설치로 종결된다.[79] 대동아성은 아시아의 지역들을 선별하여 관할 구역으로 설정했다. 일본이나 조선, 타이완, 사할린과 아울러 군정 아래 있던 남방 점령지역이 대동아성의 권한 범위에서 제외되었다.[80] 이에 따

77) 그것이 본격적으로 거론된 시기에 대해서는 다소 의견이 엇갈린다. 토오고오 시게노리 자신은 "1942년 5~6월에 이르러 대동아 지역의 행정을 관할할 관청 신설을 고려하고 있다는 말을 들었"다고 회상한 반면에 버거(1974: 223)는 대동아성 설립계획의 시기를 이보다 다소 이른 3월로 서술한다.

78) 東鄕茂德 2000(1967): 325. 버거는 1942년에 토오고오 시게노리가 다수의 아시아 국가들의 독립이 승인되어야 한다고 말하고 있지만, 그의 제언이 얼마만큼 겉치레 독립 이상을 담고 있었는지는 확실하지 않다고 평하고 있다. Berger 1974: 218의 주32 참조

79) 이에 따라 기획원이 담당해온 대동아건설심의회에 관한 사무도 대동아성에서 관장하게 된다. 企劃院·大東亞建設審議會 編, 『大東亞建設審議會關係史料: 總會·部會·速記錄』 第1卷「解題」, 1995, 7면 참조

80) 남방 점령지역에 대해서는 "政戰兩略의 일치의 실을 거두기 위해 시종일관 統帥部와 策

라 만주국과 중국, 태국, 프랑스령 인도차이나 등(관동주 및 남양군도 포함)에 관한 문제는 '순외교'를 제외하고는[81] 정치, 경제, 문화 관련 모든 업무를 대동아성에서 주관하는 것으로 되었다.

흥미로운 것은 대동아성의 설치과정을 둘러싼 논쟁은 일본에 의한 아시아의 정체성의 한 단면을 드러내고 있다는 사실이다. 대동아의 국가들은 "일본의 가족이므로 다른 외국들과 달리 대우할 필요가 있다"는 토오조오의 주장에 맞서 토오고오는 동아시아 국가들을 다른 외국과 달리 취급하는 것은 "일본에 대한 불신·의혹을 불러일으키고 이들의 자존심을 건드림으로써 독립 존중의 취지를 훼손"한다는 사실을 강조했다.[82] 대동아성 설립을 심사한 추밀원 회의의 고문관인 이시이 키꾸지로오(石井菊次郎) 역시 토오고오와 비슷한 이유에서 대동아성 설립에 반대의사를 표명했다. 그는 "대동아권 내의 여러 국가를 특별 취급하는 것은 그것을 멸시한다는 느낌을 가져오고 권내의 독립국 및 독립 기대국을 실망"시킬 뿐만 아니라 그것의 시행은 "적국의 모략에 반드시 이용될 것"으로 보았다. "일본의 도의외교는 단순히 구두선(口頭禪)에 지나지 않아 실제로는 대동아권을 자기의 세력 아래 압복하려 한다는 비난은 이미 적국이 선전"하고 있다는 것이다.[83]

應 협력하는 것이 필요"하다는 점에서 "대동아성에서는 점령지 행정에 관하여 필요한 협력 사무를 행함과 함께 이들 지역이 장래 군정을 이탈할 때에 대비하여 정무의 집행에 관하여 만전의 준비"를 해야 한다고 지적한다. 『大東亞建設審議會總會第6回議事速記錄』, 大東亞 建設審議會, 1942년 11월 12일, 3면. 또한 東鄕茂德 2000(1967): 326 참조.

81) 여기서 순외교란 국제의례나 조약체결의 형식적 절차로 해석되었다. 東鄕茂德 2000(1967): 327 참조.

82) 이와 아울러 그는 흥아원이 중국 인민의 반감을 불러 실패로 돌아간 것은 명확한데, 대동아성안은 이 조직을 나아가서 강화하여 전동아시아 지역에 그것도 항구적으로 실시하려는 것으로 그 실패는 명확하다고 주장했다. 이에 대해 기획원 총재 스즈끼 테이이짜(鈴木貞一)가 흥아원은 실패로 돌아가지 않았다고 논박하는 등 의론이 분분했다. 東鄕茂德 2000(1967): 326~27 참조.

83) 추밀원 회의에서 반대의사를 표명한 사람은 이시이와 아울러 조선총독을 역임했던 미나미 지로오(南次郎)의 두사람이었다. 東鄕茂德 2000(1967): 329~30: 橋川文三 1977: 299 참조

대동아성의 설치는 아시아 지역에 특권적 지위를 부여한다는 것이지만, 그것이 종국적으로 의미하는 바는 가장과 가족원의 관계로 유비되는 바로서의 일본의 종속국 대우를 한다는 것이다. "대동아 권내의 모든 국가들을 종속물(dependency)로 취급하고자 하는"(橋川文三 1977: 299) 일본제국의 방침은 대동아성이 표방한 대동아 지역의 해방과 복지, 이를 위한 지역주의의 중요성에 대한 강조와 지역적 자급자족의 목표가 일본의 군사력 강화와 국력 증가에 종속되는 것을 의미한다.[84] 초대 대동아성 대신인 아오끼 카즈오(靑木一男)가 "대아시아주의는 민간의 슬로건이고 그것이 정부의 정책이 된 적은 한번도 없었다"고 강조한 것은 이러한 맥락에서 이해된다(山室信一 2005: 65).

사정이 이렇기 때문에 중국의 충칭 정부는 대동아성 설립계획이 통과된 지 한달 후인 10월 2일의 성명에서 "대동아성은 성질상 대동아 식민지성인 것이 명백"하다고 주장했으며, 며칠 후인 8일에 충칭방송은 "종래의 우리 동북지구 즉 만주 및 함락지구에서 속성된 괴뢰정부 치하는 금후 정식으로 일본의 식민지이자 일본정부 직할의 통치구역으로 되었다"고 비판했다. 바띠깐의 극동소식통이 대동아성 설치는 "대동아공영권 내 독립국을 '도미니온'의 지위에 놓으려는" 것이라고 논평한 것도(橋川文三 1977: 300) 같은 맥락에서 나온 것이다.

---

84) 버거는 이 지역의 자원과 노동력이 일본의 국방을 위해 동원됨에 따라 지역주의를 표방한 아시아의 해방, 자급자족, 참된 독립 등은 아시아의 예속화, 희생, 겉치레의 독립이 되고 말았다고 지적한다. 1944년 후반에 이르면 아시아의 독립에 대한 대망과 일본의 강국으로서의 생존전 사이에 존재한 밀접한 일체감은 상실되어 반대로 공영권내에서 반일감정의 고양을 일본정부 스스로 공식적으로 인정하지 않을 수 없게 되었다는 것이다. Berger 1974: 216~18 참조.

2) 대동아회의의 개최

1943년 11월 5일부터 6일의 이틀에 걸쳐 토오꾜오의 제국의사당에서 대동아회의가 개최된다. 위의 대동아성과 비슷하게 대동아회의가 제안된 시기 역시 제2차 세계대전에서 일본의 전황이 불리한 시점에서 나왔다는 점에 먼저 주목해야 한다. 일본은 같은 해 1943년 2월에 이미 과달카날(Guadalcanal) 전투에서 결정적 패배를 맞았으며, 알류산열도의 아쯔섬 수비대는 전멸했다. 대동아회의가 열린 11월에 쏠로몬군도에서의 전황은 절망적이었다. 다른 한편 동맹국인 이딸리아는 같은 해 9월에 무조건 항복하여 전선에서 탈락한다. 이러한 상황에서 일본정부는 아시아에 대한 외교정책을 전환하지 않을 수 없게 된다. 이에 따라 일본은 왕 징웨이 난징정부에 대해 조계의 철폐, 제3국 자산관리의 양도, 전쟁 종결에 의한 완전철병을 제의했으며, 같은 해 6월의 임시의회에서 토오조오 수상은 우선적으로 자바에서 인도네시아에 대한 현지민의 정치참여를 가능한 한 빨리 실현할 것을 약속한다. 1943년 8월에는 새로이 미얀마, 필리핀을 독립시키고 이들과 동맹조약을 체결한다(橋川文三 1977: 300; 桶谷秀昭 1991: 248).

대동아회의의 조직과 운영은 대동아성의 소관 사항이지만(岡部牧夫 1992: 5), 이 회의는 수상인 토오조오 히데끼가 주재했다. 참가자는 중국 난징정부의 왕 징웨이(汪精衛) 행정원원장, 만주국의 장 징후이(張景惠) 국무총리, 타이의 왕와이다야공 총리대신대리 및 새로이 '독립'한 필리핀의 라우렐 대통령과 미얀마의 바 모(Ba Maw) 총리 등이다.[85] 타이에서 수상 대신에 총리대신대리를 보낸 것도 이유가 있었지만,[86] 대동아회의에 참석한 국가는 "괴

---

[85] 그밖에 토오꾜오에 체류중이던 '자유인도 가정부' 수반 찬드라 보스가 배석했다. 橋川文三 1977: 300~01; 桶谷秀昭 1991: 246 참조.

[86] 타이 수상 피분(Phibunsongkhram)이 병을 이유로 결석한 것은 "타이의 전통적인 국제관계에의 배려에 기반한 것"이라고는 하더라도, "매우 교묘한 처리방식이었다"고 하시까와

뢰국가이거나 종속국가이거나 일본이 독립을 인정한 국가"들 뿐으로 실질적
인 자주독립국이라기보다는 "허상화된 국가의 집합"에 지나지 않았다(原田勝
正 2000: 21). "황민으로 된 시점에서 '주권과 독립'을 주장할 권리를 빼"앗긴
조선이나 타이완은 참석하지 못했다(小野賢一 1992: 272; Duus 1992(1991):
118~19). 수카르노 등 인도네시아와 말레이의 대표들은 옵저버로도 초대되
지 않았다.[87] 일본 군부는 이 지역에서 전쟁수행을 위한 자원 조달을 기대
했기 때문이다.[88]

　이 회의에서는 참가 각국 대표 전원이 기립하여 공존공영, 독립친화, 문화
앙양, 경제번영, 인종차별 철폐의 5개 조항에 걸친 대동아공동선언을 만장일
치로 가결했다.[89] 대동아공동선언은 1941년 미·영이 발표한 대서양헌장을
다분히 의식한 것이다. 구체적인 과정을 보면 1943년 외무성에 설치된 전쟁
목적연구회에서 대동아선언을 초안하고 10월에 시게미쯔 마모루 외상이 수

분조오(1977: 301)는 지적한다. 오까자끼 히사히꼬(岡崎久彦 2000: 255)는 타이가 "이미
　동맹조약이 있기 때문이라는 이유"로 일본 외상인 시게미쯔 마모루가 제안한 일화신조약과
　같은 동맹을 '정중한 언사'로 거절하고 건강상의 이유로 수상을 파견하지 않은 사실을 두
　고, "그 형세관망의 자세는 명확"하다고 평한다.
87) 桶谷秀昭 1991: 248~49 참조. "조선, 타이완은 물론 동남아시아 총인구의 6할 남짓을
　점하는 인도네시아, 말레이, 프랑스령 인도차이나를 제외"하는 근본적 한계를 지적하고 있
　다. 後藤乾一 1991; 岡部牧夫 1992: 6.
88) 1943년 5월 1일의 어전회의에서 일본은 극비로 말레이, 수마트라, 자바, 보르네오, 쎌레
　베스를 "제국 영토로 결정"하고 일본에 천연자원을 공급하기 위해 시급히 개발하기로 했다
　(외무성 「大東亞政略指導大綱」, 584면; 小野賢一 1992: 272; Duus 1992: 119).
89) 대동아공동선언의 구체적인 내용은 다음과 같다. ① 대동아 각국은 협동하여 대동아의
　안정을 확보, 도의에 기초한 공존공영의 질서를 건설한다. ② 대동아 각국은 서로 자주독립
　을 존중하고 호조돈목(互助敦睦)의 실을 거두어 대동아의 친화를 확립한다. ③ 대동아 각국
　은 상호 그 전통을 존중하고 각민족의 창조성을 신창(伸暢)하여 대동아의 문화를 앙양한다.
　④ 대동아 각국은 호혜 아래 긴밀하게 제휴하고 그 경제발전을 도모하여 대동아의 번영을
　증진한다. ⑤ 대동아 각국은 만방과의 교의(交誼)를 돈독히 하고 인종적 차별을 철폐하고
　문화를 널리 교류하고 나아가서 자원을 개방함으로써 세계의 진운(進運)에 공헌한다. 內海
　愛子·田辺壽夫 1983: 245; 橋川文三 1977: 301 참조.

정하여 외무성 안을 만들었다. 다른 한편 대동아성도 국책연구회, 니시다 키
따로오, 오오까와 슈메이, 야베 테이지(矢部貞治)를 동원, 입안 작업을 하여
결국 외무성 안이 상당한 수정을 거쳐[90] 대동아회의에서 대동아공동선언으
로 발표되었다. 이 선언은 일본이 영·미의 '자본주의적 민주주의'와 자유주
의를 부정하고 이에 대항하여 "아시아의 민족에 자유를 주고 자유를 보호"
하는 새로운 이데올로기로 구상된 것이다.[91] 이러한 점에서 대동아공동선언
은 "대서양헌장에 대항할 수 있는 대동아헌장"으로 선전되는가 하면, 시게
미쯔 외교와 윌슨 외교가 제창한 신질서와의 유사성을 설정하여 '대서양헌
장의 아시아판'으로 평가되기도 했다.[92]

　흥미로운 것은 이러한 의미 부여에도 불구하고 실제로 이 회의에서 일본
은 대동아공영권이라는 말을 사용하기를 매우 꺼려했다는 사실이다. 회의에
서 '채택'된 '대동아공동선언'의 전문(前文)에는 '대동아공영권'이라는 표현
이 사용되고 있지 않으며, 토오조오 수상이 회의에서 행한 연설에서도 이 말
은 보이지 않아, 신중하게 회피되었다는 인상을 받는다(桶谷秀昭 1991: 246).
뿐만 아니라 이 공동선언을 포함하여 회의의 주요안건은 일본과 동아시아
국가들이 서로 대등한 입장에서 토의하여 결정한 것이 아니었다. 회의 2주
일 전인 10월 20일에 천황에 보고된 다음 연락회의에서 2차례에 걸친 논의
를 통해 주요 내용이 미리 결정되었기 때문이다(小野賢一 1992: 272).

　이러한 사실들은 이 회의에서 아시아에 대한 일본의 진정성에 짙은 회의

---

90) 源川眞希 2000: 131 참조. 1943년 4월 외무대신에 취임한 시게미쯔 마모루는 이른바 대
　지신정책, 대동아신정책을 제창했다. 시게미쯔 구상은 그때까지의 만주·중국 지배에 대한
　일정한 '비판과 반성'에 기초한 것으로 긍정적으로 평가되기도 하지만, 구상 자체는 대동아
　공동선언에 그다지 영향을 미치지 않았다고 岡部牧夫(1992: 5)는 주장한다.
91) 시게미쯔 외상은 대동아공동선언이 "제국의 정책으로 국시가 되어야 한다"고 하면서 "대
　서양헌장은 전쟁수행의 수단으로 공수표이지만 태평양헌장 또는 대동아헌장은 산 문자이고
　현실의 정책"이라고 단언했다. 源川眞希 2000: 131; 岡崎久彦 2000: 255 참조.
92) 전자는 시게미쯔 외상, 후자는 이리에 아끼라(入江昭)에 의한 것이다. 岡部牧夫 1992: 5;
　源川眞希 2000: 137의 주18 참조.

를 가지게 한다. 결국 대동아회의는 대동아공영권의 이념에서 조직된 것이라기보다는 거꾸로 이념 구상에 대한 의지를 버리고 정세론에 근거한 회유와 양보책으로 조직된 것이다. "세계 구상으로서의 대동아공영권의 이상"은 찾아볼 수 없는 대신에 "허울 좋은 정책론만이 있을 뿐"이다.[93] 피터 두스는 대동아공영권 구상에 내포된 이러한 한계와 애매성을 비판한다. 그는 2차 대전 시기에 장기간의 의론이나 논쟁을 한 뒤에도 대동아공영권 구상은 계획으로서 결실을 거두지 못했으며, 따라서 그것은 실제로는 공소(空疎)하고 수사적인 일련의 제스처에 지나지 않았다고 평가한다. 그리고 그중에서도 가장 공허한 것이 대동아회의의 개최라고 그는 주장한다. 회의에서 채택된 선언의 내용은 "어떠한 구체적인 조치도 없는 '단순한 입발림'(sales talk)에 지나지 않았"다는 것이다.[94]

이처럼 대동아회의가 자국에 불리한 전황 속에서 일본이 대외용으로 내놓은 공허한 제스처에 지나지 않았다고 해서 각국의 참가자들이 이를 단순히 수동적으로 받아들인 것만은 아니라는 사실 또한 흥미롭다. 우선 주목되는 것은 이미 일본이 승리할 전망이 없었는데도 출석자들이 열의를 가지고 참가했다는 사실이다. 그전까지는 종주국과의 상하관계밖에 없고 이웃이 있는 것도 알지 못했던 이들이 처음으로 서로의 얼굴을 본 것이다[95]. 일본과 동

---

93) 미얀마 대표는 이상적으로 말하면 공동선언의 자구가 너무나 협의에 치우친다는 느낌이 들지만, 현실적으로 현재의 세계정세에서는 우선 대동아의 권내에서 안녕과 질서를 가장 중요시해야 할 것이라는 취지의 발언을 하여, 우회적으로 일본의 정책을 비판했다. 桶谷秀昭 1991: 248~49 참조.

94) 회의의 영어통역인 하마모또 마사까쯔(浜本正勝)가 뒤에 서술한 표현임. 일본은 이를 통해 반제국주의의 시대에 제국주의적 영토 확장전쟁의 수행을 합리화할 논거를 마련할 수 있었으며, 대동아공영권 구상에 의해 일본의 지도자는 일본의 지배를 주장함과 함께 지배 따위는 없다고 동시에 말할 수 있었다고 두스는 지적한다. Duus 1992(1991): 118~19 참조.

95) 제2차 세계대전 이후 신흥독립국이 차례로 국제연합에 가맹하면서 같은 신흥독립국들의 축하를 받았을 때 이들은 동일한 감상을 피력했다. 타이의 왕와이다야공은 과거의 역사를

아시아 민족/국가 사이의 상호소통이 전혀 없던 상태에서 이 회의를 통해서 처음으로 "아시아 제국과의 대화 같은 것이 있었"다는 언급도 동일한 맥락에서 이해될 수 있다(桶谷秀昭 1991: 245).

주최 측인 일본이 대동아공영권이라는 표현을 의도적으로 회피하고자 했음에도 불구하고 회의에서 이들이 이 말을 강조한 사실은 무척이나 흥미롭다.[96] 회의 둘째날 공동선언안에 대한 각대표의 발언에서 왕 징웨이는 일본의 정책이나 공동선언의 취지는 동아시아 각국의 독립에 있다는 사실을 두번이나 되풀이하여 강조했다. 필리핀의 라우렐은 공동선언의 가장 현저한 특징은 "인종적 차별을 철폐하고 각국에 독특한 문화와 전통을 앙양하고 각국의 독립을 상호존경 옹호"하는 데 있다고 주장했다. 미얀마의 바 모도 인종차별의 철폐를 내건 제5항이 자신이 가장 감격하는 바라고 언급했다. 그는 이 조항의 근본정신은 평등·정의·호혜에 있고 호혜평등의 정신에 반하는 인종차별은 있어서는 안된다는 사실을 강조했다.

공동선언안을 제기한 일본의 의도는 대동아공영권 각지역에 공동의 전쟁목적을 환기하여 일본에 대한 더 강력한 협력을 끌어냄과 동시에 연합국 측을 포함하여 세계에 대한 선전을 강화하기 위한 것이라는 점에서 원래 제5항의 인종차별 철폐는 구미제국의 식민지정책에 대한 비판을 의도한 것이다. 그러나 필리핀이나 미얀마의 대표들은 일본 대 서구라기보다는 오히려 일본 대 동아시아의 관계에 이를 적용해 해석하고자 했다. 대동아공영권이

회고하면서 "아시아는 정치적으로 결합한 대륙으로서의 성격을 상실하고 단순한 지리적 명칭에 따랐다"고 말했으며, 미얀마의 바 모(Ba Maw)는 태평양전쟁 이전에 "오늘과 같은 회합은 도저히 생각이 미치지 않았고 지금까지는 향토로서의 아시아는 존재하지 않았으며 아시아는 하나가 아니라 多이고 아시아를 분할한 적과 그 수를 같이했다"고 술회했다. 岡崎 久彦 2000: 255 참조.

96) 단지 난징 국민정부 수석 왕 자오밍의 연설에서는 '대동아공영권'이라는 말이 발견되지 않는데, 오께따니 히데아끼(桶谷秀昭)는 왕 자오밍이 쑨 원의 대아시아주의 이상의 계승자라는 자부가 강했기 때문일 것으로 해석하고 있다. 桶谷秀昭 1991: 246 참조.

표방하는 지도자 의식은 권내 각지역에 대한 '맹주' 일본의 인종차별 관념을 내포했으며, 일본에서 "아시아의 다른 민족에 대한 우월감은 의식적·무의식적인 사회상식으로 그것이 친일파의 일치한 불만"이었다. 이러한 점에서 대회의 참석자들은 입을 모아 공동선언의 문안에 찬성하고 그에 의미 부여를 하고자 했다(岡部牧夫 1992: 7~10). 비록 "공허한 환상으로 끝나고 말았다"고 하더라도 동아시아 각국의 참가자들이 회의를 이용하여 일제의 인종차별을 비판하거나 독립에 대한 원망을 호소하려고 했다는 점에서는 절실함이 있었다(橋川文三 1977: 301). 결과적으로 일본의 의도에 동조했다고는 하더라도 이처럼 이들은 단순히 일본이 설치한 무대의 수동적 배역에 머무르려고만은 하지 않았던 것이다.

맺음말

근대 이후의 동아시아에서 지역연대에 대한 이상과 비전은 오랜 시간에 걸쳐 이 지역이 거쳐야 했던 갈등과 좌절의 역사를 반영한다. 제국주의와 식민주의, 그리고 인종주의와 국가주의를 통해 발현된 근대의 전쟁·폭력·학살·차별 등과 아울러 전후 시대가 당면한 여러 문제들, 즉 냉전체제의 성립, 발전만능주의와 근대화 이데올로기의 지배, 사회주의혁명의 실패, 자본주의 불평등구조의 심화, 신식민주의의 도래, 미국의 세계지배 전략, 지구적 자본주의와 국제자본의 세계화, 미국적 생활양식의 균일화, 생태문제와 반전문제, 가부장제와 성차별주의의 지속, 소수자에 대한 억압과 차별의 극단적인 양상이 다른 어느 지역보다도 심화되어 나타난 만큼이나 지역 단위에서 그것을 극복하고자 하는 공동의 노력 또한 지속적으로 시도되어왔다.

머리말에서도 언급했듯이 동아시아의 단일성과 연대에 대한 상상력과 반대되는 진영에는 동아시아 내부에서 성립된 근대 민족/국가와 아울러 그 외부에서 등장한 서구/유럽이 있었다. 전자의 민족과 국가에 대한 몰입과 헌신은 근대에 들어와 출현한 현상이지만, 그에 대한 물신성과 민족지상주의/

국가중심주의는 오랫동안 동아시아에 고유한 속성의 하나로 이해되어왔다 (Duara 2010: 971, 980; Wang 2010: 987~88). 이러한 점에서 국가나 정부 차원이 아닌 민간 차원에서의 상호교류와 연대를 위한 시도는 동아시아에서 특히 어려운 과제가 되었다. 1920~30년대 태평양회의에 참가한 지식인들이 국가로부터 독립적 가치를 주장했음에도 불구하고 일본의 지식인들조차 국가권력에 실질적으로 의존하는 경향을 보였던 사실은 이와 관련하여 시사적이다. 동아시아 삼국 중 유일하게 근대화에 성공한 일본에서조차 국가로부터 자립적인 개인의 출현을 기대하기 힘들었던 것이다.

이러한 점에서 적어도 1945년 이전 동아시아 근대의 무대의 주인공은 민족과 국가, 그 일원으로서의 개인들이다. 동아시아연대에 대한 이들의 이상은 흔히 민족/국가의 수립과 회복, 보존, 혹은 강화라는 동기로부터 자유롭지 못했다. 각각의 지정학적 위치와 역사·문명의 전통, 그리고 서구와의 조우 시점과 같은 여러 요인들의 결합에 따라 동아시아의 세부 지역들은 동아시아의 이상과 민족/국가의 현실 사이에서 다양한 선택을 했다. 이상과 현실 사이에서 가장 혹독한 시련에 들었던 것은 일찍이 근대화에 성공하여 민족국가 체제를 갖춘 일본이었다. 세계체제의 국제관계 현실에 효율적으로 적응했던 것만큼이나 동아시아 삼국 중 일본에서는 연대에 대한 전통적 '이상'이 일찍이 정형화된 형태로 출현했고 또 그와 동시에 훼손되어갔다.

메이지 시기 이래 일본에서 등장한 아시아주의와 삼국연대론, 동양평화론 등의 담론은 그에 대한 동아시아인들의 일시적인 지지와 환호에도 불구하고 점차 불신과 배척이라는 현실에 직면해야 했다. 20세기로 넘어오는 세기 전환기를 전후하여 아시아연대에 대한 일본의 배신과 그에 대한 비난은 오랜 기간 동안 지속되었다. 근대제국주의 국가로 체제를 갖춘 일본에서 아시아주의에 대한 관심이 상대적으로 약화되는 듯이 보였던 1920년대 초에 『동아일보』는 동양평화에 관한 사설을 통해 청일전쟁 이래 일본이 동양평화를 내세워왔지만 그것이 "오직 일본의 대륙발전"만을 의도했다는 점에서 진정한 동양의 평화인지 그렇지 않으면 일본의 평화를 의미하는 것인지를 물으면서, 제국주의와 군국주의의 야망을 버리고 각민족의 권리를 존중할 것을 촉구했다.[1]

1924년 일본이 주도한 아시아연맹에 대해 격렬한 비판이 제기되는 가운데,[2] (동)아시아연대에서 일본을 배제한 새로운 제안들이 출현한 것은 이러한 맥락에서 이해된다. 1920년대 인도에서는 마하트마 간디(Mahatma Gandhi)나 치타란잔 다스(Chittaranjan R. Das)와 같은 국민의회의 주요 지도자들이 아시아 국가들의 독립을 추구하는 아시아연맹의 이상을 제시했다. 심지어는 아시아연맹의 구상 논의에 조심스러워한 자와할랄 네루(Jawaharlal Nehru)조차도 1927년 브뤼셀에서 개최된 피압박민족회의에 참석한 자리에서 아시아 국가들 사이의 밀접한 연대에 대한 아시아 민족주의자들의 "매우 강력한 욕망"을 느낄 수 있었다. 마치 아시아주의에 대한 일본의 호소가 일본이 주도해야 한다는 생각을 수반한 것처럼 인도의 경우에도 신생 아시아의 중심에 인도가 있어야 한다는 인상을 지울 수는 없다 하더라도(Keenleyside 1982: 216~17), 인도에서의 일련의 이러한 움직임은 다른 아시아 국가들로 파급되어갔다.

일찍이 1923년 1월에 『동아일보』는 사설을 통해 다스[3]의 제안을 대아시

---

1) 『동아일보』 1920년 6월 25일자 사설 「동양평화의 요체: 평등의 지위 자유의 때」 참조.
2) 『동아일보』는 영문판 사설을 통해 그것을 주도한 일본의 정우본당(政友本黨), 혹은 정우회의 저의를 의심하면서 그것은 단지 일본의 물질적 이익에 봉사할 뿐이라고 비난했다. 그런가하면 1924년 6월 14일 샹하이에서 개최된 샹하이청년동맹회에서는 윤자영(尹滋英) 등이 주도하여 그것을 비판하기 위한 선전문을 작성하여 공개하기로 결의했다. 이듬해인 1925년 1월 잡지에 기고한 글에서 안재홍은 "諸國民의 信賴가 가장 적은 一帝國으로부터 때때로 誠意업는 亞細亞聯盟의 헛소리를 듣는 것은 도리어 異樣의 感이 있을 뿐"이라고 비판했다. "The 'Union of the Asiatic Peoples'", 『동아일보』 1924년 6월 6일자 사설(영문판); 안재홍 1925: 35; 矢田七太郎(上海總領事) 「青年同盟會の茶話會開催に關する件」 (公信第521號), 『不逞團關係雜件 - 鮮人の部 - 在上海地方(5)』, 1924년 6월 19日 참조.
3) 당시 인도국민의회의 의장으로서 그는 인도의 영국 지배에 대한 비협력운동을 제창한 대

아연맹론으로 소개하면서 그에 대한 적극적인 지지의사를 표명했으며, 이는 이듬해로 이어졌다.4) 나아가서 이 신문은 '동륙연맹(東陸聯盟)'이라는 다소는 낯선 이름의 조직을 결성할 것을 제안했다. 이 명칭은 동반구의 해양 국가인 일본을 배제하고 대륙의 약소민족들이 연대해야 한다는 의미를 담은 것이다. "먹자는 강자와 먹히지 아니하려는 약자가 연맹이 될 수 없음은 물론이요 이 연맹을 고조하는 강자"가 아시아 대륙에서 정복자가 되는 것에 대항하기 위한 '응급적 자위책'으로 이 지역의 '소약민족'들이 참여하는 조직을 구상한 것이다.5)

이처럼 동아시아에서 일본을 배제하고 약소민족들의 연대를 시도한 사례는 20세기로의 진입 이래 지속적으로 시도되어왔다. 일찍이 1907년에는 일본 토오꾜오에서 중국과 일본의 운동자들이 모여 아주화친회(Asian Solidarity Society, 공식 영어이름은 Asiatic Humanitarian Brotherhood)라는 결사를 조직했다.6) 이 회의 선언은 중국의 장 삥린(章炳麟)이 기초한 것으로 전해진다(Duara 2010: 971). 아시아의 민족적, 문화적 독립을 위한 투쟁에 참가한 모든 사람들에 대한 상호원조를 목표로 한 이 조직은 제국주의에 대

표적인 운동가로 제4장에서 언급한 스브하스 찬드라 보스의 아시아연대에 대한 활동은 그의 유산을 직계 제자로서 이어받은 것이다. http://en.wikipedia.org/wiki/Chittaranjan_Das (2011년 1월 5일 접속).

4) 이 사설은 일본의 아시아연대에 대한 '불순불공(不純不公)한 동기'를 지적하면서 그에 응하는 것이 "이리를 피하고 호랑이를 초(招)하는 형세"라고 비판하면서 아시아 민족들은 일본제국주의에 쉽게 굴하지는 않을 것이라고 지적한다. 이와 대조적으로 인도의 제안은 "아시아 모든 민족의 현재 억압을 共受하는 처지에서 호상 결합"하자는 것으로 "아시아 전민족의 공존공영을 목적"으로 "그 주의 주창이 실로 지공지순"하다는 점에서 적극적 지지 의사를 표명했다. 『동아일보』 1923년 1월 3일자 사설 「따소씨의 대아시아연맹론: 아세아 각 민족의 대동단결」; 『동아일보』 1924년 1월 8일자 사설 「아세아 연맹의 제창 : 인도국민대회 결의」 참조.

5) 『동아일보』 1925년 1월 9일자 사설 「東陸聯盟을 제창함」.

6) 구체적인 결성시기에 대해서는 1907년의 4월과 여름이라는 두가지 설이 엇갈린다. Karl 1998: 1111의 주61 참조.

한 반대와 연대의 옹호에 대한 헌신을 내걸었다(Karl 1998: 1111). 중국의 저명한 혁명가로 널리 알려진 장 삥린과 류 스페이(劉師培) 등과 아울러 2명에서 6명 사이의 인도인들, 그리고 일본에서 다수의 사회주의자들이 참가한 이 모임은 조선인과 베트남, 시암, 필리핀, 미얀마, 말레이시아인 등을 포함하고자 했다는데(같은 책 1111~12), 조선인이 실제로 참가했는지의 여부는 알려져 있지 않다. 비록 창립 이후 18개월이라는 단명에 그치고 말았지만 이 모임은 급변하는 세계정세에서 정치적 실천과 문화적 연대 사이의 새로운 관계를 반영하는 다른 유형의 아시아주의를 발전시키고자 했다는 점에 의의가 있었다. 즉 유럽과 제국주의 팽창에 더 확실하게 연계를 가지면서 중국에 반대하고 이웃국가들과의 거리를 유지하고자 했던 일본식의 아시아주의와 대조적으로 이 모임은 반제국주의 투쟁의 통일된 대오를 유지하기 위해 중국을 이웃국가들과 결합시키고자 하는 아시아상을 제시하고자 했다(같은 책 1113).

이어서 1916년 봄에는 마찬가지로 토오꾜오에서 중국과 타이완, 베트남 그리고 조선 등 제국주의 침략으로 고통받는 아시아의 약소민족 40여명이 참석하여 "아시아에서 일본제국주의를 타도하고 새 아시아를 세우자"는 취지로 국제 비밀결사인 신아동맹당(新亞同盟黨)을 결성하고 활동을 시작했다[7]. 그런가하면 비슷한 시기에 미국의 조선인들도 약소민족동맹회의에 참가했다. 1917년 10월 29일 뉴욕에서 개최된 소약속국동맹회(The League of Small and Subject Nationalities)에서 김헌식(金憲植)은 집행위원회 위원으로 선출되어 활동했으며, 이듬해인 1918년 12월 뉴욕에서 열린 제2차 회의에

---

7) 조선에서는 김철수, 최익준(崔益俊), 백남규(白南奎), 김명식 등이 참여했고, 김철수 등 이 조직의 주요 성원들은 1920년 서울에서 사회혁명당을 결성했으며, 이는 이듬해인 1921년 상하이파 고려공산당 국내지부로 전환했다. 중국의 참여자들은 활동무대를 상하이로 옮겨 대동단을 조직하고 1921년 가을에 중국공산당이 조직될 때에도 이들이 큰 역할을 했다고 김철수는 회고하고 있다. 김철수 1989: 349~50; 한국정신문화연구원 1999: 8; 이현주 2003: 151~52; 최선웅 2006: 378 이하 참조.

는 그와 아울러 민경호(閔讚鎬), 정한경(鄭翰景) 등이 참석했다.[8]

1920년대에 들어와서도 3·1운동과 5·4운동 이후 일본제국주의에 대항하기 위한 한·중 인민의 연대조직으로 김규식과 여운형 등이 주도하여 중한국민호조사(中韓國民互助社, Sino-Korean Mutual Aid Society)가 중국 각지에서 출현했다(제4장 1절). 또한 앞서 말한 1924년 일본의 아시아연맹 결성 시도에 반대 성명을 냈던 샹하이청년동맹회 역시 타이완청년회와 연합으로 「대한동지회선언(臺韓同志會宣言)」을 발표하여 아시아에서 일본제국주의 정책을 비난하면서, 조선과 타이완, 중국과 베트남, 인도의 피압박민족들의 상호제휴를 통해 민족자결과 해방의 실현을 도모할 것을 촉구했다(矢田七太郎 1924). 나아가서 20년대 후반 아시아민족회의에서 일본제국주의적 행태에 대한 거센 항의와 비난은 조선이나 중국은 말할 것도 없고 아시아 약소민족들의 자발적인 공동조직을 위한 호소로 이어졌다.

1930년대에는 중국에서 한국대일전선통일동맹과 중화민중자위대동맹의 두 단체가 제휴하여 중한민중대동맹을 결성하고, "중국의 실지회복과 한국의 독립완성을 통해 진정한 자유평등의 인류사회를 실현"할 것을 선언했다.[9] 1937년 중일전쟁의 발발 이후에는 제2차 국공합작이 성립되고 동방반(反)파시즘운동이 대두되면서 중국에서 활동하던 조선과 타이완, 베트남, 인도 등의 반제국주의 민족운동의 국제 연대가 강화되었다. 이리하여 조선과

---

8) 김헌식은 1896년 미국으로 건너가 당시 주미공사이던 서광범의 주선으로 하워드대학에서 공부했으며, 뉴욕한인애국회 회장으로 이듬해인 1918년 11월에 개최된 신한회 총회에서 일본의 한국합병은 위법이고, 윌슨의 약소국자결권 부여선언은 지켜져야 한다는 결의문을 채택하는 등의 활동을 했다. 1918년 제2차 회의에 참가한 김헌식은 신한회의 대표 자격으로, 민경호, 정한경의 두사람은 국민회 대표로 참석했다(방선주 1988: 490~91; 뉴욕한인교회 역사편찬위원회 1992: 48~49).

9) 한국대일전선통일동맹은 1932년 10월 샹하이에서 한국독립당과 조선혁명당, 한국혁명단, 의열단, 한국광복동지회의 5개 단체가 참여한 민족협동전선조직으로서, 1932년 11월 14일 중국의 민간항일단체인 중화민중자위대동맹과 연합하여 이 단체를 결성했다. 한상도 1995: 60 이하 참조.

타이완, 일본 등이 참가하여 아시아 약소민족의 해방을 위한 반제국주의 연대 활동이 전개되었으며,[10] 1941년 10월에는 중국과 조선, 일본, 타이완, 인도와 동남아시아 민족들의 대표 130여명이 참가하여 동방각민족반파시스트동맹을 결성했다(安井三吉 1977; 한상도 2002).

이와 같이 일본으로부터 아시아연대에 대한 기대를 외면당한 상태에서 조선의 지식인들은 중국이나 타이완, 베트남, 인도의 아시아 약소민족들과의 연대를 시도했으며, 미국의 소약속국동맹회에서 보듯이 때로는 그것이 아시아의 지리적 범위를 넘어 미주나 유럽으로 확장되어갔다. 그러나 비록 이들이 아시아연대에 대한 대의를 표방했다 하더라도 그것은 어디까지나 일본제국주의 정책에 대한 항의이자 민족 해방을 쟁취하기 위한 열망의 일차적 표출로 보아야 한다. 여기에서의 아시아연대란 국가/민족의 독립을 위한 방편으로서의 성격이 강했으며, 나아가서 아주화친회(중국)나 아시아연맹(인도)의 사례에서 보듯이 때로는 특정 국가의 민족주의적 동기가 배후에서 작용하기도 했다.

이러한 점에서 아시아연대에 대한 열정과 선언은 찾아볼 수 있을지언정 연대 자체에 대한 구체적인 방안이 지속적이고 안정적인 방식으로 추구되지는 않았다. 위에서 말한 대부분의 조직들이 단기적, 혹은 일회성으로 끝나고 말았던 것은 이러한 맥락에서 이해된다. 아시아연대를 향한 이론적, 역사적 경험의 축적에 기여했다고는 하더라도 이러한 시도들이 지니는 한계 또한 자명하다. 이 시기 이후 아시아연대를 위한 주요 역량은 사회주의 · 공산주의(무정부주의를 포함한)의 물결이 동아시아 지역을 휩쓸면서 그 일환으로

---

10) 조선의용대와 타이완의용대, 그리고 일본재화(在華)인민반전동맹 등은 1936년 9월 벨기에 브뤼쎌에서 개막된 국제평화운동회의에 '일본조선타이완반파시스트동맹대회'의 이름으로 전문을 발송하기도 하고 소년단이나 대원의 상호교류와 부조 등의 활동을 했다. 아울러 조선민족혁명당과 조선의용대의 이두산은 1939년 1월부터 1942년 4월에 이르기까지 『동방전우(東方戰友)』를 발간하여 중국 주도의 국제연대를 주장하면서 베트남을 비롯한 동아시아 약소민족과의 연대를 모색했다. 한상도 1999: 123 이하; 조은경 2010 참조.

서 피압박민족의 연대운동이나 민족해방운동의 흐름으로 합류해갔다. 전반적으로 보면 이러한 과정은 서두에서 말한 전제와 정체의 아시아로부터 해방과 변혁의 아시아로의 이행이기도 했다.

다음에 동아시아연대의 실천이 대면해야 했던 두번째의 대상은 서구/유럽의 존재였다. 그것은 근대 초기 아시아주의의 성립이나 삼국동맹론의 형성, 혹은 동양평화론의 등장을 야기한 주요한 타자로서 기능했다. 서구가 그 직접적 무대를 제공했던 1920년대 태평양회의와 태평양문제연구회는 말할 것도 없고 1920년대 중반의 아세아연맹이 다분히 서구(미국)를 의식하고 그에 대항하여 조직된 것은 말한 나위도 없었다. 1930년대 후반 일본제국이 발표한 이른바 동아신질서 선언이나 동아공동체의 시도들에서도 서구는 그 주요 대결자였으며, 이러한 구도는 이른바 대동아공영권에서 절정을 이루었다. 아시아주의가 아시아를 하나의 단위로 보는 입장에서 출발했으면서도 궁극적으로는 아시아 자체라기보다는 서구를 지향했던 것과 비슷한 방식으로, 대동아공영권 역시 아시아를 대상으로 하면서도 서구와 대결한다는 문제의식을 가지고 있었다. 서구와 아시아를 둘러싼 이러한 긴장은 결과적으로 양자 모두에게 모순적 결과들을 야기했다.

먼저 서구와의 관계에서 보자면 일본은 아시아주의로의 호소나 대동아공영권의 건설을 통해 동아시아에서 서구의 질서, 구체적으로는 앵글로쌕슨의 지배질서를 부정하고자 했다. 이러한 관점에서 보면 근대란 서구적 보편성의 자기주장에 지나지 않는 것으로 되며, 따라서 이에 대립하여 아시아의 자립적인 보편성이 성립될 수 있다고 주장된다. 즉 서구가 표방해온 보편성은 스스로의 해체를 통해 일종의 특수성에 지나지 않는 것으로 판명되며, 이에 따라 새로이 성립된 아시아의 특수성과의 상호작용을 통해 비로소 보편성을 띠는 근대를 정립할 수 있다는 것이다. 달리 말하자면 근대란 선진적인 서구와 그에 대립된 아시아(즉 일본)라고 하는 지정학적인 인식의 도식을 통해 주체화되는 것이다. 이와 같은 서구적 근대의 부정을 통해서 이른바 근대의

376

초극이 소리 높이 외쳐진 것이다.

　그러나 유감스럽게도 이러한 근대의 초극은 단순한 수사와 담론의 차원에 지나지 않았다. 이미 보았듯이 대동아공영권의 전사를 이루는 동아협동체론이 표방한 '근대의 초극'은 근대를 극복하거나 부정한다기보다는 오히려 그것을 목표로 설정하고 그것을 지향했다. 이러한 사실은 특히 과학기술이나 군사력에 대한 추구에서 단적으로 표출되었다. 한 논자가 적절하게 지적했듯이 일본은 "'총력전'으로 일컬어지는 이 전쟁을 개시한 일본이 '근대'를 이미 자기의 것으로 한 근대국가인 것을, 의문시된 '근대'란 이 전쟁을 수행하는 '우리들 자신'인 것을 직시하지 못했던" 것이다.[11]

　다른 한편 아시아와의 관련에서 대동아공영권의 문제를 조망하는 것은 일본의 식민·반식민지배를 받았던 아시아인의 입장에서 한층 부정적이고 복합적인 감정들을 수반한다. 대동아공영권에 대한 당대의 평가와 반응에 대해서는 이미 본문에서 검토한 바 있거니와 그것이 단순히 과거의 문제가 아니라는 것은 예컨대 일본의 교과서들에서 일본이 '대동아전쟁'에서 아시아에서 무엇을 하고 아시아의 민중이 그것을 어떻게 받아들였으며, 또 이에 어떻게 저항했는가에 대해는 거의 기술하고 있지 않다는 사실(小島晋治 1978: 183~84)을 통해 단적으로 드러난다. 그나마 이들 소수의 교과서들조차 사라져가는 최근의 현실에서 "아시아를 보는 일본의 눈과 일본을 보는 아시아의 눈과의 한없이 깊은 단층"이 더욱 심화되는 것은 아닐까? 이러한 점에서 대동아공영권의 좌절은 미국과 서구의 과학기술이나 물질문명에 대한 패배에서 기인한 것이라기보다는 무엇보다도 아시아 각국과 민중들에 대한 패배에서 비롯되었다는 인식의 전환이 절실히 요구된다고 할 수 있다.

---

11) 코야스 노부꾸니(子安宣邦 1994: 139, 147~48, 150)는 대동아공영권의 논리는 반유럽 근대라고 하는 역사의식을 가지고 위장하고 스스로를 은폐하는 '근대'국가 일본의 강력한 자기주장으로 그것은 "되풀이되는 변명과 자의적인 논리의 전개 이외에 아무것도 아닌 것"이라고 비판한다.

지금까지의 논의에서 보듯이 동아시아는 한편으로는 민족/국가의 등장과 다른 한편으로는 서구/유럽의 위협에 맞서서 스스로를 실체화한다기보다는 늘 그에 대한 타자로서 스스로를 정립해왔다. 유럽이 스스로를 표상하고 다른 지역과 구별하기 위해 아시아라는 용어를 만들었다는 사까이 나오끼의 지적에서 보듯이(酒井直樹 2003: 50), 아시아는 제국주의와 식민주의의 지배전략에 의해 대립과 분열과 반목을 거듭해왔다. '지리적 근접의 인연'을 제외하고는 아시아가 사회적, 문화적, 종교적인 면에서 극심한 분열과 혼돈의 양상을 노정해왔다(김장환 1930: 48; 임무수 1931: 33~34)는 엄연한 사실은 일찍이 오까꾸라 텐신이 소리높이 외쳤던 '아시아는 하나'라는 담론을 무색하게 하는 것이었다.

이러한 점에서 지리적 근접성은 그렇다 치더라도 동아시아연대를 정당화하기 위한 근거로서 일찍부터 인종과 문명(문화)에 주목해왔다는 것은 이미 살펴본 대로이다. 인종에 관하여 말하자면 그것이 가지는 함정에 대해서는 윤치호의 사례가 잘 보이고 있으며, 그에 기반을 둔 아시아주의나 삼국동맹론 류에 대해서는 신채호의 신랄한 비판이 널리 알려져왔다.[12] 이미 보았듯이 안중근은 동아시아연대를 위해 인종에 근거한 전통에 호소하면서도 인종 사이의 대립을 강조한다거나 서양에 대한 이분법적 도식에 빠지지 않았다. 이러한 인식은 1920년대로 이어져서 일본의 아시아연맹 결성 시도를 비판한 『동아일보』의 사설은 일본의 아시아주의가 "아시아의 단일론을 주창"함으로써 '아시아 대 구라파'를 배타적으로 설정하는 한계를 지적하고 있다.[13] 이 시기가 되면 이제 인종이나 혈통은 연대를 위한 근거로서의 의미를 상실

---

12) 주지하듯이 그의 주요 논적들 중의 하나는 이른바 황인종의 단결을 주장하는 동양주의자들이었다(신채호 1987: 140; 1997: 216~20).

13) 그 결과 유럽 국민의 반감과 질시를 사기 쉬워 일본 언론계에서도 아시아주의의 주의 주창을 항상 모호하게 비밀에 부쳐왔다고 주장한다(『동아일보』 1923년 1월 3일자 사설 「따소씨의 대아시아연맹론: 아세아 각민족의 대동단결」).

하고 대신에 자유와 대의와 이상과 같은 보편 개념들에 의거한 세계사적 의미가 강조된다. 위에서 언급한 1924년 일본의 아시아연맹 시도를 비판하는 다음의 사설은 이를 잘 보여주고 있다.

> 우리 민족의 사회적 민족적 운동도 이 세계적 대세의 구체적 표상이다. 이는 결코 민족적 이익을 위함이 아니요 세계적 자유운동에 순응함이다. 우리의 성공은 세계적 운동의 성공이요 세계적 운동의 실패는 곧 우리의 실패이다. 그러므로 우리의 운동은 민족적 범위를 초월하여 인류 전체와 함께 동일한 이상을 가진 정신적 친족 관계에 서 있는 것이니 어찌 다만 육체적 유사(類似)에 의하는 일시적 사감(私感)을 위해 우리와 이상을 달리하는 일본의 교책(狡策)인 아시아연맹이라는 함정에 빠지랴. 이상을 위해는 사감을 무시할 수 있으며 대의를 위해는 육친을 멸할 수 있다. 타민족의 자유를 존중하면 비록 인종이 다를지라도 정신적 친족의 관계를 맺는 동시에 호상 옹호하는 것이며 인종이 같고 혈육적 인연이 깊다 할지라도 이상이 다르면 관계가 저절로 박약할 것이며 소원할 것이다.[14]

이러한 인식을 기반으로 아시아 피압박민족들은 1920년대 중반 일본이 시도한 아세아연맹에 강렬하게 저항했으며, 1930년대 후반의 동아신질서나 이후의 대동아공영권 또한 궁극적인 좌절로 돌아갔던 것이다. 이처럼 일찍부터 인종과 나아가서는 문명에 기반을 둔 연대가 지니는 한계가 지속적으로 지적되어왔으며, 그에 대한 회의는 최근에도 찾아볼 수 있다. 이러한 맥락에서 천 꽝싱은 동아시아는 지리적 개념만으로 설명될 수 없으며 연대의 기반을 문화화하는 것은 너무 본질적이라는 점에서 그에 대한 대안으로 역사적 경험의 공유를 제시한다. "살아있는 역사와 인민의 기억, 그리고 정감구조의 문제"(천 꽝싱 2003: 258, 284)를 파악하기 위한 방법으로 그는 최근에

---

14) 『동아일보』 1924년 6월 8일자 사설 「아세아연맹운동에 관하여」.

이르러 상호준거성(inter-referentiality)의 개념을 제시하고 있다(제1장 4절 참조).

역사를 거슬러 올라가보면 이러한 인식은 보편 세계를 지향하는 열린 민족주의에 기반을 두고 동양평화론을 제시한 안중근의 문제의식과도 맞닿아 있다. 그리고 이는 아시아를 단일한 실체로 제시하면서, 동양과 서양을 대립시켜 각각을 고립화하거나 아시아의 특수성을 일방적으로 강조하고자 했던 일본에 의한 아시아주의의 부활이나 아세아연맹의 시도에 항의하는 피압박 민족/민중들의 저항으로 이어졌다. 나아가서 그것은 이른바 동아신질서 선언에서 식민지 소수민족의 독자적 지위를 옹호하고자 하는 고난에 찬 노력으로 표출되기도 했다. 그 전형적인 사례로서는 지구적 차원에서의 '자본의 현실운동'에 주목하면서 '인간 노동의 사회화'라는 보편적 추세의 한 부분으로 동아시아를 이해하고자 했던 서인식이나 동양적인 것도 서구적인 것도 아니면서 동양적인 동시에 서구적인 세계성의 세계를 지향하는 바로서의 초지역적인 시대의식의 고양을 강조한 김명식이 있었다.

그러나 동양적 특수주의나 본질주의를 거부하고 세계성과 보편주의의 시각에서 동양을 이해하고자 했던 이러한 시도들이 반드시 성공을 거둔 것만은 아니었다. 이미 보아왔듯이 이 시기의 동아시아연대는 오히려 좌절과 퇴행의 역사로 점철되어왔다. 서문에서 말한 해방과 변혁의 아시아상보다는 전제와 정체의 이미지가 아직 우세했던 것이다. 이러한 점에서 비록 아시아의 이미지가 정체와 전제로부터 해방과 변혁으로 끊임없이 변화해왔다고는 하더라도 동아시아에서 본격적인 상호교류와 연대를 위한 시도는 이제 막 시작되었을 따름이다. 동아시아에서 냉전이 끝났다는 주류 인식과는 달리 포스트 냉전시대는 아직 도래하지 않았으며, 동아시아에서 탈냉전은 여전히 절박한 과제로 남아 있다. 냉전의 지속과 미국 헤게모니의 영향을 배경으로 동아시아 국가들은 미국의 구심력이 작용하는 권력의 장에서 헤어나지 못하고 있다. 동아시아 내부의 문화패권과 상호경시문제는 이들의 욕망이 미국을 향하고 있기 때문이라는 천 꽝싱의 지적에서 보듯이(같은 책 185, 294~95), 횡적 연계의 부족은 동아시아 국가들 내부에서 무관심과 몰이해, 그리고 상호반목을 심화시키고 있다.

지난 100여년 동안 동아시아의 역사에서 그러했듯이 대부분의 동아시아 지식인들은 오늘날에 이르기까지 동아시아 국가들 사이의 상호교류와 이해를 위한 수평적 연대의 필요성을 입을 모아 제기해왔다. 그러나 20세기 초의 아주화친회나 인도의 아시아연맹에서 보듯이 연대와 해방을 표방한 조직들이라고 해서 헤게모니 국가의 민족주의적 동기가 보편의 이름으로 우선적으로 작동하는 국제정치의 엄연한 현실로부터 전적으로 자유롭지는 않았다. 나아가서 태평양회나 일본의 아세아연맹에서도 그러한 경향이 있었지만 오늘날 중국과 일본의 지식인들이 동아시아를 논의하면서 한국과 타이완을 사실상 인식의 지평에서 배제해버리는 현상은 여전히 지속되고 있다. 이러한 점에서 아시아 각지역에서 시민의 역량과 자율성을 확대해 다양한 차원에서의 연대와 네트워크에 대한 실험과 참여가 절실하게 요구되는 것이다. 이러한 인식이야말로 19세기 중반 이후부터 1945년에 걸쳐 상호이해와 공동의 번영을 공공연히 천명했던 동아시아연대를 위한 시도가 전쟁과 침략, 그리고 대량학살의 와중에서 좌절된 역사를 통해 우리가 배울 수 있는 교훈일 것이다.

냉전의 종식과 민주화의 진전, 그리고 지구화·정보화를 배경으로 한 수평적 의사소통 수단의 발달은 이제 수직적 위계질서에 의한 이 지역의 재편이 더이상 가능하지 않게 되리라는 것을 알리고 있다. 아시아인의 독립과 해방을 위한 연대를 지향했던 조직들은 말할 것도 없고 아시아주의와 아세아민족회의, '동아신질서', 그리고 대동아공영권으로 이어지는 일련의 '연대'를 표방한 실험들은 아시아의 각지역과 민족·민중들에게 역사적 반면교사로서의 역할을 했다. 비록 그것이 압도적으로 부정적인 영향을 남겼다고 해서 전적으로 배워야 할 바가 없었던 바는 아니었다. 아세아민족회의와 대동아회의에서 단편적으로 표출된 아시아의 각지역과 국가 들에 의한 상호소통과 대화에 대한 열망은 이제 비로소 개화할 장을 마련하고 있는지도 모른다. 그러나 지난 세기의 말부터 진행되고 있는 지구화를 배경으로 그것은 일본 제국주의의 지배 시기와는 달리 아시아 자체의 역량에 못지않게 세계적 차원의 동력에 점점 더 의존하게 될 것이다. 그럼에도 불구하고 가까운 미래에 어떠한 모습의 동아시아가 출현할지는 우선적으로 아시아 각지역의 시민·민중의 자각과 실천의 정도에 의해 결정될 것이다.

【참고문헌】

『경성일보』 1920년 1월 8일자, 1930년 2월 17일자.

『독립신문』 1897년 6월 24일자 논설.

『독립신문』 1899년 9월 11일자 논설 「인종과 나라의 분별」.

『동아일보』 1920년 6월 25일자 사설 「동양평화의 요체: 평등의 지위 자유의 때」.

『동아일보』 1923년 1월 3일자 사설 「따소씨의 대아시아연맹론: 아세아 각민족의 대동단결」.

『동아일보』 1924년 1월 8일자 사설 「아세아연맹의 제창: 인도국민대회 결의」.

『동아일보』 1924년 5월 2일자 사설 「사이비적인 아세아연맹론」.

『동아일보』 1924년 6월 6일자 사설(영문판) "The 'Union of the Asiatic Peoples'".

『동아일보』 1924년 6월 8일자 사설 「아세아연맹운동에 관하여」.

『동아일보』 1925년 1월 9일자 사설 「東陸聯盟을 제창함」.

『동아일보』 1925년 6월 11일자 사설 「태평양문제연구회, 조선인이 출석할 의의」

『동아일보』 1927년 6월 26일자 사설 「태평양문제연구회」.

『동아일보』 1926년 7월 21일자 사설 「소위 아세아민족회의: 조선경찰의 금지를 보고」.

『동아일보』 1926년 7월 27~29일자 사설 「아시아민족회의와 일인 胸量: 조선 대표선거방법(상·중·하)」.

『동아일보』 1926년 8월 3~6일자 논평, RYS생 「아주대회 검토(1~4)」.

『동아일보』 1927년 11월 5일자 사설 「소위아세아민족대회」.

『동아일보』 1929년 11월 13일자 사설 「태평양회의의 경과를 보고: 회의의 기본 정신과 사명」.

『동아일보』 1931년 10월 16일자 사설 「태평양문제연구회에 寄함: 스스로 묘혈을 파지 마라」.

『동아일보』 1926년 7월 17일자, 7월 21일자, 7월 25일자, 7월 26일자, 7월 29일자, 7월 31일자, 8월 2일자, 8월 3일자; 1934년 1월 30일자, 2월 11일자, 2월 13일자; 1938년 2월 1일자.

『제국신문』 1900년 2월 9일자 논설.

『조선일보』 1926년 7월 4일자 시평 「長崎의 소인극」.

『조선일보』 1926년 7월 13일자 사설 「아세아민족대회」.

『조선일보』 1926년 7월 16일자 사설 「다시 아세아민족대회를 논함」.

『조선일보』 1926년 7월 20일자 사설 「아세아민족회의와 조선인」.

『조선일보』 1926년 7월 26일 사설 「果然 참칭代表의 蠢動」.

『조선일보』 1926년 7월 29일자 시평.

『조선일보』 1926년 7월 20일자.

『조선일보』 1927년 6월 28일자 시론 「태평양회의 조선 대표가 독립한 자격으로서 출석하느냐의 문제」.

『조선일보』 1931년 6월 28일자 사설 「태평양회의 반대: 조선 제외의 악례」.

『중외일보』 1926년 7월 20일자.

『요미우리신문(讀書新聞)』 1934년 2월 1일자, 2월 6일자, 2월 12일자, 2월 13일자.

New York Times, July 17, 1926, "Again the 'Pan-Asia' Bogy."

강동국 「동아시아의 관점에서 본 안중근의 동양평화론」, 안중근의사기념사회업회 편 『안중근과 그 시대: 안중근 의거 100주년 기념연구논문집 1』, 경인문화사 2009.

강만길·성대경 편 『한국사회주의운동 인명사전』, 창작과비평사 1996.

384

강재언 「아시아주의와 일진회」, 『한국사회연구』 2, 한길사 1984.

강창일 『근대 일본의 조선 침략과 대아시아주의: 우익 낭인들의 활동과 사상을 중심으로』, 역사비평사 2002.

고정휴, 1991, 「태평양문제연구회 조선지회와 조선사정연구회」, 『역사와 현실』 6호, 한국역사연구회.

_____, 2005a, 「식민지 시대 미국 지식인의 한국문제인식: 태평양문제연구회(IPR)를 중심으로」, 『역사와 현실』 58집.

_____, 2005b, 「하와이 중한민중동맹단(1938~1945)연구」, 『한국근현대사연구』 제34집.

국가보훈처・광복회 「청취서」, 『21세기와 동양평화론』, 1996.

국사편찬위원회, 1974, 『윤치호일기(2)』.

_____, 1974, 『윤치호일기(3)』.

_____, 1975, 『윤치호일기(5)』.

_____, 1976, 『윤치호일기(6)』.

권명아 「'대동아 공영'의 이념과 가족 국가주의: 총동원 체제 하의 '남방' 인식의 변화를 중심으로」, 『동방학지』 제124집, 2004.

김경일, 1998, 「동아시아와 세계체제 이론」, 『정신문화연구』 제21권 제1호(통권 70호).

_____, 1999, 「전시기 일본의 대동아공영권 구상과 체제」, 『일본역사연구』 제10집.

_____, 2003, 「동아시아의 지식인과 한국의 동아시아론」, 『창작과비평』 122호, 겨울호.

_____, 2004a, 「식민지시기 국제 민간 기구의 내용과 성격: 태평양문제연구회(IPR)와 태평양회의를 중심으로」, 『한국민족운동사연구』 제39집.

_____, 2004b, 「아시아연대의 역사적 교훈: 아시아민족회의와 아시아연맹의 사례」, 『정신문화연구』 제27권 제3호(통권 96호).

_____, 2005, 「대동아공영권의 '이념'과 아시아의 정체성」, 백영서 외 『동아시아의 지역질서: 제국을 넘어 공동체로』, 창비.

_____, 2008, 「문명론과 인종주의, 아시아연대론: 유길준과 윤치호의 비교를 중심으로」, 『사회와 역사』 제78집, 여름호.

_____, 2009, 「동아시아의 맥락에서 본 안중근과 동양평화론: 열린 민족주의와 보편주의로의 지평」, 『정신문화연구』 제32권 제4호(통권 117호).

김경일·강창일 「동아시아에서 아시아주의: 1870~1945년의 일본을 중심으로」, 『역사연구』 제8호, 2000.

김권정 「1920~30년대 신흥우의 기독교 민족운동」, 『한국민족운동사연구』 21, 1999.

김대상 「박춘금: 깡패에서 일본 국회의원까지 된 극렬 친일파」, 반민족문제연구소 엮음, 『친일파 99인(2)』, 돌베개 1993.

김도태 『서재필박사자서전』, 을유문고 1972.

김도훈 「한길수, 그는 정녕 국제적 제5열인가?」, 『한국역사연구회회보』 제27호, 1996년 10월.

김두정 「홍아적 대사명으로 본 내선일체」, 『삼천리』 제12권 3호, 1940년 3월호.

김명식, 1938a, 「중화신정부와 동아사무국 신설에 대하야」, 『삼천리』, 2월호.

_____, 1938b, 「신문통제의 사상문제와 보도문제」, 『비판』, 8월호.

_____, 1939a, 「건설의식과 대륙진출」, 『삼천리』, 1월호.

_____, 1939b, 「대륙진출과 조선인」, 『조광』, 4월호.

_____, 1940a, 「조선경제의 독자성」, 『조광』, 1월호.

_____, 1940b, 「내선일체의 구체적 실현과정」, 『광업조선』, 1월호.

_____, 1940c, 「氏制度 創設과 鮮滿一如」, 『삼천리』, 3월호.

김민환, 1988a, 「동양3국공영론」, 『개화기 민족지의 사회사상』, 나남.

_____, 1988b, 『개화기 민족지의 사회사상』, 나남.

김삼웅 『안중근 평전』, 시대의창 2009.

김상태 편역 『윤치호 일기 1916~1943: 한 지식인의 내면세계를 통해 본 식민지 시기』, 역사비평사 2001.

김세민 『한국근대사와 만국공법』, 경인문화사 2002.

김수봉 「태평양회의의 분석과 비판」, 『비판』 제6호, 1931.

김영작 『한말 내셔널리즘 연구: 사상과 현실』, 청계연구소 1989.

김영호 「동북아 중심국가론의 기대와 우려: 동북아개발은행과 동북아판 신마셜 플랜을 촉구하며」, 『시민과 세계』 제3호, 참여사회연구소 2003.

김예림 「냉전기 아시아 상상과 반공 정체성의 위상학: 해방－한국전쟁 후 (1945～1955) 아시아 상상지리를 중심으로」, 『상허학보』 제20집, 2007.

김용제 「고백적 친일문학론: 大村 교수에게 답하는 위장친일문학의 진상」, 『한국문학』 통권 제58호, 1978.

김윤식 「전향론」, 『한국근대문예비평사연구』, 일지사 1976.

김윤희, 2002, 「대한제국기 서울지역 금융시장의 변동과 상업 발전: 대한천일은행 및 대자본가의 활동을 중심으로」, 고려대학교대학원 사학과 박사학위논문.

_____, 2009, 「1909년 대한제국 사회의 ‘동양’ 개념과 그 기원」, 『개념과 소통』 제4호.

金章煥, 「歐洲聯盟案의 實現如何」, 『별건곤』 제34호, 1930.

김정현 「유길준과 양계초의 미국체험과 근대 국가 인식: 유길준의 『西遊見聞』과 양계초의 『新大陸遊記』의 비교를 중심으로」, 『문명연지』 제18집, 2006.

김철수 「친필유고」, 『역사비평』 제5호, 1989년 여름호.

김한경 「공동운명에의 결합과 그 환원론」, 『삼천리』, 1940년 3월호.

김현철 「개화기 한국인의 대외인식과 ‘동양평화구상’」, 『평화연구』 11, 2002.

노자영 「명작소설에 나타난 태평양전쟁 예상기」, 『신동아』 제19호, 1933.

뉴욕한인교회역사편찬위원회 『강변에 앉아 울었노라: 뉴욕한인교회 70년사』, 깊은샘 1992.

다나까 류이찌(田中隆一) 「만주사변・중일전쟁 시기 위기와 기회담론: 동아연맹을 중심으로」, 『한국사회 위기담론의 사회사』, 한국사회사학회・서울대 사회발전연구소 공동학술대회 발표문, 2008.

리 따자오 「신아시아주의」, 최원식・백영서 편 『동아시아인의 ‘동양’ 인식: 19～20세기』, 문학과지성사 1997.

림종상 『안중근, 이등박문을 쏘다』, 자음과모음 2006.

박영재, 1984, 「근대 일본의 한국 인식」, 역사학회 편 『일본의 침략정책사 연구』, 일조각.

_____, 1986, 「근대 일본의 아시아 인식: 탈아시아주의와 아시아주의」, 역사학회 편 『노일전쟁 전후 일본의 한국 침략』, 일조각.

박은식 『한국통사』, 상해: 대동편집국 1915.

박일형 「타도 태평양회의」, 『혜성』, 1931년 10월호.

박정길 「태평양회의를 반대함」, 『비판』 제5호, 1931.

박정심 「한국 근대 지식인의 근대성 인식 I: 문명·인종·민족 담론을 중심으로」, 『동양철학연구』 제52집, 2007.

박종린 「꺼지지 않는 불꽃」, 『진보평론』, 1999년 12월호.

박치우 「동아협동체론의 일성찰」, 『인문평론』, 1940년 7월호.

방선주 「3·1운동과 재미한인」, 『한민족독립운동사』 3, 국사편찬위원회 1988.

배경한, 1996a, 「손문과 한국상해임시정부: 신규식의 광주방문(1921년 9~10월)과 광동호법정부의 한국 임시정부 승인문제를 중심으로」, 『동양사학연구』 제56집.

_____, 1996b, 「손문의 '대아시아주의'와 한국」, 『부산사학』 제30집, 6월호.

백영서, 1997, 「진정한 동아시아의 거처: 20세기 한·중·일의 인식」, 최원식·백영서 편 『동아시아인의 '동양' 인식: 19~20세기』, 문학과지성사.

_____, 2000, 『동아시아의 귀환: 중국의 근대성을 묻는다』, 창비.

사까이 나오끼(酒井直樹), 이규수 옮김 『국민주의의 포이에시스』, 창비 2003.

「社告」, 『동양지광』, 1939년 9월호.

사또오 코에쯔 「후쿠자와 유키치의 유교관과 '탈아론'의 사상적 지평」, 『일본사상』 제10호, 2006.

서인식, 「문화의 구조를 논술함」, 『조선일보』 1937년 12월 1~7일자 (차승기·정종현 편 『서인식전집 I: 역사와 문화』, 역락 2006).

_____, 「문화에 있어서의 전체와 개인」, 『인문평론』, 1939년 10월호.

_____, 「동양문화의 이념과 형태: 그 특수성과 일반성」, 『동아일보』 1940년 1월 3~12일자 (최원식·백영서 편, 『동아시아인의 동양 인식: 19~20세기』, 문학과지성사 1997.

송진우 외 「태평양회의를 어떻게 이용할까」, 『동광』 제17호, 1931.

쑨 꺼(孫歌), 류준필 외 옮김 『아시아라는 사유공간』, 창비 2003.

쑨 원(孫文) 「대아시아주의」, 최원식·백영서 편 『동아시아인의 동양 인식: 19~20세기』, 문학과지성사 1997.

신운용, 2009a, 「안중근 의거의 사상적 배경」, 안중근의사기념사업회 편 『안중

근과 그 시대: 안중근 의거 100주년 기념연구논문집 1』, 경인문화사.

_____, 2009b, 「안중근의 동양평화론 연구와 실천을 위한 방안」, 안중근의사기념사회업회 편『안중근과 그 시대: 안중근 의거 100주년 기념연구논문집 1』, 경인문화사.

_____, 2009c, 「안중근의 '동양평화론'과 이등박문의 '극동평화론'」, 안중근의사기념사회업회 편『안중근과 그 시대: 안중근 의거 100주년 기념연구논문집 1』, 경인문화사.

신채호, 1987, 「도덕」, 『단재신채호전집』(하), 형설출판사.

_____, 1997, 「동양주의에 대한 비평」, 『대한매일신보』 1909년 8월 8일자, 10일자, 최원식 · 백영서 편『동아시아인의 '동양' 인식: 19~20세기』, 문학과지성사.

안경수, 1900a, 「일청한동맹론」, 『일본인』 제116호.

_____, 1900b, 「일청한동맹론」, 『일본인』 제120호.

_____, 1900c, 「일청한동맹론」, 『일본인』 제121호.

_____, 1900d, 「일청한동맹론」, 『일본인』 제122.

_____, 1900e, 「일청한동맹론」, 『일본인』 제123호.

안재홍 「反動線上의 世界와 밋 그 趨勢」, 『개벽』 제55호, 1925년 1월호.

안중근 「동양평화론」, 최원식 · 백영서 편『동아시아인의 '동양' 인식: 19~20세기』, 문학과지성사 1997.

야마무로 신이찌(山室信一), 2003, 임성모 옮김『여럿이며 하나인 아시아』, 창비.

_____, 2005, 「일본의 아시아주의와 아시아 學知」, 『대동문화연구』 제50집.

양니엔췬(楊念群) 「'동아시아'란 무엇인가? : 근대 이후 한중일의 '아시아' 想像의 차이와 그 결과」, 『대동문화연구』 제50집, 2005.

양인현, 1989, 「동아연맹운동을 이용한 조선민족독립운동」, 『(재심요청)진정서』,

_____, 1995, 「나의 회고록」, 함북중등학교동창회연합회 『함북지성에 고함』, 5월호.

오천석 「일미가 개전한다면」, 『신동아』 제7호, 1932.

왕 후이(汪暉), 이욱연 외 옮김『새로운 아시아를 상상한다』, 창비 2003.

龍岳山人 「태평양상의 가상전」, 『신동아』 제3호, 1932.

우정열 「윤치호 문명개화론의 심리와 논리: 근대 자유주의 수용과 노예로의 길」, 『역사와 사회』 제33집, 2004.

우홍준 「구한말 유길준의 정치·경제·사회론: 서유견문을 중심으로」, 『한국행정학보』 제38권 제1호, 2004.

유길준전서편찬위원회 편 『유길준전서(I, III, IV)』, 일조각 1971.

유영렬 『개화기의 윤치호 연구』, 한길사 1985.

윤건차, 정도영 옮김 『현대 일본의 역사의식』, 한길사 1987.

윤경로 「사상가 안중근의 생애와 활동」, 『한국 근대사의 기독교적 이해』, 역민사 1985.

윤대석 「아카데미즘과 현실 사이의 긴장: 박치우의 삶과 사상」, 『우리말글』 36, 2006.

윤병석 「안중근 의사의 하얼빈 의거와 '동양평화론'」, 안중근의사기념사회업회 편 『안중근과 그 시대: 안중근 의거 100주년 기념연구논문집1』, 경인문화사 2009.

윤치호 『윤치호일기(1925∼1931)』 제9권, 국사편찬위원회 1988.

윤휘탁 「'만주국'의 2등 국(공)민」, 『역사학보』 제169집, 2001.

이광린, 1977, 「유길준의 개화사상: 서유견문을 중심으로」, 『역사학보』 제75·76합집.

_____, 1988, 「개화기 한국인의 아시아연대론」, 『한국사연구』 제61·62집.

이광수 외 「시국 유지원탁회의」, 『삼천리』, 1939년 1월호.

이기웅 편 『안중근 전쟁 끝나지 않았다』, 열화당 2000.

이승렬 『제국과 상인』, 역사비평사 2007.

이승원 「전장의 시뮬라크르: 박영희의 『전선기행』을 중심으로」, 『정신문화연구』 109호, 2007.

이인직 『혈의 누(외)』, 을유문화사 1969.

이진경 「식민지 인민은 말할 수 없는가?: '동아신질서론'과 조선의 지식인」, 『사회와 역사』 제71집, 2006.

이현주 『한국사회주의 세력의 형성 1919∼1923』, 일조각 2003.

인정식, 1938, 「我等의 정치적 노선에 관해서 동지 제군에게 보내는 공개장」,

『삼천리』, 11월호.

_____, 1939a, 「동아의 재편성과 조선인」, 『삼천리』, 1월호.

_____, 1939b, 「時局과 文化」, 『文章』, 12월호.

_____, 1940a, 「내선일체의 문화적 이념」, 『인문평론』 2-1, 1월호.

_____, 1940b, 「王精衛 씨에 묻하는 書: 동아번영과 귀하의 책무」, 『삼천리』, 4월호

인정식전집간행위원회 『印貞植全集』(第1~5卷), 한울 1992.

林茂秀 「아세아연맹의 전망」, 『혜성』, 1938년 3월호(창간호).

임종국 『실록 친일파』, 돌베개 1996.

장용경 「일제 식민지기 인정식의 전향론: 내선일체론을 통한 식민적 관계의 형성과 농업재편성론」, 『한국사론』 49, 2003.

장인성 「'인종'과 '민족'의 사이: 동아시아연대론의 지역적 정체성과 '인종'」, 『국제정치논총』 제40집 4호, 2000.

전봉덕 「대한민국국제의 제정과 기본 사상」, 『법사학연구』 제1권 제1호, 1974.

전택부 『인간 신흥우』, 대한기독교서회 1971.

전형준 「같은 것과 다른 것: 방법으로서의 동아시아」, 최원식·백영서 편 『동아시아인의 '동양' 인식: 19~20세기』, 문학과지성사 1997.

정문길·최원식·백영서·전형준 편 『동아시아: 문제와 시각』, 문학과지성사 1995.

정문상 「19세기 말~20세기 초 '개화지식인'의 동아시아 지역연대론」, 『아세아문화연구』 제8집, 2006.

정용화, 1998, 「유길준의 '양절'체제론: 이중적 국제질서에서의 '방국의 권리'」, 『국제정치논총』 제37집 3호.

_____, 2004, 『문명의 정치사상: 유길준과 근대 한국』, 문학과지성사.

_____, 2006, 「근대적 개인의 형성과 민족: 일제하 한국 자유주의의 두 유형」, 『한국정치학회보』 제40집 제1호.

정운현 「주먹으로 오른 '친일배의 정상': 재일 친일파 거두 박춘금」, 『나는 황국신민이로소이다: 새로 밝혀 다시 쓴 친일인물사』, 개마고원 1999.

정진석 편 『일제시대 민족지 압수기사모음 II』, LG상남언론재단 1998.

정창렬 「러일전쟁에 대한 한국인의 대응」, 역사학회 편 『러일전쟁 전후 일본의 한국침략』, 일조각 1986.

조은경 「『東方戰友』를 통해 본 이두산의 국제연대 인식과 활동」, 『한국독립운동 사연구』 제37집, 2010.

조재곤 「한말 조선 지식인의 동아시아 삼국제휴 인식과 논리」, 『역사와 현실』 제 37호, 2000.

주요한 『안도산 전』, 삼중당 1978.

주 혁 『조선사정연구회의 연구』, 한양대대학원 사학과 석사학위논문, 1991.

지승준 「사회주의에서 친일의 길로 전향한 김두정」, 『계간 반민족문제연구』, 1994년 겨울호.

차승기, 2002, 『1930년대 후반의 전통론 연구: 시간・공간 의식을 중심으로』, 연 세대학교 박사학위논문.

_____, 2003, 「'근대의 위기'와 시간・공간 정치학: 쿄오또학파 역사철학자들과 서인식」, 『한국근대문학연구』 제4권 제2호.

차승기・정종현 「한 보편주의자의 삶」(해제), 차승기・정종현 편 『서인식전집 I: 역사와 문화』, 역락 2006.

차재정, 1938, 「녯 동지에 고함: 『자연의 길』＝전좌익제우에게 답함」, 『삼천리』 제10권 11호.

_____, 1939, 「동아신질서와 혁신」, 『삼천리』, 1월호.

천 꽝싱(陳光興) 백지운 외 옮김 『제국의 눈』, 창비 2003.

天野道夫(현영섭) 「東亞聯盟論의 대두와 내선일체 운동과의 관련」, 『조광』, 1940년 6~7월호.

최서면 『새로 쓴 안중근 의사』, 집문당 1994.

최선웅 「1910년대 재일유학생단체 신아동맹당의 반일운동과 근대적 구상」, 『역사 와 현실』 제60호, 2006.

최원식 「비서구 식민지 경험과 아시아주의의 망령」, 『창작과비평』 제94호, 1996 년 겨울호.

최원식・백영서 편 『동아시아인의 '동양' 인식: 19~20세기』, 문학과지성사 1997.

추이 즈위안(崔之元), 장영석 옮김 『중국은 어디로 가고 있는가』, 창비 2003.
팔봉 「대아세아주의와 김옥균 선생」, 『조광』, 1941년 11월호.
한국정신문화연구원 현대사연구소 편 『遲転 金錣洙』, 1999.
한기형 「근대 초기 한국인의 동아시아 인식: 『청춘』과 『개벽』의 자료를 중심으
　　로」, 『대동문화연구』 제50집, 2005.
한상도, 1995, 「1930년대 좌우익 진영의 합동전선 운동」, 김희곤 외 『대한민국
　　임시정부의 좌우합작운동』, 한울.
＿＿＿, 1999, 「조선의용대의 국제연대 의식과 타이완의용대」, 『한국근현대사연
　　구』 제11집.
＿＿＿, 2002, 「조선의용군의 위상과 동방각민족반파시스트대동맹의 관계」, 『역
　　사와 현실』 제44집.
함동주, 1996, 「중일전쟁과 미끼 키요시의 동아협동체론」, 『동양사학연구』 제56
　　집, 동양사학회.
＿＿＿, 1997, 「명치기 아시아주의의 '아시아'상」, 『일본역사연구』 제5집.
＿＿＿, 2000, 「미끼 키요시의 동아협동체론과 민족문제」, 『인문과학』 제30집,
　　성균관대학교 인문과학연구소.
허동현 「1880년대 개화파 인사들의 사회진화론 수용양태 비교연구: 유길준과 윤
　　치호를 중심으로」, 『사총』 55, 2002.
현광호, 2003, 「안중근의 동양평화론과 그 성격」, 『아세아연구』 제46권 3호.
＿＿＿, 2009, 『한국 근대 사상가의 동아시아 인식』, 선인.
현영섭 「내선일체와 조선인의 개성문제」, 『삼천리』, 1940년 3월호.
홍종욱 「중일전쟁기(1937~1941) 조선 사회주의자들의 전향과 그 논리」, 『한국
　　사론』 44, 2000.

アジア經濟研究所 『朝日新聞(東京版)にみる'大東亞共榮圈'－1941~1945: 記事索
　　引』, 1983.
加藤祐三 編 『近代日本と東アジア』, 筑摩書房 1995.
角田順 『滿洲問題と國防方針』, 原書房 1967.
岡崎久彦 「大東亞共榮圈: アジアの獨立を實現すべく大東亞會議が開催され

た」,『Voice』274号, 2000.

姜東鎭 『日帝の朝鮮支配政策史研究: 1920年代を中心として』, 東京大學出版會 1967.

岡本幸治 編 『近代日本のアジア觀』, ミネルヴァ書房 1998.

岡部牧夫 「大東亞共榮圈と東條政權」,『歷史評論』第508号, 1992.

姜永錫, 1939, 「皇道朝鮮」(1),『東洋之光』第1卷 第7号, 7月号.

_____, 1939, 「皇道朝鮮」(2),『東洋之光』第1卷 第8号, 8月号.

_____, 1939, 「皇道朝鮮」(5),『東洋之光』第1卷 第11号, 11月号.

_____, 1940, 「國體覺認: 朝鮮における王道文化運動の世界史的意義」,『王道文化』第3卷 第6号, 7月号.

岡倉天心 『東洋の理想』, 竹內好 編 『現代日本思想大系: アジア主義』, 筑摩書房 1963(1902).

桂川光正 「東亞連盟運動史小論」, 古屋哲夫 編 『日中戰爭史研究』, 吉川弘文館 1984.

高等法院檢事局 編 「戶澤京城地方法院檢事正の管內狀況報告」,『朝鮮刑事政策資料(昭和十八年度版)』, 1943年 4月.

高木淸壽 『東亞の父石原莞爾』, 錦文書院 1954.

古屋哲夫 「アジア主義とその周邊」, 古屋哲夫 編 『近代日本のアジア認識』, 綠陰書房 1996.

高澤寅男 「佐藤內閣の防衛・外交政策: 對米從屬と大東亞共榮圈への道」,『社會主義』第183号, 1967.

谷川榮彦 『東南アジア民族解放運動史: 太平洋戰爭まで』, 勁草書房 1969.

橋川文三, 1977, 「大東亞共榮圈の理念と實態」,『日本歷史』21, 岩波書店.

_____, 1993, 「アジア主義」,『平凡社大百科事典』第8卷, 平凡社.

溝口雄三 『方法としての中國』, 東京大學出版會 1989.

溝口雄三・浜下武志・平石直昭・宮嶋博史 『アジアから考える5 近代化像』, 東京大學出版會 1994.

國策研究會事務局 『大東亞共榮圈建設對策』(上・未定稿), 연대미상.

堀幸雄 『右翼辭典』, 東京: 三嶺書房 1990.

394

宮崎正義 『東亞連盟論』, 改造社 1938.

宮田節子 『朝鮮民衆と「皇民化」政策』, 未來社 1985 (미야따 세즈꼬, 이형낭 옮김 『조선민중과 황민화 정책』, 일조각 1997).

近代日本社會運動史人物大事典編輯委員會 『近代日本社會運動史人物大事典』 第3卷, 日外アソシエツ 1997.

金斗禎, 1939a, 「亞細亞復興と內鮮一體」, 『東洋之光』, 5月號.

_____, 1939b, 『防共戰線勝利の必然性』, 全鮮思想報國聯盟.

_____, 1940, 「新興亞體制下に於ける朝鮮の使命」, 『朝鮮』 第307号, 12月号.

金方漢 「或る鮮系大學生の手記」, 『東亞連盟』 第14卷, 1943年 3月号.

金子斗禎, 1943, 『半島皇民生活物語』, 朝鮮思想國防協會.

_____, 1944, 『大東亞開發讀本』, 每日新報社.

今井淳・小澤富夫 編 『日本思想論爭史』, ぺりかん社 1979.

旗田巍 編 『シンポジウム・日本と朝鮮』, 勁草書房 1969.

旗田巍 『日本人の朝鮮觀』, 勁草書房 1969.

企劃院 「大東亞建設ニ伴フ人口及民族政策答申」, 『大東亞建設基本方策』(大東亞建設審議會答申), 1942.

企劃院・大東亞建設審議會 編 『大東亞建設審議會關係史料: 總會・部會・速記錄』 第1卷~4卷. 東京: 龍溪書舍 1995.

企劃院硏究會 編 『大東亞建設の基本綱領』, 東京: 同盟通信社 1943.

金子文夫 「日本における植民地硏究成立事情」, 小島麗逸 編 『日本帝國主義と東アジア』, アジア經濟硏究所 1979.

金子定一 「日本に對する亞細亞の期待」, 『朝鮮大亞細亞協會パンフレツト』 第2輯, 1934.

南次郎 「聯盟本來の使命: 議論より實行へ」, 『總動員』 第1卷 第2号, 1939.

內務省 警保局 編, 1926, 「亞細亞民族會議概況」, 『外事警察報』 第50号, 東京: 不二出版.

_____, 1928, 「上海における第二回亞細亞民族會議の情況」, 『外事警察報』 第67号, 東京: 不二出版.

內海愛子・田辺壽夫 『アジアからみた'大東亞共榮圈'』, 東京: 梨の木舍 1983.

大東民友會 「人民戰線と國民戰線(新變革原理の概要)」, 『思想彙報』 第13卷, 1937.

大東亞建設審議會『大東亞建設審議會總會第6會議事速記錄』, 1942 (企劃院・大東亞建設審議會 編 『大東亞建設審議會關係史料: 總會・部會・速記錄』第1卷, 東京: 龍溪書舍 1995).

大川周明, 1922, 「革命ヨーロッパと復興アジア」, 竹內好 編 『現代日本思想大系: アジア主義』, 筑摩書房.

_____, 1942, 『米英東亞侵略史』, 第一書房.

_____, 1943a, 「大東亞に呼ぶ」, 『亞細亞』 第6卷 第8号.

_____, 1943b, 『大東亞秩序建設』, 第一書房.

大村益夫 『愛する大陸よ: 詩人金龍濟研究』, 大和書房 1992.

大塚建洋 「大川周明のアジア觀」, 岡本幸治 編 『近代日本のアジア觀』, ミネルヴァ書房 1998.

陶山敏 「新秩序に於ける朝鮮の再認識」, 『東亞連盟』 第3卷, 1940年 6月号.

東亞聯盟 「主張: 朝鮮問題に對する吾人の態度」, 『東亞連盟』 第9卷, 1941年 11月号.

東亞聯盟 「朝鮮問題に就て」, 『東亞連盟』 第11卷, 1942年 5月号.

東亞聯盟同志會 編 『東亞聯盟建設要綱』(改訂版), 聖紀書房 1943.

東亞聯盟協會 編 『東亞聯盟建設要綱』(第2改訂版), 立命館出版部 1940.

東鄉茂德『東鄉茂德外交手記: 時代の一面』, 東京: 原書房 1967 (도오고오 시게노리, 김인호 옮김 『격동의 세계사를 말한다』, 학고재 2000,).

頭本元貞 「京都會議の跡始末 敢て我幹部に問ふ」, 『外交時報』 1930年 1月 1日字.

Lattimore, Owen 磯野富士子 인터뷰 「歷史としての太平洋問題調査會」, 『思想』 634, 1977年 4月号.

蠟山政道 「東亞協同體の理論」, 『改造』, 1938年 11月号.

Maw, Ba, 橫堀洋一 譯 「遙かなり大東亞共榮圈時代」, 『文芸春秋』 第46卷 10号, 1968.

明石博隆・松浦總三 「東亞連盟を利用せる在京都朝鮮人民族主義グループ事件」,

『昭和特高彈壓史 7: 朝鮮にたいする彈壓, 1940~42年』, 太平出版社 1975.

明石陽至・石井均 「解題」, 企劃院、大東亞建設審議會 編 『大東亞建設審議會 關係史料: 總會・部會・速記錄』第1卷, 東京: 龍溪書舍 1995(1942).

尾高朝雄 「國家の目的と大陸經營」, 京城帝國大學大陸文化研究會 編 『大陸 文化研究』, 岩波書店 1940.

米谷匡史 「戰時期日本の社會思想: 現代化と戰時變革」, 『思想』882, 1997.

米谷匡史 編 『尾崎秀實時評集: 日中戰爭期の東アジア』, 平凡社 2004.

尾崎秀實 「'東亞協同體'の理念とその成立の客觀的基礎」, 『改造』, 1939年 1月 号 (최원식・백영서 편 『동아시아인의 '동양' 인식: 19~20세기』, 문학과지성 사 1997,)

尾崎秀實, 1940a, 「新體制と東亞問題」, 『東亞聯盟』, 10月号 (米谷匡史 編 『尾 崎秀實時評集: 日中戰爭期の東アジア』, 平凡社 2004)

_____, 1940b, 「南方問題と支那問題」, 『新亞細亞』, 12月号 (米谷匡史 編 『尾崎 秀實時評集: 日中戰爭期の東アジア』, 平凡社 2004)

_____, 1941, 「東亞共榮圈の基底に橫たはる重要問題」, 『改造』3月号 (米谷匡 史 編 『尾崎秀實時評集: 日中戰爭期の東アジア』, 平凡社 2004).

_____, 1962(1944), 「尾崎秀實の手記(二)」, 小尾俊人 編 『現代史資料2: ゾル ゲ事件』, みすず書房.

Berger, Gordon 「アジア新秩序の夢: 大東亞共榮圈構想の諸相」, 佐藤誠三郎・ ディンクマン 編 『近代日本の對外態度』, 東京大學出版部 1974.

北岡伸一, 1978, 『日本陸軍と大陸政策』, 東京大學出版會.

_____, 1992, 「大東亞共榮圈は誤つた國防觀念から創り上げた幻想だつた」, 『世界週報』3月 5日字.

山岡道男, 1991, 『アジア太平洋時代に向けて: その前史としての太平洋問題 調査會と太平洋會議』, 東京: 北樹出版.

_____, 1994, 『南開大學經濟研究所と太平洋問題調査會との關係について』, 山 岡道男 外 『黎明期アジア太平洋地域の國際關係: 太平洋問題調査會の研究』, 早稻田大學社會科學研究所.

_____, 1997, 『太平洋問題調査會研究』, 東京: 龍溪書舍.

山本有造 「'大東亞共榮圈'構想とその構造: '大東亞建設審議會'答申を中心に」，
　古屋哲夫 編『近代日本のアジア認識』，綠陰書房 1996.

山田昌之 外『帝國とは何か』，岩波書店 1997.

森谷克己『東洋的生活圈』，育生社 弘道閣 1942.

三輪公忠 「'東亞新秩序'宣言と'大東亞共榮圈'構想の斷想」，三輪公忠 編『再
　考・太平洋戰爭前夜: 日本の1930年代論として』，東京: 創世記 1981.

三木淸, 1967(1938), 「東亞思想の根據」『三木淸全集』第15卷, 岩波書店.

＿＿＿, 1968(1936), 「歷史の辨證法」,『三木淸全集』第16卷, 岩波書店.

＿＿＿, 1968(1937a), 「文化工作の前提」,『三木淸全集』第16卷, 岩波書店.

＿＿＿, 1968(1937b), 「日本精神の限定」,『三木淸全集』第16卷, 岩波書店.

＿＿＿, 1968(1938a), 「世界的日本人」,『三木淸全集』第16卷, 岩波書店.

＿＿＿, 1968(1938b), 「內鮮一體の强化」,『三木淸全集』第16卷, 岩波書店.

＿＿＿, 1968(1938c), 「日本の場合」,『三木淸全集』第16卷, 岩波書店.

＿＿＿, 1968(1939a), 「新日本の思想原理」,『三木淸全集』第17卷, 岩波書店.

＿＿＿, 1968(1939b), 「新日本の思想原理續篇」,『三木淸全集』第17卷, 岩波書
　店.

森山茂德, 1987,『近代日韓關係史研究: 朝鮮植民地化と國際關係』,東京大學出
　版會.

＿＿＿, 1992,『日韓倂合』, 吉川弘文館.

森田芳夫 「朝鮮思想諸陣營の展望」,『東洋之光』, 1940年 1月号.

桑原晋『東亞共榮圈經濟の理念』, 叢文閣 1941.

上田龍男『朝鮮の問題と其の解決』, 京城正學硏究所 1942.

徐寅植『歷史と文化』, 學藝社 1939.

西田幾太郎 「世界新秩序の原理」,『哲學硏究』, 1944年 9月号.

石原莞爾 「'東亞聯盟協會運動要領'に就て: 第二回全國中央參與會員會議に於
　ける講演」,『東亞連盟』第9卷, 1941年 11月号.

細川嘉六 編『新世界の構想と現實』, 中央公論社 1942.

小島麗逸『日本帝國主義と東アジア』, アジア經濟硏究所 1979.

小島晋治『アジアからみた近代日本』, 亞紀書房 1978.

398

小林英夫, 1980,『'大東亞共榮圈'の形成と崩壞』, 東京: 御茶の水書房.

_____, 1996,「解說」,『東亞連盟』(復刻板), 第1卷.

小寺謙吉「大亞細亞主義論(上・下)」, 寶文館 1916.

小野賢一 「大東亞共榮圈の構想と凶暴: 繼承してはならない過去」,『前衛』
　　　619号, 1992.

孫安石「1920年代 上海の中朝連帶組織: 中韓國民互助社の成立, 構成, 活動を
　　　中心に」,『中國研究月報』第50卷 1号, 1996年 1月号.

松尾章一『近代天皇制國家と民衆, アジア』, 法政大學出版會 1997.

松尾尊兊 「コスモ俱樂部小史」,『京都橘女子大學研究紀要』第26号, 1999.

松本健一『近代アジア精神史の試圖』, 中央公論社 1994.

松本三之介『明治思想における傳統と近代』, 東京大學出版會 1996.

松田利彥, 1996,「東亞聯盟論における朝鮮問題認識: 東亞聯盟運動と朝鮮・朝
　　　鮮人(1)」(世界人權問題センター),『研究紀要』第1号.

_____, 1997,「植民地末期朝鮮における轉向者の運動: 姜永錫と日本國體學・
　　　東亞聯盟運動」,『人文學報』第79号.

_____, 1998,「曺寧柱と京都における東亞聯盟運動: 東亞聯盟運動と朝鮮・朝
　　　鮮人(2)」(世界人權問題センター),『研究紀要』第3号.

松澤哲成『天皇帝國論批判: アジア主義とファシズム』, レンガ書房新社 1992.

松浦正孝 「汎アジア主義における"九州要因: ヒト・モノの移動と'歷史的記
　　　憶'"(上),『北大法學論集』第59卷 第2号 2008.

水野直樹「一九二〇年代日本・朝鮮・中國におけるアジア認識の一斷面: アジ
　　　ア民族會議をめぐる三國の論調」, 古屋哲夫 編『近代日本のアジア認識』,
　　　東京: 綠蔭書房 1996.

矢野暢, 1975a,『日本の「南進」と東南アジア』, 日本經濟新聞社.

_____, 1975b,『「南進」の系譜』, 中央公論社.

_____, 1982, 「大東亞共榮圈への道-現在まで續く'南進論'-欠如していた外
　　　交努力と國際的感受性」('特集 1930年代の教訓'),『日本經濟研究センター會
　　　報』通号 421.

矢田七太郎, 1924a, 「靑年同盟會の茶話會開催に關する件」(公信第521號),『不

逞團關係雜件－鮮人の部－在上海地方(5)』, 6月 19日.

_____, 1924b, 「臺韓同志會の傳單配布にに關する件」(機密第123號), 『不逞團
關係雜件－鮮人の部－在上海地方(5)』, 7月 15日.

市川正明 『安重根と朝鮮獨立運動の源流』, 原書房 2005.

植手通有 「アジア主義」, 『平凡社大百科事典』 第1卷, 平凡社 1984.

新渡戶稻造 編 『太平洋問題: 一九二九京都會議』, 太平洋問題調査會 1930.

安藤彦太郎・寺尾五郎・吉岡吉典・宮田節子 『日朝中三國人民連帶の歷史と理論
』, 日本朝鮮研究所 1964.

安部博純, 1989a, 「'大東亞共榮圈'構想の形成」, 『北九州大學法政論集』 16(2),
1月号.

_____, 1989b, 「'大東亞共榮圈'構想の展開」, 『北九州大學法政論集』 16(3・4),
3月号.

_____, 1989c, 「大東亞共榮圈構想の實體的構造」, 德本正彦 外 編 『ナショナ
リズムの動態: 日本とアジア』, 九州大學出版會.

安田利枝 「大東亞會議をめぐって」, 『法學研究』 第63卷 2号, 慶応義塾大學法
學部 1992.

安井三吉, 1977, 「延安における東方各民族反ファッショ代表大會について(1941
年)」, 『歷史評論』 327.

_____, 1985, 「講演大アジア問題について: 孫文と神戶(1924年)」, 『近代』 61.

櫻井進, 1995, 「ユートピアの變容: イーハトーヴォ・世界最終戰爭・大東亞
共榮圈」, 『現代思想』 第23卷 10号.

_____, 2001, 「帝國への慾望: 國體の本義, 皇國史觀, 大東亞共榮圈」, 『現代思
想』 第29卷 16号.

野村乙二郎 編 『東亞聯盟期の石原莞爾資料』, 同成社 2007.

野坂參三 「なぜ戰爭に反對したか: '支那事變'六周年に際して日本國民に訴う」,
『解放日報』 1943年 7月 7日字.

若槻泰雄 『排日の歷史』, 中公新書 1972.

嚴安生 『日本留學精神史: 近代中國知識人の軌跡』, 岩波書店 1991 (옌 안셩,
한영혜 옮김 『신산을 찾아 동쪽으로 향하네: 근대 중국 지식인의 일본 유학』,

일조각, 2005).

歷史科學協議會 編「大東亞共榮圈」,『史料 日本近現代史』三省堂 1985.

燕召亭「亞細亞民族大同盟」,『現代評論』第6卷, 第156期, 1927年 12月 3日.

塩崎弘明『國際新秩序を求めて: RIIA, CFR, IPRの系譜と兩大戰間の連係關係』, 九州大學出版會 1998.

鈴木麻雄「大東亞共榮圈の思想」, 岡本幸治 編『近代日本のアジア觀』, ミネルヴァ書房 1998.

鈴木武雄「朝鮮統治の性格と實績: 反省と反批判」, 大藏省管理局,『日本人の海外活動に關する歷史的調査』(朝鮮編) 通卷十一冊, 第十分冊, ゆまみ書房 2000(1946).

永原慶二 外『日本史辭典』, 岩波書店 1999.

榮澤幸二『「大東亞共榮圈」の思想』(講談社現代新書), 講談社 1995.

外村大,「太平洋問題調査會朝鮮支會に關する一考察」, 山岡道男 外『戰間期のアジア太平洋地域: 國際關係とその展開』, 早稻田大學社會科學研究所 1996.

原田勝正「大アジア主義から「大東亞共榮圈」へ」(シンポジウム 二つの世紀末と日本・アジア),『東西南北』, 和光大學總合研究所年報 2000.

源川眞希 「'大東亞共榮圈'思想の論理とその歸結: 政治學者矢部貞治を中心に」,『人文學報』通号 306, 2000年 3月号.

衛藤瀋吉・小堀桂一郎 「幻の'國家理念'は甦るか: '大東亞共榮圈'の冒險對談」,『諸君』第23卷 8号, 1991.

尹致昊「內鮮一體に對する所信」,『東洋之光』, 1939年 4月号.

伊東昭雄『アジアと近代日本』, 社會評論社 1990.

伊東六十次郎「東亞聯盟と民族協和」,『東亞連盟』第5卷, 1940年 10月号.

伊藤のぞみ「昭和研究會における東亞協同體の形成」, 岡本幸治 編『近代日本のアジア觀』, ミネルヴァ書房 1998.

伊地知則彦「距離の問題: 民族協和について」,『東亞連盟』第15卷, 1943年 5月号.

印貞植「內鮮一體の必然性について」,『東洋之光』, 1939年 1月号.

『日本近現代史辭典』, 東洋經濟新報社 1978.

『日本外交史辭典』, 山川出版社 1992.

林房雄 『大東亞戰爭肯定論』, 東京: 夏目書店 2001.

子安宣邦, 1994, 「日本の近代と近代化論: 戰爭と近代日本の知識人」, 『現代思想15 脫西歐の思想』, 岩波書店.

＿＿＿, 2003, 『‘アジア’はどう語られてきたか: 近代日本のオリエンタリズム』, 藤原書店.

＿＿＿, 2005, 『福澤諭吉『文明論之槪略』精讀』, 岩波書店 (코야스 노부구니, 김석근 옮김 『후꾸자와 유끼찌의 『문명론의 개략』을 정밀하게 읽는다』, 역사비평사, 2007).

田村榮章 『植民地期における日本語文學と朝鮮』, J&C出版社 2004.

井上準之助 編 『太平洋問題: 一九二七 ホノルル會談』, 東京: 太平洋問題調査會 1927.

『政治學辭典』, 平凡社 1965.

齊藤泰彦 『わが心の安重根』, 東京: 五月書房 1994 (사이또 다이겐, 이송은 옮김 『내 마음의 안중근』, 집사재 2002).

Gerow, Aaron 「戰ふ觀客: 大東亞共榮圈の日本映畵と受容の問題」, 『現代思想』 30卷 9号, 2002.

趙寬子 『植民地朝鮮/帝國日本の文化連環: ナショナリズムと反復する植民地主義』, 有志舍 2007.

趙軍 『大アジア主義と中國』, 亞紀書房 1997.

朝鮮大亞細亞協會 「朝鮮に於ける亞細亞主義運動の認識(亞細亞を語る座談會)」, 『朝鮮大亞細亞協會パンフレツト』 第3輯, 1934.

『朝鮮總督府官報』 1924年 5月 3日字, 1927年 4月 30日字, 1930年 6月 4日字, 1933年 6月 3日字, 1934年 10月 3日字.

朝鮮總督府 「國民精神總動員朝鮮聯盟役員總會席上總督挨拶」, 『朝鮮における國民精神總動員』, 1940.

趙聖九 『朝鮮民族運動と副島道正』, 東京: 硏文出版 1998.

曺寧柱, 1940, 「日鮮雜考」, 『王道文化』 第3卷 第1号.

＿＿＿, 1942, 「京都にける內鮮協和運動の手記」, 『東亞連盟』 第10卷, 3月号.

_____, 1944, 「日蓮主義と朝鮮民族」, 『王道文化』 第7卷 第9号.

_____, 1948a, 「マルクス主義(上): 唯物史觀」, 『王道文化』 第9卷 第3号.

_____, 1948b, 「マルクス主義(下): 剩餘價値說」, 『王道文化』 第9卷 第4号.

_____, 1949a, 「入信の動機(1)」, 『王道文化』 第10卷 第2号.

_____, 1949b, 「日蓮敎と日本國: 日蓮敎を誤解する人人に」, 『王道文化』 第10卷 第3号.

_____, 1949c, 「入信の動機(2)」, 『王道文化』 第10卷 第4号.

_____, 1949d, 「マルクス宗を救濟せよ(上)」, 『王道文化』 第10卷 第7号.

_____, 1950, 「マルクス宗を救濟せよ(下)」, 『王道文化』 第10卷 第8号.

_____, 1952, 「共産黨が天下をとれば: 韓國動亂と北鮮の眞相」, 『王道文化』 第14卷 第6号.

_____, 1988, 「石原莞爾の人と思想」, 石原莞爾生誕百年祭實行委員會 編, 『永久平和への道: いま, なぜ石原莞爾か』, 原書房.

佐藤誠三郎・R. ディングマン 『近代日本の對外態度』, 東京大學出版會 1974.

佐木隆三 『伊藤博文と安重根』, 東京: 文藝春秋 1996, (사끼 류우조오, 이성범 옮김 『안중근과 이토 히로부미』, 제이앤씨 2003,).

佐佐木豊 「太平洋問題調査會とアメリカ知識人: '調査シリーズ'の'非黨派的客觀性'を巡る論爭(1937~1939)を中心に」, 『アメリカ研究』 29, 1995.

住谷悅二 『大東亞共榮圈植民論』, 生活社 1942.

酒井直樹 「和辻哲郎の人間學と天皇制」, 『日本思想という問題: 飜譯と主體』, 岩波書店 1997.

竹內好 編 『現代日本思想大系: アジア主義』, 筑摩書房 1963.

竹內好 『竹內好評論集 3: 日本とアジア』, 筑摩書房 1966.

竹內好 外 「大東亞共榮圈の理念と現實」(座談會), 『思想の科學』 21号, 1963.

樽井藤吉 『大東合併論』, 1883 (竹內好 編, 1963 所收).

中見眞理 「太平洋問題調査會と日本の知識人」, 『思想』 728号, 1985.

中嶋嶺雄 「新しいアイデンテイテイ一を求め躍動するアジアにどう對應するか」, 『世界週報』 1992年 3月 5日字.

中野泰雄 『日韓關係の原像』, 東京: 亞紀書房 1984 (나까노 야스오, 양억관 옮

김 『동양평화의 사도 안중근』, 하소 1995).

中村尙美 『明治國家の形成とアジア』, 龍溪書舍 1991.

天羽英二 「オーウエン・ラティモアーの場合: 太平洋問題調査會と共産黨」, 『世界とわれら』 第33卷 10号, 1954.

淺田喬二 『日本植民地硏究史論』, 未來社 1990.

川村湊 「大衆オリエンタリズムとアジア認識」, 『近代日本と植民地』(岩波講座 7), 岩波書店 1993.

川合貞 『近代朝鮮の變革と日本人』(上下卷), たいまつ社 1977.

總力戰硏究所, 1942, 『大東亞共榮圈建設原案(草稿)』.

_____, 1943, 『大東亞共榮圈の政治的及法的理念の建設』.

澤柳政太郎 編 『太平洋の諸問題』, 東京: 太平洋問題調査會 1926.

桶谷秀昭 「昭和精神史のこころみ-16-大東亞共榮圈」, 『文學界』 第45卷 6号, 1991.

Pelz, Stephen 「理想の帝國: 新秩序建設への夢(1928~1940年)」, 佐藤誠三郎・デインクマン 編 『近代日本の對外態度』, 東京大學出版部 1974.

片桐庸夫, 1979, 「太平洋問題調査會(IPR)と滿洲問題: 第三回京都會議を中心として」, 『法學硏究』 第52卷 9号.

_____, 1983, 「太平洋問題調査會の軌跡: その設立経過, 目的, 組織を中心として」, 『群馬縣立女子大學紀要』 第3号.

_____, 1986, 「太平洋問題調査會(IPR)と朝鮮代表權問題: 朝鮮グールブの脱退 1925~1931」, 『法學硏究』 第59卷 4号.

_____, 1985, 「太平洋問題調査會(IPR)と移民問題(1)(2): 第1回ハワイ會議を中心として」, 『法學硏究』 第58卷 6・7号.

_____, 1992, 「太平洋問題調査會(IPR)と移民問題: 第2回ハワイ會議を中心として」, 『法學硏究』 第65卷 2号.

_____, 1994, 「太平洋問題調査會(IPR)と滿洲問題: 第四回上海會議を中心として」, 山岡道男 外, 『黎明期アジア太平洋地域の國際關係: 太平洋問題調査會の硏究』, 早稻田大學社會科學硏究所.

_____, 2000, 「太平洋問題調査會(IPR)とインクワイアリー問題: 第7回ヴァージニア・ビーチ會議不參加への道程を中心として」,『法學研究』第73卷 1号.

_____, 2003,『太平洋問題調査會の研究: 戰間期日本IPRの活動を中心にして』, 慶應義塾大學出版會.

坪江汕二『改訂增補 朝鮮民族獨立運動秘史』, 巖南堂書店 1966.

平岡正明『大歌謠論』, 筑摩書房 1989.

平石直昭, 1994, 「近代日本のアジア主義: 明治期の諸理念を中心に」, 溝口雄三 外『アジアから考える5 近代化像』, 東京大學出版會.

_____, 1998, 「近代日本の國際秩序觀とアジア主義」, 東京大學社會科學研究所 編『20世紀システム1 構想と形成』, 東京大學出版會.

平野健一郎『國史大辭典』(1), 吉川弘文館 1979.

平野義太郎「中日新關係の前提」,『中國評論』, 1946年 9・10月号(合倂号).

蒲生成丸「アジア民族會議寸評」,『日本及日本人』106号, 1926.

河上徹太郎 外『近代の超克』, 富山房 1990, (가와까 테쯔따로오, 이경훈 옮김 「근대의 초극 좌담회」, 한국문학연구회 편『다시 읽는 역사문학』, 평민사 1995).

河西晃祐「「亞細亞民族運動」と外務省: その認識と對應」,『歷史評論』719號, 2010.

河原宏, 1975, 「日本人のアジア觀: 大東亞共榮圈の思想と政策」(近代史における日本とアジア‘シンポジウム’),『社會科學討究』第20卷 2・3号.

_____, 1977, 「大東亞共榮圈の勞働秩序」,『社會科學討究』第23卷 1号.

_____, 1979,『昭和政治思想研究』, 東京: 早稻田大學出版部.

玄永燮, 1938,『朝鮮人の進むべき道』, 綠旗聯盟.

_____, 1939a, 「事變の人類史的意義と內鮮一體の東亞協同體完成への寄與: 事變第二週年を迎へて考ること」,『東洋之光』, 7月号.

_____, 1939b,『新生朝鮮の出發』, 大阪屋號書店.

_____, 1940, 「內鮮一體に於ける科學的僞裝に就いて」,『太陽』, 2月号.

洪宗郁 「1930年代における植民地朝鮮人の思想的摸索: 金明植の現實認識と‘轉向’を中心に」,『朝鮮史研究會論文集』第42集, 2004.

丸山靜雄「大東亞共榮圈の教訓」,『中央公論』, 1965年 4月号.

丸山眞男『現代政治の思想と行動』, 未來社 1995(1964) (마루야마 마사오, 김석
근 옮김『현대정치의 사상과 행동』, 한길사 1997).

荒川幾男「國防國家の思想構造」, 『近代日本社會思想史』II, 有斐閣 1971.

後藤乾一, 1986, 『昭和期日本とインドネシア』, 勁草書房.

_____, 1991, 「大東亞戰爭の意味」, 矢野暢 編『講座 東南アジア學(10) 東南ア
ジアと日本』, 弘文館.

黑龍會 編『東亞先覺志士記傳』(下), 東京: 原書房 1966.

Abegglen, James C.. "The Economic Growth of Japan." *Scientific American*.
March 1970.

Acharya, Amitav. "Asia Is Not One." *The Journal of Asian Studies* vol. 69 no. 4.
2010.

Akami, Tomoko. *Internationalizing the Pacific: the United States, Japan, and the
Institute of Pacific Relations in War and Peace, 1919~1945*. London: Routledg
2002e.

American Assembly. *United States and the Far East*, New York: Colombia
University 1956.

Arrighi, Giovanni. "The Rise of East Asia and the Withering Away of the
Interstate System." Paper prepared for the Session on Global Praxis and the
Future of the World-System, 90th Annual Meeting of the American
Sociological Association. Washington, D. C. August 19~23 1995.

Barnett, A. D.. *China's Economy in Global Perspective*. Washington: Brookings
Institution 1981.

Buss, Claude A.. *Far East: A History of Recent and Contemporary International
Relations in East Asia*. New York: Macmillan 1955.

Caprio, Mark E.. *Japanese Assimilation Policies in Colonial Korea, 1910~1945*.
Seattle: University of Washington Press 2009.

Chen, Kuan-hsing. *Asia as Method: Toward Deimperialization*. Durham: Duke
University Press 2010.

Clough, Ralph N.. *East Asia and U.S. Security*. Washington: Brookings Institution 1975.

Clyde, Paul Hibbert. *Far East: A History of the Impact of the West on Eastern Asia*. New York: Prentice-Hall 1948.

Committee on Foreign Affairs of US House. 1981. *New Era in East Asia*. Washington: United States Government Printing Office.

_____. 1979. *United States Policy in East Asia*. Washington: United States Government Printing Office.

Condliffe, John. B.. *Reminiscences of the Institute of Pacific Relations*. Institute of Asian Research, University of British Columbia 1981 (reprinted in Paul F Hooper. *Remembering the Institute of Pacific Relations -The Memoirs of William L. Holland*. Tokyo: Ryukei Shyosha 1995).

Condliffe, John. B. (ed.). 1928. *Problems of the Pacific: Proceeding of the Second Conference of the Institute of Pacific Relations*. Honolulu, Hawaii, July 15 to 29, 1927. Chicago: The University of Chicago Press.

_____. 1930. *Problems of the Pacific: Proceeding of the Third Conference of the Institute of Pacific Relations*. Nara and Kyoto, Japan, October 23 to November 9, 1929. Chicago: The University of Chicago Press.

Cumings, Bruce. *Korea's Place in the Sun: A Modern History*. New York: W. W. Norton & Company 1997.

Dirlik, Arif. "The Asia-Pacific Idea: Reality and Representation in the Invention of a Regional Structure." *Journal of World History* vol. 3 no. 1, Spring 1990 (딜릭, 아리프 「아시아・태평양권이라는 개념: 지역구조 창설에 있어서 현실과 표상의 문제」, 『창작과비평』 제21권 제1호, 1993년 봄호).

Duara, Prasenjit. "Asia Redux: Conceptualizing a Region for Our Times." *The Journal of Asian Studies* vol. 69 no. 4. 2010.

Duus, Peter. 1991. "Imperialism without Colonies: The Vision of a Greater East Asian Co-Prosperity Sphere." (두스, 피터 「植民地なき帝國主義: '大東亞共榮圈'の構想」, 『思想』 第814号, 1992).

_____. 2008. "The Greater East Asian Co-Prosperity Sphere: Dream and Reality." *Journal of Northeast Asian History* vol. 5, no. 1.

Duus, Peter, Ramon H. Myers and Mark R. Peattie (eds.). *The Japanese Wartime Empire: 1931~1945*. Princeton University Press 1996.

Economic Commission for Asia and the Far East. *Economic Survey of Asia and the Far East*, Lake Success: Department of Economic Affairs 1947~1973.

Economist Intelligence Unit. *The Economic Effects of the Vietnamese War in East and South East Asia*. London: Spencer House 1965.

Emmerson Donald K.. "'Southeast Asia': What's in a Name?" *Journal of Southeast Asian Studies* XV, 1 March 1984 (김경일 편 『지역연구의 역사와 이론』, 문화과학사 1998).

Goodman, Grant K.. "The Pan-Asiatic Conference of 1926 at Nagasaki." *Fukuoka Unesco* 第8号, 福岡ユネスコ協會 1973.

Green, Elizabeth. "Conference Trends in China." *Pacific Affairs*. vol. 5-1, January 1932.

Hooper, Paul F.. 1988. "The Institute of Pacific Relations and the Origins of Asian and Pacific Studies." *Pacific Affairs* 60. Spring.

_____. 1995. *Remembering the Institute of Pacific Relations −The Memoirs of William L. Holland*. Tokyo: Ryukei Shyosha.

Ikeda, Satoshi. "The History of the Capitalist World-System vs. the History of East-Southeast Asia." *Review* XIX, 1, Winter 1996.

Institute of Pacific Relations. *The Institute of Pacific Relations: Honolulu Session*. June 30 to July 14, 1925, Honolulu Hawaii 1925.

International Secretariat. *IPR Publications on the Pacific 1925~1952: Catalog of Publications of the IPR National Councils and International Secretariat*. Institute of Pacific Relations, New York 1953.

Karatani, Kojin. "The Discursive Space of Modern Japan." In Masao Miyoshi and H. D. Harootunian (eds.). *Japan in the World*. Durham: Duke University Press 1993.

Kesaris, Paul (ed.). *CIA Research Reports: Japan, Korea, and the Security of Asia, 1946~1976.* Frederick: University Publications of America 1982 (micro form r. 1-5).

Kim, Keongil. 2005. "Nationalism and Colonialism in Japan's 'Greater East Asia Co-Prosperity Sphere' in World War II." *The Review of Korean Studies* 8-2.

_____. 2010. "Socialism, the National Question, and the East Asia in Colonial Korea: 1937~1945." *Seoul Journal of Korean Studies* 23-1, June.

Kirby, E. Stuart. *Economic Development in East Asia.* New York: Praeger 1967.

Kodansha Encyclopedia of Japan. Tokyo: Kodansha Ltd. 1983

Kratoska, Paul H.. *The Japanese Occupation of Malaya: A Social and Economic History.* Honolulu: University of Hawaii Press. 1997.

Lasker, Bruno (ed.). *Problems of the Pacific 1931: Proceeding of the Fourth Conference of the Institute of Pacific Relations.* Hangchow and Shanghai, China, October 21 to November 2. Chicago: The University of Chicago Press 1932.

Lattimore, Owen. *Political Regions of Eastern Asia.* Council on Foreign Relation, Studies of American Interests in the War and the Peace 1940 (정용욱・이길상 편 『해방 전후 미국의 대한정책사 자료집』(1), 다락방).

Lebra, Joyce Chapman (ed.). *Japan's Greater East Asia Co-Prosperity Sphere in World War II: Selected Readings and Documents.* London: Oxford University Press 1975.

Lebra, Joyce Chapman. *Jungle Alliance: Japan and the Indian National Army.* Singapore: D. Moore for Asia Pacific Press 1971.

Mitchell, Richard H.. *Thought Control in Prewar Japan.* Ithaca: Cornell University Press 1976 (미셸, 리처드 H., 김윤식 옮김 『일제의 사상통제: 사상전향과 그 법체계』, 일지사 1982).

Nair, A. M.. *An Indian Freedom Fighter in Japan: Memoirs of A. M. Nair*, Ashok Uma Publications 1982 (나이르, A. M., 김세중 옮김 『인도독립투쟁』, 일월서각 1986).

Najita, Tetsuo and H. D. Harootunian. "Japanese Revolt Against the West:

Political and Cultural Criticism in the Twentieth Century." Peter Duus (ed.). *The Cambridge History of Japan* vol. 6. Cambridge: Cambridge University Press 1988.

Ooi, Keat Gin (ed.). *Japanese Empire in Tropics: Selected Documents and Reports of the Japanese Period in Sarawak Northwest Borneo 1941~1945*. Ohio: Ohio University Press 1998.

Peatttie, Mark R.. *Nan'yō: The Rise and Fall of the Japanese in Micronesia, 1885~1945*. Honolulu: University of Hawaii Press 1988.

Silverstein, Josef. *The Political Legacy of Aung San*. Ithaca: Cornell University Press 1972.

Tanaka, Stefan. *Japan's Orient: Rendering Pasts into History*. Berkeley: University of California Press 1993.

Thomas, John. N.. The Institute of Pacific Relations: Asian Scholars and American Politics. Seattle: University of Washington Press 1974.

Totten, George O.. *The Social Democratic Movement in Prewar Japan*. New Haven: Yale University Press 1966 (정강하, 이행 옮김 『일본의 사회민주주의 운동』, 한울 1997).

Townsend, Meredith. *Asia and Europe: Studies presenting the conclusions formed by the author in a long life devoted to the subjects of relations between Asia and Europe*. New York: G. P. Putnam's Sons 1901.

Toynbee, Arnold. *A Study of History* vol. 1. Oxford: Oxford University Press 1979(1934).

United Nations. *Eighth United States Regional Cartographic Conference for Asia and the Far East*. New York: Department of Economic and Social Affair 1980.

United States Department of State. *Foreign Relations of the United States 1945* (vol. 6). Washington: United States Government Printing Office 1969.

Wang, Hui. "The Idea of Asia and Its Ambiguities." *The Journal of Asian Studies* vol. 69 no. 4. 2010.

Woods, Lawrence T.. *Asia Pacific Diplomacy: Nongovernmental Organizations and*

International Relations. Vancouver 1993.

Yoshihisa, Matsusaka. *Japanese Imperialism and the South Manchuria Railway Company, 1904~1914*. Ph. D. dissertation. Harvard University 1993.

Young, Louise. *Japan's Total Empire: Manchuria and the Culture of Wartime Imperialism*. Berkeley: University of California Press 1998.

Пак, Б. Д. (Борис Дмитриевич), Возмездие на харбинском вокзале: документальн о-исторический очерк) (박 보리스, 신운용·이병조 옮김 『하얼빈 역의 보복: 이토 히로부미에 대한 안중근의 총성』, 채륜 2009)

Фаня Исаак овна Шабшина. 1992. В колониал ьной Корее(1940~1945), Запискіи и размышл ения очевидца, М. (파냐 이사악고브나 샤브쉬나, 김명호 옮김 『식민지 조선에서』, 한울 1996).

【찾아보기】

418

서남동양학술총서
제국의 시대와 동아시아 연대

초판 1쇄 발행/2011년 8월 10일
초판 2쇄 발행/2012년 7월 17일

지은이/김경일
펴낸이/강일우
책임편집/박영신 김춘길
펴낸곳/(주)창비
등록/1986년 8월 5일 제85호
주소/413-120 경기도 파주시 회동길 184
전화/031-955-3399 · 편집 031-955-3400
홈페이지/www.changbi.com
전자우편/human@changbi.com
인쇄/상지사P&B

ⓒ 김경일 2011
ISBN 978-89-364-1325-5 93910